D1471819

OONA CHAPLIN

DU MÊME AUTEUR

ALBUMS

Nadar, Encre.
Les Chirac : Un Album de Famille, Éditions de l'Archipel.
Marilyn Monroe : de l'autre côté du miroir, Timée Éditions.

BIOGRAPHIES

Grace, Librairie Académique Perrin.
Buckingham Story, Librairie Académique Perrin.
Les Dames de l'Élysée, Librairie Académique Perrin.
Les Monaco, Plon.
La Vie quotidienne à Buckingham Palace, Hachette.
Charles, portrait d'un prince, Hachette.
Juan Carlos, roi d'Espagne, Hachette (prix des Trois-Couronnes).
La Princesse Margaret, Librairie Académique Perrin.
Caroline de Monaco, Librairie Académique Perrin.
Edwina Mountbatten, Bartillat.
La Véritable Jackie Kennedy, Pygmalion.
Bernadette Chirac, Librairie Académique Perrin.
La Véritable Grace de Monaco, Pygmalion.
La Véritable Audrey Hepburn, Pygmalion.
La Véritable Margaret d'Angleterre, Pygmalion.
La Véritable Melina Mercouri, Pygmalion.
La Véritable Duchesse de Windsor, Pygmalion.
La Véritable Ingrid Bergman, Pygmalion.
La Véritable Princesse Soraya, Pygmalion.
Noureev, Payot.
La Véritable Sophia Loren, Pygmalion.
La Véritable Marilyn Monroe, Pygmalion.
La Véritable Elizabeth Taylor, Pygmalion.
Juan Carlos et Sophie, Payot.
La Véritable Greta Garbo, Pygmalion.
James Dean, Payot.
John John, le roman de JFK Junior, Pygmalion.
La Véritable Gala Dali, Pygmalion.
Sir Elton John, Payot.
La Véritable Diana, Pygmalion.
La Véritable Maria Callas, Pygmalion.
Première Dame, Bartillat.
L'Impératrice indomptée : Sissi, Pygmalion.
La Véritable Ava Gardner, Pygmalion.
Cocteau-Marais : les amants terribles, Pygmalion.
La Comtesse Tolstoï, Payot.

BERTRAND MEYER-STABLEY

OONA CHAPLIN

Pygmalion

À quelques exceptions près, nous n'avons pas voulu alourdir le présent texte
en multipliant les références d'articles cités et d'autres sources.
Pour tout renseignement précis, le lecteur contactera directement
Bertrand Meyer-Stabley : bertrand.meyer239@orange.fr

Sur simple demande adressée à
Pygmalion, 87 quai Panhard et Levassor 75647 Paris Cedex 13,
vous recevrez gratuitement notre catalogue
qui vous tiendra au courant de nos dernières publications.

© 2010, Pygmalion, département de Flammarion
ISBN 978-2-7564-0313-7

« *Elle est vêtue simplement, mais avec un goût très sûr. Coiffure soignée, yeux mordorés. Sa voix, douce et agréable, se teinte, lorsqu'elle est gaie, d'intonations presque irlandaises. On est attiré, surtout, par son charme simple, sans affectation, un charme de pensionnaire, jeune et timide, qu'elle n'a jamais perdu. Quelque chose comme une innocence innée, que le monde n'a pu entamer* »

Eugene O'Neill
Long Voyage vers la nuit

INTRODUCTION

« **A**VEC OONA, SEULS LES GÉNIES PEUVENT S'ALIGNER ! », ironisa un jour son ami Truman Capote. Et l'écrivain américain de dresser la liste des monstres sacrés qui marquèrent la vie de la jeune femme : son redoutable père Eugene O'Neill (prix Nobel de littérature), son mystérieux premier boy-friend J. D. Salinger, son fabuleux cicerone à Hollywood, Orson Welles, et, enfin, le grand et unique amour de sa vie : le légendaire Charlie Chaplin.

Il n'y eut jamais rien de banal dans le destin romanesque de celle qui devint Lady Chaplin. Sa beauté, sa grâce, son lumineux sourire et le savant mystère qu'elle entretenait, malgré elle, du fait de sa timidité fascinèrent nombre de ses contemporains. Oona refusa obstinément de faire du cinéma et fut la muse inspiratrice, la tempérance et le calme dans la vie de son bouillonnant mari. Les couvertures des magazines du monde entier les immortalisèrent dans leur éden suisse à la tête d'une étonnante fratrie de huit héritiers qui se révélèrent parfois de vrais enfants terribles.

Oona fut donc « l'administrateur général » du merveilleux grand cirque permanent et insouciant dont la famille Chaplin offrit l'image. Dans sa roulotte fastueuse, Charlot inventait des farces douces-amères et, dehors, une fée en pull-over et jupe de tweed écartait les embûches, prévoyait les orages, préparait l'étape du soir. Quand on lui demandait son nom, elle montrait du doigt la roulotte et disait simplement : « C'est lui qui compte ; je ne suis que sa femme... »

Leur bonheur dura trente-quatre ans, malgré l'exil, les déceptions professionnelles et les épreuves. Après la mort de son mari, Oona, femme inconsolable, affronta seule son destin et se réfugia dans l'alcool dans la plus pure tradition O'Neill : quatorze longues années d'errance et de solitude avant de disparaître le 27 septembre 1991 et de rejoindre pour l'éternité celui qui lui avait tout donné et à qui elle s'était entièrement dévouée.

I

LES O'NEILL

TOUTE SA VIE, OONA[1] SERA TRÈS FIÈRE de ses origines celtiques et de son prénom aux consonances si gaéliques. C'est l'écrivain dublinois, James Stephens, l'auteur de *Deirdre*, qui a soufflé à son ami O'Neill l'idée de ce nom de baptême à deux syllabes qui signifie « unité[2] ». Le dramaturge revendiquera toujours sa souche irlandaise et sera conscient de son empreinte sur sa personnalité, écrivant même : « Une des choses qui en dit le plus sur moi est que je suis irlandais. » Sans doute a-t-il hérité de ce pays un mélange de violence et de tendresse, de mysticisme et d'anarchisme, d'égoïsme et de générosité, d'un goût pour la solitude, tempérée par l'amour de la vie.

---

1. Prononcez phonétiquement « Ouna ». Rondeur des lettres, douceur du timbre, couleur exotique, c'est un prénom assez volupteux. Charlie Jr. disait : « Ce nom évoque un souffle de printemps car il est aussi éthéré, aussi charmant que la jeune fille qui le porte. »
2. En fait Oona a deux origines.Ce serait une version gaélique du latin *una* : unique. Il s'agirait aussi d'une variation de *oonagh* qui signifie agneau. D'où l'idée avancée par certains biographes qu'O'Neill l'ait choisi comme la version *irish* du prénom de sa femme, Agnès. Mais Joséphine Chaplin écarte totalement cette théorie. À noter que dans les légendes celtiques, *Una* est la reine des fées.

11

Sur l'île, ses grands-parents, Mary et Edward O'Neil, sont des paysans. Ils cultivent des céréales et élèvent du bétail – ce qui permet tout juste de payer la rente au *landlord*. La vie est rude, l'île retranchée du monde et, sur ce sol pauvre, on voit des paysans moissonner, la faucille à la main. Le vrai visage de l'Irlande est là : l'héroïsme quotidien, l'obstination, le courage. Du courage ? Il en faut plus que jamais en ces années-là. En 1845, la famine, fidèle compagne du paysan irlandais, est de retour. La pauvreté du sol, l'archaïsme de la production, de mauvaises récoltes et la maladie de la pomme de terre amènent des temps tragiques. On meurt dans les champs, dans les fermes, dans les *glens* et sur les montagnes. On assiste alors à une fuite éperdue devant la faim, la maladie, les fièvres, la mort lente. L'émigration apparaît comme l'unique salut.

Avec leurs trois garçons, dont James, le petit dernier né à Kilkenny en 1846, la famille s'embarque en 1847, à bord d'un « cercueil flottant » pour l'Amérique. La famille O'Neil laisse derrière elle un pays ravagé par le typhus et dont la vocation semble être le malheur. Nombre d'Irlandais trouvent la mort avant d'atteindre les États-Unis. La phrase célèbre d'un commissaire à l'émigration n'est en rien exagérée : « Si l'on pouvait dresser des croix sur l'eau, la route des émigrants à travers l'Atlantique serait un immense cimetière. »

La famille, qui va s'agrandir de l'arrivée de cinq filles, s'installe d'abord à Buffalo, puis élit domicile à Cincinnati dans l'Ohio. C'est alors qu'un second « l » vient s'ajouter à leur nom O'Neil (« champion » en gaélique), sans doute pour se différencier d'autres Irlandais partis comme eux à la conquête du Nouveau Monde. Car dans cette Amérique bouillonnante des années 1850, la compétition est rude. La ténacité ne suffit pas et James, le cadet des trois enfants, doit travailler dès dix ans. Il choisit, par pur hasard, les coulisses des théâtres et fait office de machiniste, coursier, jeune homme à tout faire. Le grand-père de Oona développe ainsi une vocation théâtrale qui le fera bientôt passer des coulisses à la scène.

En juin 1877, James O'Neill épouse une Irlandaise, Mary Ellen Quinlan[1]. Un vrai scandale vient marquer cette union. Dans la plus pure tradition américaine de l'esclandre – chaplinesque,

---

1. Ses proches l'appelèrent le plus souvent « Ella » ou « Ellen », mais Eugene O'Neill avait une préférence pour « Mary » et c'est bien avec ce prénom qu'il la mit en scène dans sa pièce-phare : *Long Voyage vers la nuit*.

pourrions-
nous presque ajouter – une mystérieuse Netty Walsh sort de l'ombre
et, à grand fracas, accuse le marié de bigamie, exigeant l'annulation
de ce mariage. Une bien sombre affaire qui semble donner raison
à la mère de Mary qui a toujours eu beaucoup de réticence à laisser
sa fille épouser un acteur, même bon Irlandais catholique[1].
Netty Walsh prétend même être la première femme de James et
traîne le nouveau marié devant les tribunaux. Faute de preuve tan-
gible, elle sera déboutée. Mais l'histoire, comme pour Chaplin,
connaîtra un rebondissement inédit avec l'entrée en scène, en mars
1897, de celui qui se prétendra l'enfant illégitime de James ; un
certain Alfred Hamilton. Ce dernier attaquera en justice son supposé
père et obtiendra 20 000 dollars de dommages et intérêts, sans que
James ne le reconnaisse jamais. Après tant de coups de théâtre,
James et Mary Ellen se lancent à corps perdu dans une carrière
artistique, connaissant des débuts chaotiques dans un pays sans
véritable tradition théâtrale.

L'art dramatique, en effet, a connu jusqu'alors de grandes vicis-
situdes aux États-Unis. La première pièce représentée sur le sol
américain fut une pièce française. En 1606, elle fut jouée dans notre
langue à Port-Royal, une ville d'Acadie, devant des colons origi-
naires de notre pays. Cinquante ans plus tard, une seconde représentation théâtrale est donnée dans l'État de Virginie. Elle conduit
tout droit ses organisateurs en prison. On leur reproche d'avoir
encouragé le vice et flatté la débauche. Durant tout le XVIIIe siècle,
le théâtre doit continuer à affronter les foudres des puritains. Un
célèbre acteur anglais, Douglas, ne peut jouer à New York *Othello*
qu'affublé du sous-titre de « dialogue moral ». Mais, en 1774, le
Congrès vote une résolution interdisant « les courses de chevaux,
les jeux de hasard, les combats de coqs et les pièces de théâtre ».
Ce n'est qu'au lendemain de la guerre d'Indépendance que l'art
dramatique peut enfin s'exprimer avec une certaine liberté. Mais
des raisons commerciales vont alors le reléguer à un rang inférieur.
Au XIXe siècle, le théâtre américain devient une industrie semblable
à toutes les industries, soumise aux mêmes lois du succès et de la
réussite. Et un critique anglais, Sydney Smith, peut écrire alors :
« Existe-t-il sur notre planète quelqu'un d'assez fou pour souhaiter
voir une pièce américaine ? »

---

1. Ghyslain Lévy, *Eugene O'Neill ou l'Inconvenance de vivre*, Anthropos.

L'existence des grands-parents d'Oona au sein d'une troupe d'art dramatique n'est donc guère facile. Mais le ménage semble heureux. Un premier garçon, James, naît en 1878, suivi cinq ans plus tard d'un autre fils, Edmund. Mais la tragédie vient déjà frapper à la porte des O'Neill. Le 4 mars 1885, le petit Edmund, gardé par sa grand-mère maternelle, décède de la rougeole[1], tandis que ses parents sont en tournée. Mary Ellen se reprochera toujours son absence et sombre dans la dépression. Heureusement, elle tombe enceinte deux ans plus tard et se raccroche désespérément à cette grossesse salvatrice. Le 16 octobre 1888, dans une petite pension au coin de Broadway et de la 43e Rue, vient au monde un troisième fils : Eugene Gladstone O'Neill. Toute l'enfance d'Eugene O'Neill aura d'ailleurs pour cadre des chambres d'hôtel. Dans quelle ville ? Eugene n'en sait rien. Chaque soir, au hasard des tournées théâtrales, ses parents en changent. Un bruit de lavabo l'a réveillé. Son père se démaquille et, en même temps, il parle avec cette belle voix tragique qui ravit les salles de spectacle mais qui, dans les hôtels, irrite les voisins, passé minuit. On frappe contre le mur. James O'Neill n'en a cure. Il continue sur le même ton à discuter avec sa femme. L'alcool bu après la représentation les a mis en verve. Une fois de plus, James se lamente. Il a raté sa carrière. Il a gâché son talent. Il était né pour jouer les grands rôles de Shakespeare, Hamlet ou Othello, et il ne joue à longueur d'année, à travers toute l'Amérique, qu'un unique mélodrame : *Le Comte de Monte-Cristo*, tiré du roman d'Alexandre Dumas (il jouera cette pièce 5678 fois !). Certes, ce rôle, chaque soir, lui procure un triomphe. Il ne joue pas, il est vraiment Edmond Dantès, l'évadé du château d'If, car il est devenu ce justicier, à la ville comme à la scène. Mais est-ce là la réussite qu'il espérait ? Aux imprécations du père succèdent les gémissements de la mère. Au fond de son lit, le petit Eugene se bouche les oreilles afin de ne plus entendre l'éternelle dispute. Et une phrase martèle ses tempes :

---

1. L'impossibilité pour Mary de mettre en cause sa propre mère dans cet événement catastrophe s'exprimera quelques années plus tard sous la forme d'une remarquable dénégation, lorsque Mary fera cette confidence à Agnès Boulton, la mère d'Oona : « Je voulais avoir une fille… j'ai eu trois garçons… Un d'eux est mort à un an et demi. C'était de ma faute… Il ne serait pas mort si je ne l'avais pas laissé… Nous avions une bonne nurse, une très bonne nurse, et James désirait tant que je parte avec lui en tournée. » Comme le remarque le psychanalyste Ghyslain Lévy : « Curieux effacement que constitue cette confidence quand on sait que la "nurse" était en vérité la propre mère de Mary à laquelle les enfants avaient été confiés… »

« Toi, tu ne dois pas rater ta vie. Toi, tu ne dois pas rater ta vie ! »
Dans sa jeune enfance, Eugene est constamment « accaparé » par sa
mère qui veut continuellement le surveiller, de peur de reproduire
avec lui l'erreur qui fut fatale à Edmund. Même lorsqu'elle est en
scène, l'enfant chéri reste à deux pas, dans la loge la plus proche.
Elle le dévore des yeux, écoute ses moindres gémissements, surveille
tous ses faits et gestes.

Eugene a donc d'abord la vie des enfants d'acteur : la perpétuelle
errance, l'alternance de tournées et de périodes de repos dans leur
maison, *The Monte-Cristo Cottage*, à New-London (Connecticut)
où il retrouve la mer avec une joie constante. Son frère aîné, Jamie,
n'est que trop disposé à prendre en charge son cadet. Eugene semble
s'accommoder de cette vie étrange qui ne le prive ni de la tendresse
de sa mère ni de la présence écrasante d'un père haï et admiré tout
à la fois. Mais les séparations rendues nécessaires par les études
vont être ressenties comme autant de trahisons dont il rendra son
père responsable, car c'est bien James O'Neill qui décide de l'envoyer en pension. Mary Ellen, elle, est partagée entre la possibilité
rassurante de confier son fils chéri à des prêtres et le besoin de
s'adonner en cachette à la morphine, dont elle use et abuse depuis
un cancer du sein.

À sept ans, Eugene est envoyé dans une école religieuse de
New York, Mount Saint-Vincent, et, de ce jour, date son entrée
dans la vie des « mauvais garçons ». Il est d'emblée le plus indis-
cipliné des enfants. Toute sa vie, O'Neill évoquera ses années de
pension comme une expérience traumatisante, comme un vrai déchirement et tous ses biographes insisteront alors sur le développement
de la haine contre son père. En 1902, on l'envoie à la Betts Academy
de Stamford, d'où il sortira diplômé en 1906, prêt à rentrer en
faculté, sans savoir trop vers quelle discipline s'orienter. En 1904,
il vient d'atteindre ses seize ans, quand sa mère, en état de manque,
tente de se jeter du haut d'un pont. Désormais, il ne lui est plus
possible d'ignorer la toxicomanie de Mary Ellen. C'est pour lui la
pire des trahisons. Sans doute cache-t-il derrière le masque de Pan
son visage d'adolescent malheureux ? Les années passent mais ne
lui apportent pas la sagesse. En 1909, l'université de Princeton
organise un banquet afin de fêter ses diplômés. Le jeune Eugene
s'enivre à la bière, brise une verrière à coups de briques. On le
chasse. C'est alors qu'il rencontre Earl C. Stevens, un ingénieur des
mines. Un soir d'ivresse, ils parlent du Honduras. Leur imagination

aussitôt s'enflamme. À l'aube, ils décident de partir pour ce pays de rêve à la recherche d'or. Les fraîcheurs du matin ne les dégrisent pas et, en octobre 1909, une expédition Stevens-O'Neill s'enfonce dans les profondeurs inextricables de la jungle du Honduras.

Ni Stevens ni O'Neill n'ont la moindre expérience de cette sorte de vie. Durant cinq mois, au prix d'efforts inimaginables, ils doivent lutter pour échapper à l'emprise de cette forêt hostile à l'homme. Pour ne pas périr de faim, il leur faut manger la viande noire et gluante des singes. Leur régal est parfois de pouvoir dévorer la chair d'un serpent. Affaiblis par les fièvres, vaincus par la malaria, il leur est impossible de découvrir la moindre trace d'or. Revenus en Amérique, Stevens renonce à l'aventure et devient violoniste dans un orchestre de brasserie. O'Neill, lui, n'est pas encore découragé. Il trouve cependant le temps d'épouser, le 2 octobre 1909, Kathleen Jenkin[1], qui lui donne un fils, Eugene Gladstone O'Neill Jr. le 5 mai 1910. Mais à vingt et un ans, la vie de famille ne lui sied guère. Le couple divorce peu après et Kathleen épouse bientôt un certain George Pitt-Smith (un comptable de New York) qui élève le petit garçon comme son propre enfant. Eugene O'Neill peut reprendre ses rêves d'aventurier.

Une nuit, il se promène sur les quais à Boston. Il s'approche d'un bateau norvégien. À la lueur des fanaux, il aperçoit deux marins qui fument leur pipe. « Où allez-vous ? », demande Eugene. Les matelots répondent : « À Buenos Aires ». Ces mots font l'effet d'une décharge électrique dans le cerveau d'Eugene O'Neill. Une heure plus tard, en manches de chemise, il lave le pont du bateau et le mois suivant, il hisse les voiles au beau milieu de l'océan. Il devient marin sur un caboteur. En 1911, O'Neill est de retour à New York. Son lieu de prédilection devient un bar dénommé *Chez Jimmy le Prêtre*. Ce n'est pas la beauté de l'endroit qui l'attire. À coup sûr, c'est un des cafés les plus sinistres de la ville. Quant à sa clientèle, elle n'a rien non plus de séduisant. Elle est composée de mendiants et de matelots en rupture de contrat. Mais pour le prix d'un demi de bière, le patron autorise ses clients à poser leur tête

---

1. Eugene O'Neill l'épousa dans le plus grand secret, au grand dam de son père qui soupçonnait la jeune fille d'en vouloir à son argent. Il falsifia même son âge en déclarant qu'il avait vingt-deux ans (il n'avait pas encore atteint la majorité légale pour se passer de l'autorisation paternelle). James exigea qu'on étouffe l'affaire et trouva judicieux que son fils s'éloigne des États-Unis pour fuir sa paternité.

sur le comptoir de bois et à dormir pendant une heure. Cette misérable existence délabre la santé de O'Neill et, à vingt-quatre ans, il doit être hospitalisé dans un sanatorium. Il est tuberculeux.

À la même époque, tout son univers familial semble s'écrouler. Dans un accès d'éthylisme, James O'Neill décide d'abandonner son fameux rôle fétiche d'Edmond Dantès. Mary, plus que jamais dépendante à la morphine, multiplie les cures de désintoxication et Jamie, tout aussi suicidaire, arrive souvent totalement saoul sur scène pour tenter de jouer. Pris par sa tuberculose pulmonaire, Eugene semble impuissant face au naufrage des siens.

Parfaitement désœuvré, voyant sa vie d'aventures à jamais terminée, c'est alors qu'il commence à écrire. En six mois, il compose onze pièces en un acte. De retour au sein du clan familial, Eugene O'Neill n'est guère le bienvenu. Son père est de méchante humeur. Il erre à travers la maison à la recherche des lampes électriques inutilement allumées. Malgré une petite fortune que lui a procurée son rôle d'Edmond Dantès, une sordide avarice le torture. Il enrage d'avoir eu à dépenser tant d'argent pour soigner Eugene et cette phtisie qu'il a longtemps niée et plaisantée.

Eugene va avoir vingt-quatre ans et qu'a-t-il fait de bon ? Rien. Sans aménité, le père demande à son fils :

« Qu'as-tu fait durant ton séjour au sanatorium ?

— J'ai écrit, répond Eugene. »

Et il tend les manuscrits de onze pièces en un acte et de deux pièces en trois actes. Le père va s'enfermer dans sa chambre et lit d'un seul trait les manuscrits. Deux heures plus tard, il redescend au salon, le visage hilare : « Excellent, mon garçon ! » Eugene respire, mais son père poursuit avec cet art du coup de théâtre que lui a enseigné la scène : « Malheureusement, ne compte pas sur beaucoup de spectateurs pour les applaudir. Les candidats au suicide sont rares et tes pièces pousseraient à la pendaison ou à l'asphyxie les plus optimistes. » Les pièces d'Eugene sont-elles si noires ? Leur auteur n'en a pas le sentiment. Il s'est contenté de décrire les hommes rudes qu'il a connus sur les voiliers et dans les bouges, leurs rêves, leurs songes toujours déçus. Quelques années plus tard, le public démentira le jugement un peu hâtif de M. O'Neill père. Eugene est en tout cas convaincu que l'écriture théâtrale constitue sa seule forme possible de survie.

C'est une étrange époque pour lui (ses biographes parleront de la période charnière de 1911-1912). Il hésite encore entre l'errance de port en port, la dérive dans l'alcool, la fuite éperdue de soi-même et l'intuition d'une issue possible avec l'écriture salvatrice. Certains biographes suggèrent qu'au printemps 1912, il tente pourtant de se suicider. Mais on ne sut jamais déceler la part de comédie et de sincérité dans cet acte autodestructeur.

Pendant les années 1910, « Gene » O'Neill devient un habitué de la scène littéraire new-yorkaise à Greenwich Village. Il se lie avec de nombreux radicaux, le plus notable étant le journaliste John Reed, fondateur du Communist Party aux États-Unis. Dans le même temps, l'écrivain a une relation romantique avec la femme de Reed, l'auteur féministe Louise Bryant. Il parvient péniblement à vivre de sa plume en écrivant pour le *New London Telegraph*.

En 1916, de jeunes audacieux, les *Provincetown Players*, ouvrent un théâtre : The Warf Theater (Le Théâtre du Quai), dans un vieux débarcadère face à la mer, à l'extrémité du cap Cod en Nouvelle-Angleterre. On y joue une pièce en un acte : *En route vers Cardiff*. L'Amérique moderne découvre son premier auteur dramatique : Eugene O'Neill. Longtemps mis à l'index par un puritanisme sectaire, puis étouffé par les nécessités du commerce, le théâtre littéraire a eu beaucoup de peine à s'imposer auprès de l'élite américaine. À celle-ci on a montré des œuvres de Maeterlinck ou de Strindberg. Elle est restée étrangère à ces personnages et à ces problèmes venus d'un autre continent. Or, soudain, O'Neill apporte aux spectateurs ce qu'ils attendaient : des héros qui leur ressemblent, des hommes solidement campés sur leurs jambes au milieu d'un monde bien réel et qui, cependant, souffrent au fond de leur âme d'une peine qu'ils ne parviennent pas à comprendre. Désormais, la réussite d'Eugene O'Neill va être éclatante. En 1920, sa pièce *Derrière l'horizon* obtient le prix Pulitzer, récompense accordée à la meilleure œuvre théâtrale de l'année. En 1922, c'est *Anna Christie* ; en 1928, *L'Étrange Intermède* qui remportent la palme. Sa renommée dépasse bientôt les frontières des États-Unis. *Le Singe velu, L'Empereur Jones, Le Deuil sied à Electre* sont joués dans le monde entier. En 1936, le prix Nobel couronne la gloire d'Eugene O'Neill.

Cette réussite va-t-elle apporter le calme à ce tourmenté ? Sa première grande histoire d'amour avec Louise Bryant se solde par un échec. En 1917, entre alors en scène une certaine Agnès Boulton, dont la famille d'origine anglaise a émigré aux États-Unis à la fin du siècle. Une dynastie d'artistes : beaucoup de peintres et de musiciens. Agnès elle-même fera les Beaux-Arts à Philadelphie. Agnès Boulton est née à Londres, le 19 septembre 1893. Ses parents, « Teddy » et Cecil Boulton, vivent dans une confortable villa de Chesnut Street à Philadelphie. Edward W. Boulton est un peintre paysagiste reconnu qui fréquente les milieux artistiques (c'est lui qui co-exécuta le masque mortuaire de Walt Whitman un an avant la naissance d'Agnès). Sa mère, Cecil Williams Boulton, a connu toute son enfance une ambiance créative. Sa grand-tante, Margery Williams Bianco, a écrit un des classiques de la littérature enfantine : *Le Lapin de velours*[1]. Sa tante est une femme peintre étonnante : Pamela Bianco. Elle a été brièvement la maîtresse de d'Annunzio (Chaplin collectionnera ses tableaux à la André Derain) et a connu Picasso jeune au Bateau-Lavoir. Et enfin, son grand-père enseigna la littérature à Oxford.

Agnès Boulton a trois plus jeunes sœurs : Barbara, Margery Winifred dite « Budgie » et Cecil Maude. Les quatre filles sont fascinées par leur mère : elle fume, elle écrit, elle se plonge dans les philosophes, elle prend même un amant. Comme le dira Agnès : « C'est bien la première femme émancipée que j'ai connue ! » On la croirait libérale, mais elle a la fâcheuse tendance à leur administrer des corrections avec une sangle de cuir au moindre écart. D'ailleurs, les filles Boulton ont droit aux écoles religieuses. Comme son père, Agnès peint avec un certain talent. C'est une enfant précoce : à treize ans, elle a déjà lu Kant.

Mais la jeune fille, à la beauté remarquable, montre aussi quelques dons d'écrivain. Dès 1910, elle vend sa première nouvelle

---

1. À l'issue de son spectacle *La Symphonie des hannetons* donné au Lyric Theater à Londres, James Thierrée, le génial fils de Victoria Chaplin, eut la surprise de voir arriver dans sa loge l'actrice Helena Bonham Carter et sa mère venues lui offrir un exemplaire relié du *Lapin de velours*, en assurant que ce livre résumait tout l'esprit de son show. Le sous-titre n'en était-il pas *« How toys become real »* ? James adora l'ouvrage et tomba des nues quand sa mère l'informa qu'il s'agissait bien du propre livre publié en 1922 par son arrière-arrière-grand-tante Margery Williams Bianco (1890-1944). La vision de l'enfance de Margery rejoignait la sienne par un de ces purs hasards que le destin réserve aux dynasties d'artistes. James évoque parfois l'influence de ce conte dans sa vie : « Il y a une histoire que j'aime beaucoup : celle du lapin en peluche qui discute avec un vieux cheval à bascule. Ce dernier dit au lapin : *Je suis usé, mais moi, au moins, je sais ce que c'est d'être vrai*. Et puis un enfant trouve le fameux lapin, en fait son doudou, et plus il l'aime, plus il le détruit. Mais le lapin est de plus en plus heureux car il comprend à son tour ce que cela veut dire : être vrai ! » Et James de confier : « La vie passe, on fait des choses, elles nous affectent, mais on reste vivant. »

His Former Wife, a une revue cotée. En 1912, paraît *Tombstone Number Seven* dans *Cavalier*. En 1913, elle récidive en publiant *With Eyes Flesh* dans *Young's Magazine*. À l'évidence, elle a un joli brin de plume !

Juste avant que n'éclate la Première Guerre mondiale, Agnès Boulton part pour l'Angleterre visiter sa famille et sa grand-mère (« Granny Williams »). C'est là qu'elle rencontre un correspondant de guerre du nom de Burton. Elle l'épouse, mais le jeune marié trouve la mort sur la frontière belge. La jeune veuve donne bientôt naissance à leur fille, Barbara. De nombreux mystères entourent ces deux événements. Les Boulton ignoreront toujours le prénom du père de l'enfant et ne posséderont pas la moindre photo. En 1928, au moment du divorce, Eugene O'Neill engagera un détective chargé d'élucider ce mystérieux mariage, dans l'espoir de trouver des éléments à charge contre Agnès. Que découvrit-il ? La jeune femme rencontra en effet, en Angleterre, un certain Joseph L. Burton. S'il s'est prétendu écrivain, aucun ouvrage n'est recensé à son nom dans le catalogue de la British Library Board. O'Neill ne tomba sur aucun registre de mariage, aucun certificat de naissance au nom de Burton. On retrouve la trace d'Agnès Boulton Burton[1] en 1915, aux États-Unis, où elle rentre sans rien dire à personne. A-t-elle reçu un héritage ou disposait-elle d'une petite cagnotte ? Le 15 décembre 1915, elle achète une modeste ferme, *Corwall Bridge*, dans le Connecticut, à un certain Courtland Young. Or, ce dernier est l'éditeur de la revue *Young's Magazine*, qui publiera treize nouvelles d'Agnès pendant la guerre. On suppose qu'il y eut un flirt entre eux, mais rien ne sera officiel. La vie de la jeune veuve à la campagne n'est guère idyllique. Le marché du lait n'est pas brillant et les cours ne cessent de chuter. La jeune fermière ira même manifester à New York, le 6 octobre 1916, avec d'autres agriculteurs. Mais bientôt, elle baisse les bras, décide de revendre sa ferme et de se consacrer entièrement à l'écriture.

De retour à New York, Agnès s'occupe de sa petite fille mais n'en continue pas moins de fréquenter le milieu littéraire new-yorkais, tant elle aspire à devenir écrivain. Lors d'un séjour au *Brevoort Hotel*[2] de Greenwich Village, une amie commune,

---

1. On trouve ces éléments dans la préface de *Wind is Rising, the correspondance of Agnes Boulton and Eugene O'Neill*, introduction de William D. King, Farley Dickinson University Press.

2. Très étrangement, deux ans plus tard, le peintre Edward Fisk (un ami proche

Christine Ell (elle inspirera le personnage de Josie dans *Une Lune pour les déshérités*), l'emmène dîner au *Golden Swan Saloon* (sur la 6ᵉ Avenue) qui est surnommé « *The Hell Hole* » et présente Eugene O'Neill à Agnès Boulton, le 30 décembre 1917. Sur les accoudoirs du fauteuil, les mains du jeune dramaturge se crispent : il est frappé par la beauté de sa voisine, son magnétisme. Elle remarque que cet homme maigre, taillé au couteau dans un bois dur, à la petite moustache retroussée, à l'élégance stricte et tiré à quatre épingles, à la rude personnalité, est fasciné par elle. Ils partagent la même passion de l'écriture. Lui commence à réussir, elle a besoin d'encouragements. En la raccompagnant ce soir-là jusqu'à la porte de sa chambre, il lui murmure cette phrase théâtrale : « Je voudrais désormais partager toutes mes nuits avec vous. » Ils se revoient très vite. Eugene l'incite à continuer d'écrire, semble confiant dans son talent ; Agnès finit par vivre avec lui. A-t-elle conscience que la gloire montante n'empêche pas O'Neill de chercher refuge dans l'alcool ? A-t-elle envie de jouer le rôle de muse, elle à qui Eugene dédicacera ainsi sa pièce *Derrière l'horizon* : « En souvenir de l'instant merveilleux où j'ai vu pour la première fois dans tes yeux la promesse d'un pays plus beau que tous ceux que j'avais connus, un pays dont j'avais rêvé sans espoir, un pays situé derrière l'horizon. »

En décembre 1917, ils louent à Provincetown un cottage où ils passent l'hiver et le 12 avril 1918 se marient devant le révérend William Johnson. Mais Eugene O'Neill, si possessif et si attaché au calme pour écrire, supporte mal la présence de la petite Barbara, que les parents d'Agnès finissent par élever.

O'Neill est entier comme ses personnages. Son œuvre, il est vrai, est inséparable de sa vie. Il n'a pas écrit une ligne qui ne soit le fruit d'une expérience personnelle. Son œuvre constitue souvent pour lui une sorte de refuge, une auto-analyse, une image parfois paroxysmique de ses obsessions. Mais son goût pour la tragédie dramatise sa vie même. Comme l'écrivit avec ironie l'un de ses rares amis : « Il faut qu'il souffre pour être heureux, il faut qu'il lance un défi à la vie pour trouver son harmonie. » Agnès joue donc les infirmières dociles, les assistantes dévouées, pressent ses

---

d'O'Neill) rencontre exactement au même endroit Cecil Boulton, la plus jeune sœur d'Agnès. Il l'épousera en 1920. Agnès et Cecil ne cessèrent de se fréquenter pendant toutes ces années.

caprices, devance ses désirs. Souvent, ils se heurtent. Mais dès qu'elle n'est plus là, l'homme se sent perdu. Certes, elle admire le personnage : sa volonté que rien ne peut rebuter, son orgueil qui le fait se cabrer, son amour du rêve que lui ont légué ses ancêtres et son talent si évident. Au moment de leur mariage, Eugene O'Neill, en écrivant *L'Empereur Jones* et *Le Grand Singe velu*[1] démontre qu'il a de grandes ambitions théâtrales, car ses pièces ne ressemblent en rien à des œuvres classiques. Elles ne cherchent pas à mettre en scène une situation dramatique. Elles s'efforcent au contraire, avec des moyens empruntés en partie au théâtre de Strindberg, de traduire les états d'âme purement intérieurs d'un personnage.

La force d'O'Neill est d'introduire dans le théâtre américain le réalisme dramatique. Ses écrits sculptent des personnages vivant en marge de la société, luttant pour maintenir leurs espoirs et aspirations, mais glissant finalement dans la désillusion et le désespoir. Pour O'Neill commence avec Agnès la période des succès, de la reconnaissance nationale et internationale de son génie.

La nouvelle Mme O'Neill, dont le désir d'écrire reste profond, est donc avant tout la première admiratrice de son mari. Mais il lui faut gommer le caractère entier et les crises d'anxiété de son époux pour croire vivre un vrai bonheur conjugal. O'Neill n'est guère facile. Physiquement, il est grand et bien bâti, même s'il semble parfois frêle. Il émane de sa personne une virilité qui subjugue : dans son sang coulent l'alcool, la testostérone, l'adrénaline et la colère. Il n'aime guère les nuances. Agnès découvre vite que l'amour avec « Gene » n'est pas dissociable de la passion. Ses sentiments sont immédiats, impérieux, intenses et il ne peut absolument pas concevoir une relation amoureuse sans fusion avec sa partenaire, sans ce désir irrésistible de ne rien ignorer de l'autre :

---

1. Yank, le héros du *Grand Singe velu*, est chauffeur à bord d'un transatlantique. Il est jeune, robuste et certain de sa force, mais un jour une jeune femme pénètre dans sa cabine. Elle a un geste de répulsion. D'un seul coup, Yank perd sa confiance en lui. Obsédé par un sentiment d'infériorité, il erre à travers la ville. Partout, il se heurte à une civilisation hostile. Bientôt, il comprend qu'il n'est rien d'autre sur cette terre qu'un « grand singe velu ». Une nuit, il s'en va à Central Park et se fait étrangler par son frère le gorille. *L'Empereur Jones* est un Noir américain qui est parvenu à devenir le souverain absolu d'une petite île des Indes occidentales. Las de sa tyrannie, ses sujets se révoltent. Jones se sauve en emportant ses richesses. Mais seul dans la forêt, les remords l'assaillent. Il revoit ses crimes passés. Il n'a plus le courage de fuir. Cerné par le bruit des tam-tams, il se laissera tuer par les flèches empoisonnées de ses ennemis.

émotions, sentiments, sexualité, tout doit être vécu à la limite de la possessivité absolue et sans retenue. C'est parfois épuisant !

En janvier 1919, elle découvre qu'elle est enceinte. La nouvelle ne la transporte pas de joie. Comment pourrait-il en être autrement ? Son mari lui a clairement fait comprendre qu'il n'aspire qu'à un amour exclusif, sans rien qui puisse les séparer. Il a même imposé comme condition à leur vie commune qu'ils ne soient jamais dérangés. Une existence repliée sur eux-mêmes est sa condition *sine qua non*. Eugene O'Neill n'est guère à l'aise avec les enfants. Dans ces conditions, on comprend mieux la réticence d'Agnès à avouer à son mari son état. Elle laisse passer quelques jours avant de lui confier enfin qu'elle est enceinte.

La première réaction d'Eugene est de penser que le médecin se trompe. Puis, il choisit d'observer un long silence avant de retourner à sa table de travail, laissant Agnès mal à l'aise devant cette apparente froideur. Heureusement, ce soir-là, leur chatte Happy donne naissance à plusieurs chatons et mari et femme passent la soirée à l'unisson à observer la portée et à baptiser les bébés des noms de Whiskey, Blow et Drumstick. À la fin de la soirée, Eugene a la délicatesse de prendre Agnès dans ses bras et de l'embrasser tendrement. La naissance des petits félins sauve du naufrage l'annonce de cette grossesse.

Le 30 octobre 1919, naît un fils, baptisé Shane Rudraighe. Avec l'arrivée de ce bébé, la solitude nécessaire à l'écrivain pour sa création se trouve un peu menacée. Dans les cinq années qui séparent les naissances de leur fils et de leur fille, l'aura d'Eugene O'Neill grandit dans le monde littéraire, tandis qu'Agnès va cumuler les rôles d'épouse, mère et écrivain. Heureusement, une nanny surnommée affectueusement « Gaga » vient l'épauler (elle se nomme en fait Fifine Clark et est d'origine française).

En 1920, avec *Derrière l'horizon*, il obtient son premier prix Pulitzer. Mais le passé le hante plus que jamais. Son père est mort alcoolique en août 1920 ; sa mère, toute sa vie dépendante de la morphine, disparaît en février 1922[1] ; et son frère Jamie, après plusieurs crises de *délirium tremens*, s'en va, à son tour, en novembre 1923. Tous se retrouvent quelques années plus tard dans

---

1. Comme le fait remarquer Joséphine Chaplin : « Elle rendit les siens complètement fous avec ses problèmes d'alcool.Puis elle découvrit Dieu et sembla en extase.Tous le monde fut anéanti par son comportement et ses errances. »

la pièce autobiographique *Long Voyage vers la nuit*. En quatre actes, O'Neill les fait se confesser et se déchirer, se dénuder et se flageller jusqu'à ce que la nuit et le brouillard élèvent un écran définitif entre leurs rêves et le monde. Cette période des années 1920 est marquée par une activité créatrice intense, perturbée par le succès dont O'Neill accepte difficilement les exigences. Perpétuellement insatisfait et tourmenté, il sait que sa timidité et sa nervosité s'accommodent mal des interviews et de la curiosité du public. La critique Elizabeth Shepley Sergeant trace le portrait suivant dans *New Republic* : « O'Neill a toujours marché seul, éternel étranger pour ceux qui l'entouraient. Alors qu'il ne savait pas encore qui il était, il souffrit de cet isolement et tenta d'y remédier en s'abritant derrière l'aventure et le romantisme. Sur ses photos, on voit un masque arrogant et dédaigneux. Les yeux de rêveur torturé, le port de tête fier, la chevelure noire blanchie par endroits, le visage menaçant et tragique aperçu à une "couturière" fuyant les compliments, semblent également confirmer la légende. Mais si vous poussez le dramaturge dans ses derniers retranchements, vous le trouverez malheureux et mal à l'aise dans sa solitude[1]. »

En 1922, dans une période difficile pour O'Neill, pris entre le deuil de son père, la mort de sa mère et le désespoir suicidaire de son frère, il écrit la pièce *Enchaînés* où il semble prôner l'équilibre des liens du mariage. Son union avec Agnès ne constitue-t-elle pas le seul lien stable et vivant ? Plus que jamais, il s'isole pour écrire, se réfugie dans son œuvre, dresse des barrières entre lui et les autres. C'est un homme qui craint tout contact social, qui redoute d'avoir à paraître et fuit les obligations. Sa maison de Peaked Hill, une ancienne habitation de garde-côte qui appartint à l'écrivain Mabel Dodge Luhan, située à la pointe des dunes, à des kilomètres des premières maisons de Provincetown, constitue un refuge parfait. À l'un de ses amis, il écrit : « Là-bas, je sens vraiment ma parenté et mon harmonie avec la vie, le sable, le soleil, la mer et le vent ; on se dissout en eux et on devient aussi insignifiant et aussi plein de sens qu'eux. On sait que l'on est seul[2]. » Agnès veille sur sa solitude, l'encourage à faire des kilomètres à la nage et protège son travail de tout dérangement.

---

1. Françoise du Chaxel, *O'Neill*, Seghers.
2. Françoise du Chaxel, *ibid*. Il acheta cette ancienne maison de garde-côte dès mai 1919, grâce à un prêt de son père.

Tout irait bien dans le couple si l'alcoolisme latent d'O'Neill ne se réveillait. Agnès ne veut pas en tenir compte et tient à agrandir sa famille. Lorsqu'ils partent, en décembre 1924, rejoindre les Bermudes, elle est enceinte. C'est leur ami Harold de Polo qui les y convie. Ils débarquent le 1er décembre du paquebot *Fort St George*, au port d'Hamilton. Ils ne passent pas inaperçus[1]. Tous deux sont accompagnés de Shane (quatre ans), Barbara Burton, de la nurse Fifine Clark et de deux chiens : Finn Mac Cool et le bull-terrier Bowser. Le temps de passer les douanes britanniques, ils atterrissent au *New Windsor Hotel* sur Queen Street. Le choix des Bermudes a été dicté par les recommandations du Dr Alexander Miller, spécialiste de la tuberculose, qui veille sur la santé d'O'Neill. Le climat doux, le parfum des bougainvillées et des hibiscus et les plages désertes semblent idylliques.

Ils résident d'abord dans un cottage baptisé *Campsea* sur la côte Sud à Paget West. Puis, quand l'arrivée du bébé devient imminente, ils prennent possession d'une petite villa à Southcote. Agnès consulte plusieurs fois un médecin généraliste du coin, le Dr W. E. Tucker, qui lui promet de veiller sur son accouchement, lui évitant ainsi la promiscuité du King Edward Memorial Hospital d'Hamilton. Dans la soirée du 13 mai 1925 commencent les contractions. Shane O'Neal racontera[2] : « Il faisait très sombre. Maman m'a réveillé et m'a ordonné d'aller dormir dans la chambre de père. J'ai le souvenir de nos conversations dans cette pièce. Il était terriblement préoccupé. Il détestait ce type d'attente. On entendait du bruit dans la chambre de maman. Il m'a chuchoté pour me dire comme il était inquiet. » Une infirmière du nom de Maude Bish[3], qui est leur plus proche voisine, assiste Agnès et le médecin. « On a parlé toute la nuit, dira Shane. Finalement, la nurse a appelé mon père pour lui annoncer que c'était une fille. Après toute la tension de la nuit, ce fut un vrai soulagement. Je me souviens quand on m'a conduit dans la chambre de maman ; on m'a montré le bébé : elle avait des cheveux foncés et de grands cils noirs. » C'est, en effet, une petite fille d'une

---

1. La *Royal Gazette and Colonist Daily* annonce à la une leur arrivée. Les journalistes respecteront cependant leur désir de discrétion pendant tout leur séjour.

2. Bowen Croswell, *The Curse of the Misbegotten*, Rupert Hart Davis.

3. Maude Bish est l'épouse d'un psychiatre new-yorkais qu'O'Neill consultera par la suite.

exceptionnelle beauté qui voit le jour en ce petit matin du 14 mai 1925. Oona fait la joie de sa mère et de son frère.

Comme le veut la tradition irlandaise, à la naissance d'une fille le père fait un vœu ; il le griffonne sur un petit bout de papier qu'il cache ensuite dans une bouteille. Elle ne sera malheureusement pas retrouvée et l'intéressé ne sera plus là pour lire à haute voix le message, au vingtième anniversaire d'Oona. Agnès donne le sein à son nouvel enfant (Oona fera de même avec ses huit rejetons). O'Neill contemple ce spectacle apaisant : il remarque les premières tétées maladroites du nouveau-né, puis s'amuse de ce que sa petite fille prenne goulûment le mamelon entier dans sa bouche. Elle pleure peu. L'écrivain passe cependant le moins de temps possible avec ses enfants, comme si leurs cris le dérangeaient dans son travail. C'est tout de suite après la naissance d'Oona qu'il décide d'ailleurs de faire chambre à part, invoquant les exigences de son inspiration à toute heure de la nuit et du jour. Agnès ne dit mot.

À la fin de juin, l'enfant n'a qu'un mois, mais les O'Neill se sentent prêts à repartir pour le nord des États-Unis. Délaissant Peaked Hill pas assez confortable pour un nouveau-né, ils décident de partir pour Nantucket. Mais Eugene choisit de s'arrêter à New York afin de régler plusieurs détails sur ses pièces. Seule avec ses enfants, Agnès reçoit néanmoins lettre sur lettre de son époux : « Je suis terriblement solitaire et vous me manquez diablement. Je pense sans cesse à Oona. Je n'aurais jamais pensé aimer tant un enfant. » Les mois à Nantucket sont idylliques. L'île donne presque l'impression d'être inhabitée. S'y côtoient de minuscules maisons et de splendides demeures de bois gris, si grandes, si impressionnantes, qu'elles prennent parfois l'aspect de manoirs hantés. Leur joli cottage fait fièrement face à la mer. Sur les plages, balayées par le vent, l'océan réserve un cadeau inestimable à O'Neill et à son fils : les phoques. Ils nagent dans l'eau froide au milieu d'eux, sans oser y croire. Au loin, passent des baleines à bosse, rappelant le passé de Nantucket, qui inspira à Herman Melville son célèbre *Moby Dick*. À ce moment de sa vie, il est comblé par le succès à Londres de sa pièce *L'Empereur Jones* où triomphe Paul Robeson et entame une nouvelle œuvre, *Le Rire de Lazare*. Il cesse de fumer et modère la boisson. Aurait-il vaincu ses démons ?

En février 1926, toute la famille est de retour aux Bermudes et emménage à *Bellevue*, une splendide propriété de vingt-cinq acres à Laget Parish. C'est un moment privilégié où le dramaturge prend soin de sa fille et lui consacre du temps et de l'attention. Bientôt, on doit déménager pour une autre maison sur la baie de Little Turtle : *Spithead*. Eugene adore les bruits qui courent sur cette maison du XVIIIe siècle : elle serait hantée et aurait servi de repaire à un pirate. Il s'y lance dans de longs travaux de rénovation et installe ponton et terrain de tennis. Les travaux s'élèveront à plus de 20 000 dollars.

La période est heureuse. Le père emmène ses enfants à la plage, surveille leurs jeux aquatiques, joue son rôle de père tendre et câlin. L'été 1926, la famille fait un long séjour à Loon Lodge sur les lacs de Belgrade dans le Maine. Shane a six ans, Oona seulement quatorze mois. Agnès se rend compte que cette vie de famille et le bruit qu'elle engendre empêchent le dramaturge de travailler au calme. Elle lui fait installer une cabane à l'écart de la maison. Les enfants apprennent très jeunes à laisser leur père tranquille. Mais l'agitation d'une maison pleine d'enfants lui devient insupportable. Le pire est atteint quand la petite Barbara Burton, dite « Bee », élevée par les parents Boulton, rejoint son frère et sa sœur. Agnès serait-elle incapable d'organiser une vie qui lui offre le calme nécessaire à son travail ? L'écrivain pense qu'il n'est vraiment pas fait pour la vie de famille et s'en plaint ouvertement. L'atmosphère devient tendue. Agnès et lui sont bientôt interviewés par le Dr G. V. Hamilton qui prépare un livre : *A Research in Marriage*, qui ne sera publié qu'en 1929. C'est un proche du producteur de théâtre MacGowan et O'Neill, d'habitude si réservé, lui confie ses tourments. Après avoir répondu à ses questions, O'Neill poursuit ses entretiens avec le psychanalyste pendant plus de six semaines. Cette psychothérapie rapide, qu'il continue avec le Dr Bish, lui permet de se libérer de la boisson. C'est alors que, privé de ce refuge, il souffre plus profondément de l'instabilité de sa vie matérielle et tient sa femme pour responsable de son état. « Il était dominateur, vaniteux, susceptible, autoritaire, entêté, intolérant et égocentrique », témoignera un proche.

Or, en cet été 1926, Eugene O'Neill renoue avec une comédienne, Carlotta Monterey, rencontrée cinq ans auparavant. L'élégante actrice va désormais faire autre chose que de la figuration dans la vie de l'écrivain[1]. Le talent d'Eugene et l'ambition de l'actrice sont

---

1. Née le 28 décembre 1888 à San Francisco, Haazel Neilson Taasinge, dite Carlotta Monterey, a connu une enfance pauvre à Oakland et l'abandon de son père. La jeune fille fit ses débuts à Broadway en 1915. En avril 1922, elle crée

au diapason. Carlotta et O'Neill deviennent bientôt des figures habituelles du paysage social du Maine où se croisent Elizabeth Arden et d'autres figures à la mode. Mais, sans doute aveugle, Agnès O'Neill ne veut pas croire que des liens amoureux existent entre l'actrice et son mari. Si Eugene est resté fidèle à Agnès pendant les huit années de leur mariage, l'entrée en scène de Carlotta Monterey met à mal son sens de la droiture. En elle, O'Neill trouve le refuge qu'il cherche depuis l'enfance. Bientôt, il s'épanche et lui parle de ses angoisses. Elle témoignera : « Il répétait : "J'ai besoin de vous, j'ai besoin de vous", jamais : "Je vous aime, je pense que vous êtes merveilleuse", simplement : "J'ai besoin de vous, j'ai besoin de vous." Parfois, c'était un peu effrayant. Personne ne s'était plaint ainsi devant moi en disant qu'il avait besoin de moi. Et j'ai découvert qu'il avait vraiment besoin de moi[1]. » Dans ses lettres à Agnès, il jure de façon véhémente qu'il n'y a rien de charnel dans ses relations avec Carlotta. Cette dernière reçoit pourtant missive enflammée sur missive enflammée et sans la moindre équivoque de la part du dramaturge. En avril 1927, Teddy Boulton, le père d'Agnès, meurt de la tuberculose. Sa fille quitte le domicile conjugal pendant une semaine afin d'assister à l'enterrement à Philadelphie et retrouver les siens, laissant O'Neill et la nurse garder Shane et Oona. Étrangement, Eugene supportera très mal ce court voyage, envoyant même un courrier plein de reproches à son épouse, comme si, par son absence, Agnès légitimait son besoin de retrouver Carlotta.

Tandis que les siens retournent passer l'hiver aux Bermudes, O'Neill est à New York pour superviser plusieurs de ses pièces.

---

une pièce d'O'Neill : *Le Singe velu*, où elle joue le rôle de Mildred. Sa dernière apparition sur scène à New York aura lieu en 1924. Elle a tourné trois films à Hollywood dont le dernier en 1925, *The King of Main Street*, avec Adolphe Menjou, l'un des protagonistes de Chaplin dans *L'Opinion publique*. Mariée trois fois, elle vient de divorcer en 1926 du dessinateur Ralph Barton (qui ne se remettra jamais de leur séparation et se suicidera le 13 mai 1931). Hasard de la vie : Ralph Barton est l'un des amis de Charlie Chaplin et l'accompagnera même dans la première étape de son tour du monde. Quand le suicide de Barton fera la une des journaux, Eugene O'Neill, devenu l'époux de Carlotta, déclarera : « Je n'ai jamais vu Barton de toute ma vie. Mme O'Neill ne l'a pas vu pendant cinq ans. » Carlotta, qui avait l'ambition chevillée au corps, laissa la garde de sa fille Cynthia, née en 1917, à son deuxième mari : Malvin Chapman Jr. Tout comme pour Oona, Carlotta fut sans pitié pour son unique fille. Chaplin, dans ses Mémoires, mentionnera en passant qu'il la rencontre en 1914. Mais en fait, ils se croisèrent beaucoup plus souvent qu'il ne l'avoua.

1. Gelb Arthur et Barbara, *O'Neill*, Harper&Row.

Carlotta est du voyage. La passion s'installe entre eux et O'Neill finit par tout avouer à sa femme, suggérant même qu'ils fassent ménage à trois, ce qui révolte Agnès qui ne tient pas à sauvegarder les apparences. Fin 1927, il la presse de le rejoindre à New York. Elle s'y refuse. Elle a tort, car l'écrivain a déjà choisi Carlotta plutôt que sa femme. Malgré son intelligence, Agnès n'a pas compris le danger de la situation. Elle a pensé que le mariage et leurs enfants pèseraient davantage sur le plateau de la balance.

O'Neill semble pourtant prôner une certaine ambiguïté en s'installant avec sa séduisante actrice et en écrivant à son épouse : « Si je reste avec Carlotta, tu verras, je te reviendrai comme meilleur mari. » Dans une lettre du 20 décembre 1927, O'Neill a beau jeu de reprocher à sa femme « d'être trop liée à lui » et l'encourage à reprendre sa liberté comme « base de notre compréhension » ! Il pousse le culot jusqu'à lui dire : « Mon cadeau de Noël, c'est de te donner ta liberté absolue. » Et l'écrivain d'ajouter : « Tu es encore jeune et belle et, avec ce que le destin pourra t'offrir, tu as toutes les chances de trouver à nouveau le bonheur – un bonheur dont il est devenu évident que je ne pourrai pas te l'apporter. » Quant à ses responsabilités de père, il les esquive déjà, notant dans une lettre du 26 décembre : « Pour le futur bonheur de Shane et Oona, je suis sûr que cela sera mieux d'être un ami plus qu'un père. »

En janvier 1928, l'écrivain est bien décidé à épouser Carlotta. À ses yeux, l'actrice est tout ce qu'Agnès n'est pas : organisée, sereine, excellente maîtresse de maison et prête à jouer le rôle qu'O'Neill attend d'elle. Le dramaturge se persuade que seule Carlotta va savoir effacer les problèmes de la vie matérielle pour qu'il n'ait plus qu'à penser à son œuvre. Tout ce dont il a besoin, c'est d'un divorce rapide. Mais sa femme décide de se mettre en travers de leur chemin.

Le 10 février 1928, Eugene et Carlotta s'embarquent pour l'Angleterre. Agnès a droit à une lettre exigeant d'elle qu'elle accepte de divorcer et Shane reçoit une missive où son père exprime son amour pour lui et sa sœur. Une tentative désespérée pour se justifier aux yeux de ses enfants qu'il abandonne bel et bien ! Eugene O'Neill entame donc sa nouvelle vie, loin de son fils de huit ans et de la petite Oona, âgée d'à peine deux ans.

II

ORPHELINE

S I, DANS UN PREMIER TEMPS, EUGENE O'NEILL maintient un contact épistolaire avec ses deux enfants, (les lettres sont adressées à Shane, mais elles comportent toujours un message pour Oona), le temps espace peu à peu ces liens. Il réside en Europe et voyagera en Asie, bien loin d'eux.

Oona sent l'abandon et recherche frénétiquement des photos de son père dans les magazines de l'époque. Elle ne cesse de l'évoquer et éclate parfois en larmes à la simple évocation du nom de « Daddy ! Daddy ! ». Dès qu'elle est enfin en âge d'écrire, elle lui envoie de longues missives de sa petite écriture d'enfant et d'innombrables dessins. O'Neill y répond, l'assurant de tout son amour. Tandis que Shane raconte à son père les moindres détails de leur vie quotidienne, Oona est plus romantique ; elle évoque ses chiens et son univers de petite fille. O'Neill répond par un envoi massif de photos. Depuis Londres, en janvier 1929, il note : « J'aimerais tant vous revoir que je me sens capable de prendre le premier bateau pour l'Amérique, mais mon travail me retient ici. » Oona réplique par un bouleversant : « Je t'aime tant Papa, ne m'oublie pas ! »

Malgré ses excuses, le dramaturge reste trois longues années sans revoir ses enfants. Agnès n'est pas mieux lotie. Eugene lui fait clairement savoir qu'il partage sa vie avec Carlotta et qu'il l'épousera dès qu'elle acceptera enfin le divorce. Devant l'obstination de son épouse à refuser leur séparation, il intrigue et menace de la déshonorer par tous les moyens, la faisant passer pour alcoolique, mythomane et peu maternelle avec ses enfants (il a même engagé un détective privé pour mieux parvenir à ses fins).

Sur le conseil de son avocat, Harry Weinberger, il menace de divulguer à la presse toutes les abominations supposées de sa femme. Agnès est contrainte de trouver un conseiller juridique en la personne d'Arthur F. Driscoll. Après d'interminables négociations tendues et pénibles, elle consent au divorce. Pour rendre plus discret l'officialisation de cette séparation, l'avocat d'Eugene O'Neill conseille à la jeune femme de divorcer à Reno au Nevada. Elle doit alors y séjourner trois mois avant d'obtenir ce fameux certificat, ainsi que la loi de l'État le stipule.

Agnès ne reste pourtant pas abattue par l'échec de son mariage. Elle s'éprend d'un journaliste, James J. Delaney, alors rédacteur en chef adjoint du quotidien *Albany Times Union*. Mais alors qu'O'Neill s'affiche ostensiblement aux bras de Carlotta, Agnès et James se montrent discrets. Arrivée à Reno en mars 1928 pour un séjour de trois mois, celle-ci a laissé ses enfants aux soins de leur nurse et sous la surveillance de son boy-friend Jim Delaney. Pour Oona, c'est une période difficile, même si Jim Delaney joue les pères par procuration. Chaque jour, la petite fille accompagne Jim à la poste au cas où son père ou sa mère lui aurait écrit. Dans une lettre à Agnès, Delaney dit : « Je crois qu'Oona est en train de commencer à m'aimer, mais c'est réciproque. Elle a beaucoup d'importance à mes yeux et me rappelle tant votre visage ! »

Pour son quatrième anniversaire, Oona reçoit une poupée indienne et son père, par l'intermédiaire de son avocat, fait parvenir un jouet du célèbre magasin new-yorkais FAO Schwarz ainsi qu'un chèque de vingt-cinq dollars. Aucun de ses parents n'assiste à sa party d'anniversaire.

Le 1er juillet 1929, Agnès obtient enfin à Reno que son divorce soit prononcé pour abandon du domicile conjugal. Eugene O'Neill et Agnès obtiennent les mêmes droits sur les deux enfants. Sur un plan financier, il s'engage à verser 6 000 dollars annuels pour leurs études. Il y a cependant une clause résolutoire dans leur accord : il est interdit à Agnès d'utiliser leur passé conjugal pour accorder des interviews ou écrire un livre. Est prohibée également la possibilité de publier ses lettres et de vendre leur correspondance et les manuscrits de l'écrivain et ceci *ad vitam aeternam* (au fil des ans, Agnès violera chacune de ces règles).

C'est soulagée qu'elle rentre à Point Pleasant. Bien qu'attachée à James Delaney, elle ne cherche pas à se relancer dans un mariage. Elle y perdrait l'accord financier conclu avec O'Neill.

Le 22 juillet 1929, le dramaturge épouse à Paris Carlotta Monterey avec Lillian Gish comme témoin. Le couple va passer de longs mois dans le cadre luxueux du château du Plessis en Indre-et-Loire. O'Neill s'installe d'emblée dans une relation exclusive avec Carlotta. La possessivité de la jeune femme, isolant Eugene de tous ses amis et contrôlant toutes ses relations extérieures, ira *crescendo*.

Deux ans s'écoulent sans qu'Oona revoie son père. De cette absence de père, elle gardera à jamais de profonds bleus à l'âme, un tempérament mélancolique et le besoin instinctif de se retirer souvent dans sa coquille. Il faut attendre le 17 mai 1931 pour que Shane et elle puissent rendre visite à O'Neill dans une maison louée par le couple à Northport, Long Island. À douze ans, l'adolescent tend la main à son père, tandis qu'Oona, âgée d'à peine six ans, se précipite dans ses bras. O'Neill lui apporte une petite boîte à musique qui la ravit. Dans les semaines qui suivent, les enfants ont droit à une visite de New York dans une Cadillac conduite par un chauffeur. Malheureusement, Oona vomit pendant le trajet dans la luxueuse limousine, à la fureur du dramaturge : « Mais bon sang ! Pourquoi n'as-tu rien dit ? On aurait arrêté la voiture ! » Nullement traumatisée par l'incident, Oona écrira plus tard un témoignage de la scène, disant qu'elle n'était qu'une « gentille petite fille un peu timide[1]. » Sur son frère, elle porte un regard très lucide : « Je me sens désolée pour lui ! Triste qu'il doive affronter à son âge le divorce de ses parents, tandis que je ne suis qu'une enfant ! » Malgré cette vulnérabilité latente, le garçon demeure le héros de sa petite sœur. O'Neill fait à cette époque les gros titres des journaux. L'ex-mari de Carlotta, Ralph Barton, s'est suicidé le 19 mai 1931, et la presse à scandale s'intéresse à l'écrivain. Apaisé et sécurisé par l'amour de Carlotta, le dramaturge choisit d'ignorer les ragots.

L'année 1931 restera mémorable pour la petite Oona. Le 26 septembre a lieu une éclipse totale de la lune. Agnès permet aux enfants

---

1. Voir la biographie d'O'Neill par Arthur et Barbara Gelb (page 583) et Jane Scovell, *Oona*, Warner Books (pages 70 et 71).

de veiller très tard près de la maisonnette, afin d'assister à l'événement. Tout d'un coup, le ciel devient noir et le monde plonge dans l'obscurité. Shane et Oona dînent de sandwiches, d'une grande jatte de fraises et de petits pains aux raisins, conscients de vivre « l'éclipse du siècle ». Pour les tenir éveillés, Agnès leur fait chanter des comptines enfantines. Cette année-là, leur fox-terrier meurt mystérieusement, sans doute empoisonné par des voisins malveillants. Oona en aura un grand chagrin : elle a toujours trouvé les animaux faciles à aimer, leur portant un amour inconditionnel. Et ils constituent d'ailleurs sa grande passion : chiens et chats sont omniprésents sur ses photos d'enfance et s'attachent à ses pas comme à son ombre. Elle les nourrit elle-même, les câline et leur parle tout bas. « Maman avait des affinités médiumniques avec les chats en particulier », souligne Jane Chaplin.

De leur maison, *Old House*, à Point Pleasant, Oona évoquera les rosiers qui grimpent le long des murs en meulière. Elle se rappellera aussi la fragrance des muguets du jardin où elle dormait souvent, dans la chaleur des après-midi d'été : ce parfum ne la quittera jamais, pas plus que celui des lilas et des roses sauvages. Elle se souviendra quand la maison embaumait du parfum des gelées de groseilles ou d'abricots et quand Agnès se mettait à pétrir la pâte brisée destinée à la confection d'une tarte. Regarder pétrir puis étaler la pâte, sentir la bonne odeur qui s'échappe du four pendant la cuisson, la ravit au point qu'elle veut s'y mettre dès que possible. « Maman était une excellente cuisinière, affirme Jane Chaplin. Faire de la pâtisserie lui procurait un plaisir indicible. » Mais la plus liée à son enfance reste l'odeur qui s'échappe chaque matin de la cuisine, celle des toasts, du bacon grillé, du gruau d'avoine et des œufs.

La petite Barbara Burton est, par intermittences, présente dans l'enfance d'Oona. Elle aime sa demi-sœur, mais avec une certaine méfiance. « Oona appréciait Barbara, se souvient Joséphine Chaplin. Maman m'a raconté qu'elle croyait tout ce que la gamine lui disait. Un jour, Oona mangeait des tomates et Barbara lui demanda :

— Est-ce que tu manges aussi les graines ?

— Oui, opina Oona !

Et Barbara de lui assener le plus sérieusement du monde :

— Eh bien ce sont des microbes et si tu ne veux pas être malade, il faut te rincer la gorge avec un spray d'eau de Cologne. » L'histoire ne dit pas si Oona essaya. Barbara ne manque d'ailleurs pas d'imagination. Alors qu'elle vient de voir un film sur Marie Curie, elle installe aussitôt son propre laboratoire dans la cave de la maison, pousse une table contre un mur et la couvre de bouteilles de soda remplies d'eau colorée. Après avoir terminé sa préparation, la petite savante attire Oona dans son antre et lui annonce : « Je vais te donner un remontant », en versant un trait de soda dans la concoction verdâtre. Terrorisée, Oona parvient à s'échapper et sa geôlière éclate de rire ! Selon Jane Chaplin, Oona confia un jour que « Barbara fut en permanence jalouse d'elle pendant leur enfance ». Elle resta néanmoins toujours en contact avec elle, l'aida financièrement dans ses vieux jours et les enfants Chaplin firent de même jusqu'à sa mort le 10 avril 2009 à l'âge de quatre-vingt seize ans.

Shane parlera de leur enfance à Point Pleasant comme d'une période plutôt heureuse : « Je me souviens particulièrement des étés à la plage, de toutes ces choses que, ma mère et mes sœurs, nous partagions : l'îlot magique, la grotte, le ruisseau avec son grand trou d'eau, les myrtilles de Ryerson Hill, les croissants de l'hôtel *Springs*, la maison sur roues. Nous adorions grimper dans le grand lit de ma mère avant qu'elle ne se lève le matin, pour raconter les aventures que nous aurions si nous vivions dans une maison sur roues qui pourrait se déplacer partout dans le monde. Mère disait toujours que c'était moi qui inventais les histoires les plus imaginatives et fantastiques. Nous partions dans notre vieille Nash pour des voyages aventureux le long des routes envahies par les herbes qui nous conduisaient chez nos tantes qui faisaient des couvertures au crochet ou élevaient des dahlias extraordinaires... »

Leur cousine prénommée Dallas a le souvenir « d'une chasse aux bourdons qu'Aggie organisa dans le voisinage, chaque enfant étant équipé d'un bocal à confiture ». Et ce témoin d'un temps lointain de confier : « Oona était une petite fille très attachante. Elle se fixait toutes sortes d'objectifs et, chose peu commune, les atteignait. Elle était douée en couture et adorait rafistoler ses peluches, recoudre, rapiécer les trous, activité qu'elle pratiquait comme une opération chirurgicale avec un sérieux et une concentration qui inspiraient le respect. »

Eugene et Carlotta déménagent bientôt au nord de l'Oregon, un climat propice et tonique pour l'écrivain désireux de continuer son œuvre dans un cadre apaisant. Shane et Oona poursuivent leur enfance solitaire. Tandis que l'aîné connaît la discipline toute militaire de la Florida Military Academy[1], Oona fréquente la Ocean Road School de Point Pleasant. Puis Agnès l'envoie à la Warrenton Country School de Warrenton, où elle apprend en particulier le français.

Remarquons qu'en ces années d'enfance, Oona est de santé fragile. On ne compte plus ses angines, ses rhumes à répétition, ses otites et ses allergies. Agnès, dont le père est mort de la tuberculose, veille sur sa santé. Un été, la petite est même victime du sumac vénéneux, en se promenant de ci, de là sur le chemin de la plage. Quelques démangeaisons pour commencer, mais qui deviennent bientôt si intolérables qu'elle ne peut s'empêcher de se gratter tout le temps. Cela ne fait qu'aggraver les choses et, bientôt, elle en a sur tout le corps, ce qui la rend littéralement folle. Sa tête se met à enfler et il faut l'appuyer sur des oreillers dès qu'elle s'allonge. Plusieurs fois par jour, Agnès la badigeonne d'une lotion à la calamine. Dans son visage gonflé, on n'aperçoit plus que deux grands yeux craintifs. Agnès aura toujours une impressionnante boîte à pharmacie à la maison et Oona écopera au moindre bobo de redoutables doses d'huile de foie de morue et de cataplasmes à la moutarde (Jane Chaplin souligne qu'Oona l'obligera, elle aussi, à avoir ses doses d'huile de foie de morue).

Un article de la Point Pleasant Historical Society nous donne une idée de l'atmosphère à cette époque : « Le cottage Boulton était au coin de Herbertville Road et de Hall Avenue. La maison avait été achetée par les parents d'Agnès en 1892. La famille la baptisa *Old House*. Il y avait un peu de méfiance envers Agnès et ses enfants. Les voisins étaient assez méprisants envers "cette maisonnée d'artistes". Le père d'Agnès, Teddy, avait fait installer une sorte d'atelier près de la rivière Manasquan. La sœur d'Agnès, Cecil, venait y peindre. La plage n'était pas très belle, mais Oona en parlera toujours comme d'un endroit paradisiaque. »

La jeune fille adore les herbiers et apprécie qu'on lui offre de la laine pour tricoter, ou des modèles de broderie. Elle aime avoir les mains occupées et gardera toujours ce goût des ouvrages. Sa mère l'initie au jardinage : une passion qu'elle entretiendra toute sa vie. Jane Chaplin rapporte qu'« au manoir en Suisse, maman avait un petit potager dont elle s'occupait elle-même. Elle y cultivait des

---

1. Shane souffre tant de l'asthme qu'Agnès Boulton choisit de lui faire suivre sa scolarité sous les cieux plus cléments de la Floride.

herbes : romarin, thym, herbes médicinales, etc. ». Les enfants vont régulièrement au cinéma, au Beach Cinema, un vieux théâtre reconverti en salle de projection. Chaque séance comporte deux longs-métrages. Dans la merveilleuse obscurité du cinéma, ils sont submergés par la beauté de Dolores Del Rio, la grâce de Fred Astaire ou l'autorité de Clark Gable. Et Oona, comme des millions d'Américains, regarda des « Charlots » pendant ses jeunes années. N'avait-elle pas vu, dès l'âge de trois ans et demi, *Charlot Soldat* au Little Theater d'Hamilton[1] ? Très curieusement, le seul acteur dont elle eut vraiment envie de faire la connaissance, une fois arrivée à Hollywood, est Vincent Price. Michael Chaplin se rappelle cependant que sa mère « avait un faible pour Gary Cooper qu'elle trouvait très beau, et pour Tyrone Power avec qui elle se lia d'amitié. Plus tard, elle aura ses chouchous : Gérard Philipe, Jean Gabin jeune et Silvana Mangano ».

Tout comme son frère, Oona dispose d'une bicyclette, offerte à un Noël. Elle et Shane partent souvent à la plage, à Bradshaw Beach, surveillés par « Gaga ». La fillette y édifie des châteaux de sable, dévore les tartes aux cerises de sa mère et reste de longues heures au bord du rivage à ramasser des coquillages et à rêvasser. Elle se montre une enfant calme et timide. Introvertie et rêveuse, elle possède une sorte de calme intérieur, de tranquillité d'âme bien particulière, même si l'on sent pointer parfois une forme de mélancolie. Nous savons par l'une de ses co-disciples à l'école, Grace Pennington, que les livres constituent son refuge : elle dévore tous les classiques de la littérature enfantine. L'écriture et la lecture deviendront ses grandes passions d'adulte. « C'était un véritable rat de bibliothèque, se souvient Grace. Elle adorait Kipling, avait lu Edgar Wallace et tout E. Phillips Oppenheim. Elle citait *The Secret Garden* de Frances Hogdson Burnett comme l'un de ses livres préférés. Elle lisait même dans sa baignoire et connaissait par cœur les romans de Walter Scott. » Les livres constituent le plus magnifique des remparts contre tous les désappointements de la vie.

Notons aussi à ce stade du récit, qu'Agnès tentera d'inculquer une éducation catholique à ses deux enfants et les enverra à la messe à l'église de Saint-Pierre de Point Pleasant. Oona détestera l'atmosphère étouffante des services religieux et se sentira mal à cause de l'encens, allant jusqu'à s'évanouir. Agnès leur fait aussi écouter à

---

1. Joy Bluck Waters, *Eugene O'Neill and Family*, University of Toronto Press.

la radio le révérend J. Sheen lors de la *Catholic Hour* sur NBC. Sans succès. Plus tard Oona évitera soigneusement les églises et, comme le remarque son fils Michael : « Maman était une grande athée. Elle fuyait même les cimetières. » Elle ne sera tourmentée ni par le mysticisme ni par la culpabilité, un fait que nuance néanmoins sa fille Joséphine. En revanche, elle attrape le virus de l'opéra. Sa mère lui fait écouter les retransmissions radiophoniques du Metropolitan Opera le samedi après-midi. Elle écoute Lily Pons, Caruso ou Rosa Ponselle, sans se douter qu'un jour elle deviendra amie avec Maria Callas. Elle adorera toujours Puccini et sera ravie lorsque sa fille Joséphine envisagera de se tourner vers le chant. Elle apprécie aussi une vedette de la radio qui a sa propre émission quotidienne d'un quart d'heure appelée : *Les Mélodieuses Mélodies de Melba Melsing.* « Bonjour, amis de Radioland, c'est votre amie Melba Melsing qui va chanter, rien que pour vous, de mélodieuses chansons venues des pays lointains... » Elle n'a rien d'un garçon manqué, mais entraînée par son frère, elle aménage des cabanes. Elle aime particulièrement grimper aux arbres et s'y lover. La petite rêveuse est libre, elle domine le monde et sa *nanny* peut en vain s'égosiller pour la faire redescendre.

Le 12 novembre 1936, O'Neill reçoit le prix Nobel de Littérature : ce qui provoque une forte curiosité médiatique autour de sa personne. Son fils Shane lui adresse un télégramme de félicitations et Oona lui écrit une longue lettre qui reste sans réponse. O'Neill n'ira pas recevoir son prix à Stockholm le 10 décembre. Il est alors hospitalisé à San Francisco. Dès cette époque, une maladie mystérieuse, qui va peu à peu l'empêcher d'écrire, se manifeste par un tremblement accru des mains et une mauvaise coordination des mouvements. On évoquera la maladie de Parkinson et, plus tard, la possible évolution d'une sclérose en plaques. Mais on ignore alors de quel mal exact il souffre[1].

En octobre 1937, le couple O'Neill s'installe dans une maison à Contra Costa, près de San Francisco : *Tao House.* Hormis des visites de Sherwood Anderson et de Somerset Maugham ou du peintre Miguel Covarrubias et de sa femme Rosa, le dramaturge vit dans une solitude presque totale. Progressivement, il se ferme au monde et laisse Carlotta s'interposer entre lui et les rouages de leur vie

---

1. Dans la famille d'Oona, on fera simplement allusion à « O'Neill's disease » !

quotidienne. À tous les courriers de Shane et d'Oona, c'est Carlotta qui répond désormais, filtrant les nouvelles, déterminant la priorité des choses, imposant sa volonté. Néanmoins, Oona insiste et prend plusieurs fois la plume, exprimant son désir de rendre visite à son père.

Ce n'est finalement qu'en août 1938 qu'elle voit enfin se concrétiser ce projet : elle séjourne dans sa villa de Californie sous la surveillance constante de Carlotta. Oona parvient à grappiller un peu de temps en tête-à-tête avec l'écrivain et le séjour semble harmonieux. O'Neill et sa fille ont peu de choses à se dire, mais écoutent des disques de jazz que tous deux apprécient, se créant une petite complicité. Oona racontera à sa mère que pendant ce séjour, elle jouait avec Blemie, le dalmatien de son père et qu'Herbert Freeman, le chauffeur d'O'Neill, s'amusait à lui donner des leçons de conduite.

Le dramaturge est plutôt charmé par sa fille, ses bonnes manières et son intelligence. Ce n'est pas pour autant qu'il multiplie leurs rencontres. « O'Neill, témoignera un proche, était quelqu'un de très secret, introverti, qui éprouvait des difficultés à se livrer et préférait souvent l'auto-analyse. » Il est surtout mal à l'aise avec ses enfants. Il perçoit une véritable instabilité chez son fils Shane et Oona l'inquiète par sa détermination précoce[1]. L'écrivain est surtout un être tout en force et en perspicacité qui ne veut pas que ses rejetons soient source de stress.

Ce qui n'empêche pas Oona, au fil des ans, de nouer une relation épistolaire avec lui, l'abreuvant de lettres et de messages qui se terminent invariablement par la formule : *« Much love to you, Daddy. »* O'Neill reçoit aussi des photos qui rendent hommage à la beauté de l'adolescente. Tout le monde s'accorde sur un point : elle est adorable. Ses yeux sombres sont un héritage tout paternel, elle a les pommettes hautes de sa mère et un sourire irrésistible. Dans ses années de lycéenne, elle est la fille d'un prix Nobel, étrangement belle, séduisant les garçons de son âge par sa prestance et son chic inné, portant un regard ébloui sur son petit monde.

---

1. L'écrivain voit assez juste : Oona est tenace et déterminée. Mais, au lieu d'y voir une qualité, il le perçoit comme un défaut qui risque de menacer son paisible refuge. Toute sa vie, la fille d'O'Neill sera têtue et persévérante et nous tenons là l'une des caractéristiques de sa personnalité. Comme l'avoue Jane Chaplin : « Maman était tenace comme une guérillera. »

En 1940, Agnès décide de s'installer à New York avec Oona. C'est un choc pour la jeune fille ! Oubliées les grèves ventées du New Jersey, les plages sauvages des Bermudes ou de Nantucket qui bercent son enfance. Elle se heurte désormais à des tonnes de béton, de fer, de pierre et de verre. Elle est fascinée par les gratte-ciel, les avenues coupées au couteau, les ponts lancés d'un jet au-dessus des deux fleuves étincelants. Elle tombe instantanément amoureuse de New York : ses portiers chamarrés, ses grands immeubles néo-gothiques, les ateliers de Greenwich Village, les petits cireurs de chaussures, les paquebots dans le port et le piétinement gigantesque de la foule. Elle aura toute sa vie la passion nostalgique de cette ville, de ses rues droites, de ses alcools, de son odeur, de son rythme.

Agnès et Oona trouvent pratique de descendre à l'hôtel *Weylin* qui loue des appartements meublés sur Madison Avenue (au 531). Elles y restent près de deux ans, faisant la conquête du directeur, J. Thomas Russel, par leur charme et leur gentillesse. L'adolescente termine sa scolarité à la Brearley School, un collège de filles du Upper East Side de Manhattan. Si elle se révèle douée en mathématiques et en français, elle développe surtout une passion pour le théâtre. Eileen Evans, qui dirige l'atelier d'art dramatique, cerne bien son élève : « Elle possédait un sourire radieux et, en dépit de sa timidité, était enthousiaste. Mais derrière le brillant masque extérieur se cachait une tristesse ineffable. On pouvait deviner de la peine, du chagrin. Elle avait une vie intérieure un peu difficile et ne voulait pas en parler. »

Shane vient les rejoindre à l'automne. Il s'est fait un grand ami en la personne d'un certain Marc Brandel qui nous a laissé un témoignage précis de cette époque : « Shane rêvait d'être écrivain. La poésie le tentait et il dessinait fort bien. Oona et lui suivaient des cours de peinture dans une académie, deux fois par semaine. Agnès et ses enfants paraissaient d'une beauté incroyable. Bien que timide, Shane avait un succès fou auprès des filles. Les deux enfants semblaient très fiers de leur père. Je me souviens d'avoir mentionné ma lecture d'une des pièces d'O'Neill et d'avoir souligné à quel point il était talentueux : Oona avait souri de façon radieuse. Rien ne lui faisait plus plaisir que d'entendre des dithyrambes sur son géniteur ! »

L'été 1941 est marqué par ce qui sera l'ultime rencontre entre Eugene O'Neill et sa fille. Oona vient passer deux semaines chez lui. Le ton monte entre Carlotta et la jeune fille. « Oona était la plus aimable possible, témoignera Betty Tetrick Chaplin[1], mais Carlotta lui répondait sèchement, lui donnant facilement des cours de morale et s'interposant systématiquement entre elle et son père. » Betty Tetrick Chaplin affirme même que sa belle-mère lui interdit un jour de voir son père sous prétexte qu'elle avait des boutons d'acné. Selon Jane Scovell, celle-ci accuse surtout Oona de n'être que frivole. Elle lui conseille de suivre des cours pour devenir infirmière en raison de l'imminence de la guerre, mais Oona ne veut pas en entendre parler. O'Neill reste neutre face aux frictions. Quand son épouse interroge Oona sur ses projets d'avenir, la jeune femme élude la question en répondant qu'elle se mariera avec un homme très riche. Le dramaturge réplique qu'elle se conduit comme une gamine. « Pendant le séjour de sa fille, confirme un témoin, O'Neill se réfugiait dans le travail. La maison de Tao House était grande. L'écrivain ne voyait sa fille que pendant les repas. » Quand Oona dit au revoir à son père à l'issue de ce séjour californien, elle ne peut se douter qu'elle ne le reverra jamais plus.

En fait, dès 1941, la maladie d'O'Neill s'aggrave. Le tremblement de ses mains est si important que, parfois, il ne peut plus écrire pendant des semaines. Son graphisme devient tel que Carlotta, qui tape ses manuscrits, doit prendre une loupe pour les déchiffrer. Compliqué et passionné, peu tolérant et parfois destructeur, O'Neill rédige en 1940 et 1942 sa plus fascinante pièce autobiographique : *Long Voyage vers la nuit*[2].

---

1. Une cousine de Charlie Chaplin, qui deviendra l'une des proches amies d'Oona et épousera Ted Tetrick qui travaillera pour Chaplin, à partir de 1938, en tant que responsable des costumes et des décors. Comme le confie aujourd'hui Jane Chaplin : « Elles s'aimaient beaucoup, mais Betty pouvait devenir particulièrement irritante. » Michael Chaplin remarque : « Maman aimait bien se confier à elle. Elle était toujours de bon conseil. »

2. Située en 1912, elle met en scène quatre personnages : James O'Neill, sa femme Mary, Ellen Quilan O'Neill et leurs fils, Jamie et Edmund, ce dernier étant désigné par la mention « le jeune homme ». Ces quatre personnages « imaginaires » – qui correspondent à sa famille d'origine – hantent le dramaturge, écartelé entre ses propres enfants, Shane et Oona, et sa troisième femme, Carlotta. Tout au long des trois tableaux, Eugene O'Neill discute avec ses personnages qui refusent le rôle qu'il leur assigne, tout comme il se fâchera avec ses rejetons qui lui reprocheront son indifférence à leur égard. Le dialogue final permet aussi de justifier les actes ultérieurs d'Eugene O'Neill, notamment sa future rupture avec son fils Shane à la suite de sa condamnation pour « possession, usage et trafic d'héroïne » en 1948, condamnation annoncée par « le jeune homme » : « J'en ai tellement voulu à mon père, parce que ma mère se droguait. Tellement ! Si quelqu'un d'autre dans ma vie me faisait le même coup, je serais incapable de

Le 9 mars 1942, Oona reçoit une gentille carte postale d'O'Neill la remerciant de l'envoi d'une photo. Ce sera le dernier mot aimable de l'écrivain à sa fille. Il va bientôt montrer une attitude intransigeante, voire tyrannique face à elle.

À l'été 1941, Oona fait la connaissance d'un aspirant écrivain, Jérome David Salinger. Le futur auteur de *L'Attrape-Cœurs* lui est présenté par une amie d'Agnès Boulton, Elizabeth Murray. Il est grand, mince, avec des yeux noirs et Oona le trouve beau. Elle aime son allure sophistiquée, son Chesterfield sombre. Fils d'une mère catholique irlandaise, il suit alors des cours d'écriture à l'université de Colombia. Dans le numéro de mars-avril 1940 de *Story*, il publie sa première nouvelle, *The Young Folks*, à propos de plusieurs jeunes adultes égoïstes et sans but. Salinger y fait la preuve de son sens du mouvement, du rythme de la phrase et montre qu'il sait créer un effet de légèreté tout en étant d'une extrême concision. Pas étonnant qu'il ne cache pas que son but dans la vie est de devenir un écrivain célèbre. Il déclare d'ailleurs ouvertement qu'il écrira un jour le plus grand roman américain. Une autre de ses nouvelles, *Go See Eddie*, est publiée par la revue de l'université du Kansas la même année et un troisième par *Collier's*. À l'époque où il commence à sortir avec Oona O'Neill, il est agité, irritable. Incapable de demeurer en place, il part quelque temps à la campagne ou à la mer, loue une chambre en ville qu'il finit par ne pratiquement pas utiliser. Il aimerait être amoureux. Il aimerait avoir un chez-soi. Et il aimerait que ses nouvelles soient publiées dans le *New Yorker*. Autrement dit, à l'instar de tous les jeunes Américains en 1941, il attend quelque chose, que quelque chose d'important se produise. Oona O'Neill serait-elle un signe du destin ?

---

l'accepter. Ni toi, ni ton frère, ni personne ! On peut supporter ça une fois dans sa vie. Pas deux. Je passerais pour un "sans-cœur", mais je serais incapable de faire quoi que ce soit. » Dans cette autofiction, où l'on voit un écrivain instruire par l'écriture le procès de ses parents et le subir, O'Neill entrevoit l'avenir et ne craint pas de passer pour un « sans-cœur ». D'autres événements de la vie du dramaturge sont évoquées au fil du texte : son désir de solitude, l'attitude de sa femme Carlotta, la mort de son frère Jamie, l'obtention du prix Nobel, etc. Le va et vient constant entre la réalité et l'illusion, le présent et le passé structure *Long Voyage vers la nuit*. L'interpénétration de sa vie et de son œuvre est totale et il est logique que les protagonistes de la pièce soient sources de frustrations et de haines. Tout comme dans la vie ! Le théâtre d'O'Neill, c'est l'engrenage de la souffrance, le mécanisme qui broie l'existence, les rendez-vous manqués. Acteur de sa propre existence, il nous montre comment des gens qui s'aiment et qui veulent se faire du bien se font du mal au point de se détruire les uns les autres. O'Neill porte à la scène ses blessures les plus intimes.

Dans une lettre à Elizabeth Murray, J. D. Salinger fera d'abord la fine bouche : « La petite Oona est désespérément amoureuse d'elle-même, un brin narcissique. » Mais Salinger est vite « mordu ». « Ils se sont rencontrés, raconte Gloria Murray (la fille d'Elizabeth), pendant l'été 1941 à Point Pleasant, où Oona passait les vacances avec sa mère. L'adolescente n'avait que quinze ans et demi, mais était déjà d'une beauté incroyable. Quand elle entrait dans une pièce, les gens s'arrêtaient de parler pour mieux la regarder. On se retournait sur elle dans la rue. On ne se lassait pas de la contempler. Elle avait certes des traits classiques, un regard délicat, mais quelque chose de mystérieux, de peu banal[1]. » Oona est un peu déconcertée par Salinger, sa nature introvertie et froide, complètement contrôlée et flegmatique, du moins pour l'apparence. Elle perçoit qu'il est un vrai solitaire. Mais elle accepte de continuer à sortir avec lui. À New York, il habite au 390 Riverside Drive, à l'angle de la 111e Rue. Ils se donnent souvent rendez-vous à Greenwich Village, dans une boutique nommée *The Jumble Shop* ou se retrouvent à l'incontournable Central Park. « Il lui lisait ses nouvelles et ses poèmes parce qu'il pensait qu'en tant que fille d'écrivain, elle était capable d'avoir un avis pertinent, se souvient Gloria. Oona lui conseilla même de lire du Henry James et de se plonger dans F. Scott Fitzgerald, qui était son "Dieu". »

Des petites amies, dans la vie de Salinger à l'époque de ses vingt ans, il y en a apparemment beaucoup. Il y avait à ses yeux deux sortes de filles : celles dont il se méfiait d'emblée et celles dont il tombait amoureux d'abord puis dont il se méfiait à moitié ensuite. Sa correspondance est d'une rare impertinence à ce sujet. Une « fille » est « un canon », « une nénette », ou « une môme ». Mais Oona O'Neill ne peut pas être cataloguée aussi facilement. Elle est belle, fille d'un célèbre dramaturge, et elle a de la classe. Sa singularité le laisse bouche bée.

Bientôt, la guerre les sépare. Salinger rejoint, le 27 avril 1942, l'armée et le corps expéditionnaire de Fort Monmouth. C'est le début d'une correspondance d'un an entre l'aspirant écrivain et sa jeune muse[2]. Truman Capote, qui entrera bientôt en scène, a laissé dans

---

1. Alexander Paul, *Salinger : A Biography*, Renaissance Books.
2. Annie Chaplin se souvient que sa mère lui raconta qu'elle « envoya la marque sensuelle de ses lèvres soulignées de son rouge sur un petit carton pour lui donner du courage. Vue de l'armée, Oona lui parut incroyablement désirable et il se mit à la courtiser par écrit ».

son livre inachevé *Côte basque*, une vision précise de ces relations épistolaires : « Oona avait alors un mystérieux petit ami, un jeune juif avec une mère très Park Avenue, Jerry Salinger. Il rêvait de devenir écrivain et envoyait à Oona des lettres de dix pages pendant qu'il faisait son service de l'autre côté de l'océan. De vraies dissertations amoureuses. Très tendres. Plus tendres que Dieu lui-même. Donc trop tendres. Oona avait coutume de me les lire, et le jour où elle m'a demandé ce que j'en pensais, je lui ai dit que ce devait être un garçon qui pleurait très facilement. En fait, ce qu'elle voulait savoir, c'était si je le croyais brillant et doué ou simplement ridicule. Les deux, lui répondis-je, les deux à la fois ! Et des années plus tard, quand j'ai lu *L'Attrape-Cœurs* et compris que l'auteur en était le Jerry d'Oona, j'ai persisté dans mon opinion[1]. »

Salinger ne s'arrête de lui écrire qu'en 1943, à l'annonce du mariage avec Chaplin. Il lui envoie alors la lettre tourmentée d'un amant déçu. Salinger ne se donne même pas la peine de cacher le sentiment de répulsion physique que ce mariage éveille en lui. Curieusement, à travers toutes les femmes brunes qu'il aimera ensuite, Betty, Phoebe, Claire ou Joyce, on retrouve les caractéristiques physiques d'Oona. L'ironie est qu'il épousera en troisièmes noces une O'Neill, prénommée Colleen (une très lointaine cousine de l'écrivain). Annie Chaplin se souvient en tout cas que sa mère a conservé toute sa vie une partie de sa correspondance avec Salinger. « Ce n'est pas parce qu'il avait eu le béguin pour elle. Simplement, elle avait fini par admettre qu'il avait vraiment un don littéraire et que ces missives méritaient donc d'être gardées[2]. »

---

1. L'histoire de ces lettres connut un amusant rebondissement quand celle qui devint la meilleure amie d'Oona, Carol Marcus, décida de s'inspirer de ces missives pour séduire son futur fiancé, William (Bill) Saroyan. Dans ses Mémoires, elle raconte : « Oona recevait presque chaque jour de New York une lettre d'un certain Jerry : des lettres de quinze pages, parfois, dans lesquelles il faisait des commentaires pleins d'esprit sur tout un tas de choses. Un jour, je dis à Oona que si j'écrivais à Bill j'avais peur qu'il ne découvre quelle idiote je faisais et qu'il ne veuille plus se marier avec moi ; si bien qu'elle souligna les passages les plus intelligents des lettres de Jerry et me laissa les recopier, comme s'ils étaient de moi, dans les lettres que j'adressais à Bill. Lorsque les deux semaines d'instruction de Bill furent terminées, j'allai le voir à la base ; il était d'une humeur massacrante. Je lui demandai ce qu'il avait et il me répondit qu'il avait changé d'avis, qu'il ne voulait plus se marier avec moi. Il me dit qu'il me trouvait charmante mais que "ces saletés de lettres crâneuses" que je lui avais écrites l'avaient fait réfléchir. » En fait, Saroyan l'épousa bel et bien (deux fois !).
2. Elles sont précieusement conservées dans les archives de Lady Chaplin.

En ces années 1940-1941, Oona possède un charme fou. Elle a grandi en beauté et paraît d'un caractère calme, toujours prête à s'amuser, mais sans ostentation. Elle ressemble à un elfe. Tout en elle est attirant : sa silhouette svelte et flexible, sa façon de porter ses cheveux noirs et droits, son regard rêveur, ses yeux sombres qui reflètent parfois une lueur ironique. Elle est timide et cependant porte en elle une sérénité.

C'est l'époque où elle se lie d'abord avec Carol Marcus puis avec Gloria Vanderbilt. Ce seront les deux grandes amies de sa vie. Dans ses Mémoires, Gloria Vanderbilt décrit ainsi sa première rencontre avec Carol : « Dans le vestibule, des amis faisaient cercle autour de ce qui paraissait être un ange, comme on en met, tout en haut de l'arbre de Noël. Tous étaient béats d'admiration. Je ne pouvais la quitter des yeux. Je n'avais jamais vu personne qui eût cette allure. Des tonnes de maquillage recouvraient ce visage de porcelaine et ses cheveux étaient, bien sûr, de cette couleur qui n'appartient qu'aux anges. Vêtue d'une robe des plus adultes, elle semblait absolument époustouflante, et j'aurais donné n'importe quoi pour être aussi sûre de moi. Quand elle parlait, c'était comme lorsque l'on veut attraper une goutte de mercure : vous aviez à peine saisi qu'elle disait juste le contraire, de façon si inattendue que tout le monde riait. L'Ange possédait le plus gros poudrier que j'aie jamais vu et le sortait de son sac toutes les dix minutes pour examiner son visage d'un œil extrêmement critique. Elle s'emparait de l'énorme houppette, la plongeait frénétiquement dans la poudre aussi blanche que de la farine qu'elle étalait sur son visage – déjà parfait, pourtant. On aurait cru qu'elle ignorait à quel point elle était belle. »

Évidemment, Carol, elle, sait tout de Gloria avant même qu'elle ne prononce la moindre parole. Qui ne connaît pas l'héritière Vanderbilt ? Elle naît en 1925 dans une des familles les plus célèbres du monde, celle des Vanderbilt, milliardaires américains. Entre New York et Hollywood, Londres, Paris et Monte-Carlo, ses premières années se déroulent sous le signe du luxe, mais aussi, et surtout, de la solitude. Un père disparu peu après sa naissance, une mère très

---

J.D. Salinger a évidemment refusé tout entretien pour ce livre et, par lettre recommandée de son agent new-yorkais, Phyllis Westberg, nous a fait interdiction de citer la moindre ligne de sa correspondance. À quatre-vingt-dix ans passés, l'auteur de *L'Attrape-Cœurs* semblait toujours aussi secret sur sa vie privée. Il est finalement mort au début de l'année 2010, le 28 janvier. Ses « fans » espèrent voir cette correspondance enfin publiée.

belle mais toujours absente, une nurse, Dodo, à laquelle elle est passionnément attachée, mais dont on la sépare, sont les personnages marquants d'une enfance très tôt perturbée par les passions et les conflits des adultes. Le point culminant du drame est le procès en garde d'enfant qui oppose sa mère et sa tante Gertrude et dont les péripéties font la une des journaux. Très tôt, Gloria est confrontée aux diktats des grandes personnes, dont les lois secrètes lui échappent et dont elle subit l'égoïsme et la cruauté. Sur ce plan-là, elle n'a rien à envier à Oona O'Neill. Dès quinze ans, elle a droit à la couverture de *Harper's Bazaar* qui la présente ainsi : « Gloria Vanderbilt s'annonce comme la prochaine jeune fille à la mode. Si elle n'a pas encore fait ses débuts dans la vie mondaine, sa personnalité est déjà bien affirmée. Sa beauté de type javanais la distingue de ses contemporaines aux cheveux bouclés. Actuellement, elle s'intéresse à l'Égypte. Elle porte au doigt une curieuse bague ornée d'un scarabée, et a décoré dans le même style une pièce de la demeure de sa tante. Louise Dahl-Wolfe l'a photographiée pour *Harper's Bazaar*. » Elle habite en partie sur la 5ᵉ Avenue chez sa tante Gertrude et, contrairement à Oona qui fréquente Brearley School et Carol, Dalton, elle est inscrite à la Mary C. Wheeler School. Dans la journée, elle porte un uniforme, mais à cinq heures tout change : Gloria enfile ses vêtements de luxe, affiche un soupçon de maquillage et part rejoindre les deux adolescentes.

Elles forment bientôt un trio inséparable. Elles partagent leurs secrets, leurs doux rêves et leurs aspirations. Toutes trois se sentent orphelines. Oona ne voit son père qu'exceptionnellement, Carol Marcus est née de père inconnu et celui de Gloria Vanderbilt est mort quand elle avait à peine dix-sept mois. À dix-sept ans, les trois jeunes filles sont presque voisines et ne cessent de se divertir ensemble. Agnès Boulton est de moins en moins souvent présente auprès de sa fille et l'adolescente en profite allègrement pour s'émanciper. Et quand Agnès décide de partir en Californie, les parents de Carol offrent d'accueillir Oona dans leur luxueux appartement.

Ces années newyorkaises comptent parmi les plus heureuses de la vie d'Oona. C'est une époque où la ville est encore illuminée par les lumières du bord du fleuve, où l'on entend le quartette de Benny Goodman à la radio chez le papetier du coin et où presque tout le monde porte un chapeau. Ceux dont la vie s'écoule dans ces rues et ces avenues y goûtent une atmosphère de romantisme et d'émerveillement aujourd'hui difficile à reconstituer, même à imaginer. Les autobus à deux étages vert et jaune sillonnent calmement la 5ᵉ Avenue, les banques ressemblent à des cathédrales, Broadway est une fête joyeuse et l'exubérance et la vitalité de tous les quartiers composent un inoubliable tableau, désinvolte et vivant, où la griserie de la vie semble permanente.

Peu à peu, miss O'Neill et ses amies deviennent les piliers des soirées de la *cafe-society* de New York. Séparément, Oona, Gloria et Carol ont une aura bien distincte. Ensemble, elles sont sublimes. Carol est plus blonde que Jean Harlow et d'une somptueuse pâleur de gardénia, tandis que Gloria a les yeux ambrés et un teint mat, avec deux fossettes qui se creusent encore lorsque fuse son rire. Oona les contemple de ses grands yeux mordorés. On sent qu'elles sont du même bois : des « aventurières » d'une charmante incompétence !

Le *Stork Club* sur la East 53ᵉ Rue devient leur point de ralliement. « Oona était encore mineure, mais fréquentait le club, se souvient son amie Leila Hadley. Elle passait ses journées avec Gloria et Carol dans les drugstores, les instituts de beauté et chez les coiffeurs. Elles feuilletaient les magazines de mode pour être tendance et achetaient des robes chez Klein's. » Inévitablement, des photographes immortalisent ces jeunes beautés et leurs clichés se retrouvent dans les quotidiens new-yorkais. Le nom d'Oona O'Neill s'imprime dans les chroniques mondaines. Le *New York Daily Mirror* lui consacre une colonne et le *New York Post* publie plusieurs photos de la jeune femme, accompagnée de divers chevaliers servants ayant la trentaine, voire la quarantaine. On la voit ainsi plusieurs soirs avec le dessinateur satirique Peter Arno, âgé de trente-six ans. « Oona habitait toujours chez Carol sur Park Avenue, mais aimait sortir avec des hommes plus âgés, racontera-t-il. Mr Marcus, le beau-père de Carol, était un gros ponte de l'aviation, un homme très brun, ultra-sérieux. Carol et sa demi-sœur Elinor faisaient les quatre cents coups et entraînaient Oona chez *Bergdorf Goodman* pour dévaliser le rayon robes. La fille d'O'Neill était une jeune mélancolique, dont les yeux rêveurs paraissaient s'abîmer dans la contemplation de quelque chose perdu au loin. Elle était très séduisante. »

Oona habite en effet à demeure chez les Marcus dans leur immense duplex du 420 Park Avenue. Chaque soir, en rentrant, elle a droit de la part de John, le portier, à :

« *Good Evening, Miss O'Neill*
— *Good Evening, John* », répond-elle.

Tout le personnel des Marcus est aux petits soins pour l'héritière O'Neill : Charlotte (la cuisinière), James (le vieux majordome) ou Marian (la femme de chambre) la couvrent d'attentions[1]. La jeune fille apprécie fort ce luxe. Deux ou trois remarques de Carol laissent suggérer qu'elle en avait un peu assez de la vie de bohème avec Agnès, soulignant avec agacement que sa mère l'emmenait parfois dans des magasins de vêtements d'occasion, voire des friperies, ce qu'elle détestait. « Oona et moi, racontera Carol dans ses Mémoires, achetions la lingerie la plus sexy, la plus chère : des sous-vêtements de soie. On copiait les coiffures des magazines. Nous écumions tous les rayons cosmétiques des grands magasins de New York et nous allions dévorer en cachette des hamburgers à "Hamburger Heaven" sur Madison Avenue. Il nous arrivait quand même de travailler nos cours. Je me revois encore préparer une rédaction sur T. S. Eliot et Oona me disant : "Ne perds pas ton temps avec lui, c'est un anti-sémite !", ou bien sur Hemingway, sur lequel elle disait : "Hum ! Un macho avec de faux poils sur le torse !" Oona avait toujours une remarque pertinente et drôle à faire. »

À force de sécher les cours, leur travail personnel s'en ressent. Mais Carol, Gloria et Oona préfèrent passer des heures à se gaver de brownies, buvant tasse de café sur tasse de café, à parler des hommes, de l'art, de la vie au sens où l'entendent les philosophes français, en se demandant de temps à autre si elles ne sont pas prétentieuses (pour décider, en général, qu'elles ne le sont pas, mais ont simplement « soif de comprendre » – elles adorent le mot « soif»). Leur amitié est déjà pleine et entière, avec ses règles implicites : quand l'une d'elles ressent une pointe de jalousie à l'égard de l'autre, elle le dit, sur le mode de la plaisanterie, de la jérémiade ou bien carrément. En parler la dédramatise, la banalise.

Au *Stork Club,* les trois filles copient le « look » à la mode de Veronica Lake et ne cessent d'étudier les poses des habituées de l'endroit : Lana Turner, Claudette Colbert et Greer Garson. Le directeur Sherman Billingsley les trouve irrésistibles et les admet dans le Cub Room, le carré VIP. Au premier étage, dans la *Ladie's Room,* derrière le comptoir de Lucien Lelong (poudres et parfums), le trio se refait une beauté et papote avec quelques stars : Myrna Loy,

---

1. Aram Saroyan, *Trio*, Sidgwick & Jackson.

Ethel Merman ou Merle Oberon. En 1942, Oona est même élue « Glamour Girl » de l'année par le journal du club, le *Stork Club Talk*. On la photographie en train de déguster les spécialités maison : la crêpe Suzette et le café diable. « Nous nous trouvions formidables, dira Carol, et nous trouvions que le *Stork Club* était un endroit formidable ! New York était la plus stimulante de toutes les villes du monde. On avait l'impression de vivre à l'intérieur d'une ampoule électrique. »

Avec Carol Marcus et Gloria Vanderbilt[1], Oona passe aussi pour l'un des plus solides piliers du *El Morocco*, sur la 54ᵉ Rue. John Perona, le propriétaire, les a à la bonne et leur paie des verres. En échange, il compte sur elles pour mettre de l'ambiance. Il les pousse sur la piste de danse. Et quand elles sont épuisées, les trois jeunes filles se reposent sur les banquettes tendues de peau de zèbre en sirotant un cocktail et en voyant défiler tout ce que New York compte de célébrités. Au *El Morocco*, où l'orchestre joue des rumbas, sambas et mambos, elles se lient au photographe maison, Jerome Zerbe. Il les immortalise devant leur mélange favori : la Vodka-Martini. « Oona avait une vraie grâce, témoignera-t-il. Son charme et son nom célèbre lui ouvraient toutes les portes. C'était une vraie beauté irlandaise, mais elle était dotée d'une grande intelligence, de loyauté et d'esprit. Elle n'était pas du tout superficielle, même si elle aimait s'amuser dans un monde artificiel. J'essayais de la convaincre de poser pour moi tant j'étais persuadé qu'elle pouvait prétendre à une carrière de modèle. J'aimais son haut front pâle, ses bras comme du marbre doux. Elle était très photogénique. »

Bientôt se joint au trio un très amusant personnage. C'est Carol qui, la première, fait sa rencontre : « Nous habitions Park Avenue. Les pièces de notre appartement étaient gigantesques, avec des impostes au-dessus des portes des chambres. Tous les jours, deux garçons venaient rendre visite à ma sœur, après le lycée. J'en connaissais un par son nom, Truman Capote, le nom m'était resté dans la tête. Mais je ne l'avais jamais rencontré. En fin d'après-midi, je prenais toujours un bain avant de choisir la toilette que j'allais mettre pour la soirée. Une fois, je suis sortie de l'eau et j'étais dans

---

1. Carol Grace Marcus deviendra successivement Mrs Carol Saroyan (elle épousa William Saroyan deux fois) et enfin Carol Matthau en épousant l'acteur Walter Matthau ; Gloria Vanderbilt, elle, sera d'abord Mrs Gloria DeCicco, puis Mrs Gloria Stokowski (le célèbre chef d'orchestre) avant d'être Mrs Gloria Lumet (le réalisateur Sydney Lumet) et enfin, en quatrième noces, Mrs Gloria Cooper.

ma chambre, nue comme un ver. J'ai levé la tête et j'ai vu un visage qui s'encadrait dans l'imposte – un visage aux couleurs très vives, le jaune d'or des cheveux, le bleu porcelaine des yeux, du rose et du blanc. On aurait dit une carte ancienne pour la Saint-Valentin, avec ce sourire merveilleux aux lèvres. J'en ai eu le souffle coupé. Je ne savais pas si je devais bondir dans mon lit et me cacher sous les couvertures ou filer dans le cabinet de toilette pour prendre mon peignoir. Il s'est écrié : "Oh, non, non ! Je t'en prie, ne bouge pas ! Tu arrives tout droit de la lune. On t'a fabriquée sur la lune. Tu es faite de rayons de lune, je le sais. En ce moment même, je les contemple." Moi, j'étais comme bercée et clouée sur place, parce que jamais je n'avais entendu personne dire des choses pareilles. Pour finir, j'ai couru chercher mon peignoir et je l'ai enfilé. J'ai ouvert la porte et j'ai vu une grande échelle appuyée contre le mur. Truman était assis tout en haut. Il est descendu et il s'est approché de moi, en disant : "Oh, il n'y a absolument pas le moindre doute à ce sujet. Non, mais regarde-toi ! Tes yeux, ton nez, ta figure – tu n'es pas de ce monde. Tu n'appartiens pas à la race humaine…" et j'en passe. » Carol présente bientôt cet « OVNI » à Oona.

Il n'est donc pas encore l'enfant terrible de la littérature new-yorkaise et, à l'époque, ne publie que des nouvelles dans *Harper's Bazaar*. Mais, malgré sa petite taille et ses cheveux couleur paille, il est irrésistible de drôlerie. Ses bons mots et sa bonne humeur sont contagieux. Les trois filles l'adorent d'autant qu'il a le don de les faire parler. Avec lui, Carol, Gloria et Oona se sentent écoutées, comprises et consolées s'il y a lieu. Selon Capote, « Carol était une dingue patentée, Gloria la plus célèbre héritière de l'époque et Oona, la fille du plus grand auteur dramatique du pays ». Lui, le spirituel nouveau venu des faubourgs, finit par former avec elles un quatuor. Le samedi, le propriétaire du *Stork Club* leur offre leur déjeuner. L'après-midi, ils se rendent à leur bar préféré dans la 53e Rue Est où ils demandent au pianiste de leur jouer les chansons les moins connues de Cole Porter. Le soir, ils se retrouvent au *Stork Club*, au *El Morocco*, ou bien hantent les boîtes de jazz qui s'égrènent le long de la 52e Rue Ouest où ils écoutent Billie Holliday ou Lionel Hampton. New York est un lieu divertissant, excitant, captivant. « Truman avait une énergie folle, témoignera Carol. Il disait : "Allez-y, faites-le, n'ayez pas peur !" Il créait le divertissement et, si nous sombrions dans l'ennui, il lui venait tout de suite une idée pour nous "désennuyer". » Il n'est pas rare qu'il accompagne les filles vers trois heures du matin sur la 5e Avenue où elles font du lèche-vitrines en mangeant des croissants.

Toutes les trois inspireront plus tard au romancier le personnage de Holly Golightly dans *Petit Déjeuner chez Tiffany's* et Capote restera un ami[1] à vie d'Oona. Le quatuor dîne parfois chez Gloria, le jour de congé du personnel. « Truman, dira la riche héritière, mettait *Moonlight Serenade* sur le phonographe Victrola et nous poussions le son aussi fort que possible. Enlevant nos chaussures, nous sortions sur la pelouse pour danser. Ensuite, dans la cuisine égyptienne, je leur préparais des côtelettes d'agneau, des petits pois avec du beurre et des feuilles de laitue, comme font les Français, et des pommes de terre rôties avec leur peau, enduites d'un soupçon d'huile. Je coupais de profondes entailles dans chaque côtelette, afin d'y dissimuler un peu d'ail pour donner du goût, tout comme on met une pièce de monnaie dans un plum-pudding. Tous me dirent que c'était un repas délicieux. Mais, bien sûr, nous préférions avant tout sortir et faire des ravages. »

Bientôt, Oona va hériter du titre de « débutante de l'année ». « Elle était la chouchoute de l'attaché de presse du *Stork Club*, Murray Lewis, dira Carol. C'est lui qui manœuvra pour que son poulain obtienne le titre. Jamais Oona n'aurait tenté par elle-même de s'octroyer un tel honneur. » Élue donc *Deb of the year*, elle a droit à une mini-conférence de presse improvisée. Un reporter lui demande ce que son père penserait de son titre, elle réplique : « Je ne sais pas et je ne vais certainement pas le lui demander. Il finira bien par le découvrir lui-même. » Un autre journaliste l'interroge sur ce qu'elle pense de la guerre, elle lui répond avec aplomb : « Ce serait déplacé de donner mon opinion, alors que je suis assise tranquillement dans un night-club et qu'un conflit armé fait rage. »

Il y a bientôt tant de photographies d'Oona dans la presse qu'Eugene O'Neill ne peut les ignorer. « Ces photos, estime Jane Scovell, ont déclenché la rage d'O'Neill. Sa fille se permettait d'utiliser son nom pour des activités frivoles et un succès mondain. Pour lui si discret et si protecteur de sa vie privée, c'en était trop ! » Il a bel et bien l'impression qu'elle « commercialise » le nom des

---

1. Michael Chaplin se souvient d'un seul froid dans leurs relations : « En 1967, maman a détesté l'adaptation cinématographique de son best-seller *De sang-froid*. Elle trouvait le film de Richard Brooks très mauvais et le lui a dit sans ménagement. Il s'est vexé, mais quelques mois après, leur amitié redevint sans nuage. »

O'Neill. Il épanche sa fureur contre Oona dans des lettres amères à ses amis. Le 24 avril 1942, il écrit à Robert Sisk[1] : « Je ne félicite vraiment pas la jeune femme. D'une manière ou d'une autre, ce n'est pas tout à fait le genre de succès dont on peut se réjouir en cette année 1942, ni même à un autre moment. J'aurais préféré que ma fille devienne une de ces infirmières de la Croix-Rouge ou confectionneuse de parachutes plutôt qu'une de ces nombreuses *glamour girls*... Ainsi que mon père le soulignait souvent : "Dieu me délivre de mes enfants !". »

À son avocat new-yorkais, Harry Weinberger[2], il écrit le 12 mai :

« Cher Harry,

J'ai besoin d'être clair sur mes sentiments quant aux aventures d'Oona dans son stupide exhibitionnisme. Je considère comme impardonnable qu'elle offre d'elle-même un spectacle aussi vulgaire et bête, telle une mauvaise publicité pour un night-club. Son interview a atteint des sommets de mauvais goût, de crétinerie et de banalité, dignes d'une vraie tête vide. Est-elle aveugle sur elle-même ? Tout ce qu'elle obtient, ce sont des ragots et du mépris. Elle ne réussira jamais à faire oublier ce scandale. À ce moment si particulier de notre histoire, le public peut se sentir insulté par ses bouffonneries de frivolité et de débutante faisant le commerce du nom de son père, pour réussir à être dans les journaux. C'est un sacré sujet d'irritation, alors que nous sommes si préoccupés par de graves raisons. J'ai peur que la jeune dame ne soit mentalement et spirituellement une Boulton. Que peut-on dire de pire ? Je ne vais pas lui écrire et je n'en ai aucune intention. Elle connaît mon opinion sans même que j'aie à la lui donner. Elle n'a pas osé m'envoyer une lettre. Et je ne veux rien entendre d'elle ni même la voir tant qu'elle n'aura pas prouvé sa volonté de s'éloigner du stupide et vulgaire tableau qu'elle offre d'elle-même.

« Hollywood risque bien d'être son terminus. C'est le pire endroit de la planète pour une jeune fille idiote. Ça les détruit presque du jour au lendemain. Prise en main par ces agents sans le moindre scrupule, toujours à la recherche d'une starlette à promouvoir, elle pourrait bien monnayer son nom dans un film et ce serait sans doute la fin de tout. Elle n'a jamais montré le moindre talent d'actrice et le fait d'être ma fille lui vaudrait une publicité gratuite qui finirait

---

1. Louis Sheaffer, *O'Neill : Son and Artist*, Cooper Square Press.
2. *Selected Letters of Eugene O'Neill*, Limelight Edition / Yale University.

par se retourner contre elle. Non, si elle va à Hollywood, ce sera bien contre ma volonté. Et si c'est le cas, je ne lui écrirai plus jamais ni ne la verrai. Je le pense vraiment, Harry, tout comme je l'ai considéré avec sa mère. Je ne veux pas de ce genre de fille. Elle ne m'inspire que du dégoût... J'en suis arrivé au point où j'en ai plus qu'assez des Boulton, même de ceux dont mon sang coule dans les veines.

« Si vous voyez la jeune fille en question, soyez clair et ferme. Si elle part pour Hollywood, c'en est fini pour toujours !

Bien à vous,

Gene. »

Pour être tout à fait juste, signalons qu'Oona est aussi photographiée, en cette année 1942, participant aux efforts de guerre. On l'immortalise aidant au Russian War Relief. Elle y roule des bandages pour le conflit en Europe. C'est une besogne horriblement fastidieuse, mais elle ne trouvera nullement grâce aux yeux de sa belle-mère, car Carlotta, profondément anticommuniste, déteste tout ce qui touche de près ou de loin à la Russie.

Le 25 octobre 1942, Oona accorde une interview à Ruth Reynolds du *Daily News*. La journaliste lui demande si son père serait favorable à ce qu'elle devienne actrice. Oona répond par la négative, mais ajoute, provocante : « Il est mon gardien légal, jusqu'à mes dix-huit ans. Après, je volerai de mes propres ailes. » La jeune femme est bien décidée à prendre son envol. Elle commence à poser pour des photos publicitaires. Cela ne peut pas nuire à une éventuelle future carrière d'actrice, aux États-Unis, elle n'a jamais été vue d'un mauvais œil, comme en Europe. Des jeunes filles du monde posent depuis des années pour les produits de Harriet Hubbard Ayer, Helena Rubinstein ou Elizabeth Arden, sans que personne ait jamais rien trouvé à redire. Oona obtient des cachets de 25 dollars l'heure, gagnant parfois jusqu'à 400 dollars pour une semaine de travail. Elle pose pour des sacs, des vêtements, des shampoings et des crèmes de beauté. Sa plus belle publicité concerne un savon : Woodbury Facial Soap, avec comme slogan : *« Be a Beauty to your Soldier Boy ! Here's how Deb does it ! »* Et Oona de s'exposer prenant un bain moussant, en voiture, devant sa coiffeuse, au-dessus de son lavabo et même en maillot de bain dans une piscine, juchée sur les épaules d'un beau garçon... *« The magic of a Woodbury facial cocktail keeps Oona O'Neill's complexion fair and fresh ! »* précise la légende. Comment a-t-elle osé ? O'Neill accable alors sa fille de longues lettres de reproches. Des missives moralisatrices destinées à la culpabiliser.

Ces courriers constituent un choc pour Oona. À cette époque, elle n'a que ses amies pour famille (Agnès Boulton, partie en Californie, n'est plus auprès d'elle). Son père s'abrite derrière des considérations morales pour la blesser et lui faire sentir qu'elle est indigne de porter le nom d'O'Neill. Carol témoignera : « Il faisait preuve d'une attitude inflexible, parfois même cruelle. L'homme pouvait être arrogant et dédaigneux. » Mais le pire reste à venir. Quand Oona fait part de son intention de suivre des cours de théâtre à The Neighborhood Playhouse de New York, avant l'été 1942, O'Neill réplique dare-dare à son ami et avocat Harry Weinberger :

« Si j'ai légalement le droit de m'y opposer, je le fais. Je ne suis pas d'accord sur l'intention d'Oona pour les raisons suivantes :

« 1/ Je suis toujours fermement opposé à ce qu'elle fasse de la scène. Pour quelqu'un qui possède un grand talent, très bien, mais je suis convaincu qu'Oona n'a que peu de capacités, si ce n'est aucune. On naît actrice, on ne le devient pas.

« 2/ Si elle avait de vraies ambitions théâtrales, elle aurait le bon sens de comprendre qu'il faut commencer par un emploi dans le spectacle, même modeste, et prouver alors ses capacités. Ce n'est pas en allant dans un cours d'art dramatique.

« 3/ Je suis convaincu que son choix de cette école est encore typique de la méthode Boulton, afin d'éviter de travailler dur ou d'étudier. Elle pourra se permettre d'être paresseuse (on n'y vire personne, j'en suis sûr) et de continuer à exploiter mon nom comme elle l'a déjà fait vulgairement et honteusement.

« 4/ J'estime qu'elle veut aller sur les planches parce qu'il s'agit à ses yeux d'une solution de facilité et qu'elle pense que mon nom l'y aidera. Cela est stupide. Cela ne la servira pas. Je veux dire par là qu'elle aura toute la critique contre elle (surtout après toute la mauvaise publicité qu'elle a déjà eue). On braquera d'emblée tous les projecteurs sur elle et une telle pression constituera un handicap terrible à surmonter. Il faut pratiquement du génie pour y arriver. Oona n'a rien de génial, ce n'est qu'une petite paresseuse gâtée qui, pour l'instant, n'a réussi qu'à prouver qu'elle était encore plus mal élevée que la plupart des filles de son âge.

« 5/ Mon fils Eugene n'a jamais essayé de vendre mon nom. Il a suivi des études et a atteint un bon niveau. Le problème avec mes deux enfants Boulton (qui semblent être bien davantage Boulton qu'O'Neill) est qu'ils manquent tout simplement d'ambition. Ils veulent agir selon leur bon vouloir et en même temps rester à vie des bébés dépendants, en profitant de mes ressources : la vie comme un perpétuel petit déjeuner servi au lit !

« 6/ Mon vœu personnel concernant Oona – ce qui bien sûr ne compte pas à ses yeux – est qu'elle se réveille enfin et comprenne que nous sommes en guerre, et dans quel conflit ! Ce n'est plus le moment pour les Américains de son âge de penser à une carrière théâtrale ou cinématographique. Comment peut-on comparer les devantures factices de Broadway avec les scènes cruelles de Stalingrad ou du Pacifique ? Mon Dieu, pourquoi n'essaie-t-elle pas de devenir infirmière de la Croix-Rouge, si elle a vraiment envie d'une formation ? Ou d'un travail sérieux ? Ce genre d'expérience qui pourrait faire d'elle une femme. Ses désirs de New York et Broadway la mèneront à sa perte !

« 7/ Parce que je ne peux pas me permettre d'être contraint à ce que je répugne. Ma dernière pension alimentaire – dites bien cela à la jeune dame – a été un sacrifice sur mes revenus […]. Dites-lui d'utiliser l'argent de Spithead pour financer la carrière d'Oona sur les planches. Après tout, Oona en est la demi-héritière […].

« Je pense que ce projet de court d'art dramatique n'est qu'un épisode paresseux de plus, une forme d'évasion sournoise, des prétentions dénuées de talent, de parasitisme où on mendie et tend la main sans fierté ; une incapacité à affronter le monde et la guerre et, en ce qui la concerne, à évoluer dans un univers de valeurs décentes. Pour être bref, du pur boultonisme… Je ne veux pas y être mêlé, pas plus que la loi ne l'exige […].

« Gene. »

Et O'Neill refusera d'accorder le moindre dollar pour financer les cours de sa fille et ses ambitions théâtrales.

Elle voudra plaider personnellement sa cause auprès de lui, quelques mois plus tard, lors d'un voyage en Californie avec son amie Carol. À peine arrivée à Contra Costa, elle compose le numéro de téléphone de *Tao House*, mais sa belle-mère lui répond que son père refuse de lui parler et lui demande poliment de ne plus rappeler. Oona décide d'insister et va sonner à la grille de la propriété. Carlotta lui en refuse l'entrée. Oona insiste mais en vain. Elle doit se rendre à l'évidence : son père ne veut plus la voir.

Le coup de grâce est porté quelques jours plus tard par une lettre d'O'Neill. Il lui fait remarquer qu'elle aurait dû d'abord lui écrire et lui expliquer « ce qu'étaient ses projets futurs et ambitions en ces jours éprouvants. Alors, j'aurais pu te dire si je voulais te voir. Tout ce que je sais sur toi depuis que tu t'es épanouie dans les night-clubs provient de ces satanées coupures de presse... et toute cette publicité que tu as récoltée est malsaine, à moins que ton désir ne soit de devenir une actrice de second rang de la pire espèce, celle qui obtient des photos d'elle dans les journaux pendant quelques années avant de sombrer dans le pire anonymat de sa vie vicieuse et sans talent...

« Ce que je ne peux guère te pardonner vient du fait que tu ne m'as jamais écrit pour m'en parler et que tu n'as jamais cherché conseil auprès de moi, profitant de mon expérience. Et pendant tout ce temps, tu as jonglé avec mon nom. J'aurais pu t'avertir contre chaque faux pas que tu as fait, dans ton propre intérêt.

« Pour en venir à ta demande de me rencontrer : tu ne veux pas vraiment me voir. Tout dans ta conduite le prouve. Alors, arrêtons là la plaisanterie. Et je ne tiens pas à constater le genre de fille que tu es devenue cette dernière année.

« J'avais espéré que tu évoluerais en grandissant. J'avais l'espoir que tu allais devenir une belle et intelligente personne qui serait pertinente dans tous ses choix. Je veux encore y croire. Si j'ai tort, alors, au revoir. Et si j'ai raison, tu méditeras sur les propos de cette missive, et tu m'en seras reconnaissante. En ce cas, au revoir !

« Eugene O'Neill ».

Oona ressentira douloureusement le rejet de son père comme si elle n'était pas à la hauteur de ce qu'il attendait. « Il l'avait presque abandonnée dans son enfance et maintenant il la repoussait à l'âge adulte », affirme Betty Tetrick Chaplin. Oona continuera à lui écrire en pensant qu'un jour il lui répondrait enfin et que ses colères s'adouciraient.

Mais la fureur d'O'Neill n'est pas près de se tarir. Car Oona annonce à tout le monde ce qui est désormais son ambition : devenir actrice. Se pourrait-il qu'Hollywood ou Broadway veuillent d'elle ? Quand elle révèle ses plans à son entourage, personne ne tombe des nues. Ses amis estiment son choix logique. En même temps qu'elle annonce qu'elle est acceptée sur dossier par l'université de Vassar, le monde du théâtre lui fait les yeux doux : Max Reinhardt l'invite à rentrer dans sa troupe, un attaché de presse lui garantit son inscription à la Screen Actors Guild, d'autres propositions arrivent !

En fait, elle accepte de faire ses débuts dans *Pal Joey* monté au Maplewood Theatre, à New Jersey, le 17 juillet 1942. C'est un petit rôle, mais tout le monde remarque sa fraîcheur, son sourire et son charme. Aucun commentaire de la part d'Eugene O'Neill. Il ignore purement et simplement les premiers pas de sa fille au théâtre.

Ce sont certes des débuts discrets, mais sous de bons auspices. La directrice du Maplewood Theatre est Cheryl Crawford, qui a fondé en 1931 le « Group Theater » avec Lee Strasberg et, en 1947, créera l'Actor's Studio avec Elia Kazan, avant de devenir l'une des productrices les plus influentes de Broadway. C'est elle qui a « repéré » Oona et a pensé à lui confier le petit rôle de Carol dans une reprise du « Musical » *Pal Joey*. Avec la troupe, la jeune femme semble avoir trouvé une « famille » le temps d'un été. Vivienne Segal, la vedette du spectacle, se souvient de miss O'Neill marchant pieds nus sur la scène : « C'était une ingénue. Une délicieuse enfant. C'était une sorte de lutin irlandais. Son charme, sa coiffure, ses dents superbes la rendaient irrésistibles. Nous l'adorions tous. » Pourtant, elle intimide ses camarades masculins qui, devant elle, n'osent pas se permettre les plaisanteries un peu salées très en vogue dans les milieux du théâtre. Elle adore cependant rire et se mêler à eux, mais garde une certaine réserve.

C'est l'époque où Oona hésite à rester à New York et à entrer dans un cours d'art dramatique. Mais le mariage de Gloria Vanderbilt l'entraîne sur la côte Ouest et à Hollywood. En effet, celle-ci, à dix-sept ans, épouse le *glamour boy of Hollywood*, l'attaché de presse Pasquale DeCicco, dit Pat DeCicco, « Cuby » pour les intimes, qui, en tant que publiciste d'Howard Hughes, a désormais ses entrées dans le Tout-Hollywood.

Le choix de Los Angeles pour Oona s'explique aussi par le fait que sa mère Agnès réside alors en Californie, écrivant un scénario, *Tourist Strip*, qui ne verra pas le jour. Elle partage la vie d'un scénariste fauché, Morris « Mac » Kaufman, qu'elle finira par épouser en 1947, en troisièmes noces, avant de divorcer en 1960.

Remplie d'espoir, c'est par le train qu'elle quitte New York, à la fin d'août 1942. À bord du « 20th Century Limited » de 18 heures, et en s'écartant respectueusement pendant que de célèbres vedettes de cinéma, escortées, le long d'un tapis rouge, à leur wagon-lit par des employés des chemins de fer, sourient aux photographes de la presse new-yorkaise. À l'arrivée à Chicago, le lendemain matin, les voitures-lits sont manœuvrées sur les rails de la gare de triage, et, dès midi, elles sont attachées à l'arrière du « Santa Fe Chief » qui, deux jours plus tard, entre en haletant dans Union Station où les stars, perchées sur des piles de bagages assortis, sourient aux photographes de Los Angeles. Oona arrive fraîche et pimpante et grimpe dans un taxi. Elle meurt d'envie de voir à quoi ressemble Hollywood, mais, prise entre les valises, n'aperçoit que des palmiers et d'innombrables parterres de fleurs devant les maisons qu'ils dépassent. Aucune star de cinéma en vue, bien sûr, elle n'ose d'ailleurs pas l'espérer : mais sans doute s'attend-elle à ce que les gens dans les rues aient au moins l'air d'en être…

Au détour d'un carrefour, en lettres majuscules géantes, Hollywood s'inscrit sur le flanc d'une colline. Ça y est : elle est vraiment au cœur du rêve américain ! L'air est vif, la lumière crue, cruelle, une lumière pour gens jeunes et ambitieux comme elle. Tout le long de Sunset Boulevard, qui s'étire pendant cinquante kilomètres, de Los Angeles jusqu'à l'océan, des maisonnettes blanches, propres, viennent d'être posées sur l'herbe bien tondue, adossées à un palmier, à un bananier bien taillés. À Hollywood, et plus loin à Beverly Hills, à Santa Monica, partout, c'est le côté bien lavé des planches, des maisons, des rues, qui séduit le visiteur. Un côté un peu aseptisé. Seules défilent les automobiles silencieuses qui transportent des gens dignes et pressés. On a parfois comparé la ville à un asile pour retraités de grand luxe, à un immense sanatorium distribué en pavillons somptueux. Vitesse, rendement, correction, précision, obéissance et conformisme y sont les caractéristiques essentielles.

À son arrivée au domicile d'Agnès, à Santa Monica, Oona se rend compte que sa mère est plus bohème que jamais : elle habite un coquet mobil-home ! C'est la guerre, et la crise du logement touche Los Angeles. Sans doute est-ce un choc pour la jeune fille après le chic de Park Avenue, de se retrouver dans un logis modeste. Mais Oona juge la situation provisoire et a confiance dans sa bonne étoile. Pourtant, comme le remarque Joyce Milton[1] : « Oona avait emporté très peu de vêtements avec elle. Elle n'avait pas beaucoup d'argent. Il lui fallait dare-dare trouver une solution. »

En cet automne 1942, miss O'Neill arrive donc sur la côte Ouest, pleine d'attentes. Hollywood vit alors la fin de son âge d'or. On tourne encore 750 films par an. Il y a peu de compétition au royaume des distractions. La télévision est dans les limbes. Les nocturnes de

---

1. Joyce Milton, *Tramp*, Harper Collins.

football et de base-ball ne sont pas inventées. Personne ne joue au bingo ni ne va au bowling. On va au cinéma ! C'est l'ère des monstres sacrés et les journaux consacrent encore plusieurs pages par jour aux nouvelles et aux cancans d'Hollywood. Les studios bichonnent soigneusement leurs écuries de stars. À la MGM règnent Clark Gable, Norma Shearer, Jean Harlow, Joan Crawford, Spencer Tracy, Hedy Lamarr, William Powell, Myrna Loy, Robert Montgomery, Lionel Barrymore, Charles Laughton, les Marx Brothers, Elizabeth Taylor, Mickey Rooney, Lana Turner, Judy Garland et Ava Gardner. Tous sous contrat au studio en même temps. Les autres studios ont aussi leurs écuries. James Cagney, Pat O'Brien, Edward G. Robinson et Bette Davis à la Warner. Gary Cooper, Charles Boyer, Claudette Colbert et Marlene Dietrich à la Paramount, tandis que Fred Astaire, Gingers Rogers et Cary Grant triomphent à la RKO. Pas étonnant que tant de jeunes aux yeux éblouis par les étoiles soient arrivés à Hollywood en rangs serrés de toutes les parties du monde. Pratiquement, toutes les reines de beauté prennent un aller simple pour la ville.

D'emblée, Oona prend ses habitudes et passe ses journées au drugstore *Chez Schwab*, un café fréquenté par toutes les stars, les imprésarios et les producteurs, où elle croise les débutantes Anne Bancroft, Debbie Reynolds, Ann Miller et deux jeunes premiers : Gregory Peck et Farley Granger, histoire de prendre ses repères.

Dans la Mecque du cinéma, Oona n'est pas qu'une starlette en herbe. Sa réputation new-yorkaise et son statut – fille de prix Nobel de littérature – intriguent la presse. Sa beauté fragile de brune et le voile de mystère qui l'entoure en font un cas exotique. Il faut d'abord se trouver un impresario. Gloria et son mari lui font justement rencontrer Mina Wallace dans une party. C'est elle qui a lancé, en 1931, Clark Gable, et son frère n'est autre qu'Hal Wallis, le producteur de *Casablanca* qui bat tous les records d'audience en cette année 1942. Mina Wallace n'est pas n'importe qui et, une fois de plus, Oona commence sa vie à Hollywood sous de bons auspices. Née en 1893[1], elle a d'abord été la secrétaire de Jack Warner. Puis elle lance son bureau d'agent au 8627 Sunset Boulevard et a pour clients, entre autres, Myrna Loy, John Barrymore et Erroll Flynn.

---

1. Voir : Charles Higham, *Starmaker*, Berkley et Bernard F. Dick, *Hal Wallis Producer To The Stars*, University Press of Kentucky.

Elle partage d'ailleurs la vie du comédien britannique George Brent. Elle a un flair certain et, avec son humour juif polonais, materne ses poulains. Elle racontera : « Je vis donc Oona O'Neill, très belle, très simple, toute brune, les cheveux tombants, sans une once de maquillage, hormis son rouge à lèvres. Elle arborait un sourire très doux, un regard bienveillant, une voix tendre qui laissait deviner une intelligence vive, mais discrète. Elle rougissait facilement. Elle voulait prendre des cours de comédie. »

Sans hésitation, Mina Wallace se fait fort de « vendre » miss O'Neill et son instinct la trompe rarement. Perçoit-elle un don réel chez Oona ou croit-elle simplement que le nom d'O'Neill est un sésame suffisant pour conquérir les studios ? Elle n'en dira jamais rien. Comme elle souhaite obtenir des rendez-vous avec des producteurs ou des responsables de studios, Oona se plie aux rites des sorties dans les restaurants et night-clubs de la ville. Chaque chevalier servant se montre entreprenant : « Ils veulent tous coucher avec moi, écrit-elle à son amie Carol. Ça me rend nerveuse. »

Orson Welles, âgé de vingt-six ans, est l'un d'entre eux. Au début des années 1940, ce dernier est déjà connu de tous les Américains. Le lundi 30 octobre 1938, il adapte pour la radio *La Guerre des mondes* de H. G. Wells et le réalisme de sa mise en scène est tel qu'une bonne partie de l'Amérique se met à croire à l'invasion des Martiens. Welles finit par débarquer à Hollywood le 20 juillet 1939 pour y tourner *Citizen Kane* : un échec commercial malgré ses trouvailles techniques, esthétiques et narratives. Mais, à l'évidence, c'est un génie exubérant, un réalisateur visionnaire. Et qui adore les acteurs !

Au moment de sa rencontre avec Oona, en contrat avec la RKO, il jongle avec trois projets en même temps (dont *La Splendeur des Amberson*). Il est divorcé de son épouse Virginia Nicholson et termine une longue liaison secrète avec l'actrice Dolores Del Rio. Il emmène dîner Oona au *Earl Carroll's Restaurant*. Tous deux forment un couple étrange. Lui immense et dégingandé, elle exquise femme-enfant un peu fragile. La légende veut qu'au cours de la soirée, il s'amuse à lui lire les lignes de la main et lui prédise un mariage prochain. Oona fut-elle sensible au mystérieux magnétisme d'Orson Welles ? Ont-ils été amants ? Eut-elle l'honneur de son petit palais au 426 Rockingham Drive à Brentwood ? Annie Chaplin confirme bien qu'il y eut un petit « flirt », mais « Maman me raconta qu'elle ne le trouvait pas beau. Elle détestait son nez. Elle n'était pas sous l'emprise de son génie ». Jane Chaplin donne peut-être l'explication de toute cette affaire : « Un soir, nous les filles et maman étions réunies pendant que papa regardait la télé dans la bibliothèque. Comme une conspiratrice, elle nous parla de ses flirts de jeunesse comme Salinger. Après, elle évoqua Orson Welles. Elle nous a dit qu'il avait une des plus belles voix masculines qu'elle ait jamais entendue de sa vie. En nous confiant cela, elle fermait les yeux comme pour mieux réentendre le son de sa voix. Elle nous a intimé l'ordre de ne jamais rien révéler à notre père, qui était facilement jaloux. » Plus tard, Oona prit comme une provocation que sa fille Jane prénomme son premier fils Orson. Le nom de Welles, chez les Chaplin, était devenu un sujet tabou[1].

Oona passe bientôt ses premiers essais devant le réalisateur Eugene Frenke pour son film *The Girl From Leningrad*. Frenke est un petit homme qui parle avec un fort accent russe, en s'accompagnant de gestes obscènes. Il est l'époux d'Anna Sten qu'il trompe abondamment, mais elle l'adore, ce qui est d'ailleurs réciproque. La comédienne moscovite est d'ailleurs présente lorsqu'Oona arrive au studio. La séance de ces tests existe et est fort captivante ; on y voit Oona censée incarner une paysanne de Leningrad. Sa vulnérabilité est patente et son chic anachronique. Aux yeux de

---

1. Au début des années 1940, Chaplin et Welles sont amis. Ce dernier s'est incliné bien bas devant le talent de son aîné : « Charlot appartient à ce vaste horizon de l'imagination humaine où se profilent les silhouettes de Don Quichotte, Pantagruel, Pickwick, Puck et Polichinelle. En tant que créateur cinématographique, Chaplin a placé ce qui n'était avant lui qu'un procédé sur le plan supérieur de l'art. » Bientôt, Orson Welles, fasciné par l'affaire Landru, lui propose un film sur le sujet et veut lui confier le rôle-titre. Chaplin refuse, mais juge l'idée si intéressante qu'il réécrit totalement le scénario en y incorporant une critique socio-économique de l'époque. Pour éviter tout malentendu avec le bouillonnant Welles, il lui offre 5 000 dollars et sa mention au générique. Ce que le jeune cinéaste, en délicatesse financière, finit par accepter. Chaplin, échaudé dans le passé, a voulu parer à toute accusation future de plagiat. Or, aux Oscars 1947, *Monsieur Verdoux* est nommé pour le meilleur scénario (il n'obtiendra pas la statuette convoitée). Welles laisse alors entendre qu'il y est pour beaucoup au grand dam de Chaplin. Puis l'orgueil avec lequel Orson Welles, au fil des ans, revendique l'idée originale du film, finit par froisser son confrère. Le comble est atteint lorsque Welles donne une interview en 1963 au *Times*. Il revendiquera la paternité du scénario. De Suisse, Chaplin réplique par une lettre si enflammée sur les prétentions de Welles, que le quotidien britannique refuse de la publier. Chaplin n'en démord pas et menace alors d'attaquer en justice à la fois Welles et le journal. Finalement, il obtient cinq cent livres de dédommagement pour diffamation. On comprend donc mieux la volonté d'Oona de ne jamais évoquer devant son mari le nom de son flirt d'un soir.

David Robinson, « ce test montre quelle image saisissante elle aurait imposé à l'écran. Sa beauté est à la fois radieuse et fragile, sa personnalité tour à tour réservée et ardente. Même dans ce fragment de vieux film, elle y est très présente ». On peut se faire une idée exacte, en visionnant ce document sur Internet (www.eoneill.com/tv/oona/oona.html). Force est de constater qu'Oona est certes belle et touchante, mais paraît peu crédible en babouchka (coiffée d'un foulard) en raison de son accent très Park Avenue. Certes, personne n'attend d'un premier bout d'essai qu'il révèle un produit fini. Il suffit qu'il dévoile un matériau brut que les studios et les producteurs jugeront transformable en quelque chose de commercial et attirant.

Une autre audition se présente également, avec le grand Charlie Chaplin, pour son projet de film *Shadow and Substance*[1]. Oona saura-t-elle être à la hauteur ?

---

1. Il s'agit d'un scénario d'après la pièce de Paul Vincent Carroll, *Shadow and Substance*. Cette œuvre irlandaise, écrite en 1934, raconte l'histoire d'une jeune fille modeste, Brigid, qui travaille chez le révérend chanoine Thomas Skerrit, en proie à des visions mystiques. Prise entre deux hommes d'Église qui se disputent la foi, l'une fondée sur la raison, l'autre sur des superstitions, Brigid est au cœur d'un conflit qui la mènera jusqu'à la mort. Chaplin acheta pour 20 000 dollars les droits de la pièce. Selon le livre du studio Chaplin, le projet *Shadow and Substance* fut définitivement abandonné le 29 décembre 1942, à peine deux mois après le premier dîner avec Oona.

III

MARIAGE

E N CE 30 OCTOBRE 1942, OONA O'NEILL est un peu nerveuse à l'idée de rencontrer le si célèbre Charlie Chaplin.

Acteur, auteur, réalisateur, producteur et musicien, le Britannique est l'un des hommes les plus créatifs de l'histoire du cinéma. Il a conçu le personnage culte de Charlot en 1914 et l'a décliné dans plus de soixante-dix films comme *La Ruée vers l'or*, *Les Lumières de la ville* ou *Le Kid*. Il a réussi à apporter une nouvelle dimension à la comédie par l'émotion, la créativité burlesque et les talents extraordinaires de son jeu. Charlot est tout simplement devenu le plus grand comique que le monde ait connu et son personnage ne connaît ni patrie ni frontière. Les rires et la mélancolie qui s'attachent à ses pas apportent consolation et fraternité à l'humanité tout entière.

Chaplin a créé un personnage universel, unique. Son vagabond réunit tous les défauts et qualités de l'homme. Il incarne toutes les peines, frustrations et revendications des peuples, et sa silhouette est familière aux quatre coins du monde. Il a fait de Charlot, symbole de l'individualité triomphante contre l'adversité et la persécution, une sorte de tragi-comédien. Il a réussi à puiser dans sa propre histoire tous les ingrédients de ses films et à leur donner un mélange unique d'émotion et de comique.

Le destin de Chaplin est un singulier roman où le pathétique côtoie l'extraordinaire.

Tout commence à Londres en 1889, comme dans un mauvais roman de Dickens. Un mélo à trois sous. Il naît le 16 avril au 3 Parnell terrace sur Kennington Road. Enfance pauvre et sordide même si les parents sont de talentueux artistes de music-hall. Son père possède une belle voix de baryton et sa mère est montée sur scène très jeune sous le nom de Lily Harley. Elle a même fait partie de la troupe Gilbert and Sullivan, chantant, jouant, dansant. Il est bien connu qu'à l'époque les gens de théâtre font mener à leurs enfants des vies désordonnées. La prédilection de Chaplin père pour l'alcool l'empêche de pourvoir suffisamment aux besoins de sa famille. Charlie et son frère Sydney connaissent la vraie misère, l'orphelinat un temps (deux longues années), la crainte de l'hospice et dorment même dans des terrains vagues. « Picasso a eu une période bleue, disait Charlie. Ma mère, mon frère et moi avons connu une période grise où nous vivions de la charité paroissiale. » Leur mère est bientôt internée dans un hôpital psychiatrique et leur père sombre dans l'alcoolisme avant de disparaître précocement en 1901.

Entre neuf et douze ans, Charlie entame logiquement une carrière d'enfant de la balle, *a boy* acteur en particulier au *Casey's Court Circus*. Rude apprentissage de la vie. Il arrive aussi aux deux garçons de suivre des musiciens ambulants dans les rues de Londres. Charlie danse la gigue et son frère essaie de faire la quête à leur profit. Charlie sera vendeur de journaux, ouvrier d'imprimerie, fabricant de jouets, souffleur de verre, garçon de courses chez un médecin, etc., mais au milieu de toutes ces aventures professionnelles, il ne perd jamais de vue son but final qui est de devenir comédien professionnel. C'est Sydney qui, le premier, parvient en 1906 à se faire engager dans une troupe théâtrale dont le directeur, Fred Karno, a connu ses parents. Le cadet vit de petits cachets à droite à gauche. Dans Whitechapel, ses meilleurs amis sont un fabricant de cercueils et un palefrenier, souvent ivre. L'adolescent a le culte de la témérité et du mélodrame, il est un rêveur à la larme facile, il peste contre la vie tout en l'adorant, bref, son esprit est encore dans une chrysalide dont il émerge par brusques sursauts de maturité. En 1908, il y a enfin un rôle libre dans la troupe Karno. Sydney obtient qu'on le confie à son frère. Ce dernier ne met pas longtemps à manifester ses qualités scéniques. Sa mère ne lui a-t-elle pas appris à jouer la pantomime, les jongleries et acrobaties ? En un an, au hasard de tournées en province, Charlie Chaplin se hisse en tête d'affiche – à égalité avec un autre mime, un certain Stan Laurel. Une réelle amitié les unira longtemps.

De retour à Londres, la troupe Karno trouve refuge dans un petit théâtre ; Charlie en profite pour sortir sa mère de l'hôpital. Ils partagent un appartement au 15 Glenshaw Mansions, mais elle présente toujours les symptômes d'une maladie mentale qui ne la quittera plus et s'aggravera avec les années. Sa folie ne se manifeste pas par des tendances à la violence, mais par une perte de conscience de la réalité. Il y a des moments où elle ne reconnaît plus son fils. En 1909, Chaplin est à Paris où le directeur des Folies-Bergère a engagé la compagnie pour un mois.

Septembre 1910, Chaplin et Laurel partent en tournée pour l'Amérique. Ils quittent Liverpool à bord d'un bateau crasseux. C'est au milieu de mulets, cochons et moutons qu'ils doublent la statue de la Liberté. Qu'importe : c'est l'aventure. C'est l'avenir !

Leur spectacle *A Night in an English Music-Hall* fait un tabac en tournée. C'est finalement en 1912 que Chaplin a la bonne surprise d'être débauché par le studio hollywoodien Keystone. Curieusement Chaplin hésite longtemps avant d'aller à Los Angeles. Même après avoir obtenu le salaire astronomique de cent cinquante dollars par semaine, il se demande s'il doit accepter. Sa situation de vedette principale dans la troupe de Fred Karno lui paraît plus sûre. Il craint surtout de ne pas savoir s'adapter au cinéma et que son engagement dure peu de temps. Beaucoup d'histoires ont circulé sur ces débuts californiens. On a peu souligné tout ce qu'il doit au Français Max Linder. On a davantage écrit que c'est Mack Sennett qui le remarque dans le rôle de l'ivrogne à l'American Music-Hall dans la 42e Rue et lui offre son premier cachet. Ce dernier l'accueille pourtant sans enthousiasme sur son premier tournage, le trouve trop jeune et l'envoie même au magasin d'accessoires chercher « quelque chose de drôle ». La légende veut que le magasin ne recèle alors qu'une vieille rédingote, un pantalon trop large, de grandes chaussures un melon et une canne : le hasard va composer une silhouette qui s'imprimera dans toutes les mémoires.

Ainsi accoutré, Chaplin fait une apparition timide. On tourne alors un vague scénario composé de petits sketches improvisés. Le jeune Anglais tente de composer la démarche hésitante de son vieil ami palefrenier. Il se dessine une petite moustache, joue les vagabonds, avance d'un pas avantageux et suit son inpiration. Il fait des moulinets avec sa canne ; des gags, des idées comiques se pressent dans sa tête. C'est gagné ! Il fait rire et ne s'arrêtera plus de nous amuser. Mais le rire qu'il va provoquer est d'une nature particulière, à la limite des larmes, tout proche du désespoir. À l'époque, les films comiques exigent une progression rapide de l'action avec de nombreux rebondissements : c'est un humour assez primaire qui ignore toute finesse. Chaplin, avec son art de la pantomime, sa délicatesse, sa légéreté, balaie tout cela. Dès son premier passage devant la caméra, Chaplin explique son personnage de Charlot : « Ce type a plusieurs facettes ; c'est en même temps un vagabond, un gentleman, un poète, un rêveur, un type esseulé, toujours épris de romanesque et d'aventure. Il voudrait vous faire croire qu'il est un savant, un musicien, un duc, un joueur de polo. Mais il ne dédaigne pas de ramasser des mégots ni de chiper son sucre d'orge à un bébé. Et, bien sûr, si l'occasion s'en présente, il flanquera volontiers un coup de pied dans le derrière d'une dame...mais uniquement s'il est furieux[1] ! » En fait quelques mois lui ont suffi pour adapter sa prodigieuse expérience du music-hall à la technique encore neuve du cinéma. Son personnage a vite pris forme, les gestes qui vont le rendre célèbres apparaissent un à un : le salut vertical du chapeau melon, les pieds tournés au dehors, le jet du mégot par-dessus l'épaule et le coup de pied en arrière pour le rattraper.

De film en film, avec une patience touchante et sans jamais perdre courage, le « petit homme » entreprend sa longue et pénible quête du bonheur. La peur de la solitude est omniprésente. Il croit à l'amour, qui lui est toujours refusé parce qu'il est pauvre, mal habillé et pas très séduisant. Il lui faudrait si peu pour être heureux – mais il n'y a pas de bonheur ! De l'écuyère du film *Le Cirque*, il ne reste qu'un cercle de papier déchiré. Le monde se ligue contre lui, éternel indésirable. Dans *Le Pèlerin* en 1922, il hésite entre deux pays également hostiles et finit par s'enfuir à cheval sur la frontière, sans parvenir à se décider. Dans *La Ruée vers l'or*, en 1925, même l'amitié lui est refusée : son compagnon de misère le prend pour un poulet et tente de l'étrangler. Ce sentiment de regret transparaît dans ses films ; même quand l'un d'eux se termine

---

1. Charles Chaplin, *Histoires de ma vie*, Robert Laffont.

bien, il laisse un goût amer et nostalgique. Chaplin restera toujours intérieurement le « petit homme », avec la hantise de l'échec, la philosophie d'un être qui a le goût de la perfection, et qui essaie, sans s'épargner aucune peine, d'atteindre un but, toujours inaccessible.

Il reste le rêve. Au cinéma, Charlot n'est heureux que lorsqu'il dort. Alors il s'envole, comme on s'envole dans les tableaux de Chagall. Les jolies filles lui sourient enfin, acceptent même de danser avec lui et de l'embrasser. Quand il se réveille, le souvenir de son rêve est plus fort que la réalité. Il rajuste son melon, fait tournoyer la badine et s'en va. C'est ainsi qu'il devient riche et célèbre. Mais pas heureux. Une sorte de malédiction s'acharne sur lui : l'amour, qui dans ses films, échappe au petit homme pauvre, échappe aussi, dans la vie, au petit homme trop riche. En 1920 il a réalisé l'un de ses chefs-d'œuvre, *Le Kid*, dans lequel on peut voir, d'abord, une sorte d'hymne à l'amour et à l'enfance. Jackie Coogan – le Kid – est le petit garçon qu'il n'a pas pu garder dans la vie. À la fin du film, le vagabond est obligé de laisser partir son fils adoptif et se retrouve une fois de plus meurtri et seul.

Plus que jamais solitaire, il se réfugie dans le travail. Avec Douglas Fairbanks et Mary Pickford, il fonde bientôt (en 1919) Les Artistes Associés et tourne entre 1923 et 1940 six films dont *Les Lumières de la ville*, son opus le plus mélancolique, *Les Temps modernes*, où il incarne son personnage habituel, broyé par la vie, désabusé, perdant. Enfin, en 1940, il pèse sur tous les esprits et combat Hitler avec les armes du burlesque en signant le magistral *Le Dictateur*.

Ses longs-métrages prennent désormais une dimension presque politique. Il traite ses sujets en mélangeant satire et pathétique et en révélant un amour de l'humanité et de la liberté individuelle. L'infinie richesse de son jeu d'acteur et l'audace de ses mises en scène font de lui un « monument » incontournable de l'histoire du cinéma, un géant, un génie. Un des plus grands conteurs de son siècle.

Sur l'appel irrésistible de l'amour, sur l'illusion du bonheur vite dissipée, sur la totalité de la solitude, il a déjà construit toute son œuvre, à cinquante-trois ans. Il a tout abordé avec un égal bonheur : farce, épopée, mélodrame, pamphlet, satire. Mais sa vie semble définitivement et tristement prise aux mêmes rets.

Fascinant, autoritaire, visionnaire, séducteur, Chaplin est donc, en cette année 1942, un des artistes les plus fêtés d'Hollywood malgré sa personnalité complexe et souvent contradictoire. Adulé par le public, il est aussi la cible de la presse à scandale à cause de sa vie privée mouvementée. N'est-il pas le premier cinéaste à avoir signé un contrat de un million de dollars et un véritable séducteur avec trois mariages et de nombreuses idylles qui défrayent la chronique ? Chaque minute de son existence est donc observée, critiquée et jetée en pâture. Sa vie publique et privée fait l'objet d'adulation comme de controverses. Si on ne s'en prend pas au séducteur, on brocarde ses idées politiques, sociales ou philosophiques. Véritable mythe, Chaplin cumule les poncifs de la superstar : multiples liaisons amoureuses, trois mariages et trois divorces, scandales liés à sa paternité, rumeurs de mœurs légères. Il est trop un homme à femmes. Le réalisateur qui, déjà dans ses premiers films, fustigeait les mœurs cupides et les institutions, se retrouve donc sur la sellette. En fait, sa vie se déroule sur deux plans juxtaposés : la gloire officielle et le scandale permanent qui sans cesse la contredit, l'assombrisse, l'amenuise. Car sa vie privée est une histoire de cinéma. Il partage sa vie avec les femmes qu'il filme ou s'éprend d'actrices filmées par les autres. Circulation de désirs où le rapport au modèle et la création semblent intimement liés. D'actrice en actrice, de muse en muse, Chaplin met en scène ses conquêtes, joue les Pygmalion, réinvente à l'infini son idée du grand amour. Un parcours affectif chaotique où Chaplin ne semble jamais tirer les leçons de ses échecs sentimentaux. De ceux qui l'ont connu très tôt, certains disent que le succès l'a pourtant transformé, que le jeune acteur est devenu un égocentrique de la pire espèce, ne supportant aucune contradiction. D'autres, au contraire, assurent qu'il n'a absolument pas changé et que ce que l'on prend pour de la tyrannie chez lui, n'est qu'une haute exigernce de l'artiste, cherchant la perfection. Mais tout le monde s'accorde à lui trouver du génie et à penser que sa position à Hollywood est aussi solide que sa grande bâtisse sur la colline.

En cette année 1942, il vient de divorcer de Paulette Goddard et s'est affiché dans des dîners avec des actrices qui ont l'âge de ses fils : Carole Landis et Hedy Lamarr. Il a aussi fait des essais avec une jeune débutante, une certaine Joan Barry qui finit par s'incruster dans sa propriété et dans son lit. Chaplin a le plus grand mal à s'en débarrasser et a conclu, le 22 mai 1942, un accord financier avec l'encombrante créature aux signes trop évidents d'instabilité mentale. Mais elle le menace et le harcèle de coups de téléphone. C'est donc un être sur la défensive que va rencontrer Oona. Un homme qui se sent seul, un peu découragé et qui exprime volontiers son insatisfaction à ses deux fils devant le comble du désordre sentimental et conjugal qu'est alors sa vie.

L'impresario Mina Wallace a donc eu l'idée de présenter Oona O'Neill à Charlie Chaplin : « Miss Mina Wallace, témoignera le réalisateur, me téléphona pour me dire qu'elle avait une cliente arrivée tout droit de New York qui, à son avis, conviendrait pour le rôle de Bridget, le principal personnage de *Shadow and Substance*. Comme j'avais des ennuis avec *Monsieur Verdoux*, car c'était une histoire très difficile à mettre sur pied, je considérai le message de miss Wallace comme un heureux présage m'incitant à reconsidérer le tournage de *Shadow and Substance*, et à mettre provisoirement de côté *Monsieur Verdoux*. Je téléphonai donc pour avoir plus de détails. Miss Wallace me dit que sa cliente s'appelait Oona O'Neill, la fille du célèbre dramaturge Eugene O'Neill. Je n'avais jamais rencontré Eugene O'Neill, mais d'après la gravité de ses pièces, je me représentai plutôt sa fille sous des couleurs sépia. Je demandai donc laconiquement à miss Wallace :

— Est-ce qu'elle sait jouer ?

— Vous feriez mieux de lui faire faire un bout d'essai et de juger vous-même, dit-elle. Ou, mieux encore, si vous ne désirez pas vous engager, venez dîner chez moi, et je m'arrangerai pour qu'elle soit là. »

La rencontre a donc lieu dans le duplex de Mina Wallace, au cœur de Beverly Hills. L'endroit est rempli de tableaux et de superbes bouquets de fleurs et dans la pièce principale trône une importante cheminée. « J'arrivai de bonne heure, racontera Chaplin, et, en entrant dans le salon, je découvris une jeune fille assise toute seule auprès du feu. En attendant miss Wallace, je me présentai, en disant que je supposais qu'elle était miss O'Neill. Elle sourit. Contrairement à mes craintes, j'aperçus une lumineuse beauté, au charme un peu secret et à la douceur des plus séduisantes. Nous bavardâmes en attendant notre hôtesse. »

Mina Wallace finit par arriver et les présente officiellement. Ils sont quatre à dîner : l'hôtesse, Oona O'Neill, Tim Durant[1] et Charlie Chaplin. Ce dernier racontera : « Sans parler métier, nous effleurions sans cesse le sujet. Je précisai que la jeune fille de *Shadow and Substance* était très jeune, et miss Wallace fit observer en passant que miss O'Neill avait un peu plus de dix-sept ans. Mon cœur se serra. Bien que le rôle exigeât quelqu'un de jeune, le personnage était extrêmement complexe et nécessiterait une comédienne plus âgée et plus expérimentée. À regret, je ne pensai donc plus à elle pour le rôle. » Oona, elle, découvre ce soir-là qu'il aime être appelé « Charlie » et qu'il déteste s'entendre nommer « Monsieur ». Elle remarque surtout son aspect fluet, accentué par la coupe de son complet gris. Elle note la petitesse de ses pieds et l'apparence quasi féminine de ses mains qui sont constellées de taches de rousseur. Elle aime toutes ses rides, ses admirables cheveux gris, bouclés comme des mèches d'enfant, son regard bleu d'archange déchu. Il rit, parle par saccades, elle remarque surtout son incroyable douceur et son sourire ineffable. Comme le notera Michael Chaplin : « Papa dégageait une énorme vitalité. Il possédait une faculté quasi hypnotique de jeter une sorte de charme sur quelqu'un dès que cela l'arrangeait. Je sais que le premier choc que provoquait une rencontre avec lui faisait l'effet d'une décharge électrique. » Selon son amie Carol Matthau : « Cette rencontre fut une sorte d'éblouissement. Au premier regard, elle sut qu'elle allait l'aimer. Totalement et déraisonnablement. » Et Victoria Chaplin de conclure : « Il l'avait envoûtée de façon très romantique. Elle allait déposer en lui tout ce qu'il n'avait jamais pu espérer toucher enfin : innocence, ardeur, jeunesse. L'amour absolu ! »

Quelques jours plus tard, miss Wallace lui téléphone pour savoir si finalement il fait quelque chose de miss O'Neill, car, dit-elle, la Fox est intéressée. Il lui signe alors un contrat sur-le-champ. Que s'est-il donc passé ? Qu'est-ce qui explique ce revirement en forme de coup de théâtre ? Selon Roland Totheroh, le directeur de la photographie des films de Charlot, Oona choisit de se présenter en

---

1. Tim Durant est l'un des proches de Chaplin. Célèbre pour son rôle dans *La Charge de la brigade légère*, l'acteur est connu pour ses liaisons tapageuses avec Carole Landis, Marlene Dietrich ou Rosalind Russel. Chaplin lui confiera le rôle d'un directeur de music-hall dans *Les Feux de la rampe*. S'il est invité à ce dîner, c'est qu'il est un ami de Mina Wallace. Durant devint plus tard célèbre sous le surnom de « grand-père galopant » pour avoir fait faire, à des chevaux non classés, le tour de l'hippodrome à coup de cravache, le jour du Grand National.

personne au studio de Chaplin, quelques jours après leur rencontre, pour tenter de revoir le réalisateur. Avec ce mélange de timidité et de détermination si déroutant et si séduisant en elle, elle parvient jusqu'au bureau du maître, refusant de se laisser décourager par Alfred Reeves, le directeur général de la Chaplin Film Corporation. Après l'épisode Joan Barry, Reeves avait de quoi être nerveux avec l'arrivée d'une jeune fille qui fait à peine ses dix-sept ans. Mais Oona n'est pas là pour causer du scandale. Elle est bien trop raffinée et intelligente. Chaplin perçoit d'instinct le calme et la sensibilité de la jeune femme. En fait, elle est d'emblée tombée sous le charme de Chaplin et a pris l'initiative de le revoir. C'est la seule explication plausible.

Oona est bientôt conviée dans l'intimité de *Summit Drive* : souvent à des parties de tennis et à des dîners où, parfois, elle vient accompagnée par sa mère. Comme le remarquera Stan Laurel, « elle avait une flamme dans le regard, une classe folle. Elle était très "côte Est" avec une tonalité de voix presque *british*. Elle n'avait rien d'une starlette obnubilée par sa propre personne. Elle était curieuse de tout, avide d'apprendre. Elle était incroyablement rafraîchissante ». Chaplin voit en elle la beauté pure, l'héroïne qu'il n'a jamais osé mettre en scène, la lumière qu'il n'a eu de cesse sa vie durant de rechercher dans le regard des femmes aimées et quittées.

Bientôt, Oona attrape la grippe[1]. Chaplin l'invite à venir se reposer chez lui. Elle s'installe au premier étage et Chaplin est à ses petits soins. Très vite, les marques d'attention qu'il lui témoigne dépassent les propres désirs de la malade. Il y a une *love story* dans l'air ! Oona est irrésistiblement attirée par Chaplin dont le visage lisse entouré de cheveux gris met en valeur ses yeux bleus. Il la rassure, l'apaise et la fait rire plus que tout. Il est si drôle, si inimitable... La façon dont il se plonge tout entier dans son image jusqu'à se confondre avec elle la fascine. Il lui raconte ainsi ce qui lui est arrivé lors d'un séjour en France. Un après-midi, il est parti avec un ami faire un tour en bateau au large de la côte lorsqu'il est pris soudain d'une violente diarrhée. Il rame *illico presto* jusqu'à la plage, bondit hors du bateau et court vers les lieux d'aisance à quelques mètres de là. Mais il est tout de suite reconnu et les gens du coin en délire font cercle autour de lui en criant : « Charlot !

---

1. Chaplin, très mélodramatique, expliqua au personnel qu'elle avait la tuberculose, afin que personne ne se fasse des fausses idées sur sa présence.

Charlot ! » Pour toute réponse, il gémit : « W.C. ! W.C. ! », essayant désespérément de se dépêtrer de la horde d'admirateurs pendus à ses basques. Mais plus il se débat de tous ses membres, plus la foule rit et danse autour de lui tout en scandant son nom. S'imaginant que le fameux Charlot s'est lancé en leur honneur dans un petit numéro à sa manière, les importuns s'acharnent à battre des deux mains pour lui démontrer leur immense affection. Personne ne songe un instant qu'il ne fait peut-être pas le clown. En fait, il est à présent sur le point d'éclater – c'est ce qui se serait produit s'il n'avait pas atteint, *in extremis*, les toilettes. Debout en équilibre sur les repose-pieds métalliques, il ferme la porte très mince, baisse son pantalon et, au bout d'une longue attente, explose dans la fosse à grands bruits de cors de chasse. Dehors, ses admirateurs chantent et crient toujours : « Charlot ! Charlot ! » Car, en ce qui les concerne, le numéro n'est pas fini. Ils prennent même les pets du malheureux pour un raffinement sonore comique supplémentaire.

Quand il ne la divertit pas par de telles histoires, il lui confie combien sa gloire est parfois déconcertante. Il lui raconte l'anecdote suivante : « Je me souviens qu'une fois, je me trouvais en voyage dans un compartiment de chemin de fer. Je portais des lunettes noires pour protéger ma vue contre l'éclat du soleil et je lisais un magazine. Deux vieilles dames étaient assises devant moi, et elles conversaient à haute voix.

— On me dit, fit l'une, qu'un acteur de cinéma se trouve dans le train.

— Mais, regardez donc, souffla l'autre, c'est lui qui est en face de nous !

La première dame se leva et s'avança vers moi :

— Je vous demande pardon, dit-elle, en me saisissant la main, mais je voudrais vous dire combien vous amusez les enfants et le monde en général ! Ce sera pour moi une grande joie de dire aux gens, lorsque je reviendrai chez moi, que j'ai serré la main du fameux Harold Lloyd.

Inutile de dire que je n'ai plus jamais porté mes lunettes. »

Pour cesser de parler de lui, il lui fait la lecture dans le salon. De sa belle voix de baryton, il lui lit des poésies anglaises. Elle l'écoute parler inlassablement. Il lui caresse les cheveux, l'entoure de ses bras. Ces moments semblent si doux, si sereins. Parfois, il se met au piano et fredonne joyeusement sa chanson, *Smile* (« Souriez »). Elle aime son air espiègle, ses yeux étincelants, son impatience moqueuse. Elle adore son léger accent qui révèle ses origines britanniques. Lui n'ose croire que la jeune femme pourrait lui apporter le calme et la stabilité qu'il recherche depuis tant d'années. Elle se demande si elle n'a pas trouvé en Chaplin l'homme qui comblera le vide affectif de sa jeunesse, et lui donnera équilibre et paix.

« À mesure que je connaissais Oona, dira Chaplin, j'étais sans cesse surpris par son sens de l'humour et par sa tolérance. Elle était toujours capable de se mettre à la place d'autrui. Ce fut pour cela et pour de nombreuses autres raisons que je tombai amoureux d'elle. » Si l'on en croit le témoignage de Charlie Chaplin Jr. : « Quand Oona était avec mon père, elle avait dans les yeux une expression recueillie. Elle était assise, très calme, suspendue à chacun de ses mots. Beaucoup de femmes subissaient le charme de Dad, mais pour Oona, c'était différent. Elle l'adorait, buvait littéralement ses paroles, sur n'importe quel sujet, qu'il s'agisse de son dernier scénario, du temps ou de philosophie. Elle parlait rarement, mais de temps en temps faisait une remarque pénétrante qui impressionnait visiblement mon père. "Quelle charmante fille", disait-il. Il ne se compromettait pas plus que cela par ses paroles, mais ce n'était pas utile. Son visage nous montrait qu'il était aussi fasciné par Oona qu'elle l'était par lui. »

Dans les mois qui suivent, Chaplin sort ouvertement avec elle et les journaux commencent déjà à parler d'un quatrième mariage.

La vie sentimentale de Chaplin ressemble à un casting de séduction. Il fut d'abord épris, à Londres, d'une actrice enfant, Hetty Kelly, qu'il courtisa à la manière chaplinesque sur les bancs des parcs. À Hollywood, il trouva la plus calme de ses liaisons dans la personne d'Edna Purviance, compagne de tous ses premiers films, dont le destin fut de voir passer devant elle la cavalcade des mariages de Charlie. En 1918, étant alors âgé de vingt-neuf ans, il rencontra Mildred Harris, qui en avait seize. Il est évident qu'il ne l'aima que par les sens et qu'elle l'aima moins encore puisqu'elle faisait son éloge en disant qu'il était « si paternel ». Ils s'épousèrent et, quand le moment fatal du divorce arriva, quelques mois plus tard, un torrent d'accusations ruissela pour la première fois sur l'acteur. Mildred, qui savait apparemment mettre de son côté la vraisemblance, énuméra parmi ses griefs l'avarice de Chaplin qui faisait raccommoder par sa belle-mère ses chaussettes et ses pyjamas. Il riposta en produisant 55 000 dollars de talons de chèques dépensés en un an pour l'entretien du ménage. À l'issue du débat, le 19 novembre 1920, Mildred emporta 100 000 dollars comptant.

Le second mariage fut une affaire encore plus tumultueuse et plus sordide. Charlie Chaplin avait engagé pour la somme modeste de 75 dollars la débutante Lolita McMurray, dite Lita Grey. Elle avait seize ans[1], comme Mildred Harris en 1918, et Chaplin, qui avait largement dépassé le double de cet âge tendre, céda une fois de plus à cet appel de l'extrême jeunesse que des psychologues transcendants définissent comme l'une des formes de la recherche de l'absolu. C'était une femme-enfant insouciante et légère, gourmande de plaisirs faciles et immédiats. Mais la petite avait aussi un oncle avocat qui mit le producteur-acteur au courant des pénalités que la loi américaine réserve au crime de séduction de mineure. Chaplin, pris à la gorge, s'en fut l'épouser au Mexique, le 24 novembre 1924. Il commenta son bonheur en disant que ça valait toujours mieux que la prison et commença sa vie conjugale en s'en allant pêcher à la ligne dans l'après-midi qui suivit la cérémonie. Le premier fils, Charles Spencer Jr., naquit, comme il était facile de le prévoir, sept mois après le mariage de ses parents. Le second, Sydney Earle, montra plus d'originalité en venant au monde neuf mois et un jour après son aîné. Mais cette marque d'empressement n'était pas pour autant une preuve de concorde. Au début de 1927, Lita Chaplin introduisit une procédure de divorce qui donna naissance à l'une des pires batailles de l'histoire d'Hollywood.

Le cas était classique : une innocente *girl* américaine était tombée dans les filets d'un étranger immoral et elle luttait maintenant pour la subsistance de ses deux petits. Les clubs de femmes de Los Angeles organisèrent une souscription pour l'entretien des bébés

---

1. Sa première femme, Mildred Harris, avait seize ans quand il l'a épousée. Il en avait vingt-neuf. Sa deuxième femme, Lita Grey, n'avait elle aussi que seize ans quand ils se sont mariés. Lui, cette fois, en avait trente-cinq. Paulette Goddard, sa troisième femme, avait, elle, vingt-trois ans de moins que lui. Même écart d'âge avec les « amies » qu'il a eues entre ses mariages : Pola Negri avait treize ans de moins que lui, Edna Purviance neuf, Mirna Kennedy vingt-deux, Virginia Cherril, vingt et Joan Barry vingt-sept – pour ne citer que les plus célèbres de ses aventures… Pourquoi cette passion constante pour des femmes tellement plus jeunes ? Certains psychologues, qui ont analysé la vie de ce clown de génie, l'expliquent. Pour eux, Charlot a été marqué à jamais par son premier amour. Elle s'appelait Hetty Kelly, elle avait seize ans et ne répondit jamais à sa passion. Cet échec d'amour, le seul qu'il avait connu, l'a hanté toute sa vie. Bref, Chaplin eut toujours un faible pour les lolitas et changea de femme pour retrouver la seule, celle qui était semblable à son unique amour.

Chaplin et, dans toute l'Amérique, le boycottage du père fut organisé par les sociétés de vertu.

Charlot connut des jours rudes. Il se retrouva dans des situations qui n'eussent pas déparé ses comédies. Il transporta clandestinement hors de Californie les négatifs inachevés du *Cirque*, afin de les soustraire aux goûts partageux de Lita, mais il arriva au Nevada tellement à court d'argent et avec une telle mine patibulaire que l'hôtel dans lequel il s'arrêta lui refusa une chambre. Il traversa ensuite une dépression nerveuse si profonde qu'on mit auprès de lui un infirmier chargé de prévenir une tentative de suicide. Brisé, malade, vieilli de vingt ans, il n'est plus que l'ombre de lui-même. Puis, d'un seul coup, c'est-à-dire quand les gens qui conseillaient Lita estimèrent qu'elle risquait de tout perdre en exigeant trop, l'apaisement se fit. Lita transigea pour un million de dollars : 600 000 pour elle et 200 000 pour chacun de ses fils. Pendant cette période, l'une des plus tourmentées de son existence, Chaplin produisit deux de ses meilleurs films, dont son chef-d'œuvre, *La Ruée vers l'or*, ce long-métrage dont Cocteau disait : « C'est un film entre la vie et la mort, entre la veille et le sommeil. C'est la lumière des bougies des Noëls tristes. »

Le mariage avec Paulette Goddard fut aussi une drôle d'histoire. La trépidante, la pétillante, la délicieuse Paulette, que Cocteau appelait « le petit cactus à mille pointes, la petite lionne à crinière et à griffes superbes » resta secrète sur leur vie privée. Pendant dix ans, de 1932 à 1942, Hollywood et le monde (au moins une partie) se demandèrent si les deux acteurs étaient unis par un lien légal. La preuve qu'ils l'étaient – mais la seule – c'est qu'ils divorcèrent. Toutefois, comme le divorce eut lieu au Mexique, la date et les circonstances du mariage qui l'avait nécessairement précédé purent être laissées dans l'ombre. Selont une version, il eut lieu à Canton, à Singapour ou en pleine mer, pendant un voyage de Chaplin autour du monde. Une autre tout aussi plausible prétend qu'il fut célébré peu de temps avant le divorce, et uniquement pour permettre celui-ci. Une telle manière d'utiliser le mariage afin de mettre fin à une liaison relève d'une très bonne imagination scénique, mais l'Amérique est le dernier pays au monde pour jouer avec ce sacrement éminemment social. Paulette en souffrit d'ailleurs plus que Charlie : elle perdit plusieurs rôles, dont celui de Scarlett O'Hara, dans *Autant en emporte le vent*.

Il restait à Charlie Chaplin un dernier et violent orage à traverser avant d'atteindre son port d'attache en la personne d'Oona O'Neill. Une rousse, à peine plus âgée que les seize ans réglementaires, et engagée par Chaplin pour les 75 dollars habituels par semaine, fut son dernier écueil. Elle s'appelait donc Joan Barry et elle avait tous les traits d'une petite aventurière, mais l'opinion fut de son côté, comme elle l'avait été pour les précédentes, lorsqu'elle poursuivit son employeur en reconnaissance de paternité. Une seconde poursuite, celle-là publique, se greffa sur cette action civile : Charlie, pour avoir offert un voyage à Joan à New York, tombait sous le coup d'une loi fédérale qualifiant de crime le fait d'emmener une femme d'un État dans un autre avec des intentions immorales. Du premier chef, il ne risquait que quelques milliers de dollars ; du second chef, plusieurs années de prison l'attendaient. Or, il venait justement de conquérir et d'épouser Oona O'Neill. Les dieux furent cléments. Une analyse de sang mit en doute une conception sur laquelle la jeune Barry donnait, en rougissant, les détails les plus précis de temps et de lieu. Puis un jury, cependant dangereux (sept femmes contre cinq hommes), refusa d'appliquer à l'auteur des *Lumières dans la ville* une loi qui fut faite pour réprimer la traite des blanches. Mais ceux qui ont observé Charlie Chaplin, le 4 avril 1944, dans la salle du tribunal de Los Angeles, attestent qu'ils ont vu l'angoisse sur son visage. Quand le verdict libérateur fut prononcé, l'homme, sur le point de défaillir, se redressa. Femme maternelle de dix-neuf ans, Oona passa son bras sous celui de son époux à cheveux blancs et l'entraîna à l'extérieur[1].

L'affaire Barry éclate en juin 1943. Pour échapper aux journalistes, Chaplin se réfugie à Layton Drive, dans l'ouest de Los Angeles. Il s'installe chez son ami Eugene Frenke et sa femme Anna. Pour éviter tout commérage, Oona vient le voir en secret ; parfois elle reste la nuit sur l'invitation d'Anna Sten. « Pendant

---

1. En mars 1944, on vint voir Oona, au premier rang, au cours du procès en reconnaissance de paternité que Joan Barry a intenté à Chaplin. Le test sanguin pratiqué sur Joan Barry et son enfant a prouvé que Chaplin ne peut pas être le père. Qu'importe ! Les ligues morales s'en sont mêlées et Charlie Chaplin est sur le point d'être vaincu. Surtout quand Joan Barry, à la barre, dit d'une voix émouvante : « C'est une mère qui vous parle, Messieurs... Mon enfant et moi avons confiance en vous... » Le jour du verdict, Oona est toujours là, au premier rang, couvant des yeux son grand homme. Le greffier se lève, frappe trois coups de marteau et déclare : « Charles Chaplin, cas 337.068 du tribunal criminel... non coupable. » Oona et Chaplin voyaient enfin le bout du tunnel.

toute cette période, racontera Charlie Jr., les Frenke nourrirent mon père et Oona ; c'était un gros sacrifice de leur part car ils utilisaient leurs bons d'alimentation pour leurs invités, parcimonieusement distribués en cette période de guerre. C'est dans la maison des Frenke que Dad et Oona firent leur projet de mariage. Ils en fixèrent la date, après le 1er juin, quand Oona aurait ses dix-huit ans et qu'elle n'aurait plus besoin du consentement de ses parents. » Le 16 juin, le couple file se marier à Carpinteria, un paisible petit village à vingt-cinq kilomètres de Santa Barbara. Chaplin et Oona, accompagnés par Catherine Hunter, l'attachée de presse de l'acteur et Harry Crocker, ami et homme de confiance, filent vers Santa Barbara. Ils arrivent à la mairie de Santa Barbara un peu avant neuf heures du matin. Les deux époux se présentent séparément. Le secret qui entoure cet événement paraît amuser beaucoup l'artiste ; cela va si bien avec son sens de la comédie ! Mais lorsqu'il entre dans le bureau des mariages, il se montre gêné et ému comme n'importe quel jeune époux. Il rajuste sa cravate, essuie des poussières imaginaires sur son costume brun, et oublie même de retirer son chapeau. Quand il signe le registre, sa main tremble tellement qu'il a du mal à tenir le porte-plume. Peut-être, soudain, mesure-t-il qu'il s'engage dans un quatrième mariage alors que les trois premiers se sont terminés de manière désastreuse ?

Oona, au contraire, est animée et joyeuse et arbore sur sa tête un élégant feutre beige à la Garbo. Malgré sa jeunesse et son caractère réservé, elle sait fort bien ce qu'elle fait en épousant Chaplin[1]. Quand le clerc lui demande son certificat de naissance, Charlie Chaplin paraît alarmé : « Dois-je aussi avoir ce papier sur moi ? », demande-t-il. On lui explique que c'est uniquement pour vérifier si Oona, qui paraît si jeune, a l'âge de se marier. Dès que la licence est établie, Chaplin se précipite dehors sans un mot, en chargeant Crocker de régler les deux dollars d'honoraires. Ils partent ensuite pour Carpinteria en réussissant de peu à échapper à la

---

1. Dans *The Curse of the Misgotten*, Agnès Boulton racontera : « Quand Oona m'informa de ses projets de mariage, je lui ai bien demandé si elle se rendait vraiment compte de la situation. Après tout, Chaplin avait cinquante-quatre ans, trois fois l'âge de ma fille. Je n'oublierai jamais sa réponse : en me fixant droit dans les yeux, elle répliqua : "Maman, je n'aimerai jamais un autre homme que lui de toute ma vie." Peut-être que son amour pour un homme plus âgé venait du fait qu'elle avait grandi sans véritable père. Elle n'était qu'un bébé quand Gene et moi nous séparâmes en 1927. »

presse : juste au moment où ils quittent le bâtiment pour s'engouffrer dans la voiture, les journalistes arrivent dans la cour. Dès lors, c'est une course à mort, ils roulent dans le petit matin à travers les rues désertes de Santa Barbara, dérapant et faisant crisser les pneus, tournant brusquement dans une petite rue puis dans une autre. Ils finissent ainsi par échapper à leurs poursuivants et par arriver à destination pour célébrer leur mariage. La cérémonie se déroule dans la maison du juge de paix Linton Pancoast Moore ; c'est un pasteur méthodiste, retraité, âgé de soixante-huit ans. Coïncidence amusante, c'est un des anciens voisins de Chaplin, lorsqu'il habitait Beverly Hills. Durant la brève cérémonie, Charlie et Oona joignent leurs mains. Harry Crocker tend à Charlie le simple anneau d'or acheté la veille et Charlie l'enfile au doigt d'Oona. Ils sont enfin mari et femme, Charlie donne à Oona un rapide baiser et prend le certificat. Elle ne portera pas toujours son alliance. Elle n'aura que faire des symboles. Ce n'est pas un cercle d'or qui proclamera qu'elle se nomme désormais Mrs Chaplin. Ce sera, sur le visage du plus célèbre clown du monde, les marques brillantes du bonheur.

À Santa Barbara, les jeunes mariés louent un cottage pour deux mois. Soixante jours de lune de miel « d'un romantisme poignant, fait de bonheur, d'inquiétude et d'espoir », dira Chaplin. Et, malgré le déchaînement de la presse, ils y coulent des jours paisibles, car les journalistes ignorent où le couple se cache. Cela ne les empêche pas de sursauter à chaque coup de sonnette. Car tout dans ce mariage passionne la presse, à commencer par les trente-six ans de différence des mariés. Hollywood voit volontiers en Chaplin Barbe Bleue et Don Juan réunis. Les journalistes ont du mal à imaginer qu'il s'agit d'une véritable *love story*. Les ligues vertueuses d'Amérique se disent indignées et prennent cette union pour une provocation. « Oui, Dad aimait vraiment Oona, souligna son fils Charlie Chaplin Jr. Tous ceux qui les voyaient ensemble en étaient frappés. Elle était très différente de ses premières femmes. En se mariant, elle renonça à sa carrière d'artiste, bien que le succès fût à sa portée. Eugene Frenke avait signé un contrat avec elle, et il désirait lui confier un rôle important dans *Une fille de Leningrad*[1]. Mon père

---

1. Le producteur Eugene Frenke lui signa en effet un contrat. Le film ne sortira finalement que le 14 janvier 1944 sous le titre de *Three Russian Girls*, réalisé par Henry S. Kesler et Fyodor Otsep. La femme de Frenke, Anna Sten, hérita du rôle de Natasha, Kathy Frye de celui de Chijik et une certaine Mimi Forsythe fit ses

pensait qu'Oona avait sa chance à cause de ses extraordinaires qualités photogéniques. Cependant, il fut très heureux quand Oona demanda à Eugene Frenke de résilier son contrat. Elle était venue à Hollywood pour faire carrière, mais son mariage lui suffisait. En l'épousant, elle avait rompu les derniers liens avec son père[1] ; je ne l'ai jamais entendue exprimer le moindre regret à ce sujet. » Et le fils de Chaplin de poursuivre : « Dès le début, Oona eut une sorte de pouvoir magique sur papa. Paulette avait combattu pendant des années le port des chaussures montantes boutonnées. Elles disparurent d'elles-mêmes quand Dad commença à sortir avec Oona, et je ne les ai jamais revues depuis. Dans la vie de mon père, il y eut des changements subtils, difficiles à décrire. Moi qui le regardais vivre depuis tant d'années, je compris qu'il était heureux pour la première fois de sa vie ; il avait enfin trouvé la sécurité dont il avait besoin, dans l'amour d'une femme. Je l'entendis, un après-midi, près du court de tennis, exprimer ce sentiment à son ami Tim Durant : "Si seulement j'avais connu Oona ou une fille comme elle dans ma jeunesse, je n'aurais jamais eu de problème avec les femmes. Toute ma vie, je l'ai attendue sans m'en rendre compte jusqu'à ce que je fasse sa connaissance", disait-il avec une note de regret dans la voix. »

Ce que ni Mildred Harris, ni Lita Grey, ni l'éblouissante Paulette Goddard n'avaient pu lui apporter, la petite Oona, avec ses cheveux tirés, ses yeux noisette, son minois d'écureuil et ses robes de pensionnaire sage, le lui avait offert. Elle apportait une exceptionnelle preuve d'amour à ce mari qui avait juste trois fois son âge : cinquante-quatre ans contre dix-huit. Jusqu'alors, la vie amoureuse de Chaplin et ses brèves histoires d'amour n'avaient provoqué que des brouilles retentissantes. La femme-enfant qu'était Oona

---

débuts dans le rôle de Tamara, initialement prévu pour Oona. La distribution comprenait aussi un fils célèbre : Fédor Chaliapin Jr.

1. En apprenant la nouvelle, Eugene O'Neill jeta furieusement le journal par terre. Dans une lettre à son amie Agnès Brenn, il écrit : « C'est une honte de voir comme elle a exploité le filon de fille d'O'Neill... Elle finit vulgairement et stupidement dans cet Hollywood typique des scandales et des mariages avec un homme aussi âgé que moi (probablement plus vieux car les acteurs trichent avec les dates). Bien sûr, il est riche et c'est l'une des explications. Inutile de vous dire que vous n'entendrez jamais parler d'une rencontre entre eux et moi. Assez est assez ! » Il avait l'excuse idéale pour l'accabler et l'effacer de sa vie. Il semble qu'Oona ait tenté de le joindre téléphoniquement le lendemain de son mariage, mais O'Neill ne prit pas la communication.

voulut apporter à son idole de mari la sécurité et le confort d'un *sweet home* dont elle avait si cruellement manqué durant son enfance. En dépit de son inexpérience, elle décida immédiatement d'assumer toutes les responsabilités du foyer. Rien ne pouvait être plus précieux à Chaplin. Enfermé dans ses songes, sans cesse à la poursuite de nouvelles créations, à la recherche de nouveaux thèmes, de nouveaux personnages, étranger à tout ce qui se rapportait à la gestion d'un foyer, ce doux rêveur attendait d'une femme qu'elle fût non pas une énième partenaire, mais une vraie compagne de vie, aplanissant à sa place les difficultés du quotidien et lui permettant ainsi de donner la pleine mesure à son travail de création. Oona le savait d'instinct. Si les précédents mariages de Chaplin avaient échoué, c'était par déséquilibre. Lita Grey (mère de Sydney et de Charles Jr.), ainsi que Paulette Goddard voulurent continuer de travailler à leur propre légende après être entrées dans celle de Chaplin. Leur amour fut sans doute aussi passionné que celui d'Oona, mais elles aimaient encore davantage leur carrière et les gigantesques lettres de feu sur le fronton des salles de cinéma annonçant leurs privilèges de stars. Or Chaplin n'est pas un époux que l'on partage avec un métier. Insensiblement, l'harmonie du couple ne pouvait que se détériorer. Lita discutait ses rôles, Paulette discutait son importance sur le générique. Oona, elle, avait compris qu'être Mme Chaplin, cela signifiait renoncer à être une vedette. Chaplin, insoucieux de ces instruments bizarres que nous appelons le calendrier, le carnet de chèques, le livre de comptes, l'annuaire du téléphone, le carnet de rendez-vous, – poétiquement absent de la vie de tous les jours et de ses innombrables servitudes, – maladroit et égaré au milieu des siens, comme tous les seigneurs du rêve, « le petit homme » a désespérément besoin de sa femme.

Mais au moment même où Chaplin comprend qu'Oona est ce cœur pur au côté de qui il trouve enfin la sérénité et le repos, au moment même où il lui avoue son amour avec des mots maladroits et bouleversants, où il ne dit plus « passade » mais « passion », « diamant » mais « confiance », « plaisir » mais « tendresse », au moment même où il tombe le masque, voilà qu'on l'accuse à nouveau des pires choses. Ligues de vertu, perfidies de *columnist*, reproches de vivre aux États-Unis sans accepter de prendre la nationalité américaine, rien ne lui est épargné. Il aurait voulu brûler tous ces journaux, dynamiter toutes ces stations de radio, bâillonner tous ses ennemis, ces hypocrites, ces commères malveillantes qui salissent son image et engluent sa pure et tendre épouse dans de sombres ragots.

Le but de celle-ci sera précis : elle tiendra à jouer le merveilleux et essentiel rôle de « filtre » dans la vie de son époux. Grâce à elle, complications, heurts, retards, incertitudes seront éliminés. Elle va ainsi éviter à son compagnon des colères et des frustrations inutiles. Oona jouera le rôle d'amortisseur, elle désamorcera les mille et un tracas de la vie de Chaplin. Sa frêle stature (48 kilos à l'époque) constituera d'emblée une barrière infranchissable contre les parasites, les importuns et les opportunistes. Elle seule décidera, qui, quand, comment et où. Elle va ainsi éviter à son mari de s'user dans des colères inutiles. Lorsqu'elle épouse « Charlie » (c'est ainsi qu'elle l'appelle), elle sort à peine de l'insouciance de l'enfance. Elle va désormais affronter à la fois l'univers des grandes personnes et le fait de vivre avec un « génie ». Mais son sang irlandais est son meilleur atout : dès que l'on parle de renoncer, il se met à bouillonner. Elle possède les qualités nécessaires pour assumer le rôle qu'elle s'est attribué.

« Chaplin, explique Norman Loyd, dominait tout et cela incluait aussi sa quatrième épouse : il voulait le meilleur pour Oona et il pensait sincèrement savoir ce qu'il lui fallait. » L'autoritarisme affectueux de Chaplin est un antidote bienvenu après les années d'indifférence d'Eugene O'Neill. Selon Paulette Goddard, Oona comprend parfaitement les besoins de son époux et ne se sent pas prisonnière du 1085 Summit Drive. « Je suis si heureuse maintenant », écrit-elle à un ami le 17 août 1943. Elle est ravie d'être Mme Chaplin : « Que penses-tu de mon nouveau papier à lettre ? », demande-t-elle. Dans sa lettre, Oona explique que le couple sort assez peu, ou pour voir un film ou bien se rendre au Hollywood Bowl à l'occasion d'un concert ; mais il préfère rester à la maison. Elle annonce qu'elle a renoncé au cinéma sans état d'âme. Son époux est son oxygène et elle explique qu'il travaille nuit et jour sur *Monsieur Verdoux* et qu'elle doit le forcer pour l'obliger à manger et dormir. Elle emploie à juste titre pour son mari l'adjectif *workaholic*. Il est pourtant assez avisé pour faire des pauses humoristiques afin de distraire son épouse. Il sait la faire rire et lui offre la projection de tous ses vieux films. C'est sublime pour elle de voir son époux sur l'écran, tandis qu'il lui tient la main. Il lui passe et repasse tous les *Charlot*, ceux de la période de Keystone ou ceux de la United Artists. Elle rit aux larmes devant *Charlot à la plage* ou *Le Kid*.

Parfois, il s'amuse à lui faire des farces. Il l'emmène chez un bijoutier de Beverly Hills et Oona montre un faible pour un bracelet en diamant, mais juge le prix trop élevé. Elle regarde d'autres pièces et finalement le couple finit par quitter le magasin. Une fois arrivé à la voiture, Chaplin dit à Oona : « Vite, prend le volant », tout en dévoilant dans sa main le bracelet convoité par elle, comme pour mieux faire croire à un vol. Elle est partagée entre l'effroi et la surprise : « Tu es fou ! », lui lance-t-elle, tandis qu'il finit par éclater de rire : « Tu ne penses quand même pas que je l'ai dérobé ? », et lui explique qu'il l'a payé discrètement tandis qu'elle observait d'autres bijoux. Le plus gamin des deux n'est pas celui que l'on croit.

Pour certains de leurs amis, c'est Oona la plus mature des deux. La scénariste Salka Viertel la compare à une infante de Goya : « Elle vivait dans le château de *La Belle et la Bête* et tous ses besoins et désirs étaient exaucés par une armée de domestiques invisibles. Elle était plus que belle. Une magnifique beauté sauvage, de celles qui se cachent, effarouchée, brune au teint laiteux. » C'est la propre maison de production de Chaplin qui possède *Summit Drive* et en gère les détails de la vie quotidienne. Plusieurs domestiques, dont certains japonais, y font régner l'ordre[1]. Oona a parfois l'impression de n'être qu'une invitée. Elle tente de trouver ses marques. « Elle est entrée dans le mariage, précise Betty Tetrick Chaplin avec très peu de chose lui appartenant. Tout dans la maison était la propriété de Charlie. Même la chambre qu'elle occupait avait été décorée par Paulette Goddard et le personnel y faisait encore allusion comme à la suite "Paulette-Goddard". Pour se sentir chez elle, Oona a commencé par installer ses livres… une question d'inspiration. »

Bientôt, elle annonce qu'elle ne veut pas que le studio de Chaplin dirige sa vie : « Je veux voir les factures. Je n'ai pas envie de vivre dans un hôtel. Cela doit être notre home. » Sa déclaration d'indépendance et sa volonté de prendre en main la gestion de la propriété étonnent le personnel et ce n'est que de façon restrictive que la

---

1. Ils partirent bientôt, comme beaucoup de citoyens américains d'origine japonaise. Avec la guerre, ils furent rassemblés dans des camps d'internement : War Relocation Centers. Une nouvelle équipe entra dans la maison.

jeune mariée est initiée au bon fonctionnement du domaine. Alf Reeves, directeur général de la Chaplin Film Corporation, qui gère aussi Summit Drive, n'est guère satisfait de ses prétentions. Peu à peu, au grand dam de son époux, elle transforme la décoration de Summit Drive. Elle se débarrasse de l'orgue imposant qui fait ressembler le hall d'entrée à une cathédrale et procède par petites touches au rajeunissement de la maison. Chaplin est sceptique, mais bien trop amoureux pour dire quoi que ce soit. « La maison, raconte Betty Tetrick Chaplin, était remplie de vieux meubles lourds et austères. Tout cela manquait de légèreté et de jeunesse. Oona devait s'adapter ou tenter d'imposer sa touche personnelle. »

C'est un vrai défi pour une jeune fille de dix-huit ans. « Ce n'était pas toujours facile, se souvient Betty Tetrick Chaplin. Oona n'aimait pas la Californie : l'absence de saisons, le soleil chaud et l'humidité permanente lui tapaient sur les nerfs. » Summit Drive[1] ne manque pourtant pas de charme. La demeure est grande, d'un jaune ocre et de style victorien. De grandes portes-fenêtres donnent sur les jardins. Les bois environnent la maison sur trois côtés, des pins, des cèdres, des sapins descendent les pentes. Chaplin aime particulièrement se promener sous ces arbres après la pluie, quand l'odeur des conifères est très forte. Sur le quatrième côté, une pelouse descend, tel un escalier géant, vers le tennis et la piscine.

Le manoir est imposant et le train de vie l'est tout autant. « Oona, dit encore Betty Tetrick Chaplin, ne voulait pas se sentir comme une intruse et sous ses apparences de maîtresse de maison, n'avoir en réalité jamais voix au chapitre. Ce n'était pas facile de se faire respecter par des domestiques qui avaient le double de son âge. Il fallait enrayer la marche de cette résidence sur les rouages bien huilés de l'habitude. » À la tête de la domesticité se tient Henry, le maître d'hôtel. Il a des épaules carrées, un visage ouvert et c'est un travailleur infatigable. C'est lui qui s'occupe d'approvisionner la maison, qu'il s'agisse de la cuisine ou du linge. Il y a Kay, le

---

1. Si, à Beverly Hills, Summit Drive était bien nommé, ce n'était pas pour des raisons topographiques. C'était une courte rue qui, partant de Benedict Canyon, remontait en serpentant une vallée. Il n'y avait qu'une demi-douzaine de propriétés sur les coteaux de part et d'autre de cette vallée, mais ces six maisons, cachées par de magnifiques espèces de sycomores, de pins, d'eucalyptus, de jacarandas, de châtaigniers et de chênes, abritaient certains joyaux de la couronne de Hollywood : Harold Lloyd, Ronald Colman, David O'Selznick et Chaplin y résidaient entre autres.

chauffeur avec son uniforme noir. Anna, la cuisinière, est aussi vive que Kay est flegmatique. Tous savent que Chaplin n'aime ni hasard ni surprise. Ainsi, les repas qu'il prend à la maison sont simples et peu variés. Oona, en prenant en charge les menus, décide de modifier les plats. « Elle voulut sortir des invariables menus anglais d'Anna, se rappelle Betty Tetrick. Elle envoyait Henry dans les magasins avec une liste de commissions et Anna devait prouver sa maîtrise en préparant de nouveaux plats exotiques pour la table. »

L'influence d'Oona est surtout notable dans la décoration. Elle imprime une touche féminine à chaque pièce. Elle place ainsi des fleurs partout sauf dans la chambre de Chaplin qui n'en veut pas de peur qu'elles lui prennent son oxygène. Bientôt, elle fait repeindre et retapisser certaines pièces. Chaplin, qui ne peut supporter que l'on change un objet de place, laisse pourtant Oona faire à sa guise. « Il avait construit cette maison et l'intérieur était une partie de lui-même, précise Betty Tetrick Chaplin. Summit Drive était rempli de meubles très disparates. Il y avait aussi ses souvenirs de voyage qui, éparpillés dans les pièces, formaient un mélange bizarre de bon et de mauvais goût. » Oona goûte peu un coffre rouge, en laque chinoise, décoré de dragons et d'autres personnages de légende : un souvenir du Japon. Sous la voûte de l'escalier, Chaplin a aussi accroché une panoplie d'armes orientales et un énorme gong de cuivre au manche noirci. Oona obtient le déménagement de quelques pièces, les plus prosaïques, du bric-à-brac de l'entrée. Elle ne touche cependant pas au salon. Partout, sur les étagères, le piano, la table, se trouvent des photos. Tous ces souvenirs personnels donnent à la pièce un air de pagaille et de confort. Une seule de ses initiatives ne rencontre pas l'approbation de son mari. Dans la chambre de Chaplin, un grand tapis persan est usé jusqu'à la corde, laissant voir sa trame. Mais il ne veut pas s'en séparer, expliquant : « Je veux le garder. Je l'ai depuis si longtemps, j'y suis attaché, il me porte bonheur. » « Oona comprenait ses habitudes de vieux garçon, précise Betty Tetrick Chaplin. Elle voulait épicer sa vie, pas la bouleverser. Elle découvrit que les détails domestiques le fatiguaient et qu'il était ravi de s'en décharger sur elle. » Elle se rend compte que Chaplin n'a pas, comme les autres personnalités d'Hollywood en général, une somptueuse garde-robe. Ses habits sont sobres, de style et de couleur, en serge grise, marron ou bleue. Il les garde trois ou quatre ans puis s'en fait tailler d'autres. Malgré son esprit conservateur en matière d'habits, il suit la mode.

Il possède quelques jaquettes et smokings pour le soir et a gardé quelques vieilles queues-de-pie. Sa jeune épouse se garde bien d'y changer quoi que ce soit.

Oona comprend bientôt que le plus grand bonheur de son mari dans la vie, c'est le travail. Elle constate que ses horaires sont très irréguliers et que la plupart de ses exigences sont impossibles à satisfaire, qu'il a de solides affections et des haines encore plus tenaces, que la personne la plus détestée des gens qui travaillent au studio est toujours celle qu'il paraît aimer le plus, qu'il n'a pas la moindre notion du temps et que son besoin d'un home harmonieux et sécurisant est vital.

Chaplin aime en effet rentrer le soir du studio et trouver Oona plongée dans la lecture dans le salon de Summit Drive. Il est toujours frappé par sa beauté de fleur sauvage, son teint laiteux et son regard lumineux ! Il aspire à une vie calme, adore passer ses soirées à lire ou à écouter de la musique et trouve apaisant le moment où son épouse prend un ouvrage de couture et semble plus féline que jamais. Plus que tout, il craint que loin de New York et de ses amies de la côte Est, la jeune femme ne s'ennuie. Mais Oona, qui a trouvé en Chaplin l'homme qui comble le vide affectif de sa jeunesse, l'homme qui la rassure et l'apaise, dissipe ses craintes d'un sourire. Jamais Chaplin n'a éprouvé un tel bien-être.

Quand toute l'affaire Joan Barry est enfin terminée, il emmène son épouse passer *incognito* cinq semaines à Nyack, où ils louent une jolie petite maison datant de 1780. Ils héritent avec la villa d'un charmant retriever noir, qui s'attache à eux comme une dame de compagnie. L'animal apparaît ponctuellement sous la véranda à l'heure du petit déjeuner et, après avoir coutoisement agité la queue, se couche tranquillement et se laisse oublier pendant qu'ils déjeunent. Ces jours passés à Nyack sont idylliques. Le soir, Oona prépare à son époux un *gin and tonic* tassé et ils restent paisiblement devant leur feu de cheminée à parler de tout et de rien. Ils sont si bien !

IV

LES FEUX DE LA RAMPE

L'ACCLIMATATION D'OONA À SUMMIT DRIVE et à son climat californien est difficile. Très vite, Oona est enceinte et donne naissance, dans la matinée du 31 juillet 1944, à une fille, Géraldine, à l'hôpital Saint-John de Santa Monica. Un deuxième enfant suit le 7 mars 1946, Michael John. Créer un foyer est son vœu le plus cher.

Chaplin, pourtant, n'est pas toujours facile. Il est tout en caprices, en sautes d'humeur. Il a horreur du monde mais il lui arrive d'inviter vingt personnes à dîner. Oona s'en accommode. Chaque nouvelle extravagance de son « grand gamin de mari » est pour elle un défi. Par tous les moyens, sans le savoir, sans le vouloir, il cherche à la tester. Un soir qu'il a retenu une troupe d'acteurs à souper, il suggère de servir des homards, sans doute parce qu'il a entendu dire qu'il n'y en a pas chez les traiteurs de la région. Oona se fait aussitôt un point d'honneur d'en trouver.

La vie avec lui devient un jeu merveilleux dont elle veut gagner chaque partie. Il la croyait coquette et ne rêvant, comme les filles de son âge, que de toilettes, de sorties et de fêtes. Il découvre que son plus grand plaisir est de s'occuper des enfants et de passer la soirée avec lui, en bavardant près d'un bon feu de cheminée comme il les aime. Il lui faudra longtemps pour comprendre – lui qui n'a presque connu que des femmes intéressées et coquettes – qu'il a enfin rencontré une compagne intelligente pour qui vivre avec un homme de génie est une belle aventure. Elle l'avoue : « J'aime chaque instant que je passe avec Charlie. » C'est là tout son secret. Et Oona de confier à un journaliste : « Charlie a une personnalité à deux faces. L'une est difficile, l'autre facile. Mais je crois que nous nous en sortons très heureusement. C'est un mari attentif et un merveilleux père. »

C'est l'époque où Chaplin renoue secrètement avec le théâtre. En effet, Sydney Chaplin Jr. et Jerry Epstein ont créé à Los Angeles une jeune compagnie théâtrale, le Circle Theatre, qui devient vite une ruche d'activités au 800 North El Centro. Charlie et Oona assistent au premier spectacle et en repartent enchantés. À chaque nouvelle pièce, les Chaplin viennent applaudir Sydney et toute la troupe : « Charlie était un auditeur merveilleux, se souvient Epstein. Il s'est attaché à notre théâtre et s'est mis à y venir sans cesse[1]. » En fait, il a reconnu dans son fils Sydney l'étoffe d'un vrai comédien et veut l'aider à poursuivre sa carrière prometteuse.

Un jour qu'il assiste à une répétition de *The Skin Game* de John Galsworthy, Chaplin lance : « Me permettez-vous de faire une suggestion ? » Un quart d'heure plus tard, il a pris tout le spectacle en main et en devient le vrai metteur en scène. Sous beaucoup d'aspects, il mène les répétitions des pièces comme dans ses studios de cinéma et impose une mise en scène libérée de tout stéréotype. Il va ainsi apporter sa contribution à huit productions théâtrales en tout. Sur les programmes du Circle, son nom n'apparaît jamais, mais il est difficile de garder totalement secrète sa participation, car beaucoup de gens de théâtre le voient aux répétitions.

Oona est évidemment aux premières loges. L'une des vétérantes de la troupe, l'Anglaise Constance Collier[2], devient vite son amie.

---

1. Jerry Epstein, *Charlie Chaplin*, Gremese.
2. Constance Collier est une actrice britannique née en 1878. Elle débuta au théâtre à l'âge de trois ans (!) et se produira à Broadway jusqu'en 1942, où elle créera plusieurs pièces de Noël Coward. Elle a tourné plusieurs films en muets et dans de nombreux classiques du cinéma : *Anna Karénine* de Clarence Brown, *Le Petit Lord Fauntleroy*, *La Corde* d'Hitchcock. Elle a co-signé plusieurs scénarios dont certains avec Ivor Novello. Elle donnera jusqu'à la fin de sa vie (1955) des cours de théâtre et eut même brièvement Marilyn Monroe parmi ses élèves. Avec ses faux airs de Bette Davis, elle fut une grande tragédienne sur près de six décennies, d'une suprême élégance.

« Constance était complice avec tout le monde, se souvient Jerry Epstein. Oona adorait sa compagnie. À peine s'était-elle mariée avec Charlie que Constance l'avait appelée au téléphone pour l'inviter à déjeuner. Oona qui, à l'époque, n'avait que dix-huit ans, avait été intimidée à l'idée de déjeuner seule avec quelqu'un qu'elle connaissait à peine. » Mais Chaplin insista pour que sa femme s'y rendît. « Ça te plaira », lui dit-il. Son instinct se révèle juste : Oona est immédiatement conquise par la gaieté et le sens de l'humour de la comédienne. Constance convainc même Oona de l'accompagner à ses cours de gymnastique. Le professeur en est le Suisse Walter Saxer. Les deux femmes en collants et body apprennent toutes les techniques de la danse moderne. Elles y croisent parfois Jennifer Jones, l'une des voisines de Chaplin. Un jour, alors qu'elles viennent de déjeuner chez *Romanoff's*, le restaurant chic de Beverly Hills, un groupe de chasseurs d'autographes encercle la comédienne. Pendant que Constance signe des photos d'un air royal, Oona s'éloigne de quelques mètres. Un peu conspiratrice, l'actrice chuchote à ses fans, assez fort pour qu'Oona l'entende : « Et vous savez qui est la personne là-bas ? C'est la femme de Charlie Chaplin ! Pourquoi ne lui demandez-vous pas un autographe à elle aussi ? » C'est bien la dernière chose au monde qu'Oona souhaite, elle qui fait justement tout pour passer *incognito*. Elle est donc piégée, mais son amie est persuadée de lui avoir fait plaisir.

Avec la troupe du Circle, Chaplin se lance, pendant les répétitions, dans des improvisations interminables où il peaufine chaque détail. Les séances de travail se prolongent tard. « À deux heures et demie du matin, Charlie avait en général épuisé les acteurs, mais son énergie était, elle, intacte, raconte Jerry Epstein. Oona téléphonait pour le rappeler à la maison. "Il y a une vieille dame au téléphone, disait Charlie, je ferais mieux de partir…" Mais Charlie ne pouvait s'en aller tant qu'il n'avait pas parfaitement mis au point ce qu'il avait commencé. Parfois, Oona était contrainte de venir en personne le tirer de son nouveau jouet : "Charlie !, le suppliait-elle, ces pauvres gosses ont besoin de dormir." »

Un soir, les Chaplin invitent toute la jeune troupe du Circle Theatre à dîner chez *Lucy's*, un restaurant très chic de Melrose Avenue. En entrant, Chaplin soudain radin, lance : « Commandez des spaghettis ! Ils sont célèbres pour ce plat. C'est absolument délicieux !! » Devant les acteurs et techniciens, Oona interrompt son mari : « Charlie, laisse-les commander des steacks ! » Parfois, toute la bande est conviée à un barbecue à Summit Drive et les Chaplin en personne font griller la viande. « Les biftecks grillés au charbon de Charlie étaient inégalables, se souviendra un convive, ils étaient parfaits, saisis dehors, tendres à l'intérieur. »

Parfois, le couple invite Jerry Epstein ou Constance Collier à l'*Holiday Inn* de Malibu : « Aller au restaurant avec Oona et Charlie était toujours un événement parce que Charlie faisait de chaque dîner une fête. » Parfois, ils se contentent d'emporter des sandwiches chauds à la viande de bœuf fumée, avec des cornichons, en marchant le long de Venice Beach ou vont incognito avaler d'énormes hamburgers juteux au *Dolores's Drive-In* sur Sunset Boulevard. Oona est gourmande et, comme s'en souviendra un proche, « elle adorait la nourriture bien relevée. Quand elle pouvait manger un taco mexicain, elle était aux anges ». On les voit aussi dîner chez *Musso & Frank Grill* sur Hollywood Boulevard. Le jour de congé de la cuisinière, Charlie et Oona font la tournée des grands-ducs. Ils dînent soit au *Players*, un restaurant de Beverly Hills qui pourrait être comparé au *Bœuf sur le Toit* des années trente, soit au *Trocadéro*, ou bien au *Brown Derby* (les murs y sont recouverts d'un millier de caricatures d'artistes) ou ont leur table chez *Chasen's*, la *Tour d'Argent* d'Hollywood.

Mais le passe-temps favori est d'aller au cinéma voir les films récents. Chaplin est bon public et son humeur enfantine peut être presque contagieuse dans l'obscurité d'une grande salle. « Nous nous comportions comme des enfants le dimanche matin, faisant des provisions de friandises au bar », avouera l'un de leurs proches. Les confiseries préférées de Chaplin sont les Almond Joys (tablettes de chocolat à la noix de coco) et les Bons-Bons (boules de glace à la vanille recouvertes de chocolat), sans oublier les chocolats See : croquants et moelleux avec plein de choses délicieuses à l'intérieur. Lui et Oona se goinfrent de ces sucreries pendant toute la durée du film. Quand Chaplin trouve un film détestable[1], il ne se prive pas de le faire savoir à sa femme. Il commence à grogner, bougonner

---

1. Au début de 1943, le programme hebdomadaire de la plupart des salles de cinéma consiste en un film d'actualités, un dessin animé, un court-métrage, le film série B et le film série A. Le spectacle fait un total de quatre heures éprouvantes pour l'arrière-train du spectateur, mais grâce auxquelles Hollywood reste en plein boom et Metro Goldwyn Mayer, un des sept principaux studios, se vante de tourner un grand film par semaine.

et grommèle : « Je vais m'asseoir autre part, l'avertit-elle, si tu continues à faire tout ce bruit ! »

En dehors des représentations du Circle, le couple ne manque pas un bon spectacle au théâtre. Avec Constance Collier, les Chaplin vont ainsi applaudir Katharine Hepburn et William Prince dans *Comme il vous plaira* au Cort Theatre. À la fin du spectacle, Oona et Charlie se rendent dans les coulisses où ils sont présentés à la mère de Katharine Hepburn, connue pour sa lutte acharnée en faveur du contrôle des naissances. En montrant Oona, Constance déclare orgueilleusement : « N'est-ce pas merveilleux ? Cette si jeune fille est déjà la mère de deux enfants ! », et Mme Hepburn de riposter immédiatement : « Je n'y vois rien de merveilleux. La seule chose merveilleuse serait de ne pas les avoir ! » Ils vont aussi applaudir Paul Robeson dans *Othello*, Helen Hayes dans *Harriet*, Toscanini en concert au Shrine Auditorium, Boris Karloff dans la bouffonnerie grand-guignolesque *Arsenic et vieilles dentelles* au théâtre Biltmore, Katherine Cornell dans du Bernard Shaw, Ethel Barrymore dans *The Corn is Green* ou vont encourager la fille de Marlene Dietrich qui tente de percer au théâtre avec *Les Hauts de Hurlevent*. Parfois, le couple s'évade simplement sur leur bateau, le *Panacea*[1]. Oona et Charlie le prennent pour aller sur l'île de Catalina et reviennent revigorés, après avoir nagé dans le Pacifique.

Quelques soirs, ils acceptent de faire partie du cirque hollywoodien et assistent à une de ces grandes premières dont Hollywood a le secret. Ils sont présents au gala de *Laura* d'Otto Preminger. Un service d'ordre retient la foule sur le passage des stars. Les acclamations sont le baromètre de la popularité de chacune d'entre elles. Celles qui saluent Charlie Chaplin par son prénom et son nom vibrent de chaleur spontanée. Devant lui et Oona, du trottoir aux fauteuils d'orchestre où ils gagnent leurs places, les photographes marchent à reculons, les mitraillant de magnésium. À l'arrivée, à

---

1. Il s'agit d'un Chris-Craft modèle 1932, de 12 mètres, avec un moteur de huit cylindres et 250 chevaux qui pouvait atteindre une vitesse de 26 nœuds. C'est au printemps 1933 que Chaplin s'est offert ce jouet. Le yacht peut transporter vingt personnes. Un ancien « policier » des Keystone Cops, Andy Anderson, sert d'homme d'équipage (le studio Keystone où Chaplin fit ses débuts en 1914 était connu pour ses comédies brutales (*slapstick*), où évoluaient les Keystone Cops : cette bande de policiers braillards et loufoques à qui il arrivait les pires malheurs). Au moment de son divorce, en 1942, Paulette Goddard tenta de récupérer le yacht à son profit.

la sortie, ensuite devant la porte du *Trocadéro* où se terminera la soirée, c'est toujours la ruée des autographes. Oona arbore sa marque de fabrique : son lumineux sourire. Mais ils préfèrent l'intimité des parties chez Pat et Charles Boyer, Nel et Arthur Rubinstein, Ronald et Benita Colman, Maria Montez et Jean-Pierre Aumont, Verree Teasdale et Adolphe Menjou, etc. Aux yeux de tous, Oona n'a rien de la beauté standardisée des stars d'Hollywood : avec son allure de jeune fille romantique et ses regards mystérieux, elle pourrait sortir du cadre d'un roman de Tolstoï, être l'héroïne d'un coup de foudre pour Vronski. Son tempérament n'est en rien celui d'une *party-girl* d'Hollywood. Elle n'embrasse pas tout le monde, n'appelle pas « *Darling* » ou « *Honey* » le premier venu, ne s'écrie pas « *It's divine* » à chaque instant, mais jette sur tout ce petit monde un regard fin, observateur et ironique.

Ils vont ainsi dîner chez Errol Flynn dans l'atmosphère tropicale de sa maison de Santa Monica. Chez Hedy Lamarr, Louis Bromfield leur rôtit des hot-dogs. Chez Lady Mendl, Mary Pickford dissimule la mollesse de son visage dans l'amidon d'une fraise très XVIIe siècle, et Lilian Gish arbore le cheveu natté de travers dans une couronne de velours. Dans la villa de Bette Davis, tout rayonne d'une atmosphère intelligente. Les Chaplin deviennent amis avec Ingrid Bergman et Oona aime le timbre de sa voix et l'indéfinissable pureté qui émane de sa personne ; elle aime sa manière d'être habitée par son art et le fait qu'elle ne s'abaisse pas à faire des concessions. Ils mangent à la russe chez Igor Stravinski, soupent chez Merle Oberon et Alexandre Korda, pique-niquent chez Bing Crosby, assistent à la garden-party de Tyrone Power. Et tous les témoins, absolument tous, n'ont qu'un leitmotiv : « Oona Chaplin fait tellement jeune, tellement moins que son âge. » Sa fraîcheur est un émerveillement, sans doute sujet de jalousie pour toutes ces stars à la recherche permanente de la fontaine de Jouvence.

Charlie et Oona fréquentent aussi un milieu plus intellectuel, où le cinéma ne constitue pas la seule occupation. « La scénariste et actrice Salka Viertel donnait d'intéressantes soirées dans sa maison de Santa Monica, racontera Chaplin. Elle y attirait les artistes et les hommes de lettres : Thomas Mann, Stephen Spender, Cyril Connolly et de nombreux autres. Salka tenait un salon littéraire partout où elle résidait. » Oona adore les écrivains parlant littérature, création, hantise de la page blanche, panne d'inspiration... En tant que fille d'Eugene O'Neill, elle comprend bien ces états d'âme et lance de temps en temps des propos très pertinents qui démontrent son intelligence, sa perspicacité et la finesse de sa psychologie.

Parfois le couple part simplement se promener en voiture, même si Chaplin n'est guère le conducteur idéal. Quelquefois, il brûle même un feu rouge.

« Charlie, Charlie, crie Oona, le feu est rouge ! »

Mais le feu est déjà loin derrière eux.

« Quel feu ? » demande-t-il ingénument.

Sur la route, il déteste se faire doubler ; il a l'impression qu'on trouve qu'il ne va pas assez vite. Si un coup d'avertisseur l'invite à se ranger du bon côté de la ligne blanche, cela le fait enrager. De plus, quand il conduit, il ne peut supporter qu'on lui indique la route. Il a l'impression qu'on met en doute son sens de l'orientation. Oona, diplomate et philosophe, ne dit mot

C'est l'époque où Chaplin écrit *Monsieur Verdoux*, dont il ne commencera le tournage qu'en juin 1946. Quand la presse l'interroge sur cette création, il répond : « Ce sera celle d'un homme analogue à Landru ; mais ne portant pas de barbe... simplement une fine moustache... Il s'agira d'une comédie et d'un drame. Les deux, tour à tour. Un drame particulièrement lorsque apparaîtront les femmes de Landru... J'essaie quelque chose de nouveau. Le film appartiendra au genre satirique. Mais le "spirit"... comment dirais-je, l'esprit, le moi le plus profond de Charlot y restera... », dit-il tout en s'asseyant. « J'ai préparé le film pendant trois ans, et je compte le tourner en dix semaines », poursuit-il. Le thème du film ? Chaplin explique : « Les raisons qui font d'un être humain un criminel... l'étude du processus qui le conduit au meurtre. L'être sadique que fut Landru se présentait comme un modèle rêvé. »

Le 3 juin 1946 commence donc le tournage de *Monsieur Verdoux* qui s'achève le 5 septembre. La production de cette comédie amère, « comédie de meurtres », subit quelques bras de fer avec le Breen Office, l'organe de censure d'Hollywood, qui tique même sur l'utilisation par Chaplin du terme « voluptueux ». Les journaux sont aussi remplis d'échos sur Marilyn Nash, la nouvelle découverte de Charlie, qui interprète l'enfant abandonnée que Verdoux tente d'empoisonner. En fait, celle-ci est arrivée un jour, chez les Chaplin, pour une partie de tennis avec un groupe d'amis et, après avoir lu quelques scènes du *Roi Lear*, a été engagée. Plusieurs fois malade pendant la réalisation, elle complique la tâche du metteur en scène qui doit lui trouver une doublure. Et pourtant, le travail sur ce film est rapide et efficace, sans aucune tentative de réflexion habituellement inhérente à la méthode Chaplin[1]. Peut-être faut-il y voir la douce influence d'Oona ? À l'heure du déjeuner, elle arrive, élégante, sur le plateau, avec un panier rempli d'une boîte de *cottage cheese*, des œufs durs et de l'ananas et ils pique-niquent ensemble dans une petite loge ambulante, grignotant allègrement jusqu'au moment où l'assistant metteur en scène annonce : « OK ! Prêts pour la prochaine prise ! » Chaplin a souvent dit que lorsqu'on tourne un film, on travaille uniquement sur les nerfs. Or, chaque scène de *Monsieur Verdoux* lui insuffle une nouvelle énergie. Grâce à Oona, il marche sur des petits nuages.

Les six mois qui suivent la fin du tournage sont heureusement consacrés au montage et au travail sur la partition musicale. En mars 1947, des copies sont prêtes et Chaplin organise des projections privées pour ses amis. Le fait qu'il interprète pour la première fois un personnage complètement nouveau, sans aucune trace de Charlot, le rend un peu nerveux. Mais les réactions enthousiastes de ses proches le rassurent pleinement. Même Bertold Brecht, très sévère en général pour tout ce qui vient d'Hollywood, note dans son journal : « J'ai été fortement impressionné par le film. »

Le 21 mars 1947, anxieux mais optimiste, le couple prend le train pour New York en prévision de la première mondiale prévue le 11 avril au Broadway Theatre. Sans doute ne peut-il prévoir la douche écossaise qui l'attend ? Le soir du gala, les Chaplin fendent la foule des grands soirs avec leur amie Mary Pickford. Il y a de l'électricité dans l'air. Ils peinent à avancer dans le hall. Un reporter de la radio les attend de pied ferme : « Voici, maintenant Charlie Chaplin et sa jeune femme Oona. Ah, et ils sont accompagnés de cette merveilleuse petite actrice du temps du muet qui est encore la chérie de l'Amérique, miss Mary Pickford. Mary, voulez-vous dire quelques mots ? » L'actrice parvient à se faufiler jusqu'au micro et, dans la bousculade, tente d'émettre quelques paroles audibles jusqu'au moment où elle vacille, arrachée du microphone par un remous de la foule, où elle est poussée par une vague impérieuse, bien que cramponnée à Oona, et se retrouve au parterre à peine décoiffée par l'hystérie des fans et des photographes. « Je me

---

1. L'augmentation des coûts de production et les rationnements de pellicule dans l'après-guerre lui interdisent le luxe d'improviser et d'expérimenter sur le plateau, ce qui a, jusque-là, caractérisé sa méthode de travail.

suis demandé ce qui devait venir après cela », dira Chaplin ébahi. La projection constitue un moment cruel car la mayonnaise ne prend pas.

Dès les premières séquences, des sifflements épars fusent parmi les spectateurs hostiles. L'humour noir du film en embarrasse certains. Incapable de rester dans la salle à assister à ce massacre, Chaplin abandonne Oona et Mary Pickford et se réfugie dans le hall d'entrée pour attendre la fin de la séance. Les cent vingt-quatre minutes du long-métrage semblent durer une éternité ! Le souper qui réunit ensuite une centaine de convives au *Ciro's* est une nouvelle épreuve. Les commentaires restent relativement polis, mais Oona préfère s'éclipser de bonne heure[1]. Le lendemain, Chaplin doit affronter une conférence de presse à l'hôtel *Gotham*, sur la 5ᵉ Avenue. D'emblée, il donne le diapason : « Préparez-vous à la boucherie. Feu sur cette vieille tête grise ! » De fait, les premières demandes semblent assez fielleuses. Puis il est violemment pris à partie. On ne le questionne pas sur son film, mais il a droit à un interrogatoire musclé sur sa sensibilité communiste, son patriotisme, ses problèmes d'impôts ou son refus d'adopter la nationalité américaine.

Du cocktail *lounge*, où elle se tient debout, Oona assiste, impuissante, aux questions polémiques qui fusent contre son mari. Tous les journalistes montrent une égale détermination à traquer les opinions politiques de Chaplin plutôt qu'à le faire s'exprimer sur son film. Comme le nota un ami : « Entre les questions totalement dénuées de logique et les réponses prudentes de Charlie, le dialogue prenait une tournure mi-comique, mi-effrayante, tout à fait dans l'esprit de la guerre froide. » À l'heure où le président Truman autorise la création du Comité des activités anti-américaines, le réalisateur doit affronter agressivité et mépris. Certes, il défie les attaques avec intelligence et une totale honnêteté, mais il sortira de l'exercice exténué et un peu sonné. Seul le critique du *Times*, Jim Agee, a tenté de prendre sa défense. Oona est là pour le consoler et lui remonter le moral.

Le succès n'est pas au rendez-vous. *Monsieur Verdoux* est un échec. Le film ne fera aux États-Unis qu'une recette brute

---

1. Chaplin dira dans ses Mémoires : « Nous donnâmes un souper pour environ quatre cent cinquante invités, dont quelques-uns étaient de vieux amis. Ce soir-là, les avis étaient partagés, et malgré le champagne l'atmosphère était déprimante. Oona rentra furtivement se coucher, mais je restai encore une demi-heure. »

de 325 000 dollars et se solde par une perte d'argent importante. Théodore Huff formule la critique décisive en écrivant que « *Monsieur Verdoux* fut jugé profond dans quelques milieux intellectuels mais qu'il ne parvint pas à amuser le grand public ». La disparition complète du personnage funambulesque identifié depuis de longues années avec Chaplin, la réincarnation déconcertante de Charlot dans un employé de banque français raisonneur et tiré à quatre épingles expliquent en partie la tiédeur du public. Par surcroît, il provoque la forme la plus fâcheuse du scandale : le scandale dans l'insuccès. *Monsieur Verdoux* est interdit dans plusieurs villes des États-Unis. Le comité de censure du Tennessee invoque le fait que c'est « une comédie qui fait du meurtre une plaisanterie ». Les vétérans d'une importante association catholique se massent devant les portes des cinémas pour empêcher les spectateurs d'entrer. Les anciens combattants veulent couper tout ce qui semble violent dans le film, les dames patronnesses, tout ce qui est charnel. En vérité, le public ne s'est pas fait à la métamorphose de « son » Charlot. *Monsieur Verdoux* donne surtout le signal d'une série d'attaques contre le réalisateur. On l'accuse d'être communiste, d'être un mauvais Américain et enfin, d'être immoral. L'American Legion défile allègrement devant les salles qui projettent le film avec des pancartes sur lesquelles on peut lire : « Chaplin est un communiste ! », « Expulsez l'étranger ! », « Chaplin est un hôte payant depuis trop longtemps ! », « Chaplin en Russie ! ».

Charlie Chaplin, en apparence, ne se laisse pas décontenancer. Il ne doute pas de la valeur de son film : « Je suis persuadé que c'est le meilleur et le plus brillant film que j'aie encore jamais fait. » C'est vrai, il n'a jamais été aussi cynique, aussi étincelant, aussi déroutant. Mais n'est-ce pas précisément ce qu'on lui reproche ? Un chroniqueur influent, Westbrook Pegler, consacre bientôt au film une série de violents papiers, laissant entendre, entre autres choses, qu'il est le produit d'une imagination malsaine. Chaplin reçoit un flot de lettres anonymes, dont la plupart le traitent de « sale juif communiste ». Quand il prend la peine de répondre, il nie vigoureusement être juif ou communiste, mais il considère de toute façon notre époque comme condamnée et juge inutile d'insister sur sa damnation. Il se rend compte non sans mélancolie que Chaplin est devenu ce que Charlot a toujours été, un bouc émissaire !

C'est au tour du monde politique d'entrer dans l'arène. Le représentant démocrate Rankin, après le sénateur républicain Langer, réclame son expulsion. Le représentant du Mississipi lance à la tribune du Congrès : « Je suis là pour exiger que l'attorney général Tom Clark institue une procédure d'expulsion de Charlie Chaplin. Celui-ci a refusé de devenir citoyen américain. Sa vie à Hollywood porte préjudice à l'édifice moral de l'Amérique. Il faut le tenir à l'écart des écrans américains et occulter ses films répugnants aux yeux de notre jeunesse. Il faut le chasser et s'en débarrasser immédiatement. » Car le FBI n'en finit pas d'étoffer ses dossiers sur Chaplin et fera de lui le gibier idéal pour la chasse aux sorcières. Les archives du FBI, désormais rendues publiques, contiennent 2 063 pages et commencent le 15 août 1922 pour ne s'achever qu'àprès la mort du réalisateur. Une constante paranoïa habite les hommes de John Edgar Hoover, persuadés de tenir en Chaplin un vrai communiste et un sponsor du Parti. Ses deux téléphones à Summit Drive (Crestview 50525 et Crestview 5078) tout comme sa ligne personnelle au studio du 1416 North La Brea Avenue (Hampstead 2151) font l'objet d'écoutes permanentes. On guette ses soutiens, on suspecte des financements occultes, on traque ses relations. Toutes ses interviews ou prises de parole en public font l'objet de longs rapports confidentiels. On décortique chacun de ses actes et de ses initiatives. Inlassablement on fouille son passé, s'interroge sur son patriotisme et sa supposée sympathie pour l'URSS. Procès injuste ?

Les plus lointains échos que l'on ait de l'engagement politique de Chaplin remontent à la Première Guerre mondiale. Dès le début du conflit, l'opinion publique britannique s'émeut de savoir qu'un jeune et célèbre sujet anglais de vingt-cinq ans coule de douces journées sous le ciel californien pendant que les « Tommies » se font tuer sur le front. Pour la seule fois dans sa longue carrière, l'opinion américaine prend fait et cause pour l'artiste : il a été réformé et il combattait mieux avec sa caméra qu'avec une baïonnette. En fait, il ne veut pas se battre. C'est un pacifiste : certains diront un antimilitariste en évoquant *Shoulders Arms* (*Charlot soldat*). Mais il ne s'en est pas tenu là. La même année, de mars à septembre 1918, il parcourt les États-Unis en compagnie de ses inséparables amis, Douglas Fairbanks et Mary Pickford, afin d'appuyer le mouvement qui réclame l'intervention des États-Unis. Il entreprend une tournée pour placer les bons nationaux de la Liberté, gigantesque emprunt destiné à soutenir l'effort de guerre.

Le 8 avril 1918, à Wall Street, pressé par une foule en délire, il est obligé de monter sur les épaules de Douglas Fairbanks pour s'adresser au public. Une semaine plus tard, il est reçu à la Maison-Blanche par le président Wilson. À La Nouvelle-Orléans, son équipée croise celle d'un haut fonctionnaire du ministère de la Défense. Celui-ci exige d'organiser deux conférences. Une l'après-midi pour le « cabot de cinéma », comme il l'appelle, et une autre le soir. Cinquante mille personnes viennent écouter Chaplin, et cinquante le fonctionnaire ! C'est un énorme succès. L'acteur-réalisateur rentre à Hollywood, exténué, mais heureux d'avoir accompli son devoir.

Dès le déclenchement de la révolution russe, Charlie Chaplin est soupçonné de sympathie avec les bolcheviks. Ses films, où la misère du vagabond s'oppose à la richesse des opulents, expliquent sans doute cette suspicion. En 1921, il répond à des journalistes qui tentent de lui arracher l'aveu de ses « sympathies » : « Je suis un artiste que toutes les manifestations de la vie intéressent. Le communisme est une étape nouvelle dans la vie du monde ; c'est à ce titre qu'il m'intéresse. » Pourtant l'opinion publique n'est pas convaincue et toutes les déclarations de Chaplin, tous ses films vont désormais être passés au crible par un public à la recherche de « microbes communistes ».

En 1936, enfin, les Américains trouvent un « terrain » idéal : le réalisateur présente *Les Temps modernes*. Dans ce chef-d'œuvre, figure une séquence qui ravit les anti-Chaplin : celle où Charlot se retrouve fortuitement placé en tête d'une manifestation ouvrière, un drapeau rouge en main. C'est un tollé général. La preuve est là : il est communiste ! Puis c'est l'avènement du nazisme. La réponse de Chaplin ? C'est *Le Dictateur*, qui sort sur les écrans en 1940. À la même époque, en Europe, les autorités allemandes mettent Charlot à l'index : Anglais, vivant aux États-Unis, israélite et antifasciste, c'est évidemment beaucoup !

« C'est sur le front russe, clame-t-il, que la démocratie vivra ou mourra. Si les Anglais ou les Américains ne créent pas un second front, Hitler aura les moyens d'envahir l'Asie. » Ces propos, émis à l'occasion d'un gigantesque meeting à Madison Square Garden, font l'effet d'une bombe. La guerre se termine mais le peuple n'a pas toujours la mémoire courte et en veut encore au réalisateur. L'annonce d'un festival *Charlot* à Moscou en 1946, en son honneur, prend dès lors l'allure d'une provocation. Après la présentation de *Monsieur Verdoux* que la critique américaine condamne unanimement, les journalistes reviennent à l'attaque. Le cinéaste met les choses au point : « Pendant la guerre, j'ai sympathisé avec les Russes qui tenaient le front. J'estime qu'ils ont droit à notre gratitude. Je ne suis pas un communiste, je suis un artisan de la paix. » On ne pouvait être plus clair, mais cela ne suffit pas.

Au fil des mois, les déclarations se multiplient réclamant que des mesures sévères soient prises contre l'artiste. Un journaliste dénonce « l'intolérable ingérence de cet étranger, résidant dans notre pays depuis trente-cinq ans ». La presse, déchaînée, parle de sa « turpitude morale », de son « attitude suspecte » pendant les deux guerres, de sa « complicité avec le Parti communiste français ». Charlie et Oona sont ulcérés : « Je sais bien que 95 % des journaux sont contre moi. » Certains titres distillent leur venin : « L'accusation de communisme a fréquemment retenti aux oreilles de Chaplin. Aucune preuve positive ne l'a, jusqu'ici, étayée. Il n'est certainement pas et il n'a probablement jamais été un communiste au sens technique du mot, faute d'avoir eu dans son portefeuille une carte du Parti. Ses amis le classent comme un individualiste exaspéré et certains, comme un anarchiste intellectuel. À certains égards, cette définition est inacceptable. Chaplin n'est pas un communiste, mais il est un "rouge". Sa position, depuis 1919, est une sympathie systématique et presque aveugle pour l'URSS. »

Au printemps 1947, Joseph McCarthy, sénateur du Wisconsin, a lancé une « chasse aux sorcières » contre le monde d'Hollywood soupçonné de pencher vers le communisme. Bientôt, les Anciens Combattants catholiques pressent la justice et le Département d'État d'ouvrir une enquête et d'expulser Chaplin. Ce dernier prend les devants. Le 21 juillet 1947, il adresse un message sarcastique à la Commission des activités antiaméricaines, qui se propose de le convoquer : « Si vous voulez connaître mes opinions, écrit-il, je vous conseille de regarder soigneusement ma dernière production, *Monsieur Verdoux*. C'est un film contre la guerre et le vain massacre de notre jeunesse. Je suis convaincu que vous ne trouverez pas désastreux son message humain. Alors que vous vous préparez à imprimer votre citation à comparaître, laissez-moi vous toucher un mot de ma position : je ne suis pas communiste, je suis un agitateur de la paix. » Si la citation à comparaître devait se confirmer, il est bien décidé à se rendre devant la Commission déguisé en Charlot.

On se représente son excitation devant une telle éventualité, et l'on comprend d'autant mieux le recul en bon ordre de la Commission. « J'aurais presque souhaité pouvoir témoigner, confie Chaplin à un journaliste. Si cela avait eu lieu, toute cette histoire d'activités anti-américaines aurait été lessivée par le rire devant des millions de spectateurs qui auraient suivi l'interrogatoire à la télévision. » Chaplin est courageux, mais peut-être inconscient des menaces contre lui.

Tout au long de l'année 1948, tandis qu'il travaille sur son prochain film, la Commission poursuit ses auditions de personnalités. Le maccarthysme qui souhaite épurer Hollywood de ses cellules « rouges » mine la Mecque du cinéma. En inquisiteur patriote bouffon, doublé d'un implacable procureur stalinien, McCarthy fait peur. Chaplin peut d'autant plus se sentir visé qu'Edgar Hoover, le tout-puissant patron du FBI, anti-communiste viscéral, nourrit régulièrement son dossier, intimement persuadé que l'artiste est un membre ou un sympathisant du Parti communiste, voire un agent du KGB et suspecte en permanence le réalisateur d'être en fait juif. D'ailleurs, le FBI n'a pas attendu McCarthy pour ficher Charlie Chaplin. Les policiers fédéraux ne le surveillent-ils pas depuis 1922 ? À cette date, Chaplin était déjà une star consacrée grâce à la sortie du *Kid*, en 1921. Le FBI ne pouvait s'empêcher de suspecter ce Britannique arrivé dans un navire à bestiaux et qui avait toujours refusé de prendre la nationalité de son pays d'adoption. Les rapports confidentiels n'ont jamais cessé depuis. Le 17 avril 1948, l'inspecteur John P. Boyd du I. & N. S. se dérange en personne pour interroger le réalisateur sur ses soutiens à des œuvres de charité « suspectes » et le sens de certains de ses discours ou interviews. Chaplin répond point par point. Le climat de suspicion qui pèse sur sa personnalité politiquement incorrecte et coupable de non-conformisme est virulent. Les détectives d'Hoover passent ainsi beaucoup de temps à analyser les déclarations fiscales du réalisateur et ses comptes bancaires, année par année, traquant le détail qui va le perdre, l'élément qui le trahira, le chèque de trop.

Contre toutes ces attaques, Oona, mère à vingt ans de deux enfants, constitue le meilleur des refuges. Mais rien ne peut arrêter son mari. Lorsqu'il est question d'expulser des États-Unis, en novembre 1947, le compositeur Hanns Eisler, co-auteur avec Brecht de chants révolutionnaires, Chaplin essaye de l'empêcher par des pétitions[1]. La presse ne le lui pardonne pas, disant « qu'il est clair que Chaplin abuse d'une hospitalité, même payante, quand il se mêle d'organiser des manifestations anti-américaines, comme celle qu'il essaie de fomenter en Europe pour protester contre l'expulsion du communiste germano-hollywoodien Hanns Eisler ». Le télégramme adressé à Picasso le 21 novembre à 21 h 20 précises a été évidemment intercepté et versé au dossier Chaplin au FBI. Le réalisateur a simplement télégraphié : « Pourriez-vous réunir un comité d'artistes français pour protester auprès de l'ambassade américaine à Paris contre la criminelle déportation qui menace Hanns Eisler, et m'envoyer, en même temps, copie de cette protestation pour en faire usage ici ? » Picasso fait évidemment circuler la pétition et des personnalités comme Fernand Léger, Louis Aragon, Henri Matisse, Vercors, Jean Cocteau, Gérard Philipe ou Paul Éluard signent le texte. On soupçonne aussi Chaplin d'intervenir auprès du consul de Tchécoslovaquie à San Francisco afin d'obtenir un passeport à Eisler. Et de fait, Chaplin ira même jusqu'à lui préparer un contrat pour la musique d'un film. L'engagement du rélisateur vis-à-vis du compositeur au passé communiste appuyé est la goutte qui fait déborder le vase. Mais comme l'écrit Charlie Chaplin Jr. dans ses Mémoires : « Je ne crois pas que cette requête auprès d'un communiste confirmé pour défendre un communiste dans un pays non communiste soit apparue incongrue, à l'esprit de mon père. » Le sentiment américain, déjà mal disposé à son égard, réagit avec une extrême vivacité contre ce genre d'interventions. Aux obsèques, le 3 janvier 1946, du romancier « rouge » Theodore Dreiser, Chaplin n'a-t-il pas pris la parole, lu un poème et soutenu le caractère subversif de l'œuvre de son ami ?

La « maladresse » de Chaplin est une aubaine pour le Federal Bureau of Investigation. Il reprend du poil de la bête en se lançant dans l'écriture des *Feux de la rampe*[2]. C'est alors qu'Oona donne

---

1. « Je doute, a commenté son fils aîné, que mon père ait jamais été effleuré par l'incongruité de ce fait : demander à un communiste affirmé d'intercéder en faveur d'un homme accusé de communisme dans un pays non communiste. Il n'était qu'un artiste appelant un autre artiste à venir en aide à un troisième artiste. Mais beaucoup taxèrent son attitude d'insolence et les journaux le critiquèrent vertement, plus pour son manquement à l'étiquette que pour une quelconque idée subversive, car, comment peut-on appeler subversion un acte aussi affiché ? » (Voir : David Robinson, *Chaplin,* Ramsay.)

2. Le film est à la fois celui d'un homme qui se penche sur son passé et d'un homme qui s'interroge sur son présent. Le personnage central est un acteur de

naissance, à l'hôpital Saint-John de Santa Monica, le 28 mars 1949, à leur troisième enfant : Joséphine. Le temps de l'écrire, Oona accouche de Victoria, leur quatrième enfant, le 19 mai 1951. Et c'est le 19 novembre 1951 que commence le tournage des *Feux de la rampe* où Chaplin décide de faire jouer, au début du film, ses trois enfants les plus âgés, en même temps que ses deux autres fils. Même Oona, épouse aimante et attentive, passe ses journées sur le « set ». Tous les siens sont là et la place d'une femme n'est-elle pas aux côtés de son mari ? C'est elle qui veille à ce qu'il prenne régulièrement ses repas, repas combien frugaux puisqu'ils se composent de fromage, de tomates et de fruits.

Pour l'artiste, ce nouveau film est un défi. Pour ce qu'on a appelé son « film testament », Chaplin retrouve l'inspiration de sa ville natale, Londres. C'est son film le plus long : *Les Feux de la rampe* dure cent quarante-trois minutes. Il bat à cette occasion deux records : préparation la plus longue : deux ans et demi ; tournage le plus court : cinquante-cinq jours. Il est vrai que contrairement à son habitude, son script est minutieusement détaillé avec 750 pages qu'il réduira ensuite à 150. Chaplin mettra plus longtemps à enregistrer la bande sonore qu'à faire le film : il passera en effet sept mois à mettre au point ses idées musicales avec un arrangeur qui traduisit en notes ce qu'il fredonnait, tout en assurant le montage.

L'histoire de *Limelight* (titre anglais des *Feux de la rampe*) est en grande partie une autobiographie symbolique ; il s'est beaucoup

---

music-hall vieillissant qui perçoit son déclin et qui doute de son pouvoir. L'époque est la première avant-guerre, c'est-à-dire celle où Charlie Chaplin faisait, sur les scènes londoniennes, le noviciat du talent. Fermant en quelque sorte le cycle de sa vie, il ramène ses cheveux blancs dans le cadre qui fut celui du premier duvet de ses joues. Le scénario est prêt. La musique, elle aussi de la main de Chaplin, est composée et enregistrée. Cela représente trente mois de travail et c'est la première fois que le maître et le doctrinaire de l'improvisation s'engage dans l'aventure cinématographique avec un itinéraire et un horaire aussi rigides que ceux d'un voyage Cook. Le film est tourné dans le vieux studio de La Brea Avenue, désert depuis *Monsieur Verdoux* et assez gravement endommagé par cinq ans d'inactivité. Mais le réalisateur, créateur dédaigneux de la technique, n'a même pas visité le champ de bataille. Tout en achevant les sketches des ballets – les seules lignes qui manquent encore à l'épure – il se concentre sur le problème qui, sous tant de formes, fut toujours le sien : il cherche la femme. La femme, c'est Terry, la ballerine. Elle doit, dit Chaplin, jouer comme la Duse et danser comme la Pavlova. Elle doit aussi donner un corps et une voix à plus d'un symbole. Il choisira Claire Bloom pour l'incarner.

aidé de ses souvenirs d'enfance sur les music-halls londoniens. Il y a repris le rôle d'ivrogne, qui en 1913, alors qu'il faisait partie de la Karno Company, avait attiré sur lui l'attention d'Hollywood. *Limelight* a un caractère plus nostalgique qu'humoristique. C'est l'histoire d'un vieux mime qui, à cause de son amour de l'alcool, perd sa place dans le monde du théâtre. Une jeune fille, qu'il sauve du suicide, le réhabilite. Elle l'aime, mais il ne peut croire à son bonheur et encourage une idylle entre elle et un jeune musicien timide. Pour le rôle féminin, Chaplin choisit une jeune Anglaise : Claire Bloom. Or, stupeur, l'actrice ressemble fortement à Oona. Même type de beauté, même allure, même grâce ! La ressemblance est telle qu'Oona en vient à remplacer Claire Bloom pour certaines scènes où l'actrice doit rester allongée. Sydney Chaplin le confirmera : « Il voulait que la fille des *Feux de la rampe* soit exactement comme Oona. »

Limelight est un tour de force émotionnel et Chaplin y est bouleversant. Quand son personnage de Calvero exige de Terry qu'elle sorte de sa léthargie suicidaire et qu'il l'oblige à se lever, à marcher, sans dire un mot de ses propres sentiments, il atteint des sommets de pathos. À partir du moment où il découvre que la jeune fille est danseuse, qu'elle appartient donc, comme lui, à la famille du spectacle, son visage s'éclaire d'un extraordinaire sourire. On le verra pleurer à chaudes larmes, un peu plus tard, dans l'ombre des coulisses, lorsqu'il découvrira le talent de Terry. « Tu es une artiste, lui dit-il en pesant ses mots, une véritable artiste. » Filmé en gros plan, le visage de Chaplin est bouleversé comme par une révélation. Jamais nous ne l'avions vu avouer aussi directement la violence et la profondeur de son amour essentiel, celui qu'il voue aux planches de la scène comme au plancher de son vieux studio, aux feux de la rampe comme au feu des regards, à la fiction sous toutes ses formes, pourvu qu'elle nous emporte au-delà de nous-mêmes, comme la musique emporte le corps de la danseuse.

Pour les scènes de danse, Chaplin se sent dans son élément lorsque arrivent André Eglevsky et Melissa Hayden (qui double Claire Bloom), deux stars du New York City Ballet, pour interpréter la chorégraphie qu'il a imaginée. Chaplin leur montre exactement ce qu'il veut et puis s'assied au fond du studio. Il est ébloui par leur talent et les regarde, enivré, danser sur sa musique. Il y a d'autres moments heureux. Pendant les pauses du déjeuner, Chaplin et son assistant Jerry Epstein vont au *Farmer's Market*, près de Fairfax Avenue. « Nous nous asseyions aux minuscules tables protégées par des parasols, se souvient Jerry Epstein. Souvent, Oona nous rejoignait. Personne ne reconnaissait Chaplin jusqu'à ce qu'elle arrive : leur couple surtout était célèbre. Charlie, toujours curieux, adorait se promener parmi les étals, achetant du pâté ou admirant les énormes fruits exposés. »

Quelques journalistes privilégiés sont acceptés sur le plateau. L'un d'eux lui demande s'il pense à autre chose qu'à son film ? Il répond : « Pourquoi m'interroger sur l'avenir ? Dès que les prises de vue seront terminées, il y aura le long et minutieux travail du montage, de la synchronisation, etc. Comment penser à d'autres sujets de films lorsqu'on met en scène, qu'on joue le rôle principal, qu'on règle tous les détails de la production, qu'on s'occupe de l'adaptation musicale ? Tenez, il me faut parfois contrôler même le son et les éclairages quoique je me sois entouré pour *Limelight* de techniciens parfaits ! Et puis je vous avoue franchement que mes idées ne s'attrapent pas comme des mouches. Il faut attendre l'inspiration propice et quand on la tient, se mettre à brûler pour elle d'enthousiasme, voire d'amour. Elle est comme une maîtresse impérieuse : on s'y consacre jour et nuit... » Le tournage des *Feux de la rampe* s'achève en janvier 1952. Six mois de montage seront nécessaires.

Dans sa fièvre créatrice, Charlie sait pouvoir compter sur Oona qui veille sur tout, aidé du personnel dont une nurse écossaise, « Kay-Kay », une jeune femme rousse au visage couvert de taches de rousseur venant tout droit d'Aberdeen. « Je n'avais jamais pensé que le poste serait de longue durée, confiera-t-elle un jour. La famille ne paraissait pas devoir se multiplier davantage. La plupart des gens prédisaient que ce mariage, et à plus forte raison mon poste de nounou, ne durerait pas plus d'un an ! ». Or après huit ans de mariage, Oona gouverne leur intérieur en disciplinant sa fougue irlandaise, qu'exprime l'intensité presque fixe de son regard. Elle n'a pas la moindre ambition de carrière dans une ville où la carrière dévore l'humain. Comme l'écrit Chaplin dans ses Mémoires : « La vie à Beverly Hills était maintenant agréable. Nous formions un ménage heureux et tout marchait bien. Nous tenions table ouverte le dimanche et nous voyions beaucoup de nos amis. »

Dans sa période Paulette Goddard, Chaplin avait l'habitude de réunir, le dimanche après-midi, ses amis à Summit Drive pour un

« High Tea[1] » à l'anglaise. Oona le convainc d'organiser plutôt des tournois de tennis dans la propriété. Tout en prenant elle-même des leçons avec le champion Bill Tilden[2], elle convie Noël Coward, Merle Oberon et Alexander Korda, Christopher Isherwood, Evelyn Waugh, Mary Pickford, Douglas Fairbanks Jr. et tous les amis holly-woodiens de Charlie à s'affronter sur leur court. Le réalisateur Robert Parrish et son épouse Kathy deviennent des habitués de ces joutes tennistiques. « Oona aimait le tennis, se souviennent-ils, mais cela n'avait rien à voir avec la passion de Charlie pour ce sport[3]. » Pendant la finale d'un match où Oona joue face à Talli Wyler, l'épouse du réalisateur William Wyler, la partie semble se pour-suivre inlassablement. Depuis le balcon de la maison où il domine le court, Chaplin s'enthousiasme à chaque bonne balle de son épouse, mettant tant de passion dans son rôle de supporter qu'il devient à lui tout seul la vraie star du tournoi. Tous les invités n'ont plus d'yeux que pour lui. « Charlie, raconte Kathy Parrish, volait toujours la vedette et Oona le laissait volontiers être le centre de l'attraction. Jamais elle ne tentait de rivaliser avec lui. » « Les invités se rassemblaient sur les courts, au pied de la pelouse. Ils jouaient ou alors s'asseyaient pour parler dans le club-house et observaient les matchs », se souvient son fils aîné. On sert le thé et il y a du café, des sandwiches entassés en piles sur un immense plateau. Durant les matchs, Chaplin se concentre sur le tennis puis il tient sa cour dans la petite maison. « Là, on discutait de tout, on plaisantait, on racontait des histoires, comme partout où se trouvait papa », a témoigné Charlie Jr. La réunion finie, les gens s'en vont

---

1. Chaque dimanche après-midi, Chaplin prenait du thé avec des buns à l'anglaise.

2. Bill Tilden, dit « Big Bill », fut le numéro un du tennis américain pendant la première moitié des années 1920. Il remporta trois fois Wimbledon, sept fois l'US Open et sept fois la Coupe Davis. Ce joueur extrêmement cérébral fut une véritable star de 1920 à 1935. Chaplin (gaucher contrarié) adorait jouer avec lui. En 1943, Bill Tilden a cinquante ans. Il est arrêté sur un boulevard de Los Angeles et condamné pour racolage de garçons mineurs. Le 23 novembre 1946, nouvelle arrestation : Tilden écope d'un an de prison pour « comportement impudique et lascif avec mineur ». Il fut donc incarcéré deux fois dans une prison de Los Angeles. À sa sortie, tous les clubs lui tournèrent le dos. On pouvait fermer les yeux sur le fait qu'il fut gay mais pas sur son goût pour les jeunes garçons. Seul Chaplin, en grand seigneur, lui offre alors son court privé pour continuer à donner des leçons.

3. Dans ses Mémoires, Charlie Jr. écrit même : « Père trouvait dans ce sport ce que d'autres trouvent dans l'alcool, la religion ou les femmes. »

en pensant qu'ils ont vécu un grand événement avec le privilège d'avoir passé un après-midi avec Chaplin.

L'actrice Shelley Winters[1], accompagnée du poète Dylan Thomas, évoquera un séjour à Summit Drive : « Dylan avait trop bu et a embouti un parterre avec sa voiture en arrivant. Oona est arrivée très souriante et comme amusée par la situation. Elle pouvait lire la consternation sur mon visage. Elle a pris la situation en main, trouvé un chauffeur pour redresser la voiture, et un ouvrier pour réparer les dégâts et elle nous a conduits dans son salon comme si de rien n'était[2]. » Elle possède un « self-control efficace ». L'aura de calme qui émane d'elle est l'antidote parfait aux petits incidents de la vie quotidienne. Elle seule sait faire face aux colères légendaires de son époux. Un rien peut les alimenter : un article de presse, une rumeur, etc. Un biographe de Chaplin a même parlé de troubles bipolaires pour évoquer les sautes d'humeur du cinéaste et la complexité de son étrange nature : ses alternances de gaieté exubérante et de silence taciturne. Son statut de génie permet à son entourage de les excuser. « Les nuages chez Chaplin, commente un proche, arrivaient quand il avait l'impression d'être déserté par les muses, alors qu'Oona, si elle avait de la mélancolie, savait garder cela pour elle. »

Mildred Harris a même parlé du caractère instable de Chaplin, de ses silences, de son intense besoin de solitude, de ses longues promenades solitaires la nuit, de la musique bizarre et triste qu'il aimait à improviser. Charlie Chaplin Jr. a lui aussi évoqué les crises de cafard de son père : « Dans ses périodes de dépression, il était en général calme, très calme. Les causes de ces crises étaient diverses. Le simple récit d'une tragédie dans le journal pouvait le bouleverser. Mais elles étaient surtout fréquentes quand il se sentait sans inspiration, quand il attendait en vain des idées qui ne voulaient

---

1. Un soir, l'actrice est assise à côté de Dylan Thomas à une réception à Los Ageles. Le poète gallois lui confie qu'il est venu à Hollywood pour « toucher les nichons des jolies starlettes et rencontrer Charlie Chaplin ». Désireuse d'aider l'écrivain, Shelley s'exécute et retire son chemisier. Elle lui organise aussi le rendez-vous avec Chaplin.

2. Dans ses Mémoires, Chaplin donne une autre version : « Frank Taylor téléphona pour dire que Dylan Thomas désirait faire notre connaissance. Nous répondîmes que nous en serions enchantés. « Alors, dit Frank d'un ton hésitant, je l'amènerai à jeun. » Un peu plus tard dans la soirée, quand on sonna, j'ouvris la porte et Dylan Thomas s'effondra dans le couloir. Si c'était ainsi quand il était à jeun, comment était-ce quand il était ivre ? »

pas prendre forme. Il se renfermait sur lui comme dans un sombre donjon, où il s'enfermait bras et jambes liés. » Oona comprend qu'un mot, un geste peuvent l'abattre et que la peur de perdre son génie créateur peut le plonger dans un abîme de tristesse. Instinctivement, elle cerne la sensibilité de son époux et apprend à le délivrer de ses moments de spleen.

Pendant les années hollywoodiennes, tous les gens qu'elle côtoie sont des relations de son mari et, bien sûr, des gens plus âgés qu'elle. Christopher Isherwood note dans son journal qu'« elle fait presque seize ans. Elle semble timide, réservée ». L'écrivain Katherine Ann Porter, qui vient dîner à Summit Drive, notera : « Oona est une créature presque féline. Je la revois dans une sorte de kimono noir, tricotant une veste de bébé, dans le plus profond silence et calme. De temps à autre, elle jetait un regard et affichait alors une expression malicieuse avec des yeux pétillants d'intelligence. J'aimais l'exquise régularité de son nez, son menton un peu volontaire, son allure fragile de jeune fille. » Mais malgré sa beauté et sa jeunesse, Oona peut se montrer parfois jalouse. « Elle était agacée si dans une party son mari semblait remarquer une autre femme, se souvient Peggy Lloyd. Une fois où Chaplin parlait longuement avec une actrice, elle m'a confié : "Peut-être si j'avais cinquante-cinq ans et Charlie dix-neuf, je ne serai pas jalouse. Mais vous savez quoi ? J'en doute !" » Est-elle d'une jalousie possessive, presque maladive ?

Son amie Carol Saroyan-Matthau, dans son livre de souvenirs *Among the Porcupines*, a raconté une scène révélatrice au *El Morocco* : « Nous partagions la même table, les Chaplin, mon mari Bill et moi. Mon époux et Charlie évoquaient leurs relations communes. Oona semblait n'écouter que d'une oreille car nous étions si contentes de nous retrouver et de pouvoir bavarder ! À un moment donné, alors que nous dînions, j'ai reçu un coup de pied dans le tibia. C'était si fort que je pouvais à peine le croire. Je me demandais qui, des trois convives, avait osé me cogner. Mais comme tout le monde semblait bien s'amuser, je n'ai rien dit. Puis, un peu plus tard, Oona a suggéré que nous allions nous repoudrer. Je lui ai murmuré :

"J'ai mal, je ne sais pas si je vais pouvoir marcher.

— Qu'est-ce qui se passe ?" demanda-t-elle

Arrivée aux toilettes, j'ai relevé ma robe longue et j'ai découvert le bleu que j'avais juste au-dessus du genou.

"Oh non ! s'est exclamée Oona. C'est Charlie que j'ai voulu viser, pas toi !

— Qu'est-ce que tu veux dire ? Tu as des couteaux dans tes chaussures ?

— Mon Dieu, j'étais furieuse après lui !

— Pourquoi ?

— N'as-tu pas entendu de quoi ils parlaient ?

— Pas vraiment !"

Et Oona d'enchaîner : "Ils bavardaient de Rebecca West, l'écrivain. Tu sais, celle qui a été la maîtresse de H.G. Wells, et Charlie disait qu'elle était incroyable. Peux-tu imaginer que mon mari confiait au tien comme cela avait été facile de la conquérir ? Et Charlie qui disait : 'Avec elle, ça a été du gâteau ! Pas besoin de tourner autour du lit pendant quatre heures, dès le moment où je lui ai dit bonjour, c'était dans la poche !' Et Oona soupira et continua : "Carol, je n'ai pas pu supporter cela. C'est à ce moment-là que j'ai donné un coup de pied. Comment ose-t-il parler de ses anciennes conquêtes devant moi ?

— Tu sais, Oona, lui dis-je, c'était il y a des années. Peut-être même avant que tu sois née. Je trouve cela merveilleux que tu sois si jalouse.

— Jalouse ? Tu penses que je suis jalouse ? Tu devrais voir Charlie ! C'est l'homme le plus envieux que je connaisse ! Je te jure que je n'ai jamais rencontré quelqu'un d'aussi soupçonneux.

— Oona, lui répondis-je, retourne à la table et embrasse-le ! Il n'a pas reçu le coup de pied. Moi si. Il ne sait même pas que tu es furieuse.

— Toutes ces momies avec qui il a couché ! Mon Dieu ! Je suis malade d'en entendre parler. Et crois-tu qu'il n'en aurait pas marre d'y penser. Que suis-je supposée faire quand il me fait ce coup-là ? Rester là, assise, sourire et minauder ?"

Et Carol de conclure : la jalousie risquait bien de miner leur couple. »

Chaque semaine, Chaplin reçoit à la maison le gratin d'Hollywood : Oona rencontre Greta Garbo, Olivia de Havilland, Humphrey Bogart, Joan Fontaine, Errol Flynn, David Niven, Fred Astaire. La liste est sans fin.

En dépit du luxe de sa nouvelle vie et de son statut d'épouse de star, Oona n'a pas perdu sa qualité première : elle a les pieds sur terre. Certes, elle aime les beaux vêtements (et plus tard prisera beaucoup Chanel) et les bijoux dont Chaplin la couvre, mais elle n'est jamais une gravure de mode. Betty Tetrick affirme : « Elle était capable d'enfiler un sweater de Charlie ou une de ses vestes et d'aller avec moi chez un glacier de Beverly Hills. Les gens pouvaient bien murmurer : "Vous avez vu comment la femme de Chaplin est habillée ? !", elle ne se souciait pas du qu'en-dira-t-on ! D'ailleurs, un rien lui allait. Elle n'était pas esclave du style : elle pouvait passer d'une robe de haute couture à une blouse de paysanne en sandales et être toujours charmante. »

Elle apprécie surtout d'être vêtue de façon décontractée pour s'occuper de ses enfants. « À Hollywood, en ces temps-là, dit encore Betty Tetrick, on était proche du modèle britannique. Les chiens et les chevaux passaient avant les enfants. Si une star avait un chérubin, il faisait son apparition à la party hebdomadaire et disparaissait avec sa nanny. » Oona dispose bien d'une nurse, mais tient à s'occuper longuement de ses enfants. Il n'est pas rare qu'elle quitte précocement une fête parce que Géraldine a de la fièvre ou Joséphine la varicelle. « Elle était plutôt maternelle, convient Betty Tetrick. Elle aimait avoir ses enfants auprès d'elle le plus possible. Charlie les appréciait aussi, mais de façon un peu distante, presque victorienne. »

Chaplin n'est pas un papa gâteau et peut se montrer strict avec ses rejetons. Oona tente d'adoucir le traitement éducatif. Elle souhaite que ses bambins bénéficient d'une petite enfance heureuse, ce que ni elle ni Charlie n'ont vraiment connu. « Je me souviens d'une scène révélatrice, raconte Norman Lloyd. Le petit Michael est rentré dans la pièce traînant son pull-over par terre. Charlie a perdu son calme et a commencé à élever la voix : "Ramasse cela tout de suite, ça coûte de l'argent, et remonte dans ta chambre !" Il était sévère. » Parfois, Oona doit plaider la cause de ses enfants et amadouer les colères de son époux. « Autant il avait été un père négligent avec ses deux premiers fils, Charlie Jr. et Sydney, dit Lloyd, autant il tenait à bien élever sa descendance avec Oona. Si parfois la moutarde lui montait au nez, il se retenait pour ne pas heurter son épouse. Il n'aurait jamais rien fait qui puisse ulcérer Oona. »

Il peut d'ailleurs se révéler un père créatif. Au moment des fêtes de Noël, Chaplin a pris l'habitude de les faire monter dans la Rolls-Royce et de leur offrir un tour le long d'Hollywood. Il invente un petit jeu : à chaque illumination Géraldine, Michael et Joséphine doivent crier « Ooh ! » ou « Aah ! » en battant des mains. « Au déjeuner de Noël, narre Michael Chaplin, papa levait toutes les interdictions : nous pouvions parler à volonté, l'interrompre quand nous le voulions, rire en liberté. » Chaplin fête Noël selon la coutume typiquement britannique. Les serviteurs installent un arbre blanc dans le hall qu'ils décorent la veille de Noël et l'on entasse les cadeaux en dessous. À Pâques, les enfants colorent les œufs et Chaplin se réserve la joie de les cacher dans la maison ou le jardin. Il les dissimule dans les chaises, le sofa du living-room ou les pelouses. Quand tous partent en chasse, il suit ses rejetons, les mains derrière le dos, comme pour s'empêcher de dénicher les œufs lui-même : « Tu brûles ; non, tu refroidis ; bouillant maintenant ! » Il les guide par ses paroles comme des pantins par une ficelle, jusqu'à ce qu'ils aient trouvé tous les œufs.

Mais le domaine dans lequel excelle Chaplin est le moment de raconter des histoires aux enfants, avant qu'ils ne s'endorment. Mieux que quiconque, il fait revivre les contes d'Andersen ou des frères Grimm. Géraldine, Michael, Joséphine sont complètement médusés par la magie de son récit : « Nous grimpions dans le lit de maman, se rappelle Géraldine Chaplin. C'était agréable d'être étendus là, avec ses bras autour de nous. Nous écoutions papa nous raconter des légendes et nous sombrions doucement dans le sommeil. »

Ils sont si bon spectateurs que, pour eux, Chaplin imagine des centaines de gags tous plus drôles les uns que les autres. Par exemple, il passe derrière un divan et on dirait qu'il descend un escalier imaginaire : en fait, il s'accroupit lentement à chaque pas et l'on finit par ne plus voir que sa tête. « Il ne cessait de nous faire rire, se souvient Géraldine Chaplin. Il n'épargnait pas sa peine même si le public se réduisait à ses enfants. Il campait devant nous la silhouette célèbre de Charlot et mimait sa chute. "Avez-vous remarqué comment marchent les poules ?", nous demandait-il. Et il se mettait à sautiller comme elles, en caquetant et en agitant des ailes imaginaires. » Chaplin caméléon ne cesse de créer des personnages pour égayer les siens. Dans sa chambre, il dispose d'un télescope très puissant : « Nous passions avec papa beaucoup de temps devant cet appareil, confirment les enfants. Il s'amusait à tourner les boutons, ajuster les lentilles et modifier le champ d'observation. La nuit, nous observions la lune quand elle était levée. Maman nous montrait la Grande Ourse et les principales constellations. »

Mais il y a une distraction suprême : visionner les films de Charlot : « De temps en temps, nous étions autorisés à inviter des amis pour une séance privée de cinéma dans le petit théâtre du vestibule de la maison », dit l'aînée des enfants. Chaplin et Oona se joignent à eux. L'auteur-réalisateur s'assied un peu à l'écart, bras croisés, comme un spectateur ordinaire. « Mais il ne tardait pas à se lever et à venir plus près de nous, pour observer nos réactions. Elles l'intéressaient plus que son film lui-même. » Chaplin est incapable de rester tranquille très longtemps et se met à commenter l'action. Les commentaires ardents paraissent tout naturels aux enfants. « Il ne nous est jamais venu à l'esprit que nous étions les seuls enfants au monde jouissant du privilège d'entendre Chaplin commenter les films muets de Chaplin. » Quand ils éclatent de rire, Charlie rit aussi. Quand ils rient aux larmes, il est fou de joie.

Parfois, il les emmène au cinéma voir des films comme *Quo Vadis*. Oona aime bien qu'ils aillent également au zoo. On conduit aussi les enfants au Pan Pacific Auditorium où la piste miroite d'une immense marqueterie de glace. Pendant deux heures, ils admirent le spectacle d'Ice Capades (l'ancêtre d'Holiday on Ice) où les petites sœurs de Sonja Henie rasent la glace avec des crissements de satin froissé. Chaplin a également un faible pour l'Amusement Pier de l'Ocean Park. Parents et enfants montent dans des petits bateaux à moteur ou s'essaient à la grande roue. Mais ce qu'il préfère à tout, ce sont les baraques de tir. Bien que gaucher, il se montre excellent tireur. Il garde religieusement les tickets qu'il gagne et les échange ensuite contre des poupées et des animaux en peluche pour les enfants. Parfois, son sens de la générosité est pris en défaut. Il s'inquiète anormalement quand ses enfants égarent quelque chose, ne serait-ce qu'un simple crayon. « Les crayons coûtent de l'argent, les enfants », se justifie-t-il. Si Géraldine, Michael, Joséphine ou Victoria font une bêtise, ils subissent un sermon sévère, mais fait sur un ton calme. « Ses colères étaient brèves et intenses, mais il n'était pas rancunier, a raconté son fils. Il suffisait d'échapper aux premiers mouvements de colère irrépressible, après on était sauvé. » Les enfants découvrent aussi que leur père est facile à attendrir quand il est d'humeur créative. Il y a aussi les joyeux trajets jusqu'à l'océan où il distraie ses rejetons avec des histoires de Tarzan. Il ne tire pas ses récits exactement du livre d'Edgar Rice Burroughs, mais les imagine au fur et à mesure et elles deviennent ses propres versions, incroyables et chaplinesques de l'homme-singe.

Les enfants bénéficient d'une éducation que l'on qualifierait de « hollywoodienne ». C'est la championne olympique de natation, Gertrude Ederle (elle a été la première femme à réussir la traversée de la Manche) qui leur apprend à nager dans la piscine de Summit Drive. Géraldine prend des leçons de tennis avec la star de Wimbledon Bill Tilden. Elle et son frère Michael sont inscrits dans une sorte d'atelier-école, Westland School, au coin de la Cienega et d'Olympic Boulevard qui applique les théories pédagogiques de John Dewey[1]. S'il n'avait tenu qu'à Chaplin, ils seraient allés à James Schools comme le firent ses deux fils. Mais Oona insiste pour que Géraldine et Michael fréquentent une école « progressiste ». Il n'y a que quarante élèves, y compris dans le *Kindergarten* et l'ambiance en est décontractée (seuls autres enfants de stars inscrits : les rejetons de Gene Kelly). En revanche, à la maison ils sont priés d'être silencieux et calmes.

Chaplin a un goût excessif pour une vie domestique bien réglée. Au point que certains biographes ont parlé de « son sens maniaque de l'ordre ». Quand il travaille, il ne doit pas être dérangé. Au moment où il s'enferme dans son bureau, Oona doit veiller à faire barrage à tout intrus. Le téléphone fait partie des objets à surveiller, car l'acteur en déteste la sonnerie et ne supporte pas de perdre son temps en bavardages inutiles. Le calme doit régner impérativement et les enfants doivent respecter les exigences de leur père. Une de ses filles note qu'il imposait la loi du silence : « On apprenait à marcher sur la pointe des pieds à proximité de son bureau. » Une chose le met en rage : les pétards. Leurs explosions inattendues fatiguent ses nerfs. Les enfants ont interdiction de jouer avec eux et Chaplin ne fête jamais le jour de « Guy Fawkes », journée patriotique de la nation anglaise. Mais il aime regarder les feux d'artifice. Il accepte même une année de surmonter son agoraphobie et emmène les siens voir la parade du Los Angeles Coliseum.

Ainsi il aime les règles de bonne tenue et les enseigne à ses enfants : frapper avant d'entrer, rester assis à table, s'excuser avant de s'en aller, ne jamais interrompre une conversation. En leur

---

1. Dewey fut l'initiateur du *hands-on-learning* (« apprendre par l'action »). Il créa une école-laboratoire loin de l'autorité habituelle où le maître est un guide et où l'élève apprend en agissant. Dewey souhaitait réconcilier esprit et action, travail et loisir, intérêt et effort. Il pensait que l'enfant devait agir plutôt que d'écouter. Il fut l'un des principaux pédagogues du mouvement d'« éducation nouvelle ».

présence, il surveille soigneusement son langage, alors qu'il est célèbre pour ses jurons. Mais parfois il ne se contrôle pas et lâche son insulte suprême : « Espèces de bâtards tarés ! » Quand, au milieu d'une violente diatribe, il s'aperçoit que les siens le regardent, interloqués, il s'excuse : « Votre père s'est oublié, mes enfants. Je ne veux pas que vous employiez des mots pareils. »

Comme pour mieux se faire pardonner, il les emmène tous au théâtre : « Chaque fois qu'une troupe de ballet venait dans la ville, papa assistait au spectacle non pas une fois, mais plusieurs », se souvient Géraldine Chaplin. Charlie sait ensuite l'histoire, la musique, les rôles par cœur. Il va même jusqu'à voir les danseurs dans les coulisses et les invite à venir chez lui. Ainsi, à cette époque, le Royal Ballet arrive pour la première fois à Los Angeles. Margot Fonteyn et Beryl Grey en sont les danseuses étoiles. Évidemment, les Chaplin convient Margot Fonteyn et la troupe à dîner. À table, le réalisateur se lance dans une conversation politique enflammée avec la danseuse, profondément conservatrice. Puis la discussion dérive sur la paix, qui est le grand thème de l'époque : la guerre froide est à son comble et tout le monde se sent obligé de prendre position. Margot Fonteyn demande à son hôte : « Seriez-vous prêt à accepter la paix à n'importe quel prix ? » Chaplin, profondément las de toutes les guerres, répond : « Oui, à n'importe quel prix ! » Mais l'étoile de Covent Garden n'est pas disposée à abandonner la discussion. Pour le seul plaisir de la provoquer, Chaplin conclut alors : « Et en outre, je préférerais être "rouge" que mort ! »

Oona et lui reçoivent aussi à la maison les plus célèbres musiciens de l'époque : Rachmaninoff, Vladimir Horowitz, Arthur Rubinstein, Stravinski. Chaplin est fou de musique qu'il aime écouter à plein tube. Quand il ouvre la radio, c'est comme si une rafale traversait la maison. Il initie Oona à Wagner. Il est particulièrement envoûté par un passage du troisième acte de *Parsifal*. « Écoute ça, dit-il à Oona, comment un tel bâtard a-t-il pu écrire une musique aussi belle ? Ce n'est pas humain, c'est divin ! »

Quelquefois, lors des parties, il montre ses talents de ballerine et danse pour les invités ou mime un combat de taureau, jouant l'homme et la bête. Parfois, il imite les chanteurs d'opéra dans leurs langues différentes, tel Chaliapine en russe. Il chante aussi de vieilles ballades irlandaises et son auditrice la plus admirative est toujours Oona. « Ils formaient un couple heureux, assure Betty Tetrick.

Ils étaient tout l'un pour l'autre. Oona lui avait donné quatre beaux enfants et avait installé l'harmonie à Summit Drive. »

Elle aime tout particulièrement organiser des parties pour les bambins, à chaque anniversaire. Portland (la fille de James Mason), Juliet (la fille de Ronald Colman), David Jr. et Jamie (les enfants de David Niven), Michael (le fils de Charles Boyer) ou Catherine et Judy (les filles de William Wyler, leur plus proche voisin) sont les amis des enfants Chaplin dans la plus pure tradition hollywoodienne[1]. Oona adore déguiser Géraldine, Michael, Victoria et Joséphine. À chaque Halloween, elle les conduit chez *Trick or Treat*, où ils se goinfrent de pop-corn. Malgré l'ambiance apaisante de Summit Drive, les Chaplin ont une crainte particulière : un enlèvement d'enfant. Charlie dédramatise cette peur en disant que, de toute façon, il ne paierait pas de rançon. Par précaution, on prend cependant les empreintes digitales des rejetons.

Oona n'aime d'ailleurs que la discrétion et un sentiment d'*incognito*. Betty Tetrick Chaplin se souvient que lorsque les deux femmes allaient déjeuner à l'institution *Romanoff's*, le restaurant le plus huppé de Beverly Hills, Oona faisait arrêter la voiture à une bonne distance du restaurant pour ne pas être remarquée. C'est l'époque où les deux commères Hedda Hopper et Louella Parsons font la pluie et le beau temps dans la presse *people* avec des potins inquisiteurs : « Oona était si charmante qu'elle a échappé à leurs griffes. »

Arrêtons-nous un instant sur les deux commères d'Hollywood : Hedda Hopper et Louella Parsons. Comparées à Lucrèce Borgia, Lady Macbeth et autres mégères, Louella et Hedda ne sont que des joueurs de réserve, mais, avec leurs soixante-quinze millions de lecteurs dans le monde entier, elles détiennent un pouvoir énorme dont elles abusent fréquemment. Seul Hollywood est capable d'engendrer un tel duo, et seul Hollywood, passionné des chasses aux manchettes, ne rêvant que de se faire mousser, mais vivant dans la peur et l'insécurité, est susceptible de se laisser dominer, aussi longtemps, par les deux commères. Que le lecteur tente de se rendre

---

1. Les Chaplin habitent au cœur de Beverly Hills, une propriété sur une colline au 1085 Summit Drive. Au 1018 Summit Drive vit Tom Mix, Ronald Colman est au 1033, David O'Selznick et Jennifer Jones sont au 1050 et Mary Pickford demeure plus loin au 1143. William Wyler, le légendaire réalisateur de *Ben-Hur* demeure, lui, au 1087. « On se parlait avec ses filles par-dessus les haies, se souvient Michael Chaplin. Nous étions très complices. »

compte qu'à Hollywood, à l'époque, chaque matin, au bureau ou au petit déjeuner, la journée commence par la lecture fébrile des colonnes de Louella Parsons et de Hedda Hopper. Nombreux sont ceux qui paient un attaché de presse pour qu'il invente des histoires invraisemblables et les fasse circuler auprès de Louella et Hedda, et cela n'enlève rien au plaisir qu'ils éprouvent à la lecture des balivernes de leur cru dans les journaux du matin... ils finissent même par y croire.

Le flot de bile de Hedda se déversa, des années durant, sur Chaplin. Elle le poursuivit par écrit parce qu'il s'avouait franchement d'opinion libérale, parce qu'après avoir fait fortune aux États-Unis, il était encore, quarante ans plus tard, citoyen britannique, et, bien qu'elle eût, elle-même, épousé un homme de vingt-sept ans son aîné, elle faillit exploser quand elle apprit qu'une gamine de dix-huit ans, Oona O'Neill, avait l'intention d'épouser Chaplin qui avait trente-six ans de plus qu'elle. Elle eut beau publier un chapelet d'avertissements et de sombres présages, rabâchant que Chaplin devait avoir un faible pour les petites filles, Chaplin n'en tint aucun compte et poursuivit ses projets matrimoniaux.

Un beau jour, une fille en pleurs et enceinte vint frapper à la porte de Hedda, à qui elle annonça qu'elle était porteuse d'une nouvelle stupéfiante : l'enfant de Chaplin. À l'en croire, Joan Barry avait été engagée par Chaplin pour jouer avec lui dans un film. Il l'avait séduite et, quand elle s'était retrouvée enceinte, il avait arrêté le film et fait arrêter Joan Barry, sous une inculpation de vagabondage pour laquelle Joan avait été condamnée avec sursis. Hedda démarra sur les chapeaux de roues. Elle emmena la fille subir un examen à l'hôpital où la grossesse fut confirmée. Ensuite, elle l'expédia dare-dare chez Chaplin, à Summit Drive, pour lui dire : « Hedda sait tout. » La réponse de Chaplin consista à faire appeler la police qui arrêta Joan Barry et la mit en prison pendant trois semaines. Cependant, Chaplin se retrouva mis en cause dans une instance en recherche de paternité, et Hedda poussa des cocoricos quand son mariage fut remis. Elle rabaissa son caquet quand les analyses de sang démontrèrent que Chaplin ne pouvait pas être le père de l'enfant. Pourtant elle ne tint aucun compte de ce résultat dans ses papiers, et préféra s'intéresser uniquement au fait que Joan Barry avait obtenu une pension alimentaire pour l'enfant. Chaplin montra qu'il était au-dessus de ces événements, fit comme s'il n'avait jamais entendu parler de Hedda Hopper, et annonça la nouvelle date de son mariage... dans la chronique de Louella. On comprend mieux qu'Oona ait souhaité se tenir sur ses gardes avec de telles harpies.

En dehors des deux commères, à cette époque, cinq cents journalistes stationnés dans les environs d'Hollywood assurent la chronique des intrigues de la capitale du cinéma. Ils tentent désespérément d'espionner Oona. Et que trouvent-ils de bien croustillant sur la jeune Mme Chaplin ? Elle a pour médecin le Dr Dana Atchley qui soigne aussi Greta Garbo, Elizabeth Taylor ou Katharine Hepburn (Dana et son épouse Mary seront des intimes des Chaplin). Elle a pris un compte à la librairie Hunters. Elle choisit des robes de soirée chez le couturier William Travilla. Elle fréquente une ostéopathe renommée : elle arrive dans l'antre de la magicienne avec une migraine. La rebouteuse lui craque les os, lui écrase le thorax, lui pilonne les vertèbres et elle en sort guérie. On l'aperçoit un soir au *Hollywood Bowl* pour un concert de la cantatrice noire Marian Anderson. Elle dîne avec Chaplin chez Anatole Litvak dont la maison de Malibu s'avance sur le Pacifique, comme une proue de navire. Chez Charles Boyer, elle fait la conquête du peintre Kisling. À la soirée chez Tyrone Power, elle arrive dans une robe longue avec un énorme magnolia à la ceinture. Elle et Charlie assistent à d'innombrables parties. Oona est fascinée par Marlene Dietrich, fumant son éternelle cigarette, ses célèbres jambes croisées, posant comme personne. Gary Cooper, lui, semble aussi timide qu'elle, elle aime ses yeux bleu marine et son odeur de tabac. Elle embrasse Merle Oberon, parfumée telle la reine de Saba. Elle copine avec Lauren Bacall au visage aristocratique et au vocabulaire de Brooklyn, avec Claudette Colbert, espiègle et clignant de l'œil, avec Constance Bennett, transformée en renard par ses fourrures de soirée. Oona est éblouie par Judy Garland, chat écorché (Chaplin choisira un cliché avec elle dans le cahier de photos de ses Mémoires) et goûte les tartes au chocolat et à la crème fouettée de Betsy, la femme de Gene Kelly.

Oona joue au tennis avec un jeune premier, Farley Granger, recueille les confidences de Cary Grant, admire la collection de tableaux d'Edward G. Robinson, apprend des pas de danse avec Maria Montez... bref, la vie de toute épouse de star à Hollywood. Elle est invitée à dîner chez Joan Crawford. Tout est immense en elle : la bouche, les yeux, les épaules, les effusions. Elle y rencontre Glenn Ford, un garçon timide et secret, un gros monsieur chauve qui n'est autre que Jackie Coogan, le « Kid », Clark Gable, avec le sourire et l'œil blagueur qui sont son immuable marque de fabrique, et Johnny Weissmuller, bouffi de sommeil, qui n'articule guère que les sons qu'on lui a appris pour Tarzan. Assis dans un fauteuil, Fred Astaire semble être sur la défensive, impatient, sur son socle, de faire des claquettes. Elle a l'impression en permanence de parcourir une sorte de musée Grévin. Le couple Chaplin assiste aussi à la réception annuelle de Cole Porter. Sa propriété, au sommet d'une des collines de Bel-Air, offre, ce soir-là, un aspect féerique : des fontaines multicolores, les tables dressées autour de la piscine, des pelouses vallonnées qui semblent aller mourir vers le gouffre de Los Angeles, brillant de milliers de feux, comme un ciel étoilé qui s'étendrait à leurs pieds. Il y a là tout ce qu'Hollywood compte de plus attrayant, de plus fascinant. Le caviar succède au foie gras. Les violons jouent des valses… L'atmosphère est au plaisir, au bien-être, à la romance…

Oona ne sera jamais blasée devant le luxe éphémère de ces soirées. Elle comprend vite que les habitants de la ruche hollywoodienne ne se rencontrent que dans des réunions quasi officielles dont tout le monde est informé et que ces réceptions déterminent, mieux que tout, le rang social et le degré de votre importance : le protocole hollywoodien. De la Mecque du cinéma, Oona ignorera les intrigues de palais, le jeu de préséances, où clans, coteries et hiérarchies ne cessent de rivaliser. Elle ne sera jamais esclave d'une étiquette rigide ou d'un implacable snobisme. Chaplin, lui, aime se faire rare. Norman Lloyd se souvient : « Chaplin aimait sortir pour se rendre dans des maisons triées sur le volet et rien ne le rendait aussi heureux que lorsqu'il pouvait jouer les hommes d'État avisés, assis dans un fauteuil après le dîner, ses fidèles à ses pieds. En retour, on ne donnait cependant pas de grandes parties à Summit Drive. Chaplin répugnait à investir de grosses sommes d'argent dans de la nourriture et des boissons qui seraient englouties par des gens qu'il considérait parfois comme des parasites. » Il n'y a que pour Greta Garbo que Chaplin joue le grand jeu : « C'était celle qu'il préférait, écrit Charlie Chaplin Jr. dans ses Mémoires. Il était attiré par son esprit qui se reflétait sur ses traits. » Il aime surtout son visage de marbre, son envoûtante voix, sa fraîcheur et son enthousiasme. Charlie Jr. dira même : « Papa aimait chanter des ballades irlandaises, accroupi sur le sol parmi ses invités. Son auditrice la plus admirative était Garbo. Elle était assise avec ce regard grave, austère, ce regard désolé qui la caractérisait, tenant un verre à la main, le tournant sans arrêt mais ne buvant jamais beaucoup. Quand elle écoutait Dad, elle semblait détendue. Son visage fermé commençait à s'éclairer et bientôt elle devenait aussi gaie qu'une écolière. Puis elle et tous les autres se mettaient à chanter avec père. »

Oona, telle une biche silencieuse, accompagne Charlie dans toutes ses sorties et chacun apprécie cette maman juvénile, son sourire lumineux, sa voix de fée et son exquise beauté. Souvent, elle assiste à de véritables leçons de cinéma que donne Chaplin à ses amis et c'est fascinant. Un jour, au bord de la piscine de Douglas Fairbanks, l'auteur dramatique, Charles MacArthur, détourné de Broadway pour écrire un scénario à Hollywood, déplore le fait qu'il a du mal à écrire des gags visuels :

« Qu'est-ce qui vous embête ? demande Chaplin.

— Eh bien, par exemple, comment puis-je faire rire en montrant une grosse dame descendant la 5ᵉ Avenue et glissant sur une peau de banane ? C'est un truc complètement éculé, dit MacArthur. Comment réussir un effet comique ? En montrant d'abord la peau de banane, puis la grosse dame qui s'approche et qui glisse ? Ou bien en montrant d'abord la grosse dame, puis la peau de banane, après quoi la grosse dame glisse ?

— Ni l'un ni l'autre, dit Chaplin sans hésiter un seul instant. Vous montrez la grosse dame qui s'approche, puis vous montrez la peau de banane, puis la grosse dame et la peau de banane, après quoi, elle enjambe la peau de banane et disparaît dans une bouche d'égout.

Tout semble soudain d'une logique évidente... »

En 1949, un certain Marlon Brando réussit à se faire inviter à l'une de ces soirées chez Cecil B. DeMille. En réalité, il n'a accepté de se rendre à cette party que pour rencontrer Charlie Chaplin en personne. Apercevant tout à coup « le petit bonhomme », seul dans un coin, il se dirige vers lui, se présente et se lance dans un éloge de son œuvre. Chaplin prête une oreille relativement peu attentive aux compliments de Marlon. « Je sais, je sais. Tout le monde, d'Einstein à Churchill, me dit que je suis un génie. Mais ces discours ont tendance à m'ennuyer. Que faites-vous dans la vie ? Vous êtes serveur ?

— Je suis Marlon Brando, l'acteur. J'ai été la vedette *d'Un tramway nommé désir*, la pièce de Tennessee Williams à Broadway.

— Jamais entendu parler de vous, déclare Chaplin.

— Maintenant, je suis à Hollywood et je fais des films, réplique Marlon enthousiaste. Mon rêve le plus cher, ce serait de faire un long-métrage avec vous. J'ai déjà rencontré Paulette Goddard. C'est une superbe fille ! Je suis désolé que votre couple n'ait pas fonctionné.

— Ça, se sont mes affaires, coupe Chaplin agacé.

— Alors, qu'est-ce que vous en pensez ? demande l'acteur.

— Qu'est-ce que je pense de quoi, répond Chaplin.

— De l'idée de me diriger dans un film ?

— Monsieur Brando, dit Chaplin avant de tourner les talons, cela ne se produira jamais ! »

Certains soirs, Chaplin en profite aussi pour montrer à Oona l'envers d'Hollywood et de ses artifices. Un soir, à la tombée de la nuit, ils partent sonder les quartiers mexicain, chinois et noir. Comme ils se sont attardés devant les danses espagnoles du *Café Caliente*, la rue chinoise n'est plus qu'un sombre bazar vide lorsqu'ils arrivent et tous les cabarets sont fermés. Chaplin tient à lui faire entrevoir un horizon de Los Angeles qu'elle ignore : la rue sordide, les asiles où le lit est à quinze cents, les bains turcs ouverts vingt-quatre heures sur vingt-quatre, les burlesques, les galeries d'attractions où les Noirs mangent des hot-dogs en dansant des claquettes devant les appareils à sous, les coins sombres où les garçons pauvres sont prêts à n'importe quoi, les cabarets louches bondés de marins, de soldats et de filles à deux pas des centres puritains où on étudie la Bible. Tout un monde de la nuit grouillant dans la culpabilité du péché. Malgré ses deux millions d'habitants, Los Angeles est une ville morte aux sortilèges nocturnes. Peut-être faut-il en attribuer la cause à l'immensité de la ville, obstacle au moindre déplacement ? Ensuite, les illusionnistes et marchands de féerie qui prodiguent à des millions de leurs contemporains tant d'évasion, d'insouciance et de bonheur, travaillent très dur et fabriquent le rêve sur des plans parfaitement réalistes : industrie, talent, beauté, inspiration, génie, acteurs, producteurs, metteurs en scène, auteurs, peintres, musiciens, architectes, photographes, techniciens, tous sont soumis à la grande machine, absorbés par l'immense Moloch du cinéma, et les moins illustres mendient un contrat !

Quelques biographes de Chaplin soulignent qu'avec « la chasse aux sorcières », la présence du réalisateur fut moins courue qu'avant dans les soirées hollywoodiennes. C'est en partie vrai, mais appelle quelques nuances, car comme le fait remarquer Joyce Milton : « Charlie et Oona n'avaient vraiment rien de parias à Beverly Hills. Les enfants continuaient à être inscrits sur les listes des "Kiddie Birthday Parties" et quand Oona organisa à Summit Drive, le 25 mars 1951, le remariage de son ami Carol avec William Saroyan, tout le gratin d'Hollywood joua des coudes pour y assister. Et tous leurs vrais amis leur restèrent fidèles. » N'est-ce pas David Niven lui-même qui écrira : « Par instinct et par bon sens, la majeure partie d'Hollywood se désintéressait de la politique ; c'était une communauté qui se consacrait à la fabrication de spectacles de masse à l'intention des gens du monde entier, quelle que fût leur couleur politique, mais qui, aussi, avait pour tradition de ne pas prendre avec distance les gens qui prenaient la politique au sérieux. Nous savions, bien sûr, qu'il y avait parmi nous quelques communistes, mais nous savions aussi que certains appartenaient à la secte religieuse des Holy Rollers et que bon nombre d'autres faisaient de la magie noire, mais, du moment que le Parti communiste était officiellement reconnu par le gouvernement et autorisé dans tous les États-Unis, Hollywood considérait qu'il n'y avait aucune raison pour que les gens qui avaient des opinions suffisamment bien arrêtées pour s'y affilier soient traités comme des criminels. » En avril 1949, Chaplin semble donner la preuve ostentatoire de son penchant pour la gauche en signant un manifeste du Congrès de la paix mondiale, initié par le Parti communiste. Encore une fois, avec son habituel mépris pour la politique, il n'a été que frappé par les mots « paix mondiale ». Il avouera avoir pensé que tout mouvement pour la paix devait être encouragé, quel que soit l'organisme le parrainant. Certains pensent que sa naïveté frôle la provocation. Même quand les attaques de la presse contre son mari vont *crescendo*, Oona ne change rien à ses habitudes et on la voit déjeuner sereinement avec ses amies dans les restaurants huppés de Beverly Hills.

La cousine de Charlie Chaplin, Betty Tetrick, souligne qu'Oona a des goûts culinaires peu sophistiqués : « Elle pouvait manger des hamburgers, des frites, des hot-dogs et boire des milk-shakes sans prendre un gramme. » Après un déjeuner, les deux femmes se livrent à leur occupation favorite : le shopping sur Rodeo Drive. « Elle portait rarement du maquillage dans la journée et elle adorait mettre un pull en cashmere de son mari sur les épaules. Par contre, le soir, elle s'habillait de façon sophistiquée s'ils allaient dîner chez

Chasen's. C'est la couturière de Charlie, Winnie Ritchie, qui a dessiné toutes ses robes de maternité. Elles étaient merveilleusement coupées avec toujours un système de boutons-pressions. Même enceinte, Oona tenait à être élégante. » Betty Tetrick Chaplin affirme que pour Oona attendre un enfant n'était pas stressant : « Elle n'en faisait pas tout un plat. Simplement, elle se reposait davantage, lisait, brodait et tricotait. Charlie adorait la voir assise à ses pieds, enceinte et faisant de la couture. Les mouvements féministes n'existaient pas dans les années 1940. »

Oona eut huit enfants. « Depuis le début, avoue l'une de ses filles, maman était décidée à avoir beaucoup d'enfants. Son frère Shane étant parti pour l'internat à l'âge tendre, elle avait été une petite fille un peu solitaire. Le désir d'avoir des bébés suivit donc tout naturellement. En outre, Papa qui était déjà quinquagénaire désirait ardemment être à nouveau père. » Ont-ils été tous désirés ? « Je pense, estime Patrice Chaplin, qui fut brièvement sa belle-fille, qu'avoir tous ces enfants a été une épreuve. » Pour son fils Michael, « elle avait l'habitude de dire que si c'était la volonté de Dieu, c'était merveilleux. Elle était née catholique mais pas pratiquante. Elle a ressenti ses huit grossesses comme une sorte de pouvoir, une façon d'être à égalité avec mon père ». Aux yeux de Michael : « Tous ces bébés, c'est le côté irlandais de maman. » Jane surenchérit : « Les bébés, c'était l'idée de papa. Il aimait savoir maman enceinte. » Betty Tetrick Chaplin approuve : « Charlie adorait les périodes où Oona attendait un enfant. Il trouvait cela très serein. » Selon le dernier enfant, Christopher James, « Maman n'aurait pas été heureuse avant d'atteindre son septième enfant. Elle adorait avoir une famille nombreuse ». Un proche assure que c'était le moyen pour Chaplin de prouver sa virilité, d'autant qu'il était opposé aux contraceptifs. Ainsi, huit enfants naquirent et pourtant, selon Betty Tetrick Chaplin, « Oona était physiquement assez fragile. Il lui arrivait de s'évanouir. Elle ne pouvait pas boire de café : cela la faisait trembler. Elle avait toujours des sels, car elle avait tendance à être malade en voiture. Elle avait un sommeil difficile et s'enrhumait facilement ». Mais elle vit ses grossesses dans l'harmonie et sait que, plus que tout, Chaplin est fier de sa descendance et heureux de jouer les patriarches. C'est sa manière de montrer qu'il a réussi le plus difficile : gagner après la misère, la gloire et les persécutions, le droit au bonheur tranquille.

Oona vit alors des moments d'inquiétude pour sa famille. Son frère Shane (qui a épousé son amie Cathy Givens le 31 juillet 1944) devient père d'un petit Eugene le 19 novembre 1945. Mais le 14 février 1946, le bébé meurt étouffé dans ses couvertures. Cet enfant mort par manque d'attention rappelle étrangement la disparition, en mars 1885, du deuxième fils O'Neill : Edmund. Eugene O'Neill prendra ce prétexte pour ne plus revoir son fils et quand, le 10 août 1948, Shane est arrêté à New York pour détention et usage d'héroïne, O'Neill coupe les ponts avec lui. Shane ne s'en remettra jamais vraiment. Le drame continue d'ailleurs de hanter le clan O'Neill. Eugene Jr., le fils aîné, se suicide le 24 septembre 1950, à la suite d'une déception amoureuse. La mère d'Oona, Agnès n'est guère brillante. Financièrement, O'Neill a cessé de lui verser une allocation puisque ses deux enfants sont désormais adultes. Son mariage avec Morris MacKaufman est chaotique, sa carrière littéraire en panne[1]. Oona ne cesse de lui envoyer de l'argent et de lui remonter le moral. Agnès, dans la plus pure tradition O'Neill, commence déjà à avoir quelques problèmes avec l'alcool.

À cette époque, Oona tente désespérément de reprendre contact avec son père. Elle demande à Waldo Frank, un éditeur ami d'O'Neill, d'intercéder en sa faveur. Sans doute ignore-t-elle que son père vit des moments intenses de solitude et de souffrance ? Sa maladie, qui entraîne une destruction du système moteur, le handicape terriblement. Il ne s'agit plus de tremblements de ses mains, car désormais tous ses mouvements deviennent imprécis. Le dramaturge connaît même des difficultés d'élocution. Il a renoncé à écrire et, évidemment, est sous la dépendance totale de son épouse, Carlotta. C'est cette dernière qui fera barrage aux espoirs de

---

1. Agnès Boulton a réussit à faire publier chez Lippen Catt Company en 1944 son premier roman de 227 pages *The Road is Before Us* qui obtient d'assez bonnes critiques, mais un bien modeste succès commercial. Il faudra attendre 1958 avant qu'elle édite enfin *Part of a Long Story*, chez Doubleday, qui relate le tout début de sa vie commune avec O'Neill. Initialement, c'était le premier tome d'une trilogie qui devait couvrir toute son existence auprès du dramaturge. Mais elle se fâcha avec Max Wylie, éditeur et écrivain, qui finit par utiliser tout ce qu'elle lui confia pour écrire son propre roman des amours d'O'Neill avec Agnès : *Trouble in The Flesh*, publié en 1959 (O'Neill devient dans le roman Seton Farrier, Agnès se transforme en Jill, Shane devient Sean, etc...). Agnès finit par intervenir par le biais de son avocat pour obliger l'auteur à y supprimer tout extrait de sa correspondance avec son ex-mari. Et quand Wylie fit part de son intention de porter à la scène son livre, Agnès réussit à faire échouer le projet.

réconciliation d'Oona et priera Waldo Frank de s'abstenir de toute autre initiative. Prisonnier de sa maison de Marblehead, près de Boston, O'Neill n'est plus que l'ombre de lui-même. Face à l'océan qu'il a tant aimé, seuls ses souvenirs lui tiennent compagnie.

En 1951, Oona reçoit un coup de fil dramatique d'un ami proche de son père : Dudley Nichols. Ce dernier lui apprend que Carlotta[1] et son mari vivent désormais séparés et qu'O'Neill est hospitalisé à New York. Dudley Nichols presse Oona de se rendre au chevet de son père. Mais Mme Chaplin est alors enceinte de huit mois et ne peut voyager. Elle rédige alors une longue lettre de pardon à son père et la confie à son ami pour qu'il la lui remette personnellement. Dans sa chambre de malade, l'écrivain prit la lettre, la glissa sous son oreiller et ne l'ouvrit jamais. Quelques semaines plus tard, après une brève dépression nerveuse, Carlotta revint auprès de son mari et annula leur procédure de divorce. Amoindri et las de tout, O'Neill la laissa à nouveau régenter sa vie. Avec un tel cerbère, les espoirs d'Oona étaient à nouveau vains.

---

1. À l'hiver 1951, les relations entre Carlotta et son mari ressemblent de plus en plus à du Tennessee Williams. Elle l'accuse de cruauté mentale. Il la bat. Quand O'Neill doit être hospitalisé, elle fait une véritable dépression nerveuse et est admise d'urgence dans une clinique psychiatrique du Massachusetts. Les médecins décèlent chez elle une intoxication au bromure. O'Neill, qui croit revivre la situation dans laquelle il s'était trouvé face à sa propre mère droguée à la morphine, veut divorcer. Nous sommes en février 1951. Mais trois mois plus tard, le 14 mai 1951, le couple se réconcilie et Carlotta reprend son rôle de garde-malade.

V

L'EXIL

E N 1951, HOLLYWOOD VIT UNE ATMOSPHÈRE CONTRASTÉE. L'air est empoisonné. Le sénateur McCarthy essaie de faire régner la terreur par l'établissement de ses listes noires de personnalités. Hollywood s'en trouve profondément meurtri et, pendant des années, des amitiés, des carrières, des mariages et des réputations seront taillés en pièces tandis qu'iront bon train les discussions pour savoir qui s'est bien conduit, qui a mal agi, qui a sauvé sa peau aux dépens des autres. Sur les murs de Warner Brothers fleurira ce slogan : « Il ne suffit pas d'avoir mouchardé… il faut aussi du talent ! » Durant cette époque d'enquêtes et d'interrogatoires, un voile de deuil s'abat sur la Mecque du cinéma. « Les artistes avaient besoin de l'opinion publique pour gagner leur vie, souligne Charlie Jr. ; ceux qui étaient suspectés souffrirent en silence et se firent le plus discrets possible. Il ne restait que cela à faire. Mon père ne pensait pas ainsi. Comme il l'a toujours fait, Dad parla fortement des droits de l'individu. Il lui semblait approprié de mener son combat dans un pays qui avait toujours encouragé l'invidualisme contre un régime totalitaire. Dad ne put s'empêcher de clamer tout le temps que dans une démocratie chacun avait le droit de penser comme il lui plaisait, et de fréquenter qui il avait choisi. On peut dire que son combat venait du fait qu'il souffrait de claustrophobie mentale. Il ne pouvait supporter de se taire, de voir ses pensées proscrites. Cela l'étouffait, l'oppressait au-delà de toute endurance. »

Cependant, Charlie Chaplin, cible de choix, est euphoriquement plongé dans le travail. Entamé le 19 novembre 1951, le tournage des *Feux de la rampe* se termine le 25 janvier 1952. Une première version est montrée le 15 mai à James Agee (grand défenseur de Chaplin) et à Sidney Bernstein. L'avant-première à la Paramount est fixée en août.

Chaplin décide bientôt d'organiser une projection privée pour tous leurs amis. Un seul journaliste, le critique de *Variety*, Sidney Skolsky, est admis au Paramount Theater, ce 2 août 1952. Il a laissé un témoignage précis de l'ambiance dans son article publié deux jours plus tard : « La liste des invités comprenait des célébrités allant de Humphrey Bogart et Doris Duke à plusieurs anciens acteurs et actrices ayant travaillé avec Chaplin depuis *La Ruée vers l'or*, en 1924... Avec son assistant Jerry Epstein, ils ont commencé la projection à deux heures de l'après-midi parce que Chaplin voulait vérifier personnellement la copie. Chaplin, qui a écrit, produit, dirigé et interprété le film, a tout fait en personne. Il a même présidé cette avant-première. Et quand les lumières de la salle de projection se sont éteintes et que le film a commencé, ce petit homme aux cheveux gris s'est assis au sélecteur manuel, au fond de la salle, pour régler l'intensité du son. Ce fut la nuit la plus excitante que j'aie jamais passée dans une salle de projection... Dans cette salle, on vivait un moment dramatique, historique. Sur l'écran, il y avait le drame et la comédie. Les lumières se sont rallumées et le public, de Ronald Colman à David O. Selznick, du juge Pecora à Sylvia Gable, s'est dressé, applaudissant et criant : "Bravo !". C'était comme si tout Hollywood payait son dû à Charles Chaplin... Le petit homme aux cheveux gris s'est avancé sur l'estrade. "Merci.", a-t-il dit. J'avais très peur. Vous êtes les premiers au monde à avoir vu ce film. Je ne vais pas vous garder plus longtemps. Je veux vous dire : "Merci." Alors, une dame dans le public a lancé : "Non ! Non ! Merci à vous !" et d'autres ont repris le mot... D'une certaine manière, c'est, je crois, la clef des *Feux de la rampe*. Certains pensent qu'il s'agit d'un bon film et d'autres d'un grand film. Peu importe. Nous n'avons pas affaire à un film ordinaire fabriqué par un homme ordinaire. C'est un grand morceau d'histoire et d'émotion dans l'histoire du cinéma et, à mon sens, quiconque s'intéresse vraiment aux films dira : "Merci !" »

L'accueil est si enthousiaste que cela le conforte dans l'idée d'un voyage en Europe pour présenter l'œuvre en Angleterre et en France.

Chaplin a formulé une demande pour un permis de rentrée trois mois auparavant, mais il n'a reçu aucune réponse. Il continue néanmoins à arranger ses affaires en vue de son départ. Il a fait sa déclaration d'impôts et tout semble en ordre. Mais quand le fisc apprend qu'il doit bientôt partir pour l'Europe, il découvre évidemment que Chaplin lui doit encore de l'argent... Les fonctionnaires du fisc arrivent à une rondelette somme de six chiffres, et exigent le blocage en banque de deux millions de dollars, ce qui est dix fois plus que ce qu'ils réclament. Son instinct lui dit de ne rien bloquer du tout et d'insister pour que l'affaire soit tranchée immédiatement par un tribunal. On lui propose aussitôt un accord sur une somme très raisonnable. Maintenant qu'on n'a plus rien à lui réclamer, il sollicite de nouveau un permis de rentrée et attend des semaines, mais en vain. Il adresse donc une lettre à Washington en déclarant que si on ne veut pas lui accorder un permis de rentrée, il a de toute façon l'intention de partir. Une semaine plus tard, il reçoit un coup de téléphone du Service de l'immigration[1], déclarant qu'ils aimeraient lui poser quelques questions. Peuvent-ils se rendre chez lui ? « Je vous en prie », leur répond-il. Trois hommes et une femme arrivent, la femme portant une machine de sténotypie. Les autres ont de petites valises carrées qui contiennent des magnétophones.

L'interrogatoire dure trois bonnes heures. La sténo transcrira vingt-huit pages d'un dialogue tendu. Une semaine plus tard, on lui demande de venir au Service de l'immigration. Le chef de service semble cordial.

« Il y a juste une question que j'ai à vous poser, M. Chaplin. Combien de temps resterez-vous absent ?

— Pas plus de six mois. Nous partons simplement en vacances, lui répond Charlie.

---

1. Le 25 août 1952, M. Noto, du Service de l'immigration (Immigration and Naturalisation Service), prend soin d'informer le FBI du départ imminent de Chaplin. John Edgar Hoover en personne décidera, le 9 septembre, de ne pas autoriser son retour, après un entretien avec l'attorney général James McGranery.

— Si vous restez absent plus longtemps, il vous faudra demander une prolongation. »

Il pose un document sur la table, puis quitte la pièce. L'avocat de Chaplin l'examine rapidement. Il s'agit du fameux permis tant attendu.

C'est un samedi et Charlie tient à une formalité, comme il le raconte lui-même dans ses Mémoires : « Je voulais qu'Oona eût accès à mon coffre au cas où il m'arriverait quelque chose, puisque le plus clair de ma fortune se trouvait là. Mais Oona retardait toujours le moment de venir signer les papiers à la banque. C'était maintenant notre dernier jour à Los Angeles et les banques allaient fermer, dix minutes plus tard.

— Il ne nous reste que dix minutes, dépêchons-nous, dis-je.

— Pourquoi ne pas attendre que nous rentrions de vacances, répondit-elle.

Mais j'insistais. Et bien m'en prit car sinon nous aurions peut-être passé le restant de nos jours en procès à essayer de faire sortir notre fortune des États-Unis, conclut Chaplin. »

Le soir-même Tim Durant donne une sorte de soirée d'adieux chez lui. C'est un bal costumé et les cinquante invités viennent dans les tenues les plus diverses. Charlie est en toréador et Oona en danseuse de flamenco. Un seul invité a refusé de se travestir, Marlon Brando, qui arbore un smoking de soirée. Arthur Rubinstein donne un mini-concert puis tous les invités se mettent à danser. « Dad retrouva son entrain habituel, dira Charlie Jr., et dansa avec la chorégraphe Katherine Dunham. Chacun de ses mouvements reflétait la grâce féline et la souplesse de la danseuse. C'était du Fred Astaire revu et corrigé ! Le plus extraordinaire morceau de mime qu'on ait jamais vu ! » Se doute-t-il que ce spectacle amusant constitue son chant du cygne vis-à-vis d'une ville qui est la sienne depuis tant d'années ? Peut-il imaginer qu'il ne partagera plus jamais la vie *glamour* des stars d'Hollywood ?

Le dimanche matin du 6 septembre, le jour où ils partent pour New York, semble poignant. Pendant qu'Oona achève de fermer les malles, il attend sur la pelouse, en proie à des sentiments mêlés. Il lui est arrivé tant de choses dans cette maison, il y a connu tant de bonheur et tant d'angoisse ! Et maintenant le jardin et la maison paraissent si paisibles et si amicaux qu'il éprouve une certaine nostalgie à les quitter. Il fait un dernier pèlerinage à travers toutes les pièces de sa chère maison, où il est resté depuis trente ans. Il

Eugene O'Neill et Agnès Boulton.
Mariés le 12 avril 1918, ils finirent
par divorcer en juillet 1929.

Oona bébé, veillée
par sa nurse, Fifine Clark.

Oona petite fille (au premier rang) sur les grèves ventées du New Jersey.

Eugene, Agnès, Oona et Shane
O'Neill aux Bermudes, en 1927.

Oona et son père à « Bellevue »
à Laget Parish, aux Bermudes.

En 1930, retour de pêche mémorable aux
Bermudes: Agnès Boulton, assise, et ses trois
enfants : Barbara Burton (debout), Oona vaguement
boudeuse et Shane exhibant un espadon.

Oona petite fille, déguisée
en « gipsy girl ».

Été 1941 : l'ultime rencontre entre Oona et son père dans sa villa californienne, Tao House.

17 juillet 1942 : Oona fête avec ses camarades ses débuts au théâtre dans *Pal Joey*.

Le regard sombre et tourmenté d'Eugene O'Neill à la fin de sa vie.

« Glamour girl » des années quarante à New York : sourire lumineux et petite lueur ironique dans le regard.

Deux portraits contrastés de Charlie Chaplin. Fascinant, séducteur et solitaire, il est l'une des personnalités les plus complexes d'Hollywood.

La beauté intemporelle et la grâce d'Oona O'Neill Chaplin,
souvent teintée d'une certaine mélancolie.

Charlie et Oona dans l'intimité.

Le couple des jeunes mariés en 1944 : une photo qui fera la une de toute la presse.

Complicité amoureuse au célèbre restaurant *Le Mocambo*.

Le portrait le plus hollywoodien d'Oona.

Première à New York de *Monsieur Verdoux*, le 11 avril 1947.

Charlie Chaplin et Dona se rendant à une réception.

© Ph. AGIP/Robert Cohen

Charlie Chaplin sur le *Queen Elizabeth* à Southampton, en 1952, de retour dans son pays natal après vingt ans d'absence, en compagnie de sa femme, de Géraldine et de Joséphine.

Arrivée triomphale londonienne à Waterloo Station le 23 septembre 1952.

Charlie Chaplin et Oona entourant le président de la République française, René Coty au gala de la Légion d'honneur à l'Opéra de Paris.

© Ph. Record

© Ph. Interpress

Charlie Chaplin, décoré de la Légion d'honneur, et Oona.

From the Chaplin archives

Dans la douce intimité helvétique de leur Manoir de Ban à Corsier-sur-Vevey.

s'attarde une dernière fois dans sa chambre familière. Une dernière fois, il marche sur sa colline, regardant sa piscine et son cher tennis. Peut-il vraiment quitter cette merveilleuse demeure, ce parc et cet Hollywood qui l'a rendu célèbre ? Après avoir fait ses adieux à Helen, la femme de chambre, et à Henry, le maître d'hôtel, il passe dans la cuisine pour saluer Anna, la cuisinière. Cette grosse femme toute ronde est un peu sourde. Extrêmement timide dans ces cas-là, Charlie lui touche simplement le bras en lui disant « Au revoir ». Oona est la dernière à partir ; elle lui racontera plus tard qu'elle a trouvé la cuisinière et la femme de chambre en larmes.

Tim Durant les accompagne jusqu'au quai de départ à la gare de Los Angeles. En chemin, Chaplin a les larmes aux yeux et se tourne soudain vers Tim en lui disant :

« Tu sais, Tim, j'ai le pressentiment que je ne reviendrai jamais.

— C'est idiot, Charlie, réplique Tim. »

Chaplin continue de hocher la tête : « J'ai ce pressentiment », insiste-t-il.

Le voyage à travers les États-Unis constitue cependant une détente. Ils passent une semaine à New York avant de s'embarquer. Au petit matin du 17 septembre 1952, le *Queen Elisabeth* largue les amarres. La ligne imposante des gratte-ciel de New York, hautains et magnanimes, s'enfuit sous le soleil, dans toute sa beauté éthérée ; et maintenant qu'elle a disparu, Chaplin a l'étrange impression que tout ce vaste continent est enfoncé dans la brume. Bien qu'impatient de visiter l'Angleterre avec sa famille, il est agréablement « relax ». Les immensités de l'Atlantique lui purifient l'âme. « Je me sentais un autre homme, dira-t-il. Je n'étais plus un mythe du monde du cinéma, une cible offerte à l'acrimonie des gens, mais un homme marié qui partait en vacances avec sa femme et sa famille. Les enfants jouaient sur le pont supérieur, tandis qu'Oona et moi étions assis dans des transatlantiques. Je compris alors ce qu'était le bonheur parfait : quelque chose de très proche de la tristesse. Nous parlâmes affectueusement d'amis que nous laissions derrière nous. Nous parlâmes même de l'amabilité des gens du Service de l'immigration. Comme on succombe facilement devant un peu de politesse : l'inimitié est si difficile à entretenir ! Oona et moi comptions prendre de longues vacances et nous consacrer au plaisir de vivre et, avec le lancement de *Limelight*, nos vacances ne seraient pas sans but. C'était extrêmement agréable de se dire que nous combinions l'utile à l'agréable. »

Le déjeuner du lendemain n'aurait pas pu être plus gai. Ils ont comme invités le pianiste Arthur Rubinstein et son épouse ainsi que l'acteur Adolph Green. Au beau milieu du repas, on remet un télégramme à Harry Crocker[1]. Il va le fourrer dans sa poche, mais le chasseur lui dit : « Ils attendent une réponse par radio. » Crocker lit le texte et son visage s'assombrit, puis il les prie de l'excuser et quitte la table. Un peu plus tard, il demande à Chaplin de le rejoindre dans sa cabine et lui lit le câble[2]. « On m'annonçait que l'accès des États-Unis m'était interdit et qu'avant de pouvoir y retourner, je devrais comparaître devant une commission d'enquête du Service d'immigration pour répondre à des accusations d'ordre politique et moral, dira Chaplin. Je sentais tous mes nerfs tendus. Peu m'importait de retourner ou pas dans ce malheureux pays. J'aurais aimé leur dire que plus tôt j'étais débarrassé de cette atmosphère chargée de haine, mieux cela vaudrait, que j'en avais par-dessus la tête des insultes et de la morale pontifiante de l'Amérique, et que tout cela m'assommait. » Il croyait avoir quitté l'Amérique, mais celle-ci vient bel et bien de le rattraper. Son précieux permis de rentrer aux États-Unis lui est donc retiré, considéré comme n'étant plus valable. C'est un vrai coup de poignard dans le dos.

Mais tout ce qu'il possède se trouve aux États-Unis et il est terrifié à l'idée qu'ils puissent trouver un moyen de le lui confisquer. Il s'attend maintenant à n'importe quelle action sans scrupule de leur part. Il se contente donc de déclarer pompeusement qu'il viendra répondre à leurs accusations et que son permis de retour n'est pas un chiffon de papier mais un document qui lui a été accordé de bonne foi par le gouvernement des États-Unis. Il s'agit pour lui de gagner du temps, de rester ouvert à des négociations possibles, d'éviter le pire.

C'en est soudainement fini pour lui du repos à bord. Les agences de presse le harcèlent de questions pendant les jours de traversée qui suivent. À Cherbourg, première escale avant Southampton, est

---

1. Ancien acteur de l'époque du muet et ayant joué dans *Le Cirque*, il est devenu l'assistant personnel de Chaplin.

2. Sur les téléscripteurs du *Queen Elizabeth*, la dépêche tombe comme une sentence en crépitant comme une salve : l'attorney général des États-Unis (le ministre de la Justice du président Truman) ordonne l'ouverture d'une enquête sur Chaplin avec ordre au Service de l'immigration de retenir l'acteur dans tout port ou aérodrome si d'aventure il cherchait à revenir au pays. Derrière l'attorney général, James McGranery, c'est Hoover qui, au FBI, tire les ficelles.

organisée une sorte de conférence de presse dans la salle à manger. L'épreuve est pesante. Avec son visa annulé au nom de « la moralité et de la propagande en faveur du communisme », Chaplin est une victime de choix. Charlot en fuite, Charlot émigrant, Charlot pourchassé par la justice, Charlot accusé de trahison, Charlot fraudeur fiscal et Charlot goujat : tout y passe ! Pourtant, Chaplin reste incroyablement digne. Un témoin de choix, l'écrivain Dominique Desanti, ne perd pas une miette de la scène : « Il est là, simple, les cheveux blancs et les yeux tels qu'ils vivent au fond de nous. Il adresse aux journalistes son sourire de circonstance, et ce sourire se répercute dans la mémoire de tous les journalistes, de tous les photographes, de tous les matelots, stewarts, de tous ceux qui l'ont vu. Il dit fermement :

— Tout ce que je sais, c'est que l'attorney general ne connaît pas les faits. Je suis certain que le gouvernement américain ne reviendra pas sur sa parole.

Il joue la carte de l'apaisement :

— Cela fait quarante ans que j'habite aux États-Unis et il n'y a pas de raison pour que je veuille changer de lieu de résidence.

Face au tir nourri des questions, il affiche miraculeusement un calme olympien :

— Je n'ai pas d'opinions politiques ; je suis pour la liberté…

Il souligne :

— Ce qui m'intéresse, ce sont les êtres humains… Je suis pour les hommes…

Son message humaniste touche tous les témoins. »

Pendant ce temps, les « office Memorandum » s'ammoncellent fièvreusement sur le bureau d'Hoover à Washington. « Security Matter », scandent-ils.

Lorsque le *Queen Elisabeth* accoste à Southampton, Michael Chaplin manque à l'appel. Il est finalement retrouvé dans le gymnase du paquebot. « J'avais six ans, se souvient Michael. À aucun moment mes parents ne nous montrèrent un signe de tension ou une angoisse palpable qu'ils devaient pourtant éprouver. Pour nous les enfants, c'étaient de simples vacances… Nous ne nous doutions pas des enjeux qui se tramaient. » Le voyage de Southampton à Londres se passe dans une autre atmosphère d'inquiétude : quelle sera la réaction d'Oona et des enfants lorsqu'ils verront pour la première fois la campagne anglaise ?

Lorsqu'ils arrivent à Londres en ce 23 septembre 1952, il y a foule à Waterloo Station pour les acclamer à la sortie de la gare. « Vas-y Charlie, crie quelqu'un, ne te dégonfle pas. » La famille Chaplin descend au luxueux *Savoy* sur le Strand. Leurs premiers moments de tranquillité ont lieu depuis les fenêtres de leur appartement du cinquième étage de l'hôtel. « Nous restâmes un moment silencieux, dira Chaplin, à savourer la vue la plus émouvante que l'on puisse avoir d'une grande ville. Je jetai un coup d'œil à Oona tandis qu'elle admirait la vue, le visage frémissant d'une excitation qui la faisait paraître plus jeune encore que ses vingt-sept ans. Depuis notre mariage, elle avait connu plus d'une épreuve avec moi ; et, tandis qu'elle contemplait Londres, avec le soleil qui jouait dans ses cheveux bruns, j'aperçus pour la première fois un ou deux fils d'argent. Je ne fis aucun commentaire, mais à cet instant, je sentis que j'étais à jamais son esclave dévoué tandis qu'elle me disait tranquillement : "J'aime Londres." » Ils vont se promener dans Leicester Square, prennent un taxi jusqu'à Kennington pour aller regarder la maison de son enfance, au 3 Pownall Terrace, mais celle-ci est vide et on va la démolir.

Si Londres est fière d'accueillir un enfant prodigue à la chevelure argentée et aux allures de lord, la presse anglaise est enchantée et un peu intriguée par sa première rencontre avec Oona. Celle-ci reste dans sa tonalité habituelle, timide et réservée et ne consent qu'une brève déclaration : « Je suis heureuse de rester à l'arrière-plan et de me rendre utile quand on a besoin de moi. C'est peut-être pourquoi je suis la seule de ses quatre épouses qu'il ait amenée à Londres et j'en suis très fière. » Mais, tandis que Chaplin proclame aux journalistes : « Je pense que je retournerai en Amérique », Oona est plus réaliste : « Cela ne serait pas une surprise pour moi s'il décidait de rester en Angleterre. » Ce jour-là, l'attorney général McGranery qualifie Chaplin dans un discours radiodiffusé de « personnage répugnant ». Chaplin répond avec prudence : « Je ne prendrai pas la peine de relever ces vagues accusations que Mr McGranery a, comme par hasard, publiées alors que je suis à trois mille kilomètres des USA. » Seul à Hollywood, Cary Grant fait savoir dans une interview que son cœur et son esprit sont avec Chaplin. Dans sa luxueuse suite au *Savoy*, Chaplin reçoit d'innombrables lettres d'admirateurs l'implorant de rester. Martin, le garçon d'étage, se montre plein d'attentions pour la famille. Le chef du grill, Trompetta, crée même un entremets chaud en leur honneur. On donne des dîners chic pour fêter le couple. Laurence Olivier et Vivien Leigh figurent les premiers sur la liste. Suivent Noël Coward, Alec Guiness et David Niven. Charlie et Oona vont aussi applaudir Claire Bloom dans *Roméo et Juliette*. Ils assistent à un concert donné par Toscanini et se laissent photographier avec le maestro. Au *Savoy*, ils sont les invités du Variety Club. Partout, Chaplin rencontre enthousiasme et affection et les enfants découvrent le bonheur de vivre à l'anglaise. Le public se bat presque pour obtenir un billet à la première de *Limelight* (la moindre invitation se négocie 16 000 francs de 1950), même si la télévision, fait sans précédent, annonce couvrir en direct l'événement.

Le 23 octobre 1952 a lieu, à l'Odeon, sur Leicester Square, la première de *Limelight*, en présence de la princesse Margaret. Le succès est salué par plusieurs minutes d'acclamation. Laissant leurs enfants chez des amis (Sir Edward Beddington-Behrens), les Chaplin débarquent à Paris le 29 octobre, où ils séjourneront au *Ritz*. Le soir de leur arrivée, ils dînent à *La Tour d'Argent*, après avoir été reçus dans les caves par le directeur, Claude Terrail. À ses voisins de table qui lui réclament la danse des petits pains, Chaplin oppose un refus aimable en leur disant : « C'est un trop vieux gag. » Poursuivi par les photographes, livré au délire admiratif de la foule, saturé d'émotions, le couple vit une semaine vertigineuse. Le 30 octobre marque la première parisienne de *Limelight* au cinéma *Le Biarritz*. Devant l'ensemble des critiques, Chaplin répond à l'ovation de la salle. Le réalisateur et sa femme fêtent leur succès au restaurant *Joseph* et terminent la nuit au *Monseigneur*, le nightclub de la rue d'Amsterdam. Le 31 octobre, ils visitent, le matin, le Louvre et sont invités à déjeuner à l'Élysée par le président Vincent Auriol. Charlot, déjà chevalier, reçoit la rosette d'officier de la Légion d'honneur. Michèle Auriol témoigne à Oona beaucoup de bienveillance. Le soir, c'est à nouveau soirée de gala pour *Limelight*, mais cette fois-ci, au cinéma *Marignan*. La critique parisienne est dithyrambique : « Tous ceux qui ont au cœur l'amour de la vie et des hommes salueront *Les Feux de la rampe* comme un hymne bouleversant à la bonté, à l'amour, comme le message courageux d'un homme qui a su rester fidèle à lui-même et, malgré les plus inimaginables persécutions de tout l'appareil de presse et de police acharné depuis des années à détruire sa personnalité, a réussi à nous donner ce chef-d'œuvre de grandeur et de simplicité », écrit *l'Aurore* qui défendit en son temps Dreyfus.

Le lendemain, le couple fait de longues promenades dans Paris. Il va à pied du *Ritz* au *Fouquet's*. Le soir, il dîne à *La Méditerranée*, au carrefour de l'Odéon. Partout, Chaplin est applaudi et fêté. Oona, avec une discrétion charmante, se met en retrait pour laisser son mari à ses admirateurs, mais se plaint : « Nous sommes entourés de tant de gens qu'on voit difficilement les choses. » Le 2 novembre constitue la journée la plus mondaine. Le baron Élie de Rothschild et sa famille les reçoivent à *la Faisanderie* (Chaplin, tout comme Greta Garbo, est devenu ami avec Cécile de Rothschild, la sœur du baron). Le lendemain, ils déjeunent avec Fernandel et, dans l'après-midi, est organisée au théâtre des Ambassadeurs une réception à laquelle n'ont été conviés que des comédiens. Derrière le rideau baissé, sur la scène, les plus célèbres (Yves Montand, Jean Marais, Bernard Blier, etc.) attendent le plus grand d'entre eux. Chaplin arrive par l'entrée des artistes et salue ceux qui sont groupés sur le plateau. Le rideau s'ouvre. Une immense ovation monte de la salle. Très ému, le héros de la fête s'incline. Pour prononcer quelques mots de remerciements, il s'approche des « feux de la rampe » et manque de rejouer la tragique fin de Calvero en faisant une chute près du trou du souffleur. Mais le rire de Chaplin transforme bien vite l'incident en gag. Roger Ferdinand, en tant que président de la Société des auteurs et compositeurs dramatiques, lit ce texte :

« Merci, Mr Chaplin ! Si certains devaient s'étonner de la publicité faite autour de votre présence, c'est qu'ils seraient mal informés des raisons que nous avons tous de vous saluer, de vous admirer et de vous aimer ; c'est qu'ils seraient aussi bien mauvais juges des valeurs humaines ; c'est qu'ils n'auraient pas pris la peine de compter les bienfaits dont depuis quarante ans vous nous avez comblé, d'apprécier la valeur inestimable de vos leçons, la qualité sans doute inégalée des joies et des émotions que vous nous avez prodiguées ; c'est, pour tout dire, qu'ils seraient bien ingrats... »

Le jour suivant, il reçoit la presse dans sa luxueuse suite au premier étage du *Ritz*. Les questions fusent :

« *Êtes-vous heureux, monsieur Chaplin ?*

— Extrêmement. Je suis marié depuis neuf ans, j'ai quatre enfants et nous sommes très heureux. En tant qu'artiste... un artiste est-il jamais complètement heureux ? Il y a toujours une insatisfaction qui mène à la création.

— *Considérez-vous l'amour comme une chose sérieuse ?*

— Je considère l'amour comme la chose la plus sérieuse après le besoin de créer. On espère toujours trouver le véritable amour et chaque fois on pense qu'on l'a trouvé.

— *Quel est votre plus mauvais souvenir ?*

— Mon père était malade à l'hôpital Saint-Thomas de Londres. J'étais un petit garçon. J'étais sur un pont et je regardais la Tamise, et, de temps en temps, je levais les yeux vers une fenêtre éclairée. Puis cette fenêtre s'est éteinte : c'était le signe que mon père était mort.

— *Pourquoi tous vos films finissent-ils mal ?*

— Tous mes films finissent bien. Il m'arrive beaucoup d'aventures désagréables dans mes films, mais à la fin je hausse les épaules, je secoue mes semelles, et cela c'est le symbole de l'espoir. Même quand je meurs, comme dans *Les Feux de la rampe*, je pense à des choses agréables pour l'avenir de la ballerine. Cette fin est la seule possible pour cet homme. S'il continuait à vivre, il ne serait rien. Il meurt glorieusement. Vous pleurez peut-être, mais vous ne vous sentez pas malheureux. Que peut-il arriver d'autre que l'inévitable ? Le plus grand des auteurs, c'est le Temps. Il écrit toujours une fin parfaite.

— *Pourquoi, dans vos films, préférez-vous la femme-enfant ?*

— Parce que la femme très jeune est une combinaison de la « petite mère » et du premier amour. En vieillissant, la jeune fille devient une maîtresse ou une dame. La jeune fille combine ce qu'il y a de plus beau et ce qu'il y a de meilleur. Ainsi, Edna Purviance : elle était à la fois belle pour le public et, pour moi, une amie et une mère.

— *La vie vaut-elle la peine d'être vécue ?*

— Oui. Même sans espoir. Vivre est assez.

— *Y a-t-il beaucoup de* Charlots *dans le monde ?*

— Des milliers, parce que, comme Charlot, presque tout le monde n'a pour raison d'être que de lutter et d'essayer d'être quelque chose. Mais en mettant les choses au mieux, nous ne sommes tous que des amateurs. »

Le soir, à la Comédie-Française, ils sont les invités d'honneur d'une représentation spéciale du *Don Juan* de Molière. « Cette nuit-là, les fontaines du Palais-Royal étaient illuminées, et Oona et moi fûmes accueillis par des élèves du Théâtre-Français en livrée du XVIIIe siècle, brandissant des candélabres allumés, et qui nous escortèrent jusqu'au balcon où se trouvaient rassemblées les plus belles femmes d'Europe », se souviendra Chaplin. On le fait asseoir dans le fauteuil de Molière. La couturière Elsa Schiaparelli assiste à ce gala et notera dans ses Mémoires : « On donna donc en son honneur une soirée de gala à la Comédie-Française. Il fut escorté, tel un souverain, jusqu'à l'avant-scène présidentielle, par six valets de pied en bas blancs et escarpins à boucles, portant des chandeliers en argent. Plus tard, ce soir-là, une réception eut lieu pour lui à l'hôtel Lambert, la fastueuse demeure du baron de Rede, dont les vastes galeries sont décorées des fresques de Lebrun. J'étais assise avec un ami dans un coin retiré quand les domestiques apportèrent une table décorée d'une vaisselle d'argent précieuse. C'était celle spécialement réservée à Charlie Chaplin et à son épouse. Il entra et tint sa cour. On lui présenta les plus jolies femmes et chacune fut admise une minute ou deux à jouir de sa transcendantale présence, puis congédiée... pour laisser la place à une nouvelle élue. J'observai, ébahie, une de ces admiratives beautés faire une révérence, personne ne lui ayant sans doute appris l'attitude à prendre dans la circonstance. »

Ils dînent aussi au restaurant *Lapérouse* avec Aragon[1] et Sartre et finissent la soirée à l'atelier de Picasso. Oona restera en retrait avec la compagne de l'artiste, Françoise Gillot. La muse du peintre a raconté dans son livre, *Vivre avec Picasso*[2], que Chaplin était l'une des rares personnes que le Catalan admirât depuis toujours. Il a ainsi plusieurs fois exprimé le désir de rencontrer le cinéaste, n'oubliant pas d'ajouter, le plus sérieusement du monde : « C'est un homme qui, comme moi, a énormément souffert par les femmes ! » Picasso est un admirateur inconditionnel de Charlot depuis l'âge du muet. Aux yeux de l'artiste, certaines scènes chapliniesques, avec la puissance de l'image, produisent le même impact que la vue d'un tableau.

Charlie et Oona gravissent donc le petit escalier en spirale, dissimulé dans un angle de la cour pavée, au 7 rue des Grands-Augustins, pour frapper à la porte de Picasso, suivis d'Aragon (le seul à parler l'anglais), de Sartre et de son secrétaire. Picasso accueille en personne ses hôtes illustres et Oona note qu'il porte un pantalon qui pend des hanches et son célèbre maillot rayé de marin.

---

1. Louis Aragon a fait figurer Chaplin sous le nom de « Pol » dans son roman à clé *Anicet ou le Panorama* publié en 1921 et « renouvelé » en 1949.
2. Françoise Gillot, *Vivre avec Picasso*, Calmann-Lévy.

Elle remarque aussi le vestibule rempli de plantes et d'oiseaux. Ils font connaissance quelques minutes dans le salon où sont disposés des mandolines et autres instruments de musique immortalisés sur ses toiles cubistes. Sartre, avec son éternelle pipe, et Aragon, très élégant, observent amusés la rencontre « historique ». Puis ils entrent tous dans la première partie de l'atelier où s'entassent des sculptures et des toiles de Matisse, Modigliani, Vuillard ou du Douanier Rousseau. Jean Cau, alors secrétaire de Sartre, racontera le face-à-face Picasso-Chaplin. Il note : « Picasso passe à l'attaque, parle, pousse les feux de son regard noir et marque des points. Chaplin flaire le danger et, de surcroît, ne parle qu'anglais. Il a alors, en contre-attaque, un coup de génie. Il s'appuie à la cheminée, après le dessert, et se met à raconter "des choses", parfaitement insignifiantes, mais qu'il mime (...). Gestes d'une grâce inouïe, petits frissons des épaules, étonnements des yeux et de la bouche, rires secs en crécelle, etc. Nous le regardons (sans l'écouter), ravis et stupéfaits. C'est le grand numéro. Nous ne regardons que lui. Picasso est oublié, Picasso KO debout, enfin s'assied et, lui aussi, vaincu, regarde. Chaplin sait qu'il a gagné le match. Sartre s'amuse et tire sur sa pipe d'écume. »

Mais écoutons Françoise Gillot nous raconter la version Picasso de la soirée : « Les interprètes faisaient de leur mieux, mais la conversation traînait misérablement, me raconta Pablo. Alors j'eus l'idée de rester seul avec Chaplin et de voir, si, à nous deux, nous n'arriverions pas à établir une sorte de communication. Je l'emmenai en haut, dans mon second atelier de peinture, par le petit escalier en colimaçon, et lui montrai les toiles sur lesquelles j'avais travaillé récemment. Quand j'eus fini, je saluai pour lui faire comprendre que c'était à son tour. Il comprit tout de suite, passa dans la salle de bains et me fit la plus merveilleuse pantomime qui soit : celle d'un homme qui se lave, se rase, dominé par toute sorte de petits réflexes, comme de chasser la mousse de savon de son nez ou de ses oreilles. Après, il saisit deux brosses à dents et refit cette charmante danse des petits pains de la séquence du réveillon dans *La Ruée vers l'or*. C'était aussi réussi qu'autrefois. » À un moment donné, ils rejoignent tous l'atelier de sculpture quand survient une panne d'éléctricité, comme parfois dans les années d'après-guerre, et le petit groupe avance à tâtons. Aragon entend alors Chaplin chuchoter à son épouse : « Fais attention, tu viens de donner un coup de pied dans un million de dollars... »

Françoise Gillot confie ce soir-là à Oona à quel point son compagnon a été troublé par *Les Feux de la rampe*. « L'aspect tragique, ou tout au moins mélodramatique, du scénario, dérangeait profondement Pablo, expliquera-t-elle. Le film agissait sur lui à trois niveaux. D'abord, une réaction de principe négative. Il détestait le côté pleurnichard et sentimental de Chaplin. Ensuite, le film soulignait la transformation physique que le temps avait fait subir à Chaplin, et la manière dont ce phénomène avait modifié la nature de son art. Cette évidence aurait probablement moins affecté Pablo s'il n'avait senti que le spectre de l'âge ne menaçait pas seulement Chaplin ! Mais, par-dessus tout, Pablo ne pouvait manquer d'établir une comparaison entre l'équilibre précaire de nos relations et l'histoire du film, et c'était là ce qui le troublait le plus profondément. Dans *Les Feux de la rampe*, le clown vieillissant guérit la jeune danseuse de sa paralysie et lui permet de découvrir sa vocation. En même temps, il est prêt à se sacrifier pour lui permettre d'accomplir sa vie de femme auprès d'un homme plus jeune. "Ce genre d'altruisme est ridicule, me dit Pablo avec dédain… Prétendre que si l'on aime une femme, on peut accepter de la laisser partir avec quelqu'un de plus jeune, ce n'est pas vraiment convaincant. Moi, je préférerais la savoir morte plutôt qu'heureuse avec un autre." »

Oona et Françoise Gillot ne resteront pas en contact, car entre bientôt en scène Jacqueline Roque, vendeuse à la poterie de Mme Ramié, qui va marquer de sa forte personnalité la vie de l'auteur des *Demoiselles d'Avignon*. Oona et Jacqueline seront souvent en contact épistolaire et, à chaque Noël, une fascinante carte de vœux signée Picasso sera adressée au manoir de Ban (elles sont précieusement conservées dans les archives de la famille, comme autant de trésors intimes). Joséphine Chaplin se souvient que son père dira de Picasso, Sartre et Aragon : « C'étaient trois petits hommes. Ils étaient tous de petite taille ! »

À Rome, Charlie et Oona auront droit au grand jeu également avec le président de la République Einaudi : « Je fus couvert d'honneurs, décoré et reçu par le président et les ministres, dira-t-il, absolument pas blasé. » Au Teatro Sistina, on passe pourtant pas très loin d'une scène de *comedia del arte*. Lors de la première du film, Oona et Charlie arrivent en limousine, des cordes maintenant la foule de l'autre côté de la rue. Mais Chaplin pense que le public est trop loin et, avec toute la grâce et le charme dont il est capable, descend de la voiture jusqu'au milieu de la rue et, devant une batterie de projecteurs, lève les bras à la de Gaulle, en arborant son plus beau sourire. C'est sans compter la présence de jeunes néofascistes bien décidés à donner une leçon au clown du film *Le Dictateur*... Un tir de barrage de choux et de tomates le frôle. Toutefois aucun projectile ne l'atteint et il entre précipitamment dans le Teatro Sistina. Au foyer, le comique de toute cette situation les frappe et Charlie et Oona ne peuvent s'empêcher d'éclater de rire après cette scène de « bouffe » !

Après Paris et Rome, le couple regagne Londres et y séjourne plusieurs semaines. Le temps de réfléchir à la meilleure marche à suivre. Si le FBI ne peut plus les poursuivre, le fisc californien en a encore les moyens. Chaplin comprend que les Américains ne lui laisseront aucune échappatoire. Il doit maintenant trouver un moyen rapide pour régler le rapatriement de sa fortune en Europe. La seule solution est qu'Oona fasse le voyage jusqu'à Hollywood et sorte leur argent des États-Unis. Il lui demande de retirer tout ce qui se trouve dans leur coffre. Chaplin racontera : « Elle fut absente dix jours. Quand elle revint, elle me raconta en détail ce qui s'était passé. Au comptoir bancaire, l'employé examina sa signature avec attention, la regarda ostensiblement, puis s'en alla et eut toute une conférence avec le directeur de l'établissement. Oona eut un véritable moment d'appréhension avant qu'on ouvrît enfin la porte du coffre. Elle me dit qu'après en avoir fini à la banque, elle était allée à la maison de Beverly Hills. Tout était comme nous l'avions laissé, les fleurs et le jardin étaient magnifiques. Elle resta seule un moment dans le living-room, très émue. Puis elle vit Henry, notre maître d'hôtel, qui lui raconta que, depuis notre départ, des agents du FBI étaient venus par deux fois et l'avaient interrogé, voulant savoir quel genre d'homme j'étais, s'il était au courant de folles orgies avec des filles nues, qui se seraient déroulées dans la maison, etc. Quand il leur répondit que je vivais paisiblement avec ma femme et ma famille, ils commencèrent à le houspiller et lui demandèrent de quelle nationalité il était, depuis combien de temps il était aux États-Unis, et exigèrent de voir son passeport. Oona m'avoua que quand elle apprit tout cela, les liens qui l'attachaient encore à la maison se trouvèrent coupés net. Même les larmes d'Helen, notre femme de chambre, qui pleura quand Oona s'en alla, ne réussirent qu'à précipiter son départ. »

Le 23 octobre, elle repasse par New York et descend discrètement au *Sherry Netherland Hotel*. L'assistant et ami de Chaplin,

Jerry Epstein, est là pour lui soutenir le moral. Il se souvient : « Oona était en mission secrète, pour s'occuper des affaires de Charlie à Los Angeles. Grâce à Dieu, elle avait signé ce compte joint ! Charlie était terrorisé à l'idée que le gouvernement lui confisque tous ses biens. Mais Oona agit plus vite qu'eux, et réussit à tout sortir du pays, avant que l'on ne s'en aperçût. Elle se rendit dans les coffres de Charlie et fourra tout – argent, actions, documents – dans une valise. Elle fut si rapide que la Bank of America ne s'en rendit pas compte. Puis elle ferma la maison au 1085 de Summit Drive[1], congédia le personnel, et retourna par avion à New York. Ce fut une opération vraiment périlleuse. Charlie appela de Londres et Oona put lui répondre : "Mission accomplie." Ce soir-là, Oona et moi, dînâmes ensemble à la *Manny Wolf's Steak House* sur la 3ᵉ Rue. Quelqu'un derrière nous la reconnut et commença à faire des remarques désobligeantes, comme "sale rouge". J'étais indigné, mais Oona se contenta d'en rire. »

Seule[2] pour affronter douaniers et banquiers, Oona a, avec succès, transféré les comptes[3] de son mari vers l'Europe et organisé avec Sydney Chaplin le futur déménagement de leurs meubles et archives. Pour la petite histoire, Oona réussit à coudre dans la doublure de son manteau de fourrure de l'argent cash, des coupures d'un millier de dollars, qu'elle passa à la barbe de la douane. Chaplin fut plus qu'admiratif envers son épouse à son retour à Londres, le 27 novembre 1952. Lorsque son Constellation L149 de la Pan Am attérit à l'aéroport d'Heathrow, Chaplin éprouva une réelle fierté doublée d'un bonheur indicible. Elle avait bien été à la hauteur de sa mission et était parvenue à les sauver de la ruine. Magnifique Oona ! Désormais, Hoover et les siens ne pouvaient plus rien faire pour lui enlever le fruit de son travail, pour réduire à néant toutes ses années de labeur et de création. Ces dix jours de séparation fortifièrent leur amour. Unis dans les épreuves, tous deux étaient plus que jamais soudés. Le brouillard qui s'abat alors pendant cinq jours sur la capitale britannique leur semble un étrange cocon protecteur.

---

1. La propriété fut vendue en 1953 et les acquéreurs démantelèrent Summit Drive en plusieurs lots. La maison seule fut plus tard achetée par l'acteur George Hamilton.

2. Elle fit le voyage de retour en compagnie d'Arthur Kelly, qui fut le représentant de Chaplin à United Artists. Âgé de soixante-deux ans, il inspirait confiance.

3. Selon la biographe Joyce Milton, Oona transféra toute la fortune de son mari : quarante millions de dollars.

Chaplin aurait aimé s'installer en Angleterre, mais le pays est trop proche, politiquement, des États-Unis. La Suisse et sa neutralité semblent seules séduisantes. Comment en est-il finalement arrivé là ? Chaplin s'en est expliqué : « Des amis m'ont demandé comment je suis parvenu à m'attirer une pareille hostilité des Américains. Mon grand péché fut, et est toujours, d'être un non-conformiste. Bien que je ne sois pas communiste, j'ai refusé de suivre le mouvement en les détestant. Cela a choqué bien sûr beaucoup de gens, y compris l'American Legion. Je ne suis pas hostile à cet organisme dans sa véritable signification constructive ; des mesures comme le GI Bill of Rights et d'autres avantages accordés aux anciens combattants et à leurs enfants dans le besoin sont des mesures excellentes et humanitaires. Mais quand les légionnaires outrepassent leurs droits légitimes et, sous prétexte de patriotisme, utilisent leur pouvoir pour empiéter sur la vie privée des autres, ils commettent alors un délit contre la structure fondamentale du gouvernement américain. De pareils super-patriotes pourraient bien être les cellules capables de faire de l'Amérique un État fasciste. Ensuite, j'étais hostile à la Commission des activités antiaméricaines : un titre malhonnête pour commencer, assez élastique pour permettre d'étouffer la voix de tout citoyen américain dont l'opinion n'est pas celle de la majorité. Enfin, je n'ai jamais cherché à devenir citoyen américain. Pourtant, des dizaines d'Américains qui gagnent leur vie en Angleterre n'ont jamais tenté de devenir sujets britanniques ; par exemple, un directeur américain de la MGM, qui reçoit un salaire hebdomadaire qui se chiffre en milliers de dollars, vit et travaille en Angleterre depuis plus de trente-cinq ans sans être devenu pour autant citoyen britannique, et les Anglais ne lui ont jamais cherché noise. » Chaplin en a surtout eu assez d'être cloué au pilori par la presse américaine, pour n'avoir pas pris la nationalité américaine, pour ses anciennes idylles avec de jeunes actrices, pour sa liberté de penser. Il plie donc bagages, sans tambour ni trompettes, pour des cieux plus cléments. Comme ironisera David Niven : « Le seul vrai génie d'Hollywood était parti à tout jamais pour le pays de la paix, de la compréhension, du chocolat au lait et des merveilleuses cimes enneigées des privilèges fiscaux. »

Lorsque leur femme de chambre, Helen, apprend qu'ils ne reviendront pas en Californie et qu'il faut préparer un déménagement, elle leur adresse une lettre émouvante :

« Chers Monsieur et Madame Chaplin,

« Je vous ai écrit bien des lettres, mais je ne les ai jamais postées. On dirait que tout va mal depuis votre départ : je n'ai jamais eu autant de chagrin pour personne d'autre que ma famille. Mais tout est si inutile, si vain et si injuste que je n'arrive pas à m'en remettre. Et puis est arrivée la triste nouvelle que nous redoutions de voir venir : qu'il fallait mettre presque tout en caisses... ça n'est pas possible... ça ne se peut pas... ce que nous avons emballé est presque lavé de nos larmes et j'ai encore la migraine d'avoir tant pleuré... je ne sais pas comment vous arrivez à le supporter. Je vous en prie, JE VOUS EN PRIE, Madame Chaplin, ne laissez pas Monsieur vendre la maison si c'est possible. Chaque pièce garde sa propre personnalité bien qu'il n'y reste plus guère que des rideaux et des tapis ; j'aime tant cette demeure que je ne voudrais voir personne d'autre l'habiter. Si seulement j'avais les moyens, mais c'est ridicule d'y penser. Supprimez tous les frais que vos pouvez si vous voulez. Mais je vous en prie, JE VOUS EN PRIE, gardez la maison. Je sais que je ne devrais pas vous dire cela, mais c'est plus fort que moi : et je n'en démordrai pas, un jour vous reviendrez tous ! (...)

« Sincèrement

« Helen. »

À tous ceux qui ont travaillé pour lui en Californie, Chaplin fera verser de substantielles indemnités.

Alea jacta est. La Suisse va accueillir leur exil. Non sans mélancolie, ils refont leurs malles et vont s'installer avec les quatre enfants dans cinq des trente-trois suites néo-baroques de l'hôtel *Beau-Rivage Palace* sur le port d'Ouchy, un vrai palais au bord du lac. Les Chaplin débarquent seuls à l'aéroport de Genève le 2 décembre 1952, en ayant pris des places sur un vol de la Swissair, sous le pseudonyme de « Crocker ». Quelques journalistes et admirateurs inconditionnels ont mystérieusement été prévenus. En arrivant sur le tarmac, Oona se tourne vers son mari et lance un joyeux : « *Here is Switzerland, my dear !* » Pierre Smolik[1] racontera que

---

1. Né en 1954, il est le fils d'un médecin qui soigna le demi-frère de Chaplin. Pierre Smolik croisa le réalisateur tout au long de son enfance et ne rata aucune des représentations du Cirque Knie en sa présence. Haut fonctionnaire de la Confédération, il œuvra à l'organisation à Vevey du centenaire de la naissance de Chaplin, gagna la confiance de la famille et devint finalement le meilleur spécialiste de son œuvre en Suisse. Il est l'auteur de *Chaplin après Charlot* aux

« deux petits garçons et une jeune fille, porteurs d'immenses gerbes de fleurs et de la traditionnelle boîte de chocolats, récitèrent un compliment de bienvenue ». Des vivats d'enfants accompagnent le couple jusqu'à leur limousine qui file vers Lausanne. Dès le lendemain, ils sont en contact avec « la colonie britannique » du lac Léman. George et Benita Sanders (à Vevey), Noel Coward (propriétaire d'un chalet aux Avants, sur les hauteurs de Montreux) et plusieurs artistes *british* les mettent au parfum !

Le 6 décembre 1952, le couple est en prospection sur les bords du lac Léman et leur déjeuner à *La Taverne de Chillon* ne passe pas inaperçu : « Chaplin, cheveux légèrement crêpés d'un argent franc, une parfaite raie sur la gauche du crâne, un "croisé" rayé aussi, gris encore, comme la cravate, notera un journaliste du *Journal de Montreux* le 8 décembre. À ses côtés, portant en un geste rapide sa tasse de café à ses lèvres, son épouse, Oona, à la noire chevelure plaquée sur les oreilles, au large et délicieux sourire, cachant ses yeux derrière de grosses lunettes que l'on croirait sorties du sac d'une secrétaire new-yorkaise. » Charlie déguste un steak tartare tandis que son épouse opte pour des truites de rivière accompagnées d'une piccata flambée. Le tout arrosé d'un clos-des-embleyres. Claude Nobs, qui dirige aujourd'hui le célèbre Festival de jazz de Montreux, travaillait dans le restaurant comme cuisinier et était aux premières loges. « Les journalistes étaient aux aguets et suivaient la visite de Chaplin comme s'il s'agissait d'un couple royal. » L'un des reporters du *Journal de Montreux* ne manque pas un détail de ce passage à Chillon : « Oona portait un ample manteau grenat flottant et était chaussée de confortables "après-ski" de feutre noir aux semelles de crêpe. Ils se dirigèrent avec le directeur de l'office du tourisme vers le château de Chillon. Mme Chaplin les scrutait de ses yeux noisette et posait des questions : "Qui était le prisonnier du Chillon ? Un prisonnier politique ?" Elle écoutait les réponses avec l'air attentif d'une étudiante consciencieuse… Au moment de signer le livre d'or, Chaplin se tâta sur toutes les coutures : "Où sont mes bonnes lunettes", demanda-t-il tandis qu'Oona lui suggéra de prospecter méthodiquement dans ses poches. Puis le couple suivit le guide, ponctuant de "Oh ! Yes" admiratifs les explications sur les souterrains. »

éditions Honoré Champion et a révélé en 1995 le contenu surprenant des dossiers de la police fédérale quant à l'étroite surveillance excercée sur Chaplin jusqu'à sa mort.

Les signatures de Lord Byron, les visites du Shelley, les fresques. Oona prit dans sa main frêle le boulet garni de pointes pendant au bout d'un *morgenstern*, une sorte de masse. Elle eut un petit cri d'effroi en contemplant cette arme autrefois redoutable. Ils traversèrent la chapelle, passèrent le chemin de ronde, jetèrent un coup d'œil aux oubliettes et finirent au « carnotzet », la petite cave où verres et bouteilles les attendaient. Chaplin n'était jamais venu à Montreux. Il se déclara « conquis ». Reste surtout à trouver dans les parages une vaste demeure pour les accueillir.

« Nous passâmes quatre mois à chercher une maison qui nous convienne », écrira Chaplin dans ses Mémoires. Ses souvenirs sont un peu trompeurs. Dès la mi-décembre 1952, il prend en effet sa décision après un court séjour à Gstaad où un proche lui a indiqué l'existence d'un beau manoir près de Vevey. En le visitant, il éprouve un vrai coup de foudre pour la bâtisse. Son épouse est au diapason. Les propos d'Oona, qui attend son cinquième enfant, déclarant catégoriquement qu'en sortant de la clinique, elle ne veut pas retourner dans un hôtel, ont été déterminants. Chaplin se décide donc vite[1] pour le manoir de Ban, dans le village de Corsier (un peu au-dessus de Vevey). La maison a été construite en 1840 par un architecte[2] auquel on doit également l'hôtel *Richemond* de Genève. Elle est entourée de treize hectares, avec un verger prospère. Devant la terrasse s'étend une immense pelouse avec de grands arbres magnifiques qui encadrent les montagnes et le lac au loin. Le manoir est une grande bâtisse blanche, Empire, claire, confortable, ouvrant sur un parc splendide ; à travers les branches noires de deux cèdres centenaires, on aperçoit les dents du Midi qui élèvent leur mur de glace entre la Suisse et la France. De ses fenêtres, Chaplin peut voir les tâcherons, au dos cuirassé de cuivre, vaporisant les vignes, et les effeuilleuses ouvrant au soleil les raisins naissants ; il peut, ou plutôt, il pourrait les distinguer, car il est loin. Mais le lieu ressemble vraiment à un havre de paix, même s'il ignore alors

---

1. *La Feuille d'avis de Vevey* signale dès le 16 décembre l'intérêt de Chaplin pour le manoir. Selon un proche, la promesse fut signée un peu avant le 31 décembre.

2. L'architecte Philippe Franel signa aussi le mythique hôtel *Trois-Couronnes* à Vevey, l'hôtel du *Cygne* à Montreux et la villa *Bellevue* à Aigle. Comprenant vingt-quatre pièces pour une surface habitable de 1 150 m², le manoir de Ban a fière allure. Ses précédents propriétaires, le diplomate américain Grafton Minot et son épouse Anne, ne l'habitèrent que de 1947 à 1952.

que l'armée suisse dispose d'un stand de tir tout proche à Gilamont (il sera consterné de découvrir ce fait que l'agent immobilier a soigneusement évité de lui signaler).

La Tribune de Lausanne tient son *scoop* et l'annonce à la une dès le 1er janvier 1953. Le *Daily Express* titre le lendemain : « *Chaplin buys home : family to move in, say Swiss* », ajoutant que le prix de l'achat serait de 400 000 livres sterling. John Edgar Hoover, lui, en est tout de suite averti par un memorandum express. En fait, selon un proche de la famille, « la transaction fut de 500 000 francs suisses : une assez bonne affaire sur le plan immobilier. Chaplin chargea un jeune avocat d'affaires de Lausanne de créér une société anonyme, dite S. A. du manoir de Ban, pour son acquisition afin de limiter certains impôts fonciers ».

Ainsi poursuivi par les tracasseries du Service de l'immigration américain, harcelé par le FBI, traqué par les journalistes, tout à tour conspué, honni ou acclamé, Charlie Chaplin l'exilé est, en ce début d'année 1953, littéralement à bout de nerfs. Enfermé dans son manoir de Corsier, il ne sort plus, ne veut recevoir absolument personne, et vit d'abord en reclus dans son domaine, portes et fenêtres fermées. On a certes branché une ligne de téléphone (Vevey 51-03-51), mais chaque sonnerie est perçue avec circonspection. Les écriteaux « Propriété gardée » et « Chiens méchants » qui défendent son parc sans murs, séparé de la route par un simple fossé, peuvent surprendre quand on pense que c'est le vagabond de *Une vie de chien* qui lance ces appels au gendarme. Derrière les massifs qui masquent l'entrée du manoir, les domestiques veillent, prêts à donner l'alarme au moindre assaut des curieux. Entre chaque brèche des buissons, on imagine un paparazzi. Pourtant, une fois les reporters partis, plus personne ne se soucie vraiment du nouveau propriétaire. Les Vaudois sont d'une telle discrétion et ont un sens si vif de l'hospitalité qu'ils auraient considéré comme grossier de prêter un peu trop attention à un étranger venu chez eux pour se reposer.

Malgré le respect des villageois à son égard, le laitier inquiète un moment Chaplin. Cet homme, le seul du pays qui entre quotidiennement au manoir, s'attarde en effet ostensiblement chaque matin près de l'office, lorgne les fenêtres, s'aventure parfois jusque sur la terrasse. Il a tout d'un personnage à la Jacques Tati. Convaincu que c'est un reporter déguisé, Chaplin l'épie de sa fenêtre, se dérobant à sa vue, déjouant ses ruses. Un jour enfin, il apprend que ce laitier n'est autre qu'un conseiller communal qui cherche à le voir, en effet, mais avec la simple intention de l'inviter à la fête annuelle du village ! Il n'en reste pas moins sur ses gardes.

L'acquisition du manoir de Ban ne s'était pas faite sans complications chaplinesques avec les notaires et agents immobiliers de la région. Et par la suite, l'aménagement du domaine, avec ses innombrables pièces, ses hectares de parc et de verger, ses serres, sa forêt et ses dépendances assez vastes pour loger une colonie de vacances, avait introduit au château une foule d'entrepreneurs, d'architectes, de déménageurs, d'antiquaires, de maçons, de charpentiers, d'électriciens et de courtiers d'assurances, toutes gens que Chaplin supposait, bien à tort, dévorés de curiosités malveillantes et résolus à forcer son intimité. Puis d'autres complications surgirent. L'ambassadeur Grafton Minot avait cédé la propriété avec son mobilier mais aussi son personnel. Or, tous ces meubles et tous ces gens n'étaient pas obligatoirement du goût du nouveau châtelain. Sans froisser personne, il ne voulait garder que les bibelots et les visages qui lui plaisaient. D'où d'interminables négociations qui l'exaspéraient. Sans l'intervention de la toujours calme Oona, il aurait tout liquidé et serait allé s'installer à l'hôtel.

Enfin, peu à peu, le chaos s'organisa. Les déménageurs emportèrent le cabinet de travail Empire de Monsieur, la chambre Marie-Antoinette de Madame, les boudoirs Pompadour et la salle à manger Renaissance, et les confortables divans de Beverley Hills vinrent remplacer les sièges d'époque sur lesquels on ne pouvait s'asseoir. Ayant enrichi tous les antiquaires du pays, Chaplin retrouva un peu de calme. Mais pendant trois mois, il vécut dans un tohu-bohu de garde-meubles en folie, avec trois baignoires dans le hall, des lustres sur tous les tapis et un grand piano à queue de concert qui fit deux fois le tour de la maison avant de se ranger sagement devant une baie du grand salon d'apparat transformé en living-room. Ce fut finalement un déménageur – un de ces « faux déménageurs » qui l'avaient tant inquiété – qui lui rendit la paix de l'esprit. Cet homme, le seul vrai curieux du pays sans doute, le prenant apparemment pour un majordome, lui demanda avec une candeur vaudoise :

« Et ce fameux Charlot, vous l'avez déjà vu ? »

Devinant la question plus qu'il ne l'entendit, Chaplin souffla la réponse à sa secrétaire d'alors qui découragea la curiosité du déménageur :

« Oh ! lui, vous savez, c'est un original. On ne le voit jamais ! »

Il était rasséréné. On ne le connaissait pas. Quelle merveille ! Alors il baissa la garde, osa se mêler aux ouvriers et, s'apercevant qu'ils le traitaient simplement, se prit pour eux d'une vive sympathie. Il cessait d'être un phénomène pour redevenir un homme. Et c'était la vie toute banale, fraternelle, qu'il redécouvrait comme au temps où, acteur anonyme de la foule, il flânait dans les rues de Londres. *Incognito* il renaissait. Il se hasarda enfin à franchir la grille de son parc prison, à pousser jusqu'au village, à s'aventurer jusqu'à Lausanne – sans toutefois descendre de sa voiture. Un jour, il eut finalement envie de faire une partie de tennis et on l'emmena dans un club de Vevey. On lui présenta un peintre anglais : Theyre-Lee Elliott qui, en vrai gentleman, ne cilla pas en entendant le nom prestigieux de son partenaire. Chaplin jouait bien. Mais Elliott était un tennisman de première force. Habitué aux flagorneries de son entourage hollywoodien, Chaplin fut persuadé qu'Elliott lui laisserait gagner la partie, mais ce dernier le battit sévèrement. L'acteur-réalisateur lui en sut gré. Dès lors, ils devinrent amis. Chaplin appréciait la peinture d'Elliott et le peintre admirait les films de Charlie. Mais leur flegme tout britannique les empêchait d'en parler, ils s'aimaient beaucoup mais se voyaient peu et ne se répandaient pas en confidences. C'est ainsi que Chaplin entendait l'amitié.

Oona désirant un nu pour sa chambre, Elliott, qui ne peignait que des paysages, amena un jour au manoir un de ses proches : le peintre vaudois Bosshard[1] vivant en ermite dans ses vignes des coteaux de Chardonne, à quelques kilomètres de Corsier. Bosshard, qui passa plusieurs années à Montparnasse et en garda le goût de la mystification, voulut divertir Chaplin. En arrivant au manoir, il s'excusa, prétendant avoir passé la nuit à festoyer et être encore un peu ivre. L'acteur-réalisateur fut amusé. Pour mettre son hôte à son aise, il se mit lui-même à jouer le pochard, se livrant pour la première fois, sous les yeux admiratifs de ses serviteurs, à quelques clowneries. Il pria Bosshard de rester à déjeuner, et pour entretenir la conversation avec un hôte qui n'entendait pas un mot d'anglais, eut recours pendant tout le repas au mime. « Il n'y avait pas besoin de savoir

---

1. Rodolphe-Théophile Bosshard, peintre suisse (1889-1960), surnommé « Touli » par ses proches. Charlie et Oona vinrent souvent à son atelier de Chardonne. Oona posa pour lui (le portrait est exposé au musée des Beaux-Arts de Vevey) et ils achetèrent plusieurs de ses œuvres.

une langue avec Charlie Chaplin, témoignera le peintre. Il devançait les mots par ses gestes. Il avait de la peine à rester à table pour manger et se levait sans cesse pour poursuivre une idée. »

Le châtelain de Corsier décide donc de faire confiance à ses nouveaux amis. Le lendemain, il demande à Elliott de l'emmener dîner à la fameuse *Pomme de Pin*, vieille auberge de Lausanne où se réunissent les bons vivants de la ville. Une société de « contemporains » y fête les cinquante ans de ses membres. Chaplin affirme en « petit nègre » que c'est précisément son anniversaire, est invité d'enthousiasme, se met à table, mange la spécialité « maison », le poulet aux morilles, trinque avec ses « collègues » en buvant un demi de mont-sur-rolle, prononce un discours en allemand à la manière du *Dictateur*, puis, au dessert, exécute son éternelle danse des petits pains devant les convives conquis. Il sort de là à deux heures du matin, par la porte de derrière, dans une ruelle étroite éclairée au fanal, joyeux comme il ne l'a jamais été depuis Picadilly Circus et jurant que la Suisse est le paradis des hommes libres.

Deux jours plus tard, il renvoie ses papiers à Washington et ordonne à Walter Stromberg, le jardinier scrupuleux, de faire enlever tous les écriteaux « Propriété privée » et « Chiens méchants » qui entourent son parc. Ce dernier, en bon Vaudois, en ôte quelques-uns et en laisse d'autres : « Pour les étrangers de passage », explique-t-il. Les dernières barrières qui séparaient Chaplin du monde sont tombées. Il redevient un homme libre parmi des hommes libres. Une vie nouvelle commence, helvétique à souhait, pleine de découvertes et de fantaisie, loin des tracasseries administratives de Washington, des soupçons du FBI et des mégères de Hollywood.

Sur ce nouveau bonheur, les grands yeux mordorés de la ravissante Oona jettent alors un regard satisfait. « Elle portait souvent un corsage serré et une large jupe qui lui donnait l'air d'une héroïne de Longfellow ou même de Poe, dira Paul Morand. Il y avait en elle quelque chose de la douceur 1830. » Elle donne naissance à Lausanne à un fils le 23 août 1953, baptisé Eugène. Le faire-part qu'elle adresse à son père reste sans réponse. Eugene O'Neill reste sourd à tous ces appels. Trois mois plus tard, le 27 novembre 1953, il disparaît à Boston, d'une insuffisance respiratoire. Il a passé ses derniers mois entre l'hôpital et le *Sheraton Hôtel* et il meurt à soixante-cinq ans, dans la chambre 401 du complexe hôtelier. Carlotta O'Neill prévient les agences de presse du décès de son mari, mais sans mentionner la date des funérailles et le lieu de la cérémonie. À Vevey, c'est par la radio, la BBC, qu'Oona apprend la nouvelle. Carlotta n'a pas cru bon de prévenir les enfants de l'écrivain. Sans doute craint-elle de se retrouver face à Oona ? Oona attend vainement un coup de fil. Or, Carlotta déplace plusieurs fois la date de l'enterrement et ne l'avertit pas. C'est finalement le 1er décembre 1953 qu'Eugene O'Neill est enterré au cimetière de Forest Hills, Jamaican Plain (Massachusetts), dans la plus stricte intimité. Aucun de ses enfants ni de ses petits-enfants n'est présent. Cette mort prive Oona d'un espoir diffus de réconciliation éventuelle avec son père. Elle ne peut lui dire adieu. Ni elle ni son frère Shane ne figurèrent dans le testament de l'écrivain. Par delà sa tombe O'Neill les rejetait une fois de plus.

Sur ces premiers mois en Suisse, Chaplin dira : « Il nous fallut au moins un an pour nous orienter. Pendant quelque temps, les enfants allèrent à l'école du village de Corsier. C'était tout un problème pour eux, car on leur enseignait soudain tout en français, et nous nous demandions quel effet psychologique cela pourrait avoir sur eux. Mais ils ne mirent pas longtemps à parler couramment la langue, et c'était un spectacle émouvant que de voir avec quelle facilité ils s'adaptaient au mode de vie suisse. Même Kay-Kay et Pinnie, les nurses des enfants, s'attaquèrent au français. »

Oona aura quelque mal à s'acclimater vraiment. Ainsi, elle cherche vainement dans les épiceries fines de Vevey des produits qu'elle connaît. Elle fait même venir pendant des années des États-Unis une marque de céréales spécifique pour ses enfants. L'été 1953 est l'un des plus chauds jamais enregistrés en Suisse et elle n'aime guère les grosses chaleurs, tandis que son mari les apprécie. Le petit Michael (qui a sept ans alors) est celui qui ressent le plus la nostalgie de la Californie. Jerry Epstein raconte : « Au début, quand la famille arriva à Londres, ils étaient tous persuadés qu'il s'agissait simplement de courtes vacances. Puis, quand leur séjour au *Savoy Hotel* commença à se prolonger, Michael demandait continuellement à sa mère : "Quand est-ce qu'on revient chez nous ? Je veux rentrer en Californie." Puis, il y eut l'installation en Suisse. Un jour, Charlie et moi étions assis dans le salon à Vevey, et il s'inquiétait une fois de plus de ce qui se passait en Amérique. Alors qu'il s'enflammait sur le sujet, le petit Michael entra et tout à coup se mit à chanter, à voix haute et sur un ton de défi : *"God bless America, Land that I Love* (Dieu bénisse l'Amérique, Pays que j'aime)" d'Irving Berlin, regardant Charlie droit dans les yeux. Charlie cria : "Oona, fait sortir cet enfant immédiatement ! J'essaie de travailler !" »

La nouvelle maîtresse de maison intrigue son personnel : « La première fois que j'ai vu Madame, le jour de mon arrivée l'été, se souvient une ancienne femme de chambre italienne, je n'ai pas compris tout d'abord qu'il s'agissait d'elle. J'ai aperçu un instant, entre deux portes, une jeune fille avec des longs cheveux sombres flottant sur les épaules, en short blanc, avec une marinière rose à smocks. "Madame est pressée, me glissa alors le valet de chambre. Elle conduit en ville chez un médecin la cuisinière qui s'est coupée à la main." C'était déjà tout Oona, cette apparition discrète et tendre qui, dès le début de la journée, apportait aide et réconfort à son prochain. Elle n'aimait pas les chichis ! Lorsqu'elle ne laissait pas ses cheveux flotter sur ses épaules, elle se bornait à les attacher en "queue de cheval" avec un élastique. Elle portait rarement des bijoux et même pas son anneau de mariage. Elle entreposait à l'étage une quantité considérable de robes mais elle vivait le plus souvent en pull-over et jupe et arborait de simples chemisiers à la belle saison. L'été, elle circulait même pieds nus dans la cuisine et Chaplin, éventuellement en short et torse nu, en profitait naturellement pour mimer toutes sortes de scènes en transportant les plats ou en disposant les couverts. À l'époque, Eugène, le dernier-né, couchait tout près de sa mère dans une pièce attenante à la chambre à coucher. L'atmosphère des premières années était vraiment détendue. »

Chaplin commence bientôt à rompre tous ses liens avec les États-Unis : « Je me rendis chez le consul américain, raconte-t-il dans ses Mémoires, et lui remis mon permis de rentrée – *permit to reenter* – en lui disant que j'avais renoncé à ma résidence aux États-Unis.

— Vous ne rentrez pas, Charlie ?

— Non, dis-je d'un ton presque d'excuse, je suis un peu trop vieux pour supporter davantage toutes ces absurdités.

Il ne fit pas de commentaire, mais répondit :

— Enfin, vous pouvez toujours retourner avec un visa ordinaire si vous le désirez.

Je souris et secouai la tête.

— J'ai décidé de me fixer en Suisse.

Nous nous serrâmes la main et nous en restâmes là. »

Le 17 avril 1953, le *New York Times* titre ironiquement : « Mr Chaplin prend congé. » Le FBI conserve néanmoins son gros dossier ouvert et ne le radie pas du Security Index. Oona décidera dans la foulée de renoncer à sa citoyenneté américaine et d'être, elle aussi, sujet de Sa Gracieuse Majesté. En fait, elle possédait la double nationalité : américaine (parce que ses parents étaient américains) et britannique (parce que née aux Bermudes). Le 11 février 1954, sous les giboulées de neige qui paralysent la capitale britannique, elle se rend à pied à l'ambassade des États-Unis à Londres et signe avec gravité un « *Affidavit of renunciation of nationality* ». Au journal *Le Monde*, elle justifie son geste en expliquant que c'est « pour manifester ma solidarité avec mon mari ». Un grand chapitre de leur vie prend ainsi fin.

La seule vraie fausse note des premières années en Suisse vient de la secrétaire qu'il engage alors : Isobel Deluz. Longtemps dactylo d'Alexander Korda, elle accepte de travailler au service de Chaplin pour une somme modique. Au départ tout se passe bien. Chaplin commence chaque journée par « *Well, Isobel, old girl, let's get to work.* » Elle le trouve touchant, presque poétique quand il fait une déclaration d'amour à un insecte butinant une fleur. Elle adore quand il lui dicte une lettre à son banquier : « Cette dictée, si plate et commerciale que constituait le courrier d'affaires, devenait un merveilleux spectacle. Chaplin "jouait" alors au grand homme d'affaires et faisait de la moindre virgule un petit poème dramatique. C'était assez irrésistible. » Toutes les transactions avec les entrepreneurs passent alors par Isobel Deluz puisque « ni Chaplin ni Oona ne savent assez de français pour discuter avec leurs fournisseurs ». Tout au long de l'établissement des devis et de la réalisation des travaux, « il ne cesse de tempêter contre le monde entier qui n'a, semble-t-il, qu'une préoccupation : celui de le voler », selon son scribe. La construction d'un pavillon destinée au personnel dans le parc provoque chez lui de vives protestations. « Dix fois, il s'est écrié : "C'est du mauvais travail, on me vole, je ne paierai pas !" » à tel point que Mme Deluz recule parfois de plusieurs jours le moment de lui présenter les litigieuses factures à régler. Mais leurs relations se compliquent bientôt, une tension insupportable s'installe et l'affaire s'envenime au point qu'elle est obligée de traduire le réalisateur devant le tribunal civil de Montreux.

« L'affaire Deluz contre Charlie Chaplin » attire bien des curieux à l'automne 1954. Les faits énoncés à la cour sont les suivants.

Le 1ᵉʳ juillet 1954, après une année passée au service du « châtelain » de Ban, en qualité de secrétaire, Isobel Deluz a avec son patron une scène au sujet de la couleur des dalles de la piscine en construction dans le parc. Les dalles livrées ne sont pas, selon Chaplin, conformes à celles prévues par le devis. Chaplin exige de voir le document en question et reproche à sa secrétaire de ne pas l'avoir traduit en anglais, seule langue qu'il connaisse. Cette dernière explose, dit qu'elle en a plus qu'assez du caractère de Chaplin et quitte le manoir fort excédée, en manifestant l'intention de ne plus y revenir.

Au tribunal, elle explique que cet épisode a été la goutte qui a fait déborder le vase et que les exigences et les « lubies » de son patron lui ont mis peu à peu les nerfs en boule. Elle avoue même en faire une dépression nerveuse. Quand elle annonce son retour à la mi-juillet, elle se voit répondre qu'on n'a plus besoin d'elle. Elle réclame alors le paiement des trois mois de salaire en vertu de son contrat de travail, ses congés payés et le remboursement de ses frais médicaux. Chaplin refuse d'en entendre parler. Il y a donc procès.

Écoutons Isobel Deluz dans sa grande scène d'explication : « Mr Chaplin avait prévu que sa piscine serait entourée d'un sentier pavé en dalles de granit du Tessin, d'une couleur gris foncé. Cette pierre, il l'avait choisie lui-même. Mais le jour où il vit les dalles empilées sous un arbre, prêtes à être posées, il fut saisi d'un véritable accès de dépression. C'était triste, affreux, désolant. Ce ne serait pas une piscine mais une tombe. Et les mots suscitant les images et les images d'autres mots, il en était venu, en s'excitant de plus en plus sur l'image de cette piscine cimetière, à voir le monde entier comme une sinistre tombe au-dessus de laquelle roulait le plus noir des orages, qui avait fini par éclater sur ma tête. Je finis par joindre l'entrepreneur et essayai de lui expliquer ce que voulait mon patron. Il s'efforça, lui, de me faire comprendre que ça coûterait cher de démolir tout ce que Chaplin lui-même avait choisi de construire. Et pendant ce temps, le réalisateur, comme un enfant impatient et furieux, le visage cramoisi, et les cheveux blancs ébouriffés de colère, me criait dans les oreilles : "Vous entendez, je ne paierai pas ! Je ne veux pas que mes enfants se baignent dans un cimetière. On me vole ! Mais répondez ! Qu'est-ce qu'il dit ? Vous êtes complètement incompétente !" Alors la coupe, que bien des incidents plus ou moins vifs avaient remplie jusqu'à bord, a débordé. Moi, la secrétaire expérimentée et qui se croyait d'un sang-froid et d'une correction à toute épreuve, j'ai soudain perdu la tête. "Nom de Dieu ! me suis-je entendue dire avec stupéfaction, en frappant du poing sur le bureau, cessez de me parler ainsi. J'en ai assez de dire toute la journée à des gens honnêtes qu'ils sont des crapules." Il s'est tu brusquement. Les larmes aux yeux, j'ai murmuré des excuses et je suis sortie », déclare l'ex-secrétaire très convaincante.

Les proches de la demanderesse viennent alors déposer en sa faveur. Un aide-jardinier du manoir vient ajouter de l'eau au moulin en racontant ainsi qu'il y avait devant la cuisine un vieux et beau saule pleureur, mais qui menaçait de tomber si on ne le soutenait pas rapidement. Le jardinier avait donc préparé, en accord avec Oona, un système de supports assez complexe et, sans doute un peu coûteux. Là encore, Chaplin se mit en colère : « Je ne veux pas de ça, cria-t-il. Voilà trente ans que je mets des supports à des arbres. Je sais comment faire. Après tout, c'est moi qui paie. Je ne suis pas Rockfeller. » Et le jardinier de souligner, lui aussi, l'irritabilité de son patron. Le personnel du manoir donne à son tour le son de cloche de la maison sur la supposée nervosité de l'acteur-réalisateur. On voit même à la barre Oona toute de simplicité et d'objectivité, essayant de faire la part des choses. Chaplin, lui, défendu par celui qui sera son fidèle avocat, Me Jean-Felix Paschoud, observe, l'air ennuyé de devoir comparaître devant un juge civil et médite sur les inconvénients d'une célébrité qui donne des proportions inusitées à un simple conflit de travail. Si techniquement il semblera sortir vainqueur en étant condamné à ne payer qu'une somme minime (220 francs suisses), la victoire est moralement plutôt du côté d'Isobel Deluz. L'opinion publique helvétique se rangea derrière elle.

Les rapports de Chaplin avec sa nouvelle secrétaire, Eileen Alkeres-Burnier, ne défraieront pas la chronique. Oona veillera à ce que tous les rouages du manoir fonctionnent désormais harmonieusement.

VI

VIE DE FAMILLE

LE MATIN, OONA SE RÉVEILLE TRÈS TÔT dans le lit à colonnes dessiné par Chaplin lui-même. Elle dort seule. La pièce donne sur le parc, possède de grandes fenêtres avec des rideaux de lin blanc toujours bien amidonnés. Deux chaises style Louis XVI, un fauteuil recouvert de cretonne à fleurs et une commode ancienne complètent le décor plein d'harmonie. Dans la chambre, un autre lit à colonnes est réservé aux enfants : celui qu'on veut gâter a la permission d'y passer la nuit ou d'y faire la sieste et le dais est relativement élevé pour qu'aucun bambin n'aille le crever en sautant de joie sur le matelas. « C'était évidemment la grande dispute pour déterminer qui y dormirait, s'amuse Victoria. En plus, on avait le privilège de pouvoir y jouer avec "Monkey", le chat siamois. C'était génial ! » Partout, des fleurs, des livres, des photos des cinq enfants : Géraldine, Michael, Joséphine, Victoria et Eugène. De son lit de merisier, Oona est à portée des sonnettes qui régissent le quotidien du manoir. « La chambre d'Oona était bien le quartier général de toute la maisonnée, se souvient une ancienne femme de chambre italienne. Madame y passait beaucoup de temps. C'est de là que partaient ses ordres et là que les petits Chaplin, qui avaient leurs appartements au deuxième étage avec leurs deux nurses, venaient régulièrement chercher des câlins. Il y régnait beaucoup de douceur. Le train de maison était complexe ; on ne recevait pas si souvent que ça, mais Monsieur était méthodique, précis, exigeant. » L'horaire de la matinée est immuable : petit déjeuner en tête-à-tête avec son époux (Oona adore le thé, Chaplin le déteste), réunion du personnel, jeux avec les enfants, déjeuner.

Charlie travaille seul. Même les enfants n'ont pas le droit d'entrer dans son bureau sans frapper. Les jours de grande inspiration, il leur est interdit de passer devant la fenêtre et de jouer près de la terrasse. « Chut ! murmurent-ils. Papa pense... » Vers cinq heures, tennis. Chaplin est un bon joueur mais il a naturellement horreur de perdre. Oona explique aux témoins : « [...] Je fais de mon mieux pour l'empêcher de jouer avec des amis, parce qu'alors il plastronne, court et s'essouffle. Avec moi, comme il est sûr de gagner, il prend les choses plus calmement. » Jusqu'au dîner, il va jouer avec ses cinq petits diables. Il a l'habitude de mettre dans la journée un vieux costume beige. « Il était à l'aise dans ses vieilles affaires étriquées, raconte l'un de ses enfants. Il portait souvent un pull-over effrangé ou des chaussures de tennis usagées. Ce n'était pas de la radinerie. Il était de ceux qui mettent longtemps à s'habituer à leurs vêtements, mais ne se résignent plus à les abandonner. » Oona, comme toujours, est en pull-over et jupe de tweed. Géraldine raconte son roman sur le bonhomme des neiges ; Michael, déchaîné, raconte des histoires fausses que ses dons de mime rendent vraies ; Joséphine organise un festival de grimaces ; Victoria rêve. Et Eugène, qui porte le nom de son grand-père maternel, tape à tour de bras sur le piano de Géraldine. Des scènes très « bibliothèque rose »... Pour eux, Chaplin redevient Charlot. Et ses films les plus drôles, les plus jaillissants de trouvailles, les plus purs, les plus émouvants aussi, ce sont ceux que nous ne verrons jamais[1] : ceux que la petite caméra 16 millimètres d'Oona enregistre pendant ces douces soirées. Pour le dîner, les deux époux se retrouvent seuls. Chaplin boit son « Old Fashioned » rituel. Ils sont servis par leur maître d'hôtel à la lumière des chandelles. Le mardi, jour de sortie de la cuisinière, Oona fait

---

1. On peut toutefois s'en faire une petite idée en visionnant les bonus de la dernière édition DVD des *Feux de la rampe* paru chez MK2 et dans le documentaire de Richard Schickel sur Chaplin.

elle-même la cuisine. Charlie l'aide. Ils sont au diapason, anticonformistes et amoureux.

Oona déteste le luxe trop ostentatoire, mais adore le confort. Chaque fois qu'elle vient à Paris, Charlie l'emmène évidemment chez les grands couturiers, Balenciaga, Balmain, Dior, Jacques Fath en tête, et lui offre des robes à profusion. Oona fréquentera aussi, après sa réouverture, la maison Chanel. Toutes ces merveilles sont entreposées dans une grande pièce du premier étage, près de la chambre des lits à colonnes, mais elle les met si rarement ! Chez Christian Dior, son mari voulut ainsi lui offrir une robe de cocktail en velours blanc très « new look ». Oona la trouva vraiment trop chère. Comme Charlie insistait, elle opta pour le modèle porté par le mannequin, qui coûtait beaucoup moins. Elle emporta la robe, la rangea dans sa penderie géante et n'y toucha plus jamais, « parce que dans ces trucs-là, je ne peux pas m'asseoir ». Elle préfère s'habiller de tweed, de jupes et de pulls comme ceux que l'on met en Écosse pour arpenter les *moors*, très « Brigadoon ». Sa seule passion d'adolescente : les rouges à lèvres[1]. Elle en possède des dizaines de tubes et achète toutes les nouveautés et tous les coloris. Les tiroirs de sa coiffeuse en sont bourrés. Sa fille Victoria se souvient que « mon père avait offert à maman un étui à cigarettes qui faisait également office de miroir et de poudrier. C'était un objet auquel elle était très attachée ». Mais Oona ne se maquille que le soir et légèrement. De nombreuses fois maman, elle a gardé son clair visage de jeune fille. Elle est certainement la seule « grande personne » de la famille Chaplin, celle qui apprend à vivre aux enfants et donne chaque matin à Charlie son argent de poche. Mais à la voir si juvénile, si lisse, si gracile, on la prendrait pour sa fille[2] !

Elle est LA compagne, le sourire, celle qui représente la paix, la fraîcheur, la grâce. Ce petit bout de femme est aussi, sans jamais le montrer, « l'administrateur général » de ce merveilleux grand cirque permanent et insouciant dont la famille Chaplin offrira

---

1. Joséphine se souvient que sa mère porta longtemps comme parfum *Calèche* d'Hermès.
2. La presse suisse prend alors un malin plaisir à transcrire l'anecdote suivante : « Au cours d'une promenade, Charlie Chaplin s'arrête pour prendre de l'essence et sa femme en profite pour marcher un peu sur la route. – Elle est épatante, votre fille, dit la garagiste à Chaplin. – Ma fille, s'exclama le réalisateur, mais vous ne voyez donc pas que je suis bien trop vieux pour avoir une fille aussi jeune ! »

l'image à la une des magazines du monde entier pendant plusieurs décennies. Mais elle sait rester en retrait, ne jamais voler la vedette à son mari, garder un rôle d'observatrice amusée et parfois ironique, en second plan, au diapason de sa timidité profonde.

Louise de Vilmorin évoque très bien la réserve d'Oona lors d'un grand dîner : « Oona était habillée de noir. Elle m'apparut comme l'image même de la timidité, mais d'une timidité créole qui, loin d'être gauche, avait de la grâce et du mystère. Pâle, très brune et les cheveux coiffés en bandeaux plats, elle avait un air d'amoureuse de dix-huit ans et ne disait pas un mot. Ses lèvres longues et charnues, ses longues paupières bordées d'ombre, voilant à demi son regard, me souriaient sans que l'on pût définir si ce sourire était de convenance ou de mélancolie. Tout en elle disait gentiment : "Ne vous tracassez pas à mon sujet et surtout ne vous croyez pas obligés de me parler : je suis très bien comme ça. Vous êtes tous charmants, mais c'est pour Charlie que je suis ici, vous aussi du reste, et il n'y a que lui qui m'intéresse vraiment." Il était évident qu'elle ne voulait pas être distraite du plaisir qu'elle éprouvait à voir briller son mari. »

Il est facile d'être seul dans la maison car le manoir est grand. Datant de 1840, il a été construit par un riche voyageur suisse, à l'image des demeures bâties dans les plantations aux États-Unis. À lui seul, le dernier étage abrite six chambres, trois salles de bains, une lingerie avec téléphone, et un grenier doté d'une autre chambre. Le premier comprend cinq chambres, quatre salles de bains, deux balcons et cinq téléphones. Le rez-de-chaussée possède huit pièces, une salle de bains pour les invités, une salle de bains pour le personnel, trois téléphones, une véranda en fer à cheval, un sous-sol suffisamment spacieux pour y donner des soirées, une chambre noire pour développer les films, une pièce réservée au stockage du bois de chauffage, une cave à vin, une salle d'archives et un vestibule pavé.

À l'époque, quand on demande à Oona comment elle élève ses enfants, elle répond simplement : « Nous essayons de respecter leur personnalité. Chacun s'occupe selon ses goûts sans empiéter sur le domaine du voisin. Nous n'avons pas d'autre secret que de garder à leur égard une bonne humeur constante. D'ailleurs, toute notre vie s'organise autour d'eux, dit-elle avec douceur. C'est la forme de bonheur que le destin nous a donnée et nous n'en cherchons pas d'autres. Vous vous souvenez de la belle phrase qui termine les contes de fées. À la naissance de Géraldine, aux États-Unis, Charlie ne se doutait pas que notre fille ne resterait pas "unique". Moi, j'avais la certitude qu'une nombreuse famille suivrait. À Hollywood, notre maison n'était prévue que pour un seul bébé. Lorsque le deuxième s'annonça – c'était Michael – il nous fallut sacrifier le patio pour agrandir la nurserie. Ce fut une course contre la montre entre la cigogne et le maçon qui n'a gagné que d'une courte brique. »

La course ne s'est jamais arrêtée. Instruite par l'expérience, Oona garde vêtements et landau pour le suivant. Le dernier étage du manoir de style XVIIIe siècle est ainsi réservé aux enfants, mais à l'instar de la villa californienne du début, il va vite devenir trop étroit. Les plus petits partagent de grandes pièces claires et bien aérées ; les plus âgés prennent peu à peu possession des chambres d'amis plus proches de celles des parents. Les benjamines auront bientôt la fierté de rejoindre leurs aînés au prix de certains privilèges comme celui de faire la sieste avec maman. « Dans une grande famille comme la nôtre, dit Oona, il faut prévenir chez les plus jeunes le sentiment de jalousie vis-à-vis du futur arrivant. Mon système est très simple : j'informe moi-même les enfants de la nouvelle, en premier, avant qu'elle ne soit officiellement annoncée aux étrangers. Ils se divisent d'habitude en deux clans véhéments, selon qu'ils sont partisans d'un frère ou d'une sœur. Autre remède contre la jalousie : dès que le nouveau est assez solide pour supporter bravement l'épreuve, on permet aux cadets de le prendre dans leurs bras, de lui donner son biberon, de le changer. Vicky et Joséphine sont spécialisées dans la technique des couches. L'après-midi, elles se précipitent en rentrant de l'école dans la nurserie en hurlant : "J'espère que vous m'avez 'gardé' le bébé !..." »

Géraldine, elle-même, ravissante et coquette, a hérité de l'instinct maternel d'Oona : « Je t'en prie, maman, l'a-t-elle suppliée, continue d'avoir des bébés jusqu'à ce que je sois assez grande pour en avoir. » « Nous essayons, dans la mesure du possible, explique Oona, de ne pas gâter nos enfants. Si Joséphine, par exemple, a envie d'une jolie robe en plus, elle attendra pour la recevoir le jour de son anniversaire. » Et la question de l'argent de poche ? « C'est moi le ministre des Finances, déclare Oona. Charlie, comme un roi, n'a jamais d'argent sur lui. Au restaurant, je dois lui passer les pièces sous la table pour les pourboires. Pour les enfants, c'est la même chose, je leur distribue l'argent par très petites sommes :

manier trop d'argent est dangereux. Je veux qu'ils grandissent sans prétentions, en acquérant le sens des vraies valeurs. »

Très tôt la presse s'intéresse de près à la vie scolaire des enfants Chaplin. Le magazine *Elle* délègue même plusieurs fois une envoyée spéciale à Vevey. Que découvre-t-elle donc ? Que chaque matin, une grosse voiture noire franchit la grille du manoir ; Georges, le chauffeur, dépose d'abord Michael à l'école communale, à cinq cents mètres de la maison. Puis il descend jusqu'à Montreux où Mlle Joséphine et Mlle Victoria vont, très ponctuelles, à leur *kindergarten*. Plusieurs fois par semaine, Georges fait une tournée supplémentaire, car Mlle Géraldine, pensionnaire dans une institution de Lausanne, ne rentre à la maison que le mercredi et le samedi. Et les journalistes de souligner que Victoria a déjà un grand esprit d'observation et, dans sa classe, remarque tous les mouvements que font les plus grands, se levant de temps en temps pour aller jeter un coup d'œil sur le travail de chacun, très « mademoiselle je sais tout ». Mlle Vicky prend aussi ses premières leçons de danse deux fois par semaine et fait la joie de son institutrice : « On voit qu'elle est élevée dans un milieu ouvert, remarque-t-elle. Elle adore les puzzles et semble douée pour le dessin. Un vrai tempérament artistique. » Michael, lui, est décrit par les reporters comme un élève chahuteur qui excelle en gymnastique. Et les photographes de noter que tous les enfants portent des sacs en peau de vache et de souligner qu'ils sont peut-être les plus étrangement habillés du village. Les gamins introduisent en effet des jeans et des chaussures de tennis dans la vie quotidienne, bien avant qu'ils ne soient devenus le dernier cri de la mode.

Tous les enfants du village ont libre accès au manoir. Oona les préfère comme compagnons de jeu à des petits snobs tirés à quatre épingles. « Voyez-vous, mes enfants forment une sorte de gang assez sûr de lui, parce que le nombre leur donne un sentiment de force. Comme un gang, ils ont leurs lois et font leur police eux-mêmes. Ainsi, ils se chargent d'apprendre les bonnes manières à leurs camarades, tout au moins les manières qu'ils jugent "bonnes" », fait remarquer Oona à un hebdomadaire français.

Chaque famille possède son vocabulaire secret. Dans la bande des Chaplin, la discipline et l'ordre se résument à deux mots : *Spoilt brat* (enfant gâté). Lorsqu'on entend lancer cette expression à la nurserie, c'est le signal qu'un bambin est en train d'en corriger un autre. « Je ne suis pas un enfant gâté », pleurniche alors le coupable.

Et les gouvernantes d'arbitrer le conflit. L'injure, la blessure d'amour-propre stimulent immédiatement le désir de se conformer aux principes de la famille.

L'une des femmes de chambre de l'époque se souvient surtout que les enfants étaient merveilleusement polis et créatifs : « Je revois encore Géraldine en pantalon et tricot, perchée sur un tabouret, faisant inlassablement ses exercices devant le piano à queue et initiant le petit Eugène au clavier ! Victoria était craquante et Joséphine un peu mystérieuse, d'un calme très olympien. Michael ressemblait à sa mère mais son imagination en faisait bien le fils de son père. Un jour, il m'affirma avoir vu un puma dans leur maison d'Hollywood au moment où il prenait son bain. Et il mima l'approche, puis le bond de l'animal avec une extraordinaire vérité. Une autre fois, dans le jardin, il se précipita vers moi en criant qu'il avait aperçu Monkey, le chat siamois, mort sur le toit du garage. Et il évoqua si bien le chat étendu et agonisant que nous fûmes tout surpris de voir le félin venir ronronner dans nos jambes quelques minutes plus tard. Oona se laissait parfois prendre aux histoires terribles de Michael. Hors d'haleine, il lui fit un jour le récit de son combat herculéen contre une énorme vipère dans le parc. Bien entendu, il n'avait pas eu peur et avait terrassé le serpent. Oona envoya Walter vérifier la véracité de l'histoire et tout ce qu'il trouva fut une vipère morte depuis des semaines, la tête d'un côté et la queue de l'autre. C'était assez pour en faire aux yeux de Michael une épopée ! Les petits Chaplin débordaient d'imagination. »

Victoria évoque « sa fierté lorsque maman venait nous chercher à l'école. Nous étions bien conscientes de sa beauté et les autres élèves nous jalousaient un peu ». Les *birthday parties* sont l'occasion d'éviter des sentiments envieux : « Bien sûr l'heureux élu avait droit à ses cadeaux d'anniversaire, mais chacun des autres enfants recevait également un présent », témoigne Victoria. Elle se rappelle que les enfants avaient appris à bien imiter les signatures de leur célèbre papa et qu'ils négociaient les autographes de Chaplin contre une aide pour un devoir ou des vignettes de jeux. « Ce qui était amusant, dit-elle, c'est que nous recevions des tonnes de cadeaux à la maison. Mouloudji envoyait tous ses disques, Brassens aussi et maman mesurait ses progrès en français à l'écoute de ses trente-trois tours. Jerry Lewis ne cessait de se manifester par divers présents. Eddie Constantine nous ballada un jour dans sa voiture. Le shah d'Iran faisait porter chaque année le meilleur caviar du monde. La famille Picasso envoyait de superbes cartes de vœux. D'innombrables colis arrivaient au manoir. Et une femme cinglée envoyait même d'immenses paquets surprise qui contenaient des choses anodines, des fourchettes empaquetées par exemple, et nous jouions comme des fous à les déballer. Le courrier arrivait du monde entier. Une fois, nous avons reçu une enveloppe libellée ainsi : "Mr Charles Chaplin, *somewhere in Switzerland* (quelque part en *Suisse*"). Quelques mois plus tard ce fut : "Mr Charles Chaplin, *somewhere in Europe* (quelque part en Europe"). Les postes arrivaient à nous retrouver. » Le facteur du manoir arrive en effet tous les matins avec une montagne de missives. « Maman était la meilleure cliente de la papeterie Kramer à Vevey et nous ramenait des provisions de crayons, gommes, et les premiers feutres quand ils apparurent. Elle offrait volontiers pour une fête ou un bon bulletin un stylo-plume. » Géraldine affirme avoir été une bonne élève grâce à une technique imparable : « Je prenais soin de m'asseoir à côté de la première de la classe en lui disant : "Si tu me laisses copier, tu pourras venir au manoir et déjeuner avec Charlot". La méthode marchait du tonnerre ! J'améliorais ma moyenne sans réel effort de mémoire. » Au magasin *La Mercière* (mercerie, bonneterie, lingerie et confection) rue du Simplon à Vevey, Pierre Dormond garde un souvenir ému des visites des enfants à son établissement : « Mme Chaplin faisait envoyer toutes les factures au manoir. Très souvent, l'un des rejetons venait avec un panier de pommes et les distribuait au personnel conquis. Les deux nurses avaient l'air de faire partie de la famille. »

Le parc est leur terrain de jeux et de découverte. Eugène Chaplin[1] se souvient d'une enfance aux accents alpestres très « Heidi » : « Avec mes frères et sœurs, nous fabriquions des cabanes adossées aux arbres du parc... Nous faisions aussi de longues parties de cache-cache... Chaque jour, au printemps, nous nous transformions en urgentistes pour animaux. Au pied des arbres, nous avions l'habitude de trouver des oisillons tombés du nid. Nous leur donnions du pain trempé dans du lait. » Cet immense parc est presque une réserve naturelle. Oona et Charlie déposent des carottes au pied des arbres pour nourrir les chevreuils. Il y a aussi un arbre mort au milieu du parc qu'ils refusent d'abattre pour ne pas déloger une famille de hiboux qui y a élu domicile. Les enfants ont ordre de ne

---

1. Eugène Chaplin, *Le Manoir de mon père*, Ramsay.

pas s'approcher des ruches en contrebas. Oona a autorisé un apiculteur à y placer son installation. En remerciement, elle reçoit régulièrement des pots de miel qui régalent évidemment toute la famille. On mange « bio » chez les Chaplin ! Dans le verger, les enfants dévorent pommes, poires, abricots, cerises ou mirabelles. Chaplin a autorisé un berger à y conduire ses moutons afin de brouter l'herbe d'une façon plus naturelle que les tondeuses bruyantes. De nombreux légumes poussent dans le potager, dont du maïs, à l'époque réservé à la nourriture des bêtes. « Nous aimions beaucoup ce légume, se souvient Eugène Chaplin. Ce qui provoquait l'étonnement du voisinage : "Ces enfants Chaplin sont décidément curieux…" ; mais nous le savourions jusqu'au dernier grain. »

Tous les petits Chaplin commencent leurs études à l'école communale du village puis sont placés comme demi-pensionnaires dans un cours privé de Lausanne ou une école religieuse (les meilleures en Suisse). Leurs parents ont fait en sorte qu'ils soient naturellement bilingues. Charlie Chaplin ne parlera jamais bien le français car il en a commencé l'apprentissage bien trop tard. Oona se débrouillera un peu mieux. Chaplin déclare à tous les journalistes : « Oh ! Jamais je n'ai eu l'envie d'envoyer mes enfants dans une *american school* ! Elles ne font pas assez preuve de discipline. Ici, en Suisse, les écoles sont sévères. Les miens doivent être prêts face aux épreuves de l'existence. »

Sous son air angélique et son beau regard, Géraldine est assez turbulente, très curieuse des choses de la vie. La plus forte et la plus grande de taille règne longtemps sur ses cadets. « Une vraie petite Miss », disent les deux nurses un brin admiratives. À dix ans, elle entre dans une école religieuse de Lausanne et y découvre Dieu. « Les religieuses étaient aussi sévères que mon père, mais douces aussi. Le premier jour de classe, toutes les filles étaient à genoux en prière. Je pensai qu'elles récitaient probablement une leçon, mais non, l'une d'entre elles m'expliqua qu'elles priaient et c'est ainsi que j'ai enfin entendu parler de Dieu, des anges et de tous les saints du paradis. Plus tard, j'ai commencé à croire en lui et me sentis plutôt satisfaite », s'amuse Géraldine qui incarnera quarante ans plus tard Mère Teresa pour le petit écran.

C'est au début de l'adolescence que la vie deviendra un peu difficile pour Géraldine au manoir, Chaplin insistant lourdement pour connaître tous les garçons amis de sa fille et s'en méfier, réaction commune à beaucoup de pères qui ont eu une vie sexuelle comblée dans leur jeunesse. Intelligente et volontaire, Géraldine va vite se mettre en tête de devenir danseuse de ballet et travailler d'arrache-pied sa passion. Est-ce un moyen pour échapper à l'atmosphère sous contrôle du manoir ? Ses cours de ballet bi-hebdomadaires impliqueront d'incessants déplacements de Vevey à Lausanne, ce qui prouvera son désir passionné de réussir. Tous les témoins de l'époque note la si frappante ressemblance de Géraldine avec sa mère : même finesse, même regard avec ses grands yeux sombres et expressifs et un identique sourire lumineux.

Michael est brillant. Il écrit même tout jeune des poèmes en français avec autant d'aisance qu'en anglais. Et pourtant, petit, sa nannie désespérait de lui apprendre à lire. Mais c'est un doux rêveur qui se retire dans son monde intérieur. Un tempérament coriace aussi : gamin, il casse un jour une lampe et, quand son père lui donne la fessée, il se vante de ne pas avoir mal, jusqu'au moment où cela n'est plus vrai. Tout le monde, des gouvernantes aux amis, soulignent son intelligence vive. Mais il préfère nettement écouter des histoires plutôt que d'aller à l'école et élever des hamsters et des souris ou jouer avec un bébé aligator plutôt que participer aux jeux d'équipe. Il semble ne guère supporter la discipline. Se sent-il déjà écrasé par la superbe vitalité de son père, son charme et son humeur imprévisible ? Il sait en tout cas qu'on attend beaucoup de lui et paraît conscient de la supériorité de Géraldine en matière d'esprit, de vivacité, de réussite et de faculté d'adaptation.

Bientôt, Chaplin parlera d'envoyer le jeune garçon comme interne dans une de ces *public-schools* britanniques pour lesquelles Charlie déborde d'admiration, même s'il n'y a jamais mis les pieds. Oona souhaitera le garder auprès d'elle, refusant d'avouer que Michael est son petit préféré. Elle parle au pluriel : « Une mère ne peut se résoudre à se séparer de ses enfants que le jour où ils sont assez grands pour être indépendants, naturellement. »

C'est peut-être la raison pour laquelle Oona et Charlie emmènent toujours les aînés en vacances avec eux, à la dernière minute, même s'ils ont décidé de partir en tête à tête. Michael et Géraldine les suivent ainsi dans leur expédition au Kenya en mars 1958, campant au pied du mont Kilimandjaro. Mais Géraldine n'accompagnera pas ses parents au Japon. Pour une fois, ils lui opposent un non catégorique : « Il ne faut pas, dit Oona, qu'elle pense que tout lui est dû. »

La nannie écossaise des petits, Édith Kate MacKenzie[1] (« Kay-Kay ») et la gouvernante canadienne, Mabel Rose Pynniger, baptisée « Pinnie » pour les familiers, prennent leur jour de congé hebdomadaire ensemble. Les Chaplin sont heureux de se retrouver entre eux et mettent une voiture à leur disposition pour que les deux femmes puissent s'éloigner autant qu'elles le désirent. Ce jour-là – le mardi – c'est la fête. Le chef est de sortie et Oona prépare elle-même le repas, à l'américaine[2]. Elle cuit aussi une énorme quantité de petits gâteaux, des « brownies » dont les enfants se gavent à s'en rendre malades. Sa recette est simple : une tasse de beurre, une tasse de sucre, deux barres de chocolat amer, deux œufs bien battus, un tiers de tasse de *bran*, un tiers de tasse de farine, un tiers de cuillerée à café de sel, une tasse de noisettes grossièrement pilées, une cuillerée à café d'essence de vanille. Oona parle cuisine avec un grand sérieux : « Vous n'imaginez pas ce que les enfants dévorent, avoue-t-elle naïvement. Dès qu'ils savent tenir leur fourchette et leur cuillère, ils prennent leurs repas avec nous, sauf quand nous avons des invités. Ils ont aussi l'habitude de jouer avec leur père et dès leur plus jeune âge, on leur montre ses premiers films muets. Nous assurons nous-mêmes la séance de projection. » « Ils ne sont pas très bon public, grogne Charlie. Ils sont tous des mimes si doués qu'ils préfèrent me copier que rire de mes gags. »

C'est bien ce qui inquiète Oona : sa petite famille met un peu trop de complaisance à son gré à « jouer » pour les photographes, tous les paparazzi de l'époque qui pigent pour *Paris-Match* ou *Gente*. Géraldine se saisit du bébé et pose avec un sûr instinct théâtral devant le plus effacé des reporters. Malgré l'interdiction de ses parents, elle se laisse immortaliser à son cours de danse. Dès que « Tétard[3] » aperçoit l'ombre d'une caméra, il sourit. Vicky indique avec précision aux reporters les heures de sortie de son école et est prête à mille prouesses pour être applaudie. Joséphine connaît déjà son meilleur profil. Le plus modeste et réticent aux

---

1. Michael se souvient qu'elle est la fille d'un pêcheur d'Aberdeen qui avait eu neuf enfants : « Petite, très ridée, drôle, elle avait un caractère en or. »

2. « Notre mère cuisinait une fois par semaine, se souvient Eugène Chaplin. Ma préférence allait à ses courgettes farcies, à une soupe de poireaux faite avec les légumes du potager, à une compote de pommes de notre verger et à une glace vanille nappée de caramel qui se refroidissait au contact de la glace en formant une croûte sucrée totalement divine. »

3. Surnom d'Eugène.

flashes est Michael. « Heureusement, admet Charlie, la mise en boîte familiale réduit considérablement le danger d'une absurde vanité. »

On n'imite jamais que ceux qu'on admire. Pour les petits Chaplin, Charlot est peut-être un clown, mais il est aussi un dieu. Oona veille jalousement à maintenir ce prestige naturel même lorsque les difficultés de la création obligent son mari à vivre sur les nerfs. « J'ai toujours voulu, raconte Oona, que les miens comprennent qui est leur père. Aussi, lors d'un séjour en Angleterre, j'ai envoyé les aînés à Whitechapel, le pauvre quartier juif de l'East End de Londres, où Charlie vit le jour. Ils revinrent, humbles et fiers à la fois. Les habitants du quartier les avaient reconnus et leur avaient presque fait une ovation. Ils avaient même suivi les enfants le long des rues et c'est en procession que s'est terminé cet étrange pèlerinage. » Charlie et Oona leur donnent très tôt le goût d'aller au cirque, le plaisir d'une projection dans un vaste cinéma et le virus du ballet et du théâtre. De quoi stimuler leur tempérament artistique !

« Ce qu'il y a de merveilleux avec les enfants, dit Charlie aux reporters de l'époque, c'est que pour eux leurs parents sont toujours vieux, qu'ils aient trente ans ou soixante-dix ans. Mais je fais de mon mieux pour rester jeune afin de ne pas trop les tromper. L'hiver dernier, j'ai recommencé à faire du ski, pour la première fois depuis vingt ans. Ils ont trouvé ça tout naturel. » Oona sourit, rêveuse. Qu'importe les cheveux blancs de Charlie, puisque leur amour est aussi neuf, aussi vivant qu'aux premiers jours. La famille prendra l'habitude de louer un chalet à Crans pour des séjours de ski. « Nous louions chaque année, pendant deux à trois semaines, le chalet *Les Versaches*[1]. Papa, se souvient Michael, affirmait avoir été un très bon skieur il y a trente ans, qualifiant ce sport de facile, mais lorsqu'il a rechaussé les skis, il s'est rendu compte que c'était plus difficile qu'il ne l'avait imaginé. » Un moniteur de ski, André Bonvin, initiera tous les Chaplin aux vertiges de la glisse. Mais Oona n'aimera guère le ski. À peine pratiquera-t-elle un peu de patinage sur glace pour faire plaisir à ses enfants.

Chaque année à Pâques, le clan familial passe ses vacances en Irlande, dans le hameau de Waterville. On y choisit le confort désuet

---

1. C'est la famille d'Elfi Sanders, le professeur de yoga d'Oona, qui leur réservait chaque année ce chalet à trois étages. Le soir, parents et enfants sortaient au *Farinet*, le chalet-dancing de Crans-sur-Sierre.

du *Butler Arms Hotel*, où les propriétaires, Peter et Mary Huggard, sont aux petits soins pour eux. La famille s'y gave de ces saumons et de ces truites que viennent pêcher sportivement les maharadjahs et les amiraux en retraite. « Mes parents adoraient ce pays, affirme Eugène Chaplin. Ma mère pour renouer avec ses origines et mon père pour la nature sauvage. » À la pointe sud-ouest de l'Irlande, Waterville et ses quatre cents âmes excercent sur Chaplin une fascination particulière : « C'est l'un des rares endroits de l'univers où il soit possible de respirer de l'air non pollué dira-t-il un jour. Même la Suisse n'est plus ce qu'elle était ! » C'est surtout un lieu idéal pour se livrer à la méditation philosophique et prendre le temps de vivre. Une seule et unique fois, Chaplin sera pris soudainement de l'une de ses fréquentes envies de travailler avant de découvrir que le système téléphonique antédiluvien de l'endroit rend tout appel difficle et renoncera à ses envies de création. Mieux vaut donc se laisser porter par l'humeur du jour.

Le matin, vers neuf heures, M. et Mme Chaplin descendent comme tout le monde prendre leur *breakfast* dans la salle commune. Oona dépouille le courrier en attendant les toasts. Elle chausse ses lunettes pour le lire à son mari : Charlie est si coquet que, malgré sa myopie, il répugne à mettre les siennes en public. C'est cela, le secret d'Oona, pouvoir à chaque instant effacer la grosse ride qui barre le front de son mari. Sa main aux doigts effilés se pose sur la grosse patte où l'âge a imprimé ses taches de rousseur et le sourire de la jeunesse éclaire à nouveau le visage buriné de son mari.

Pour lui, l'Irlande c'est la mer aux flots gris, les maisons hantées, les lacs bordés de genêts et bien sûr le pays d'origine de sa femme dont il préfère oublier l'ex-nationalité américaine. L'Irlande fourmille vraiment de gens qui s'appellent O'Neill. En un seul week-end, dix personnes au moins se sont précipitées dans la salle à manger de l'hôtel pour saluer « leur chère cousine ». Les enfants montent à cheval (c'est là que tous apprirent l'équitation sauf Oona qui ne prisa guère ce sport) ou vont pêcher en barque sous la direction du vieux Mike qui les abreuve d'histoires de fantômes et de châteaux engloutis dans la meilleure tradition celte. « À part la pêche ou le cheval, il n'y avait pas grand-chose à faire, dit Michael. Une fois, j'ai même remporté un second prix à un concours régional de pêche à la truite. Mon père nous a accompagnés une fois sur le Lough Currane, le plus grand lac de la région. Le vent soufflait allégrement... Papa a compris... » Oona les photographie souvent, fixant sur la pellicule les bons moments de vacances. « Mon père était moins doué qu'elle pour le cadrage, se souvient Eugène Chaplin. C'était toujours maman qui faisait les meilleurs plans. » En perfectionniste, c'est elle également qui les filme avec une caméra 16 millimètres tout au long de l'année en prévision de la projection annuelle de Noël. Curieusement, quand Chaplin filme, la caméra donne le roulis aux images. Le cinéaste doit se rendre à l'évidence : sa femme a un peu de talent. Charlot n'aime pas trop qu'on lui fasse de l'ombre. Ainsi, les parties de pêche ne sont guère prolifiques pour lui. Or, à l'hôtel, chaque client dépose ses prises bien en évidence dans une pièce contiguë à la cuisine. Un jour, Chaplin rentre bredouille. Il choisit alors de se rendre à l'office et demande à ce qu'on veuille bien lui ouvrir une boîte de sardines. Il en sort une minuscule et va la déposer parmi les immenses saumons et les truites pêchés dans la journée par les autres clients, en prenant soin d'inscrire en grosses lettres sur une feuille de papier : « Charlie Chaplin », très pince-sans-rire...

Michael se souvient aussi d'une leçon de pêche mémorable que lui donna son père sur les bords de la rivière Inny : « "La technique, répétait-il, il faut posséder la bonne technique... Approche, je vais te montrer..." Il lança la canne à pêche en arrière, faisant siffler la ligne, puis d'un geste adroit, la ramena brusquement en avant comme un fouet... Rien ne se produisit. Absolument rien ! Papa tira alors de toutes ses forces, croyant que la ligne était sans doute restée accrochée à une branche. Je regardai par-dessus son épaule, là où presque tout le revers de son imperméable avait été déchiré. "Je crois qu'elle s'est accrochée à ton imperméable", avançai-je avec beaucoup de diplomatie. "Accrochée ?" S'il avait tiré un tout petit peu plus fort sur la canne, il serait parti en avant rejoindre les poissons[1] ! » La famille Chaplin adorera ses séjours au cœur du comté de Kerry : « Maman en profitait pour tricoter des pulls à l'irlandaise avec des torsades. Elle se gavait de coquillages et de poissons ! », dit Victoria. « Ma mère, ajoute Michael, aimait les ciels nuageux, les petites averses, l'océan à perte de vue, les ballades sur la lande, le vol des grues cendrées. L'Irlande la comblait tout à fait. Papa, lui, préférait les ciels bleus et la Méditerranée. » Une des filles de Chaplin évoque la véritable passion de sa mère pour l'Irlande : « Elle adorait les paysages sous le ciel de l'Eire, si pleins

---

1. Michael Chaplin, *op. cit.*

du mouvement de la pluie, du vent et des nuages turbulents que lorsque survient une belle journée, une journée parfaite, vous retenez votre respiration. Et cet incroyable peuple irlandais – un autre paysage, des gens en public se mettant en danger afin de divertir les autres, des gens buvant afin de ressentir plus intensément le bonheur du moment présent. »

Oona profite de chaque séjour annuel pour faire découvrir aux enfants des merveilles : le fonctionnement d'un moulin médiéval sous de hautes herbes, des aquarelles de Turner qu'on n'expose que quand la lumière est faible, la tour de Keats au sommet d'un vallon, comment bien péparer et cuisiner une truite sauvage qui vient d'être pêchée, des nids d'alouettes, des cimetières oubliés, ses champs de primevères et de violettes et enfin de merveilleux pubs à la croisée des chemins aux noms si accueillants – *Les Plumes du panache*, *Le Carosse et les Chevaux*. De tous les enfants, Joséphine est celle qui aujourd'hui cultive le plus sa fibre irlandaise, allant jusqu'à y posséder plusieurs maisons et y passer au moins trois mois par an (Annie aussi dispose d'un cottage). Et tous les enfants d'Eugène (qui épousa une Irlandaise pure souche, Bernadette) se sentent très « irish ». Kiera Chaplin avoue même fêter chaque année la Saint-Patrick et s'offrir une cuite, *as everyone in the USA*.

L'été, ils louent une maison sur la Côte d'Azur. Eileen Alkeres-Burnier se souvient : « En été, de juin à fin août, nous nous rendions au Cap Ferrat, dans une très grande villa qui s'appelait *Lo Scoglietto*. Le départ était toujours orageux, car Chaplin ne voulait pas quitter le manoir. Il y avait deux voitures qui l'attendaient devant la porte, pleine d'enfants, de nurses et de valises. La Bentley était là, Oona était déjà assise à l'intérieur, et le chauffeur, la casquette à la main, se tenait à côté de la portière ouverte, en attendant que Charlie vienne enfin prendre place à son tour. Mais le cinéaste me dictait ses dernières notes, en me disant : "Je ne veux pas partir, d'ailleurs je n'ai ni mon passeport ni mes lunettes…" Alors, il me fallait le convaincre. » On sent vraiment de la tension dans l'air : les valises s'amoncellent, les malles s'accumulent, les domestiques s'affolent et même Oona semble au bord de la crise de nerfs. « Papa en voyage était un vrai cauchemar, convient Michael Chaplin. Il perdait son passeport, son billet d'avion. Il détestait les taxis. Heureusement, maman était là, retrouvait les papiers égarés. Une fois, il est arrivé si en retard dans l'avion qu'il a fait offrir le champagne à tous les passagers pour se faire pardonner. Chaque voyage constituait une véritable expédition. Mais l'anecdote selon laquelle les Chaplin ne prenaient pas tous ensemble le même avion est fausse. Nous n'étions pas une famille royale. » Victoria se rappelle d'un détail piquant : « En avion papa et maman voyageaient toujours en première ; nous les enfants et les nurses étions en classe économique. Sauf ma sœur Joséphine qui appréciait le luxe et insistait pour être en classe supérieure. »

Sur la presqu'île de Saint-Jean-Cap-Ferrat, *Lo Scoglietto* (petit rocher, en italien) est une villa Belle Époque 1881, toute rose. Au lieu-dit « Rompe-Talon » (sur la promenade allant de Beaulieu à Saint-Jean), elle a le luxe d'avoir les pieds dans l'eau et comprend même un petit port privé. Noëlle Adam-Chaplin se souvient : « Les vacances à Saint-Jean n'étaient pas toujours synonymes de tranquillité. Les paparazzi, bien que moins agressifs et moins nombreux qu'aujourd'hui, se bousculaient dès que la grille s'entrouvrait. Vite repoussés, ils revenaient par la mer, en bateau ou à la nage, leurs appareils photo sur la tête, pour surprendre Chaplin et sa famille. » Les plus jeunes enfants apprennent à nager avec LE meilleur professeur de toute la Côte d'Azur : Pierre Gruneberg (le compagnon de l'actrice Silvia Monfort). Les Chaplin profitent de leur séjour pour rendre visite à deux amis voisins : Somerset Maugham à la *Villa Mauresque* et Jean Cocteau à la villa *Santo Sospir* qui leur dévoile ses fresques à la chapelle Saint-Pierre de Villefranche-sur-Mer. Un été, un banal problème d'égouts vient gâcher le plaisir de Chaplin. Il découvre que les tuyaux d'écoulement semblent se déverser directement dans la mer, non loin de sa terrasse et répandent une vague odeur. Depuis toujours ultrasensible aux odeurs, il fait intervenir *illico* des hommes-grenouilles pour réparer les dégâts. Saint-Jean-Cap-Ferrrat, ce sont surtout des jours heureux où la famille est au grand complet dans une joyeuse improvisation estivale. Malheureusement, en 1970, les propriétaires, Marie et Joseph Giancecchi, vendirent ce lieu d'exception à David Niven qui, du coup, la rebaptisa *Fleur du Cap* et n'y convia jamais l'encombrante famille Chaplin. Pour les consoler, Paul-Louis Weiller, l'industriel et mécène, mit à leur disposition sa villa *Reine-Jeanne* à Bormes-les-Mimosas. « Il nous y a invités avec plus de trente personnes », confirme Joséphine. Les enfants y font du ski nautique. Oona peut passer des heures à nager dans la Méditerranée. Sur la plage, Chaplin l'enduit d'Ambre solaire, tandis que les paparazzi tentent d'immortaliser leurs gestes tendres. Car, à l'évidence, le couple est amoureux et attentionné comme aux premiers jours.

La complicité qui unit Charlie à Oona n'a rien de paternel. Tout dans l'attitude de cet éternel jeune homme de bientôt soixante-dix ans dénote un besoin constant de séduire et d'amuser cette femme qui reste pour lui la seule aventure au monde qu'il lui faille mener à bien. Oona lui est précieuse et indispensable, c'est l'évidence même. La liste de tout ce qu'elle fait pour lui et à sa place est longue... Elle lui lit tout, sait tout, se souvient de tout. Oona est cultivée... Chaplin joue à ne pas l'être. « Elle est plus mûre que moi, affirma un jour Chaplin. Son jugement est plus sûr. Elle a atteint la sérénité, moi pas. » Et il ajoutait : « Elle sait, par exemple, quand il convient d'ouvrir les lettres et quand il ne faut pas, une chose que je n'ai jamais apprise. » Et enfin : « Pour moi, il n'y a pas de problèmes pour rester heureux, j'aime ma femme et elle m'aime. Tout le reste se résout par la tolérance. »

Avec son front haut, ses yeux au regard sombre et pénétrant, ses mains racées, elle veille au bien-être de son époux. Elle surveille qu'il prenne bien son petit déjeuner traditionnel – café noir, jus de fruits, toasts, marmelade d'oranges, œufs brouillés, à la coque ou au bacon – en tête à tête avec lui, comme à l'accoutumée. De sept heures à midi, il lit les journaux anglais, puis se plonge dans son travail. Parfois emmitouflé dans une couverture lorsque le temps est froid, dès le mois de mars, Chaplin abandonne sa bibliothèque pour le plein air, et aucune gelée ne pourra le faire revenir sur sa décision. Lorsque la cloche du village sonne les douze coups, il a déjà épuisé deux secrétaires et usé deux bandes à double piste sur son magnétophone japonais. Il va ensuite jouer pendant une demi-heure au tennis dans son court privé, avec un « pro », Emile Fisher, à qui il donne du fil à retordre. Son amie, Lillian Ross[1], l'a immortalisé dans son passe-temps favori où il semble puiser un repos mystique : « Charlie Chaplin, en route pour son cher court de tennis, arborait un pantalon de flanelle blanc et une chemise sport à col, ainsi qu'un grand pull blanc jeté avec élégance sur ses épaules, les deux manches bien nouées par devant. Il pratiquait le tennis avec la raquette dans sa main gauche et galopait après chaque balle, n'acceptant pas la défaite et affichant son agacement chaque fois qu'il perdait un point ; il se donnait complètement au jeu, totalement

---

1. Lillian Ross, *Moments with Chaplin*, Dodd, Mead & Company.

concentré. Je l'ai vu se traîner vers le court, abattu et triste : il commençait à jouer. Dès la première bonne balle au-dessus du filet, il se métamorphosait. Concentré sur le jeu, il devenait alerte, gracieux. Sa passion du jeu l'emportait sur ses tristesses intérieures. Celles-ci se dissipaient complétement et il retrouvait son allant, surtout s'il avait gagné. »

Après sa séance de tennis, il nage dans la piscine qu'il refuse de faire chauffer pendant la saison froide. Il déjeune ensuite avec ceux de ses enfants qui rentrent de l'école – pour lui : salade, fromage et une tasse de café. Immédiatement après, il reprend ses occupations. Deux heures durant, il siffle des rengaines de son invention à l'oreille d'un compositeur venu de Londres pour les transcrire en partition musicale. Il discute chiffons avec un costumier célèbre mais qui n'ose rien entreprendre sans le consulter. Il dicte de nouveau certains des textes du matin qui lui semblent imparfaits. Vers six heures, il prend joyeusement un bain chaud et se frictionne longuement le corps avec de l'eau de Cologne parfumée à la lavande. Puis se change. Il s'habille par exemple d'une chemise de soie rouge et d'un costume bleu marine[1] coupé à Londres, Savile Row *of course*, et chausse des mocassins en velours noir avec son anagramme brodée en or. Et le voilà, souriant, d'excellente humeur, un verre de gin tonic à la main, prêt à passer une agréable soirée en compagnie des siens ou de rares invités de passage. Petit et rondouillard, son cou est fort et court, mais malgré ses cheveux blancs encore abondants, il a l'œil bleu, malicieux, souvent ingénu et une peau rose enfantine. Le souvenir qu'Eugène Chaplin attache immédiatement au souvenir de son père, c'est un feu de bois dans la cheminée du manoir[2] : « Mon père adorait le crépitement du feu et étonnait tout le monde, surtout en été. Il n'y avait pas de saison particulière pour profiter de ce plaisir tout simple. »

Une fois, en 1961, Chaplin emmène sa famille faire le tour du monde – Japon, Bali, Hong Kong, Singapour, prenant la route du pôle Nord à l'aller et rentrant via l'Inde et le Moyen Orient. Il est de très bonne humeur lorsque l'avion décolle. Mais son sourire

---

1. Eugène Chaplin se souvient : « J'ai toujours trouvé mon père élégant et jusqu'à la fin de sa vie, il prenait un soin tout particulier à son habillement. Je ne me souviens pas qu'il ait reçu un invité sans enfiler son veston avant d'ouvrir la porte. »

2. Le manoir est entièrement chauffé au bois. Un monte-charge sert au transport du bois stocké dans la cave.

s'efface vite lorsqu'un incident technique les oblige à atterrir à Anchorage en Alaska. En posant le pied sur la piste, Chaplin comprend tout à coup que l'Alaska est devenu le 49ᵉ État d'Amérique et qu'il se trouve donc bel et bien sur le territoire US dont il est théoriquement banni. L'horreur ! Il semble paniqué et s'empresse de remonter à bord. Apprenant que tous les passagers doivent absolument débarquer, il sent passer des sueurs froides. Tout le monde se présente donc à la douane et au Service d'immigration en se rendant à la salle d'attente de l'aéroport. Chaplin reste inquiet jusqu'au moment où l'employé des douanes lui serre ostensiblement la main en disant : « Quel plaisir de vous voir Mr Chaplin. Bienvenue à Anchorage ! » Son visage se détend, mais il pousse un soupir de soulagement en retrouvant son avion. Il y aura aussi un mémorable safari en Afrique, où les enfants s'amuseront de voir leur mère en train de filmer un rhinocéros, juchée sur le toit de la voiture, pendant que Chaplin lui crie ses instructions de réalisateur. Dans le feu de l'action, ils ne se rendent pas compte que l'animal est en train de foncer sur eux. La voiture recule brusquement et le moindre nid-de-poule aurait pu la précipiter à terre.

Lorsque Chaplin entreprend la création de son film *Un roi à New York*, c'est la grande nouvelle au manoir. La maisonnée entière, d'Oona aux enfants, en passant par les deux nurses, la secrétaire, le maître d'hôtel, les deux femmes de chambre, la cuisinière et son aide, le chauffeur et les quatre jardiniers, tous savent que le « big boss » travaille ! Chaque après-midi, depuis plusieurs semaines, aussitôt après le déjeuner, il s'enferme ainsi dans sa grande bibliothèque entièrement lambrissée. Quand Oona pénètre dans son « antre à bouquins », elle le trouve assis à sa table de travail, près de la fenêtre, noircissant fiévreusement du papier, tandis qu'un microsillon joue sans fin, en sourdine, ses partitions. Et chaque matin, quand le maître d'hôtel majordome pénètre dans le grand salon du rez-de-chaussée, le couvercle du piano à queue Steinway est ouvert et le tapis jonché de feuilles de papier froissées. La nuit, c'est dans la solitude de cette immense pièce, dont les portes-fenêtres s'ouvrent sur les pelouses du parc avec, à l'horizon, le miroitement du lac Léman sous la lune, que le « patron » œuvre. La torchère de la terrasse reste allumée très tard, éclairant les fauteuils blancs, un carré de gazon et les lanternes vénitiennes d'un massif d'hortensias. Et tandis que toute la maisonnée dort paisiblement, seul debout, allant du piano où il écrit, au divan où il s'étend par instants, Charlie Chaplin crée son nouveau film.

Son ancienne secrétaire se rappelle de sa fièvre créatrice alors qu'il guettait parfois son arrivée au manoir : « Ah, vous voilà ! Enlevez vite votre manteau et allez chercher votre bloc-notes, j'ai une bonne idée qu'il faut immédiatement mettre sur le papier, et je suis tellement nerveux que je ne peux pas écrire. » Les voilà donc partis pour de longues heures de travail. « Je le vois encore étreignant la pendule sur la cheminée, dans la bibliothèque où nous travaillions et lui tenant les propos les plus fous, se souvient-elle. C'était l'après-midi vers quatorze heures. Ses cheveux ébouriffés et blancs semblaient frissonner autour de sa tête. Ses mains, toutes marquées de taches brunes et qui me faisaient penser à celles de ma grand-mère, serraient avec passion le socle en bronze. Et cet homme de soixante-cinq ans, mal rasé, mais l'air extraordinairement juvénile dans sa chemise blanche, répétait sur tous les tons de sa voix inspirée aux personnages de la pendule : *"I love you, I love you, I love you"*. Et moi, à quelques mètres de lui, assise dans un fauteuil de rotin, je sténographiais d'une manière presque aussi folle : *"I love you"*, dix fois, trente fois, autant de fois qu'il le répétait, comme si ma main avait peur d'enregistrer toutes les intonations qu'il donnait à ses déclarations. »

Parfois, le « maître » est arrêté dans son élan. « Non, ne notez pas ça, ne notez pas ça ! » Il se corrige et surveille sa secrétaire :

« Vous avez noté ?, s'enquiert-il.

— Mais non, vous m'avez dit de ne pas noter, réplique-t-elle.

— Mais il faut TOUT noter, s'indigne le réalisateur, comment puis-je avancer si vous ne notez pas tout ? »

Il s'agit pour le scribe de ne rater aucun des feux d'artifice du créateur. « Son émotion était telle quelquefois, qu'il passait de la bibliothèque au salon. Je le suivais alors silencieusement, notant absolument tout ce qu'il disait. Mais cette énorme pièce s'avérait bientôt à son tour trop petite pour son inspiration et nous finissions sur la terrasse. Dehors, nous nous retrouvions parfois accroupis ou à genoux, travaillant sur une table basse de jardin, ou sur la pelouse, derrière un buisson de houx fort inconfortable ! » La dactylo réalise qu'il est l'acteur de son propre futur film : « Il ne prend l'aide de personne ; il est lui-même son dialoguiste et son scénariste. Sa manière de penser est très particulière. En réalité, il ne réfléchit pas au sens habituel du mot ; il joue. Il a l'idée, par exemple, d'une scène où le roi et la reine viennent prendre gîte dans un hôtel. Comment ? Que va faire le roi ? Va-t-il se commander à boire ? Pour le savoir, Chaplin joue la scène. »

Bientôt arrive enfin son assistant et ami Jerry Epstein qui l'aide à finaliser son script : « Nous nous amusions tant, que tous les matins nous avions hâte de nous remettre au travail, raconte-t-il. Mais le moment du déjeuner était le plus drôle, lorsque nous présentions à Oona les différentes scènes. Elle était notre caisse de résonance et notre meilleur public. J'attendais toujours avec anxiété le déjeuner : quand Oona était présente, la joie, les rires et une sensation de bien-être régnaient. »

À tous, il répète son intention de tourner en Angleterre. Il a définitivement renoncé à construire des studios en Suisse comme il en avait eu longtemps le désir. Trop d'obstacles s'opposent à une telle réalisation : « Ne parlant ni le français ni l'allemand, il me serait difficile de réunir ici des équipes de techniciens, de figurants et d'acteurs de langue anglaise avec lesquels je pourrais travailler. » Et il avait ajouté : « Et puis, quand je tourne, je deviens absolument invivable. Je ne voudrais pas laisser aux Suisses, qui ont été si gentils avec moi, le souvenir d'un démon qui ne peut travailler que dans le vacarme et la fureur ! » Il a certes bien écrit une version où il fait évoluer son personnage à l'hôtel *Beau-Rivage* de Lausanne, mais se ravise, trouvant qu'en Suisse, « pays heureux par excellence », il ne peut trouver « aucune résonance suffisamment comique et satirique ».

Le départ pour Londres au printemps 1956 est épique : « Les aventures commencèrent à l'aéroport de Cointrin, racontera sa secrétaire Eileen Alkeres-Burnier. Il nous fallut tout d'abord affronter une foule de journalistes et de photographes qui ralentirent la bonne marche des opérations. Je demandai donc au chauffeur de conduire Monsieur Chaplin directement à l'avion et m'occupai en personne des formalités. Un des officiels des douanes prit son passeport pour y apposer son timbre. Lorsque nous fûmes enfin dans l'avion, Chaplin, très inquiet, me demanda si j'avais bien le script du film. Je lui répondis que je l'avais à mes pieds. Cela le rassura quelque peu. L'avion se mit à rouler lorsqu'il cria soudain : "Mon passeport !" Pris de panique, il se mit pratiquement à se déhabiller, fouillant fébrilement dans toutes ses poches. Le document était évidemment resté dans les mains des agents de la douane. C'était évidemment ma faute et je tentai de le calmer et lui dis que j'allais donc faire stopper l'avion. Que pour Monsieur Chaplin, on comprendrait ! Je me dirigeai ainsi vers la porte de secours, que je commençai à marteler désespérement. Mes coups finirent par attirer l'attention d'un responsable qui fit immobiliser l'appareil. On envoya alors un des hommes de piste chercher le malheureux passeport. L'avion repartit sans incident et enfin nous pûmes un peu nous relaxer et profiter pleinement d'un voyage agréable. »

Le tournage a donc lieu aux studios londoniens de Shepperton, de mai à juillet 1956. Le scénario met en scène le roi Shahdov qui doit fuir son royaume sous le coup d'une révolution populaire. Arrivé à New York, il est vivement accueilli par la presse américaine. En compagnie de son ambassadeur et fidèle comparse Jaume, il loue une grande suite au *Ritz Hôtel* afin de conserver son standing. Mais il apprend vite que son Premier ministre a disparu avec la fortune du royaume. La recherche de liquidités devient la première de ses préoccupations, le roi Shahdov ayant un rang à tenir. Il est alors contraint de faire de la publicité. C'est à ce moment qu'il choisit de prendre sous sa protection le jeune et désœuvré Rupert, un enfant d'une grande intelligence dont les parents ont été arrêtés pour propagande marxiste. Cette rencontre humaine change profondément son séjour, puis sa vision de l'Amérique puisqu'il se retrouve vite accusé lui-même de sympathies communistes.

En fait, dès novembre 1955, Oona est venue à Londres préparer le séjour. Elle se décide à louer plusieurs suites à l'hôtel *Great Fosters*, à Egham, pour être proche du studio. Elle a une raison supplémentaire pour superviser les détails du tournage : son fils Michael a obtenu le rôle de Rupert. Chaplin chercha longtemps un enfant pour tenir cet emploi. Il se mit à penser à son propre fils après une scène dont Jerry Epstein fut le témoin[1] : « Michael allait dans une école locale, à Corsier. Un soir, il nous parla de son instituteur très sévère, qui, au début du cours parlait très tranquillement, et puis qui, peu à peu, s'emportait et menaçait les enfants de les punir s'ils ne se tenaient pas bien. Pendant que Michael imitait son maître, en gesticulant et devenant rouge de colère, Charlie le regardait, très étonné, et tout à coup, il se rendit compte qu'il y avait un nouvel acteur dans la famille Chaplin. » Charlie et Oona vont donc le faire répéter inlassablement. « Le seul conseil que mon père m'ait donné fut le suivant : "Tu dois essayer d'être

---

1. Jerry Epstein, *op. cit.*

aussi naturel que possible." Je me suis efforcé de faire ce que papa voulait et nous nous sommes bien entendus. » Le *Daily Mail* écrira à juste titre : « Ce garçon-là a le même regard intense, les mêmes yeux intelligents, le même savoir-faire devant les caméras que son père. » Et Chaplin lui-même n'est pas en reste d'éloges : « Un véritable tempérament de comédien. »

La prestation de Michael Chaplin est en effet réussie : Rupert est un jeune chiot vif et ardent aussi touchant dans sa rage – « J'en ai par-dessus la tête des gens qui me demandent si je suis ceci ou cela » –, que dans sa débâcle finale. Par la suite, Chaplin et sa femme se disputeront gentiment à propos des mérites respectifs de Jackie Coogan, le « Kid », et de Michael, Oona prenant toujours le parti de son fils. Ses parents auraient souhaité qu'il prenne au générique le nom de « John Bolton », pour ne pas exploiter celui de Chaplin, mais l'enfant insiste pour conserver son nom.

D'un humour à la fois léger et corrosif, *Un roi à New York* passe à la moulinette un certain nombre de travers de la société américaine. Avant le final burlesque qui voit le cinéaste prendre sa revanche sur le maccarthysme, il s'attaque de front à la puissance de la télévision. Chaplin parvient cependant à éviter le piège du manichéisme en se moquant du talent oratoire du jeune garçon auquel l'interprétation de son propre fils Michael donne toute sa force.

Malgré la présence constante d'Oona[1], Chaplin ne se sent pas dans son élément aux studios Shepperton. Il est habitué à ses studios et à son équipe : son secrétaire, son gardien, et même son chat ; en somme, à tout ce qui a rendu ses plateaux d'Hollywood si accueillants. Or, le printemps et l'été de cette année 1956 sont glacials (il neige même en juillet), et, à quatorze miles de Londres, le British Lion Studio Company semble encore plus froid. *Les Feux de la rampe* avaient été une expérience très heureuse ; pendant le tournage *d'Un roi à New York*, l'atmosphère est au contraire gelée et tendue. À Hollywood, s'il lui venait à l'esprit un gag à la dernière minute et s'il avait besoin de fausses saucisses, les accessoiristes se précipitaient immédiatement pour les fabriquer. Au Shepperton,

---

1. Jerry Epstein notera : « Le tournage avançait très rapidement. Oona ne quittait jamais le plateau ; elle assista aux prises de vue et commença à broder une couverture. Nous suivions tous les progrès de son œuvre, pendant qu'elle choisissait ses pelotes de laine colorées dans sa grande corbeille à ouvrage. Lequel des deux serait terminé le premier, la couverture ou le film ? »

la réponse est invariablement : « Mais ce n'était pas sur la liste des accessoires ! » Et l'incident est clos. Ceci rend Chaplin furieux, et il finit par répondre : « À Hollywood, si j'avais demandé la tour Eiffel à la dernière minute, ils m'en auraient apporté trois de différentes tailles en un clin d'œil ! » Jerry Epstein témoignera : « Un jour, Chaplin changea, à son goût, la position d'une chaise sur le plateau. Tout à coup, une grève se déclencha et on lui expliqua qu'en déplaçant cette chaise, il avait volé le travail de l'accessoiriste. "Ici, vous ne pouvez pas faire cela. Si vous voulez déplacer une chaise, vous devez demander à un employé de le faire." » Chaplin est à juste titre excédé.

Surtout, il ne peut plus se permettre, comme autrefois, le luxe d'arrêter le tournage et de réfléchir : les contraintes de temps sont aggravées par le coût de la location du studio. Tout semble se liguer contre lui. Dans le rôle de l'avocat du roi, Chaplin a choisi Harry Green, un acteur de théâtre américain qui a été effectivement avocat. Sa prestation se révèle précise et amusante, mais Chaplin a toujours le sentiment désagréable que Green essaie de tirer la couverture à lui. Bref, des tensions inutiles gâchent ce tournage. Comme artiste féminine, Chaplin a opté pour Dawn Addams[1] qu'il avait rencontrée à Hollywood avant son départ. Elle a du charme et sa prestation ne manque pas de panache. Elle a aussi du métier ! Dans la salle de projection, Chaplin remarque un certain reflet de lumière sur les lèvres de Dawn et découvre ainsi qu'elle y met de la vaseline avant chaque plan, pour attirer l'attention sur elle et avoir un aspect plus sexy (c'est un vieux truc d'Hollywood). Il devient fou furieux. Quand elle se présente à nouveau devant la caméra, il lui tend un mouchoir pour qu'elle s'essuie les lèvres. « On a l'impression que

---

1. Après des débuts prometteurs en 1951, Dawn Addams est la vedette en 1952 de *The Moon Is Blue*. Elle est alors une actrice piquante et heureuse de vivre : à vingt-deux ans, tous les espoirs sont permis. En 1954, elle a une consécration sociale parallèle à son succès professionnel en épousant le prince Vittorio Emmanuele Massimo. Depuis Henry James, les Anglaises et les Américaines célèbres ont toujours eu un penchant à s'éprendre de l'aristocratie italienne. Dawn Addams fait alors la une des magazines anglo-saxons. Leur union ne dura que quatre ans et le sort réservé à leur fils, Stefano, né en 1955, passionna la presse mondiale. Les tribulations du petit garçon, tiraillé entre son père et sa mère devenus à couteaux tirés, furent relatées par toutes les gazettes à sensation. Il fut même « kidnappé » par sa mère. Les tribunaux intervinrent et cela prit presque les allures d'un conflit diplomatique anglo-italien. Lorsqu'elle arrive à Londres pour tourner avec Chaplin, Dawn Addams est évidemment poursuivie par les paparazzi.

tu viens à peine de manger des harengs, lui dit-il d'un ton brusque. Des lèvres grasses n'ont absolument rien de sexy. » Comme toutes les actrices, Dawn, tout d'abord, obéit, mais quelque temps plus tard, la vaseline commence peu à peu à réapparaître.

En août 1956, Charlie et Oona gagnent Paris (pour des raisons fiscales, ils ne peuvent rester plus longtemps en Angleterre) pour assurer le montage du long-métrage aux studios de Saint-Cloud. Le couple est descendu à l'hôtel *George-V*. Quand la nuit tombe, ils vont dîner à *La Grande Cascade*, le restaurant situé au cœur du bois de Boulogne, pour trouver un peu de fraîcheur. Un soir, les Chaplin se retrouvent par hasard à la table voisine de Paulette Goddard et son mari, l'écrivain allemand Erich Maria Remarque. On finit par faire table commune et la rencontre est affable. Remarque et l'actrice séjournent en Suisse, mais ni les uns ni les autres ne tenteront de se rencontrer. Comme le dira ironiquement Paulette Goddard : « Nous vivons sur des montagnes différentes. » Il y a surtout qu'Oona est très jalouse et que son mari préfère ne pas la provoquer[1].

Pendant cet été parisien, Chaplin se sent traqué par la presse et doute parfois de son « génie ». Les techniciens rapportent aux journalistes les mauvaises humeurs du créateur, ses emportements et ses états d'âme. « J'aime la presse, précise-t-il un peu hypocrite... mais pas dans le travail... et je suis ici pour "bosser"... » Une fois, lui et Oona sont poursuivis par des reporters et, pour leur échapper, Chaplin se lance dans le bois de Boulogne le « pied au plancher ». Il est rapidement stoppé par deux policiers motocyclistes qui lui font constater qu'il roule à 120 dans une allée où la vitesse est limitée à 45 à l'heure. En se rendant compte qu'ils ont affaire à Charlot en personne, les policiers remplacent la contravention par...une demande d'autographe. Rattrapé alors par les paparazzi, il se prête de bonne grâce à leurs désirs et se laisse photographier. Oona reste en retrait, complice et observatrice. Aux reporters qui lui posent l'inévitable question : « Est-ce que l'Amérique vous

---

1. Lorsque la presse parlera du désir de Chaplin de créér un nouveau film, dès le début des années 1960, Paulette prendra sa plus belle plume et écrira à son ancien mari : « As-tu un rôle pour moi dans ton nouveau film ? Cela représenterait à mes yeux tellement de choses d'un point de vue artistique et personnel. Peut-être que je pourrais apporter une petite contribution au film ? » Elle n'obtint aucun rôle dans *La Comtesse de Hong Kong* et resta dans sa luxueuse solitude de Ponto Ronco, près de Locarno.

manque ? », Chaplin confie lucidement : « En toute franchise, non ! L'Amérique a changé, et New York aussi. Les proportions gigantesques qu'ont prises les institutions industrielles, la presse, la télévision et la publicité m'ont complétement coupé de la conception américaine de la vie. Ce qu'il me faut, c'est l'autre face de la médaille, un sens de la vie personnelle plus simple, et non pas les avenues ostentatoires ni les immeubles titanesques qui rappellent à jamais les grosses affaires et leurs pesantes réussites...Tout le message de mon nouveau film... »

Lors de la première à Londres, le 12 septembre 1957, le réalisateur est angoissé. « Charlie Chaplin s'enferma toute la journée, puis lorsque le soir approcha, il disparut et personne ne sut où le retrouver. C'était la consternation... », se souvient son ancienne secrétaire. Chaplin réapparaît enfin dans la soirée. La critique sera partagée. Certes, John Osborne note, dans l'*Evening Standard* : « D'une certaine manière, *Un roi à New York* est son film le plus amer. C'est certainement le plus personnel. C'est une rage calculée, passionnée. Comme le roi de son film, il a secoué la poussière américaine de ses pieds, puis il a pivoté pour la leur projeter soigneusement et délibérément en pleine figure. C'est parfois bien visé – parfois moins bien. En fait, pour une cible aussi grosse et aussi facile à atteindre, il manque souvent d'adresse. Ce qui rend le spectacle constamment intéressant, c'est, une fois encore, la technique d'un artiste comique unique. »

Chaplin donnera une interview à l'*Observer*. « Ce n'est pas un film politique que j'ai fait. Il s'agit d'une satire, affirme-t-il. Un clown doit faire de la satire. » Puis il ajoute : « C'est mon film le plus rebelle. Je refuse de faire partie de cette civilisation agonisante dont on parle. » Lors de la première parisienne au cinéma Gaumont, c'est un sentiment de déception qui, pourtant, prévaut. Les gazettes se passent le mot : « Beaux éclairs d'un Chaplin qui n'ose plus être lui-même », annonce *L'Humanité* ; « *Un roi...* n'est certainement pas un pur chef-d'œuvre. Ce qui est déjà beaucoup », explique *Le Monde* ; « Chaplin n'a fait que reprendre ses vieux gags », assène *Combat* ; « Chaplin a tué Charlot », titre *France-Soir*. Réactions parfois violentes. C'est que la critique de la société américaine est vive. Lourde, confuse, bavarde, disent ses ennemis. Chaplin se venge-t-il de la Commission des activités anti-américaines qui l'a contraint à l'exil ? Il plaide non coupable : « Je n'ai pas voulu lancer un message, j'ai voulu faire rire. » Le critique Jean Mitry concluera bien sévèrement : « Ce violent pamphlet anti-américain contient des passages remarquables. Certains gags sont savoureux. Mais force est de reconnaître que dans cette satire des temps modernes, pénible par endroits, Shahdov n'est plus, hélas, que l'ombre de Charlot. »

Aujourd'hui encore, les avis sont très partagés sur *Un roi à New York*. Ainsi, François Truffaut l'adorait. Il faudra en tout cas une quinzaine d'années avant que le public américain ne se fasse à son tour une opinion. Curieusement, Chaplin ne dit pas un mot du film dans ses Mémoires publiés pourtant huit ans après sa sortie. Dans une interview de l'époque, il concluera : « Pour la politique, je suis un anarchiste. Je hais les gouvernements, les règles et les entraves. Je ne supporte pas les animaux en cage... Les gens doivent être libres. Mais mon film n'est pas politique. Je suis anxieux seulement que les gens rient. C'est une satire. Un clown doit se moquer ; je n'ai jamais fait de film autrement. »

Enfin, le couple regagne Vevey. Oona est consciente que Chaplin doit se plonger sans attendre dans un nouveau travail. Heureusement, il y a la composition de toutes ses musiques de films muets à réaliser. Chaplin, qui ne connaît pas une note, qui ignore tout de la technique instrumentale, dicte sa musique. Il fredonne ou bien joue l'air à un musicien (réduit au travail de secrétaire copiant sous sa dictée). Puis le pianiste joue pour lui. Chaplin se concentre, fredonne de nouveau et le musicien recopie. Les essais sont nombreux avant que le réalisateur ne soit vraiment satisfait. Bien que peu orthodoxe, l'instinct musical de Chaplin est brillant. Ainsi, phrase après phrase, plutôt note par note[1], la partition se forme. Oona, qui assiste souvent aux séances, telle une muse indispensable, ne s'ennuie pas en voyant travailler son mari. C'est un vrai spectacle de le regarder, non seulement chanter, jouer du piano, mais gesticuler avec la musique, rejouer les différents rôles de la scène qu'on travaille en caricaturant les mouvements afin d'en tirer une réponse tonale. Chaplin ne tient pas en place : c'est un vrai ballet ! Joséphine se souvient : « Maman projetait les films en 16 mm pendant que Papa composait. C'était presque un travail commun. »

Le vrai signe extérieur de la réussite de Chaplin dans ses années d'exil, c'est « sa » Bentley. Il ne l'utilise que pour les sorties officielles. Chaplin s'amusera à la conduire de temps en temps mais

---

1. Chaplin utilise aussi un dictaphone dans lequel il fredonne des airs et joue au piano.

renoncera à en prendre le volant après une série d'incidents mineurs et le laissera à son employé. Lors d'un cas de force majeure, alors que son chauffeur est allé chercher l'un des employés avec « la Bentley », Chaplin doit attendre patiemment son retour sur le perron du manoir ; il accueille le coupable en l'apostrophant : « Pourquoi donc serais-je incommodé par égard pour votre cul ? » Le chauffeur n'est même pas autorisé à sortir seul cette voiture pour un long voyage de peur qu'il ne ramasse des auto-stoppeurs ou pis, une fille. Lorsqu'on a besoin de la Bentley à Paris, la secrétaire est déléguée pour accompagner Georges dans le déplacement.

Charlie et Oona partagent une peur omniprésente d'être floués, surtout en ce qui concerne leur poche. Aucun des deux ne semble cependant considérer les sorties familiales comme une extravagance. Oona a l'habitude de prendre des billets pour une série de ballets ou de pièces de théâtre à Londres ou à Paris, pour tous les rejetons disponibles. Cela amuse toujours Chaplin de se montrer en public, entouré d'une guirlande de beaux enfants ressemblant tous à Oona. Les petits ne sont pas moins ravis de parader avec leur célèbre « Daddy ». Les suites au *Ritz* à Paris ou au *Savoy* à Londres résonnent de leurs cris joyeux. Tel un bon producteur, Oona veille à ce que ces rapides apparitions dans le monde offrent à Chaplin un maximum de plaisir.

Les Chaplin donnent parfois l'impression d'avoir une vie très mondaine au manoir. N'habitent-ils pas à proximité de l'ex-reine d'Espagne Victoria Eugenia[1] ? Petite-fille de la reine Victoria, la veuve d'Alphone XIII vient parfois les divertir avec son humour *british* imperturbable. Chaplin prend un malin plaisir à lui raconter ses souvenirs de *fox hunting*, sa première chasse à courre chez le duc de Westminster où, affublé d'un habit rouge qui n'était pas à sa taille, il s'élança les yeux fermés, par-dessus les barrières, à la poursuite d'un pauvre renard traqué, mimant la scène avec maestria. Il adore aussi évoquer cette anecdote authentique : « C'était au début des années 1920 dans une réception très chic à Mayfair. Deux voyous firent irruption, un révolver à la main, et alignèrent sur une file les nombreux invités, afin de se faire remettre bijoux, montres

---

1. La « reine mère » s'installe, pendant son exil, dès 1941 sur les rives paisibles du lac Léman, à Vieille-Fontaines d'abord puis aux *Rocailles*, une agréable villa, située à Ouchy, rue de Roseneck, et dont le jardin descend en pente vers le lac. Les Chaplin y croiseront une fois le jeune « Juanito », Juan Carlos, futur souverain espagnol.

et valeurs. Arrivés à ma hauteur, ils m'ont tout simplement dit : "Toi tu n'a pas besoin de nous donner quoi que ce soit, on t'aime trop !" » Chaplin adore parler de ses débuts de dandy dans la *gentry*. L'ex-reine Marie-José d'Italie, « la reine de mai », le reçoit au domaine de Merlinge, près de Gy, avec ses enfants Maria-Pia, Victor-Emmanuel, Marie-Gabrielle et Marie-Béatrice. Le comte et la comtesse Chevreau d'Antraigues organisent également des réceptions en l'honneur du couple Chaplin dans leur propriété de *l'Élysée* à Lausanne. Chaplin se montre très caméléon, parfaitement à l'aise avec les subtilités de l'étiquette, fait honneur aux petits-fours et séduit tout ce beau monde.

Plusieurs fois, il honore de sa présence des garden-parties, sous les auspices de la Britsih Legion ou celles de l'Association des résidents britanniques en Suisse, toutes données en l'honneur de la reine Elisabeth II. Géraldine fait aujourd'hui un constat un brin ironique sur le snobisme de son père : « Daddy éprouvait une certaine fascination pour tout ce qui portait couronne. Tout aristocrate de grande famille se présentant au manoir et tendant sa carte de visite armoriée, même s'il n'était que simple baron, parvenait à obtenir un rendez-vous rapide de mon père. C'était comme cela. Cela le séduisait ! C'était une forme d'héritage britannique. » Les filles Chaplin apprennent donc à faire la révérence avec Oona et les garçons savent déjà tout du baise-main. Parfois, l'éducation des enfants comporte quelques ratés. Ainsi, lorsque l'élégantissime comtesse Vivi Crespi[1] leur rend visite un soir, la petite réunion ne se passe pas aussi bien que prévue. En fait, Oona, la veille, semble soucieuse parce qu'elle s'est plainte plus d'une fois que son amie était un peu trop bavarde à son goût. Malgré eux, les enfants ont bel et bien enregistré la remarque quelque peu perfide. Un quart d'heure avant le dîner, Oona réunit donc les plus jeunes dans la bibliothèque et tente de se justifier : « La comtesse Crespi vient

---

1. C'est une amie de l'époque new-yorkaise. Elles étaient ensemble à la Brearley School. Dès 1959, la comtesse Rodolfo Crespi devint l'éditrice de la version italienne de *Vogue*. Elle fut élue par The international best-dressed hall of fame comme l'une des femmes les plus élégantes de son époque. Elle eut la fâcheuse idée de convier un soir José-Luis de Villalonga au manoir et le grand d'Espagne charma tout le monde par sa bonne éducation. Quelques semaines plus tard, Villalonga vendit dans le monde entier une prétendue interview « exclusive » des Chaplin, truffée de propos inventés. « Maman fut furieuse et en voulut beaucoup à son amie la comtesse », se souvient Victoria.

dîner tout à l'heure. Il se peut que vous m'ayez entendu dire qu'elle était trop loquace. Les adultes, vous savez, disent parfois des choses sur les autres adultes. Mais cela ne veut pas dire qu'ils le pensent vraiment. Pas du tout ! La comtesse est une femme absolument charmante et je l'aime beaucoup. Vous êtes donc priés d'oublier ce commentaire. C'est bien compris ? » Arrive enfin la brillante invitée de la soirée dans une robe très *glamour* – toujours aussi volubile. Elle ne consent à s'arrêter qu'à l'entrée des enfants à la queue leu leu venus dire bonsoir, sous l'œil avisé d'Oona. La présentation classique des petis chérubins ! Elle s'étonne comme ils ont grandi et suit leur avancée vers le canapé jusqu'à ce qu'ils soient tranquillement installés, presque sages comme des images. L'aristocrate peut alors continuer de monopoliser la parole en reprenant le compte rendu de ses récents voyages et derniers défilés de haute couture, quant tout à coup le petit dernier se lève, se dirige vers la comtesse et lui assène une réplique imparable : « Ma maman dit que vous parlez trop et elle a raison ! » Oona porte la main devant sa bouche alors que le moment de gêne se mue en une éternité. Les petits Chaplin jouent à ravir aux enfants terribles !

Leur plus grand plaisir est d'impressionner les invités en évoquant le fameux fantôme du manoir. « Tout a commencé par des bruits, se souvient Eugène Chaplin. Nous avons trouvé une raison plausible : à savoir que c'était tout simplement normal dans une si grande maison. Les craquements étaient logiques. Puis une odeur étrange fit soudain son apparition. Mon père fit vérifier si un animal n'était pas en décomposition quelque part. Sans succès, nulle trace de rat ou de tout autre animal. Puis l'odeur persistant, mes parents appelèrent un plombier qui vérifia le bon état de la tuyauterie et des sanitaires. Tout semblait normal ! » Pendant quelque temps, l'odeur cesse enfin, mais c'est pour mieux revenir un peu plus tard, à intervalles réguliers. En digne Irlandaise, Oona, qui aime qu'on lui tire les tarots, est la première à parler du mot magique de « fantôme ». En se penchant sur le passé des anciens propriétaires, elle en conclut que c'est la femme de l'un d'eux qui vient régulièrement se venger. Les enfants sont ravis de cette histoire à la Oscar Wilde et chaque invité, évidemment, a droit à l'incroyable récit. Eugène dit encore : « Nous expliquions que la propriétaire était morte sur la quatorzième marche de l'escalier de service et nous nous improvisions guides pour la circonstance. Aucun convive n'y coupait ! »

Une nuit, Oona a la peur de sa vie au manoir. Michael a raconté la scène : « Un curieux type, un Suisse allemand pure souche, s'introduisit sans effraction dans notre maison et entra même dans la chambre de ma mère... à plus d'une heure du matin. On aurait dit que cet intrus sortait tout droit d'une auberge tyrolienne, avec des culottes courtes en cuir, le chapeau vert traditionnel, un immense couteau de chasse et son accordéon. Un vrai personnage d'opérette. Dieu sait pourquoi Gino avait omis de fermer et de verrouiller la porte d'entrée ; toujours est-il que nous étions tous couchés quand débarqua cet homme étrange descendu de ses lointaines montagnes. Il passa donc la tête dans l'embrasure de la porte de la chambre à coucher de maman et en s'inclinant, lui dit, de façon incongrue, "Bonjour Mademoiselle" en allemand. Elle se mit à hurler, on aurait dit qu'il avait déjà trucidé ses filles et qu'il s'apprêtait à faire de même avec ses fils. Elle partit vers la chambre de mon père en criant : "Il y a un cinglé dans la maison ! Charlie, fais quelque chose !" Papa, en preux chevalier, s'élança sur le palier où l'individu l'accueillit, presque hilare. "Oh ! Monsieur Chaplin, lança-t-il. Mais je ne savais pas que vous habitiez ici. Mais quel bonheur ! Quel honneur ! Laissez-moi donc vous interpréter quelque chose..." Les yeux de mon père étaient fixés sur le grand couteau qui pendait sur le côté. Il n'avait évidemment aucune envie d'écouter le moindre air tyrolien à cette heure-ci du petit matin.

— Pas maintenant, je vous remercie, lui répliqua-t-il interloqué. C'est un peu tôt. Venez plutôt nous rendre visite tout à l'heure, dans la matinée.

— Nous pourrions peut-être bavarder ? suggéra l'intrus musicien. C'est si merveilleux de vous voir ici.

— Non merci, pas maintenant, dit mon père d'un ton très persuasif, en le poussant irrésistiblement vers la porte. Venez demain matin, cher ami. Au revoir.

« Enfin, papa réussit à se débarrasser de lui. Et désormais l'on barricada tous les soirs l'entrée du manoir[1]. » Parfois, le vrai folklore et des invités originaux sont les bienvenus, comme à l'occasion de

---

1. En juin 2000, Michael Chaplin, qui habitait alors le manoir après la mort d'Oona, fit une découverte macabre. Derrière le court de tennis, il découvrit le corps sans tête d'une femme et celui d'un homme pendu. Ce couple moldave, inconnu du propriétaire, vint finir là assassiné et mutilé. Était-ce la malédiction du manoir ou celle de *Monsieur Verdoux* ?

la fête des Vignerons où le réalisateur accueille les participants sur le perron et leur laisse exécuter leur sarabande devant le clan Chaplin réuni.

Mais le plus grand plaisir des enfants, c'est de monter des spectacles. « Certains soirs, nous jouions de petites pièces de théâtre, s'amuse Eugène Chaplin. Une fois les invités installés dans une chambre, nous commencions après avoir obtenu le silence. Nos parents regardaient notre show, applaudissant fort en nous encourageant. Nous leur faisions payer l'entrée et arrondissions ainsi nos fins de mois. Mon père avait écrit que "tous les enfants ont du génie, le tout est de le faire apparaître" et il ne manquait pas de superlatifs pour nous insuffler cette dose de confiance en soi qui nous suit toute la vie. » Les nurses gardent ainsi au dernier étage une grande caisse baptisée « Glory Hole » dans laquelle elles enfournent tout ce qui peut servir aux déguisements : vieux rideaux, robes mises à l'écart, chapeaux, chaussures. « Maman nous donnait parfois des robes presque récentes. Des merveilles en soie, dit Victoria. Des imprimés superbes ! » Et les représentations « maison » viennent rythmer l'année scolaire.

Pour l'une des filles Chaplin, leur père « se sentait spolié de l'enfance que nous, sa progéniture, vivions. Nous devions avoir "tout" ce dont il avait manqué jeune ». Or, la plupart des enfants Chaplin (hormis Joséphine) sont plutôt paresseux à l'école et les notes s'en ressentent forcément. Chaplin ne comprend pas que l'école soit pour eux une corvée alors qu'à ses yeux, pour lui qui n'a pas pu suivre une scolarité, c'est un privilège. Autodidacte, il leur rappelle souvent la chance qu'ils ont de pouvoir étudier : « Saisissez votre chance », leur répète-t-il.

Oona et Charlie établissent surtout un tempo de vie équilibrant entre Irlande, Côte d'Azur, Crans-sur-Sierre et des déplacements improvisés. « J'aimais nos voyages, avoue Eugène Chaplin. J'attendais avec impatience les vacances scolaires. On avait pour habitude de partir tous en famille. Nous partagions de vrais bons moments ensemble. » Il y a aussi le rituel du samedi : la descente à pied jusqu'au marché de Vevey. « On en profitait simplement pour prendre l'air en famille », dit l'un des enfants. Le dimanche, quand il fait beau, la tribu sacrifie au rite du barbecue. Exceptionnellement, c'est Chaplin qui s'occupe de la cuisson. « Pour lui, la cuisine se limitait à allumer le feu et à regarder cuire nos steacks ! » résume Eugène.

Dans les habitudes de l'enfance, figure aussi la visite annuelle du frère de Chaplin[1]. Les enfants adorent « oncle Sydney » qui arrive toujours au manoir dans sa Cadillac et leur fait des tours de magie. « Nous avons eu la chance de grandir dans une famille plutôt unie », reconnaît Eugène. Les enfants partagent aussi les jeux des enfants du personnel. « Mario avait deux enfants, Sandro trois, Marguerite et Renato aussi. Nous disposions donc d'une joyeuse bande dans les parages. Nous faisions des pique-niques ensemble, des concours autour de la piscine. C'était simple et joyeux ! » se rappelle Victoria.

Bien sûr, dans la meilleure tradition victorienne, les rejetons Chaplin sont en période scolaire un peu moins proches de leurs parents. « Les enfants faisaient naturellement bande à part, se souvient une proche de la famille. Bien qu'habitant sous le même toit et appartenant à la même communauté, ils ne vivaient pas tout à fait au même rythme. Le chauffeur les emmenait de bonne heure à l'école ; on ne les revoyait que le soir. Ils prenaient leur repas avec les nurses et ne furent autorisés à déjeuner avec les "grands" qu'à partir de treize ou quatorze ans. Certes, Oona et Chaplin se mêlaient aux jeux des enfants dans le parc ou dans les vingt-quatre pièces du manoir, mais le couple savait s'isoler et retrouver un peu d'intimité. »

Un après-midi, deux des enfants ont l'idée lèse-majesté de jouer avec le chapeau, la canne et les souliers de Charlot, retrouvés par hasard dans une commode. Ils se divertissent joyeusement jusqu'au moment où leur père finit par les découvrir dans son costume et rentre dans une colère légendaire[2]. Les petits Chaplin ne recommencèrent jamais !

On peut aujourd'hui se demander si tout cet évident bonheur helvète n'est pas en trompe-l'œil. En effet, Chaplin confie inlassablement à tous ses interlocuteurs apprécier en Suisse ce qu'il n'a

---

1. Sydney et son demi-frère Charlie sont toujours restés très proches, même à certaines époques où ils pouvaient paraître séparés. Sydney s'est toujours soucié de Charlie, que ce soit dans les rues de Londres ou à Hollywood. Il était dans l'ombre, mais toujours très proche de Charlie. À la lecture de l'autobiographie de Chaplin, on constate que ce dernier crédite son frère pour la plupart de ses succès financiers. Charlie avait le talent, mais Sydney savait comme personne le faire fructifier.

2. « Papa avait parfois des colères impressionnantes, terrifiantes. On avait la trouille au ventre », admet Victoria. Selon Pierre Smolik, ce serait Victoria qui dénicha le costume de Charlot. Mais l'intéressée nie farouchement ce détail.

jamais rencontré ailleurs : l'hospitalité et la quiétude. N-a-t-il pas d'ailleurs été reçu avec tous les honneurs au Conseil d'État vaudois le 6 octobre 1953 ? Toute la presse helvétique ne s'honore-t-elle pas en permanence de la présence sur son territoire d'un hôte aussi prestigieux ? Ce qu'il ignore, c'est qu'il fait l'objet, depuis le premier jour de son arrivée, d'une surveillance très discrète mais efficace par la police cantonale vaudoise. Alors que les autorités se plaisent à lui dérouler le tapis rouge et que les notables s'empressent autour de lui, pour le ministère public de la Confédération, Chaplin est d'abord le numéro de dossier C.87090 qui sera longtemps recouvert du sceau du secret. Plusieurs inspecteurs menés par un obscur fonctionnaire du ministère public, E. Meyer, sont ainsi chargés de collecter toutes les informations sur l'acteur-réalisateur. On doit à la tenacité de Pierre Smolik, haut fonctionnaire intelligent et biographe veveysan passionné de cinéma, ces révélations surprenantes[1]. Les soupçons et la méfiance que la Suisse porta à ce résident pas comme les autres laissent songeur. « L'un des plus grand génies du XXe siècle n'a pas échappé à la suspicion des services secrets helvétiques, confirme Pierre Smolik. Je suis intimement persuadé que le gouvernement américain a manœuvré en coulisse. Comme le FBI, la police fédérale soupçonna donc une appartenance de Chaplin au Parti communiste, s'interrogeant sur ses relations avec différents ressortissants soviétiques de passage en Suisse. Il a été longtemps surveillé et cela a même duré jusqu'après sa mort, avec le fameux rapt de son cercueil.

« L'année où Chaplin s'établit en Suisse, l'affaire des époux Rosenberg, accusés d'avoir livré à l'URSS des documents atomiques secrets, battait son plein. À l'annonce de leur exécution, il s'indigna. En 1953, dans ce contexte si particulier de la guerre froide, le gouvernement suisse faisait preuve d'une très primaire peur du "rouge", craint un jour d'un possible envahissement de l'Europe par l'armée soviétique, de la fin du monde occidental et, au final, perte des biens et de la richesse de la Suisse. 800 000 personnes et d'innombrables organismes et associations ont été systématiquement fichés, ce qui est quand même beaucoup pour un petit pays. Ceux qui entretenaient des contacts, même épisodiques, même

---

1. Entretien en novembre 2009 avec Pierre Smolik, auteur du livre *Chaplin après Charlot* ; journal *Le Monde* du 31 mai 1995 et *l'Illustré de Lausanne*, 17 mai 1995.

anodins, avec des représentants de l'autre camp étaient susceptibles d'être surveillés, parfois à titre préventif... C'était l'époque où chacun était censé choisir son camp : qui n'était pas prosoviétique était proaméricain. Et vice versa. Il était difficile dans ces conditions d'affirmer, comme Chaplin, son indépendance d'esprit. Je préfèrerais sincérement que ce dossier Chaplin n'existe pas. Ce n'est pas très reluisant pour notre réputation de terre d'accueil. »

Soulignons que le dossier Chaplin a évidemment été quelque peu « expurgé[1] » (sans mention des sources et des mouchards) avant qu'on en autorise la lecture publique et que l'on en connaît précisement que les rapports des années 1954-1955, c'est-à-dire 38 pages seulement. « Aux archives fédérales, déplore Pierre Smolik, on m'a indiqué simplement qu'ils n'avaient rien d'autre de consultable. »

La remise du « prix de la Paix » au manoir le 3 juin 1954 fait ainsi l'objet d'une surveillance très étroite et le fait que Chaplin en reverse ensuite le montant à l'Abbé Pierre intrigue les autorités. Toute visite d'un musicien russe à Vevey, comme le violoniste Igor Oïstrak ou le pianiste Nikita Magaloff, semble bien louche, même si les Rossier (Emile et Michel Rossier sont de vrais passionnés de musique) qui organisent ces concerts et y convient tout le clan Chaplin n'ont rien à voir avec de quelconques sympathisants soviétiques. Les rapports d'alerte se multiplieront lors de la rencontre de Chaplin avec Krouchtchev et Boulganine à Londres, en avril 1956. On imagine que la venue de Nehru avec sa fille Indira Gandhi en juin 1953 a également fait l'objet de suspicion, tout comme le rendez-vous en juillet 1954 avec le Premier ministre chinois Zhou Enlai. Filatures, écoutes téléphoniques, rondes d'inspecteurs, agents déguisés en reporters : la police fédérale déploie un zèle tout particulier pour le tenir à l'œil. « Jamais personne au manoir n'a soupçonné quoi que ce soit, avoue, candide, Victoria. La Suisse semblait au-dessus de tout soupçon ! » Chaplin pouvait-il se douter qu'au pays de la très neutre Helvétie, sa personnalité et ses nombreux admirateurs titillaient les autorités fédérales ? « Finalement, cela ne m'étonne pas, soupire aujourd'hui Eugène Chaplin,

---

1. Il existe à Lausanne un très officiel « bureau de délation » dépendant des Archives cantonales qui n'a pas livré, lui, ses secrets. L'auteur a failli obtenir la communication du dossier avant qu'un fonctionnaire zélé ne l'empêche, image publique de la Suisse oblige !

un peu désabusé. Mais mon père ne s'en est jamais douté. Certes, il pouvait imaginer que la police fédérale puisse s'intéresser par principe à lui, mais de là à penser qu'il faisait l'objet de constantes investigations, sincérement non ! Papa garda ses illusions sur le sens de la légendaire hospitalité helvétique. »

VII

SÉRÉNITÉ

LES ANNÉES 1957 À 1964 SONT POUR CHAPLIN consacrées à la rédaction de ses Mémoires. Pour Oona, c'est l'occasion d'aller accoucher trois fois à la très chic clinique de Montchoisi, chemin des Alliages à Lausanne (Vicky Brynner ou Pierre Nicolas Simenon y virent aussi le jour). Viendront successivement au monde, Jane le 23 mai 1957, Annette (Annie) le 3 décembre 1959 et finalement Christopher James le 8 juillet 1962. Oona ironisera : « J'adore aller à l'hôpital pour avoir un bébé. C'est l'occasion pour moi de relire enfin tranquillement *Guerre et Paix*. » « Elle faisait vraiment un bébé comme une fleur, raconte avec un ton admiratif Paula Guerrier, l'une des sage-femmes. Elle était très saine, accouchait sans trop se plaindre et sans un ennui bien que plusieurs des enfants soient nés à onze mois l'un de l'autre. Je me souviens de son immense sac à main qui contenait ses papiers d'identité, des photographies des enfants, des recettes de reconstituants, des petits biscuits à l'orge et au cumin et des sels à l'ancienne. Ses huit enfants avaient à peine élargi sa silhouette. » Les visites de Charlie, radieux, brandissant son chapeau, portant de grands bouquets de glaïeuls, traversant un barrage de journalistes venus accueillir le nouvel arrivant font la joie du personnel de la maternité helvétique.

Moins d'une semaine après chaque naissance, Oona rentre triomphalement au *home*, où l'accueille un joyeux comité de réception : ses enfants étagés sur les marches de l'escalier, les nurses, les gens de service, tous attendant, avec la fierté du clan, d'apercevoir enfin le petit paquet blanc dans les bras d'Oona. « J'ai fini par m'habituer à déballer les petits vêtements, soigneusement pliés et rangés pour un usage futur, à mesure que les bébés grandissaient », dira l'une des deux nurses. Christopher James, le dernier-né de la famille Chaplin, n'aura pas droit, en venant au monde, à un trousseau. Il devra user les langes et la layette qui ont déjà servi à ses frères et sœurs. Michael Chaplin se souvient que « pour chacun des enfants bébés, maman avait fait un livre avec une mèche de leurs premiers cheveux, écrivant chaque détail, chaque souvenir, mois après mois. Il y a encore au manoir toutes les poussettes, tous les vêtements trop petits qu'elle gardait précieusement ». Le Dr Rivier à Vevey devient le pédiatre des enfants.

C'est que Chaplin est ennemi des dépenses inutiles. À la tête d'une fortune considérable, il n'oublie pas néanmoins le temps où, dans une ruelle misérable de Londres, Pownall Terrace, sa mère, son frère Sydney et lui crevaient de faim. Point de dentelles donc pour le bébé Christopher James, mais une nurse (c'est « Kay-Kay » qui s'occupe toujours des nouveau-nés) et le calme de la belle demeure familiale au bord du lac Léman.

Au-dessous de son berceau, l'étage réservé à ses frères et sœurs est presque vide. Au moment de notre récit, Géraldine est en Angleterre en train de travailler ses prouesses chorégraphiques. Michael, élève de l'École internationale de Genève, campe en France. Joséphine, Victoria et Eugène séjournent à La Baule, en vacances. Seuls, Jane, Annie et Christopher James sont restés près de leurs parents. Le parc est leur domaine, un paradis de quatorze hectares avec de vastes pelouses tondues à l'anglaise.

C'est donc là, à l'ombre des grands arbres, que Chaplin met un point final à une œuvre commencée six ans auparavant et que le monde entier attend : ses Mémoires[1]. Mille trente et un feuillets

---

1. Chaplin prit soin de créer en 1964 la Pac Holding, basée à Fribourg, et qui n'avait pour but que de gérer tous les droits annexes du livre. Ainsi la famille Chaplin put négocier en 1989 sans intermédiaire les droits de cession cinématographique à Richard Attenborough. Ce fut la seule fois où le fisc suisse se montra irrité et intrusif envers Chaplin. Le réalisateur bénéficia pendant ses années en

tapés en double interligne, qu'il a dictés phrase par phrase à sa secrétaire, Mme Eileen Alkeres-Burnier, en revenant trois, quatre, cinq fois sur certains paragraphes qui ne lui convenaient pas. Ce ne fut pas toujours un labeur paisible. Chaplin ne peut travailler assis. Il lui faut marcher, courir même et, emporté par l'inspiration, il lui arrive de retrouver cette allure sautillante qui fit la gloire de Charlot. Un rien l'irrite. Un bruit et il s'emporte. Il devient injuste. Quelques instants plus tard, il demandera pardon de cette colère mais il ne parviendra pas toujours à effacer les blessures faites. Eh oui ! Charlot, le doux vagabond, est ainsi dans l'intimité, violent, dur, impitoyable, ne supportant ni la contradiction ni la discussion. « Il ne tolérait aucun bruit autour de lui, raconte sa secrétaire de l'époque. Les enfants avaient la consigne absolue de ne pas venir jouer devant la maison et ils la respectaient scrupuleusement... "J'entends un chien qui marche sur un tapis au-dessus de ma tête", disait Chaplin en frissonnant. Ce n'était pas seulement sur le bruit qu'il était susceptible... Il ne tolérait pas davantage les chiens et les chats. Les parfums, eux aussi, étaient une source de tourments pour lui. Quand il y avait des fleurs dans une pièce où il était appelé à séjourner, il les faisait enlever immédiatement. Il s'était mis dans la tête que les fleurs lui enlevaient son oxygène, et il lui en fallait beaucoup... » La secrétaire du grand homme juge qu'Oona est tout le contraire de son mari : « Elle était aussi calme – apparemment –, douce et humaine qu'il était difficile, violent et parfois odieux. Elle se conduisait avec lui de façon très diplomatique. Jamais elle ne le heurtait de front quand il était en colère sur telle ou telle question matérielle. Elle s'en allait, le laissait s'apaiser, et revenait tranquillement résoudre les problèmes en suspens. Pendant des années, je les ai vus ensemble à visage découvert. Jamais ils n'ont eu un mot de mésentente. Souvent, je les ai trouvés tendrement enlacés dans le salon, et ma présence n'interrompait nullement leurs effusions. »

C'est dans un caravansérail bohème que vivent les Chaplin, même si Charlie et Oona mènent la vie familiale de grands bourgeois fortunés. Parents et enfants cohabitent chacun à leur rythme. Les petits Chaplin ont leur étage, leur langage même, puisqu'ils parlent entre eux le français, langue que leur père comprend à peine. Seuls les aînés (à partir de treize ou quatorze ans), le soir,

---

Suisse d'un très arrangeant forfait annuel basé sur déclaration de son train de vie. La Pac Holding, elle, fut soumise à l'impôt sur les bénéfices.

ont le privilège de dîner à la table de leurs parents. Certes, les enfants connaissent la gloire de leur illustre père et en sont fiers.

Oona et Chaplin ont, eux aussi, dans cette vaste demeure, leur domaine réservé. La jeune femme a son appartement au premier étage dans lequel elle passe une partie de ses journées à faire de la tapisserie, à écrire des lettres ou à lire d'innombrables livres. Au même étage, le grand artiste dispose d'une chambre et d'une salle de bains. Le couple descend régulièrement au village, soit dans l'Alfa-Romeo d'Oona, soit dans la Bentley conduite par le chauffeur. Ils y achètent des journaux anglais et suisses. Les uns pour les lire, les autres, rédigés en français, pour faire plaisir au marchand. Les habitants ne les importunent pas. Quant aux touristes, ils ne reconnaissent pas toujours Charlot. Oona, il est vrai, est le plus souvent vêtue simplement, sans aucune recherche. Son mari, lui, s'il se fait habiller à Londres, porte cinq ans ses costumes. On vit dans une confortable décontraction. Une sorte d'enclave britannique au bord du lac Léman, où on ne parle que la langue de Shakespeare en famille, l'on boit son *gin and tonic* avant le dîner, l'on parcourt le *Times* ou *The Daily Telegraph*, où l'on couve d'un regard amoureux la pelouse du manoir telle celle d'un terrain de cricket et où on sort sa Jaguar, sa Rolls-Royce ou sa Bentley selon les caprices du temps, où l'on exhibe son passeport frappé aux armes de Sa Gracieuse Majesté la Reine Elizabeth II dont on s'honore d'être le sujet, où l'on reçoit Lord et Lady Mountbatten ou Lord Snowdon (sans la princesse Margaret) *at home*, où Petula Clark vient en amie et voisine chanter après le dîner, où les invités ont pour noms Richard Burton, J.B. Priestley, Joan Collins, Claire Bloom et où l'on écoute à la radio les programmes de l'immuable BBC et où l'on regarde le tournoi de tennis de Wimbledon chaque été à la TV. Le thé vient de chez Fortnum & Mason, les pots-pourris de chez Floris et même la machine à écrire du maître est *made in England* ! Honni soit qui mal y pense !

On possède un témoignage précis sur le début des années 1960 au manoir grâce à la danseuse-comédienne Noëlle Adam qui, en épousant "Syd" Chaplin, rentre dans la famille. Elle a transcrit certains de ses souvenirs dans un joli livre[1] autobiographique et reste à jamais marquée par son appartenance au clan Chaplin.

---

1. Noëlle Adam Reggiani, *Dans les yeux de Serge*, L'Archipel.

SÉRÉNITÉ

Aujourd'hui encore, elle porte un regard lumineux sur l'atmosphère chez Charlot : « J'étais morte de trac à l'idée de rencontrer mon beau-père en Suisse, se souvient-elle. À Cointrin, une Bentley noire nous attendait cérémonieusement sur le parking de l'aéroport. Renato, le chauffeur, était posté en grande tenue, à la portière, pour nous mener à Corsier-sur-Vevey... Tout au bout de la route, une grande grille s'ouvrit devant la voiture et nous entrâmes dans le parc. Charlie en personne vint à notre rencontre. Physiquement, c'était finalement un charmant petit monsieur rondouillard. Puis nous sommes allés dans la bibliothèque où nous attendait Oona. Et là, j'ai été émue, presque bouleversée par la beauté de cette femme. Son pull en cachemire beige et sa jupe mi-longue plus foncée la faisaient se fondre dans l'atmosphère sombre de la pièce. Elle était d'une simplicité parfaite, très grande classe. De beaux cheveux noirs. Une peau très blanche. Un visage d'une finesse incroyable : une vraie déesse ! Elle me fascinait par sa façon de bouger, de parler. Elle ne voulait pas paraître. Très peu de maquillage. Je suis tombée presque en amour pour cette créature qui semblait sortir tout droit d'un univers romanesque. J'ai appris à mieux la connaître : c'était une vraie lady ! Dans son comportement, dans son attitude avec les gens les plus humbles : toujours un mot gentil pour le jardinier, une bienveillance radieuse pour les enfants du personnel. Chaplin pouvait bien se plaindre que "Kay-Kay", la nurse, exhibait des jambes horribles à la plage, jamais Oona n'aurait fait une remarque désagréable à la domestique. Je la revois au bord de la piscine dans son maillot une pièce : quelle allure ! Les jours de congé, elle se mettait aux fourneaux et c'était "relax". On mangeait des hamburgers dans le parc. On faisait du shopping ensemble. Elle m'a offert les plus beaux cadeaux du monde : je garde ainsi précieusement un grand miroir vénitien en verre de Murano. On avait dix ans de différence. À mes yeux, c'était presque une grande sœur. On plaisantait : elle avait un humour léger, badin, délicieux. Je l'ai toujours vue un livre à la main. C'était son oxygène. Mais elle n'était pas pédante : jamais elle ne donnait un conseil de lecture, ne jouait pas à la grande intellectuelle. Elle parlait simplement de ce qu'elle aimait, avec beaucoup de pertinence et un vrai sens de l'observation. Elle m'a même inspiré des poèmes. L'une de ses grandes qualités, c'était un manque total de prétention. Elle ne se mettait pas en avant. Jamais elle ne vous aurait dit : moi, la fille d'Eugène O'Neill ou à quelqu'un : vous ne savez pas à qui vous avez affaire… Non, beaucoup de modestie. Elle voulait toujours rester en retrait. Dans les lettres qu'elle m'écrivait, elle ne parlait d'elle qu'en tout dernier… Je la revois, aujourd'hui, debout dans la bibliothèque, Charlie assis dans un fauteuil, lui tenant la main. Une telle complicité amoureuse. Et elle, captivante telle une biche, séduisante, attachante. Je l'adorais. »

Au manoir de Ban, les invités ne sont pas rares. La cave y est bonne, quoique Chaplin préfère le Pernod ou un gin tonic au whisky et les cocktails au vin. À neuf heures du soir, Oona va souvent se coucher tandis que Charlie continue à travailler dans sa chambre ou dans la bibliothèque. Calme existence, entièrement réglée par la maîtresse de maison. C'est elle qui donne les directives au maître d'hôtel italien, Gino, à la cuisinière, Mary, et son aide, l'une et l'autre suisses allemandes, aux deux cameristes, aux deux nurses, à la secrétaire, aux trois jardiniers de Vevey et au chauffeur du Piémont, Renato. Mais cette femme qui, durant toute sa vie, a fait preuve de tant d'énergie, qui a tenu tête à son père, sait être diplomate et formule ses observations et critiques à ses domestiques et à la secrétaire, Mme Burnier, avec beaucoup de doigté. « C'était très rare que maman "engueule" quelqu'un. Elle renvoyait mais évitait tout affrontement », se souvient Victoria.

C'est bien elle qui, de ses faibles mains, a bâti autour de son génie de mari ce bonheur sans histoire. Avant même que Chaplin ne formule un vœu il est déjà exaucé. Il craint le froid : le chauffage est prêt à être allumé. Les escaliers le fatiguent : Oona fait installer un nouvel ascenseur. Il déteste la télévision : les postes sont bannis. Il a horreur du bruit : la jeune femme, bien qu'elle adore ses enfants, leur interdit de recevoir trop de camarades à la fois. Certains s'irriteront de cette continuelle prévenance. « Le génie, soupirent-ils, n'a point à être entortillé de coton. » Mais un cœur de femme ressent autrement. Pour Oona, Charlot l'inquiet a besoin de ce havre de paix. Et puis, les faits ne plaident-ils pas en sa faveur ? Non seulement, elle a réussi à préserver une union que toute logique condamnait, mais elle a également réussi à faire de son époux, un être d'une extraordinaire jeunesse.

C'est ainsi que sur la page de garde de son livre, *Histoire de ma vie*, Charlie Chaplin a écrit ces deux mots : « À Oona. » Dans le récit, il évoque cette épouse qui lui apporte enfin ce dont son enfance l'a privé : « Au milieu d'un tel bonheur, je m'assieds parfois sur notre terrasse au coucher du soleil et je contemple la vaste étendue de pelouse verte et le lac, au loin, et par-delà le lac la présence rassurante des montagnes et je reste là sans penser à rien, à savourer leur magnifique sérénité. » Et il termine son livre par cette émouvante déclaration d'amour : « Depuis ces vingt dernières années, je sais ce que signifie le bonheur. J'ai la bonne fortune d'être le mari d'une femme merveilleuse. Je voudrais pouvoir en écrire plus encore là-dessus, mais c'est d'amour qu'il s'agit et l'amour parfait est ce qu'il y a de plus magnifique au monde, mais de plus décevant aussi, car c'est plus qu'on ne peut exprimer. En vivant avec Oona, je découvre sans cesse les beautés profondes de son caractère. Même lorsqu'elle marche devant moi sur les trottoirs étroits de Vevey, avec une simple dignité, sa petite silhouette bien droite, ses cheveux noirs bien tirés en arrière et révélant quelques fils blancs, une vague d'amour et d'admiration déferle soudain sur moi quand je songe à tout ce qu'elle est, et j'ai la gorge serrée. »

Lorsqu'il rédigeait ses Mémoires, c'est Oona qui corrigeait le manuscrit. Géraldine remarque ainsi : « Son livre est assez sobre et je sais que maman corrigea[1] certaines phrases un peu trop fleuries. Elle donna son avis sur chaque page, chaque paragraphe. Elle n'exerça aucune censure. Parfois, elle fut très critique et mon père s'en montrait même courroucé. Et puis, le lendemain, il reconnaissait la pertinence de ses remarques et tenait compte alors de toutes ses observations Il ne s'est pas trop attardé sur ses trois précédents mariages, de peur d'agacer maman. Papa était aussi très pudique, très *british*. » Il dit d'elle alors, dithyrambique : « Oona est mon cerveau littéraire. » Et encore : « C'est le sel de la terre. Sous sa protection, je sais que plus rien, jamais, ne pourra me blesser. » Son mariage avec Chaplin dissuada d'ailleurs Oona de devenir actrice. « Vivre n'est pas jouer », pensa-t-elle. Et pourtant, elle jouera les plus beaux rôles qui soient au monde : compagne aimante et rassurante d'un artiste, mère attentive puis amie, confidente et conseillère de ses enfants, elle est le roc sur lequel toute la famille peut s'appuyer. « Maman était une femme simplement généreuse et douce », assure son fils Eugène. Chaplin est en permanence revitalisé par la présence de sa jeune épouse. Son visage s'éclaire ainsi

---

1. Chaplin demanda son avis à Truman Capote sur son manuscrit. L'écrivain américain fut un peu critique et trouva prétentieux le titre : *My Autobiography* (*Histoires de ma vie*). Il finit par user de tout son tact pour persuader le réalisateur de supprimer, par exemple, le terme *cognizant* chaque fois qu'il apparaissant dans l'autobiographie.

dès qu'elle rentre dans la pièce. Ils se tiennent souvent par la main, échangent des sourires complices, n'ont besoin de personne. Lorsqu'ils se promènent sur leur vaste domaine, ils s'arrêtent parfois pour s'embrasser sur les lèvres. Ils se font des câlins à tout moment. Gino, le majordome, prend souvent soin de toussoter avant d'entrer au salon : « Je me sentais souvent comme un intrus, dira-t-il, comme si ma présence démolissait un instant béni. » Mario, qui occupa un poste semblable, est au diapason : « Je les trouvais parfois tendrement enlacés dans le salon et je me faisais le plus discret possible. »

« Elle était vraiment à ses yeux celle dont la présence chassait hors de lui les démons dont il était harcelé, les mesquineries, les villenies et le restituait à lui-même dans sa fraîcheur et sa grandeur estime aujourd'hui l'actrice Claire Bloom. C'était sa douce fée ! »

C'est un couple incroyablement amoureux. Avec un journaliste du *Daily Herald*, Chaplin s'étendra longuement sur le secret de leur bonheur : « J'aime ma femme et elle m'aime. Voilà pourquoi nous sommes si heureux. Si vous n'exigez pas trop l'un de l'autre – c'est, je crois, la meilleure formule pour un mariage heureux –, la tolérance arrange le reste (…). Oona est mon inspiratrice et c'est une bonne spectatrice. Elle a un talent inné et sa critique est constructive. Pour profiter de ses réactions, je lui laisse voir mon travail quotidien. Elle n'émet jamais d'opinion sans que je le lui demande. Parfois, je ne suis pas d'accord avec elle, puis je découvre une semaine plus tard qu'elle avait raison. Nous avons l'un et l'autre un profond respect pour nos actes et nos points de vue respectifs, et ceci rend l'atmosphère à la maison des plus agréables… Nous pouvons nous détendre totalement ensemble et jouir de notre compagnie sans nous obliger à parler… Oona pense qu'elle n'a aucun talent, sinon celui d'épouse et de mère. C'est une femme très active qui me quitte chaque matin à dix heures. Je m'attarde sur mon *breakfast*. J'aime mon café, mon jus d'orange et mes œufs au bacon. C'est effroyablement anglais, je sais. Quand j'ai terminé, j'essaie de retenir Oona pour une conversation, mais elle m'échappe toujours. À dix heures sonnantes, elle se lève de table et me dit : "Non, non, tu dois travailler…" Nous aimons inviter nos amis le dimanche, et, quand le personnel est en congé. Oona et moi traînons dans la cuisine à préparer notre repas. C'est une merveilleuse cuisinière et elle ne laisse jamais traîner de vaisselle sale. Les enfants ? Ils ont bien sûr leur place dans notre vie et nous passons de merveilleux moments avec eux. Ils peuvent être très amusants et aussi très irritants. Comme vous voyez, notre vie est bien occupée. »

Oona ajoutera, pour la journaliste : « Nous encourageons les enfants à devenir indépendants. Ils ont leurs leçons de danse, de musique et même d'écriture. C'est une tâche agréable de développer leur personnalité. » Chaplin reprendra : « Je ne suis jamais excédé de les avoir autour de moi. Loin de me déranger dans mon travail, ils sont pour moi un atout. La jeunesse et la gaieté me profitent. Mais notre bonheur n'est pas gouverné par les enfants. Seuls, Oona et moi serions tout aussi heureux. » Oona finira par ajouter : « Je suis mariée à un jeune homme. Les gens pensent à Charlie comme à mon père, mais l'âge ne compte pour rien dans cette maison. À mes yeux, il semble plus jeune chaque jour. Je ne crois pas qu'il y ait la moindre fixation paternelle dans mes sentiments pour Charlie. Il m'a fait mûrir et je le conserve jeune. Je ne pense pas à l'âge de Charlie 364 jours par an. Seul son anniversaire me cause le choc habituel. Mais je sais, à la manière dont certains me regardent puis le regardent à son tour, qu'ils se demandent comment nous nous en sortons, et si ce n'est pas seulement une façade. Eh bien, non ! Ma sécurité et mon équilibre avec Charlie ne proviennent pas de sa fortune, mais précisément de la différence d'âge entre nous. Seules les jeunes femmes ayant épousé des hommes mûrs savent ce que j'entends par là. »

Certes, ils ont parfois quelques orages. Selon Agnès Boulton[1] : « Comme tous les gens mariés, Oona et Charlie connaissent leurs petits nuages. Parfois, lorsqu'ils ne sont pas du même avis, m'a confié Charlie, Oona lui manifeste une légère froideur pendant un jour ou deux. "Mais elle ne discute jamais, dit-il. Elle devient simplement plus taciturne. Elle possède un grand calme intérieur et sait se suffire à elle-même. Tandis que moi j'explose… mais pas autant que cela m'arrivait jadis." Si l'on ne peut rien changer aux choses, Oona les accepte ou les ignore. Si les choses peuvent être changées, elle s'y emploie tranquillement. » « Je l'ai épousé, dit-elle, parce que je l'aime. Il y a dans notre aventure un côté ésotérique qui nous échappe. » « Je voudrais avoir douze enfants », lança-t-elle un jour, provocatrice.

Michael Chaplin se souvient de la méthode radicale qu'avait sa mère pour couper court à toute vraie dispute avec son mari. « Nous

---

1. Agnès Boulton, *Charlie Chaplin, mon gendre. Elle*, janvier 1959.

avions reçu Roberto Rossellini plusieurs fois à la maison. Un jour, le réalisateur italien est venu dans une superbe Ferrari[1] qui a fait l'admiration de tous. Il nous raconta que, lorsque l'inspiration lui manquait, il roulait la nuit au volant de son bolide. Quand nos parents se disputaient – ce qui arrivait relativement rarement –, maman sortait et prenait le volant de son Alfa-Romeo et roulait dans la nuit, comme Rossellini, avant de rentrer apaisée au manoir. Et de consigner dans son journal ses états d'âme. »

Aux yeux du scénariste Arthur Laurents qui vint plusieurs fois au manoir : « Parler d'amour, n'est-ce pas exagéré après tant de temps passé à vivre ensemble ? Je ne sais que dire. Si ce n'est que je les ai vus dîner seuls à une table d'auberge se tenant les mains et partant en fous rires à des plaisanteries chuchotées à l'oreille. J'ai vu Chaplin se retourner vers sa femme, un instant désemparé parce que la mémoire d'un nom, d'un lieu, lui faisait soudain défaut. Je l'ai vue, elle, boire littéralement les mots de son mari en écoutant une histoire dont elle devait probablement connaître le moindre détail. Je les ai vus se donner, l'un à l'autre, tant de marques, s'adresser tant de signes de ce qu'il est convenu d'appeler l'amour et qui, somme toute, devient, lorsqu'il dure, un sentiment annexe, plus solide, plus stable, qui dépasse de si loin cet amour que l'on galvaude en phrases creuses. » Ian Fleming, le célèbre auteur des *James Bond*, a laissé dans ses Mémoires le souvenir d'un dîner au manoir. Il écrira : « Charlie Chaplin vit au fond d'un vaste parc boisé, au-dessus de Vevey, dans une grande et belle maison du XVIIIe siècle dont l'ameublement n'est pas extraordinaire, mais convenable et confortable. Il n'y a de prétention nulle part, sauf peut-être dans les verres. Charlie Chaplin les déteste. Ce sont des verres vénitiens arachnéens, à bords dorés et Charlie Chaplin nous explique comment en dépit de tous ses efforts pour éviter cela, lui et sa femme, étant à Venise, furent menés en gondole "jusqu'à cette île maudite où on souffle le verre..." La réussite de la soirée fut due pour une bonne part à la douce Oona... C'est quelque chose de

---

1. Roberto Rossellini, le fils du cinéaste, nous précise : « Cette voiture qui fascina les Chaplin, c'était la fameuse 375 MM que mon père commanda spécialement en 1954 à Scaglietti pour l'offrir à ma mère, Ingrid Bergman. Je dis "fameuse" car, ce modèle unique, a inspiré beaucoup d'autres modèles, dont la récente Ferrari 612, marquée par ses flancs creusés. La couleur était aussi très particulière : un gris métallisé très clair qui, encore de nos jours, est appelé le gris "Ingrid" du catalogue Ferrari. »

merveilleux de voir un couple baigner littéralement dans un amour réciproque. La chaleur de leurs sentiments éclairait la soirée. »

Entre le vieil homme et cette jeune femme que trente-cinq ans séparent, chaque témoin devine une émouvante complicité, une parfaite harmonie, une tendresse infinie. « Sans elle, je serais perdu, dira même Chaplin. Elle est bien plus qu'une femme pour moi, bien plus qu'une mère pour les enfants, elle est notre havre à nous... » et Chaplin de conclure ses dithyrambes : « Oona irradie bonté et chaleur. Elle est mon inspiration, ma muse. Mais l'intelligence sans la bonté n'a aucune valeur. Elle possède ces deux qualités. »

Enfin, la douceur et la quiétude du climat suisse parachèvent l'épanouissement de Chaplin et lui apportent cette plénitude et ce repos tant recherchés. Ce n'est d'ailleurs pas un hasard s'il s'est installé là-bas. La sérénité de ce pays neutre – miraculeusement préservé des convulsions et des fièvres qui secouent le reste du monde – l'a décidé à s'y réfugier. Après avoir trouvé la paix du cœur auprès d'Oona, c'est la paix de l'esprit qu'il est venu chercher dans ce véritable décor d'opérette que constitue la Suisse. Ici, la mer est un lac, les paquebots des bateaux à roues, les maisons des chalets de jeux de construction et les trains de montagne des chemins de fer électriques comme on les aime à dix ans. Une vraie carte postale bienfaisante pour celui qui a gardé son âme d'enfant. Ian Fleming lui-même résuma bien cette sensation : « Dans un paysage aussi net que le sifflet d'un train suisse, le voyageur apaisé par le son des clochettes des vaches suisses, entouré de publicité pour des produits laitiers et du chocolat, et pouvant entendre et voir à chaque devanture de boutique les horloges à coucou, a l'impression qu'il vient d'arriver dans un colossal jardin d'enfants[1]. »

« Mon mari, confiera Oona à Edgar Schneider, m'a souvent avoué que Vevey était l'endroit où il avait trouvé son vrai bonheur de vivre. Il en avait épousé le rythme et les habitudes, découvert les petites pintes et le vin du pays qu'il partageait à l'apéritif avec les gens du coin. Les Veveysans ont été agréables. Ils ne l'ont jamais considéré comme un "monstre sacré". Charlie pouvait se promener à sa guise dans les rues et sur les quais de la ville sans être importuné, sans être poursuivi par les chasseurs d'autographes. Chez le coiffeur, au kiosque à journaux, dans les petits restaurants

---

1. Ian Fleming, *Des villes pour James Bond*, Plon.

à fondue dont il raffolait, c'était simplement : "Bonjour Monsieur Chaplin." »

Une fois, un habitant de Corsier, muni d'un simple appareil Rollei, suit ostensiblement Charlie et Oona descendant au village. Prenant son courage à deux mains, il demande l'autorisation de les prendre en photo. Le couple acquiese avec beaucoup de gentillesse, pose un instant et le paparazzi d'un jour (il entrera plus tard chez Sygma) les immortalise devant le muret du cimetière. « Papa était un "monstre sacré", se souvient l'un de ses fils, mais n'avait pas besoin de gardes du corps. Il émettait des ondes de gentillesse autour de lui. Parfois les inévitables cars de touristes faisaient halte devant le manoir et photographiaient frénétiquement la façade, comme s'il s'agissait d'un palais royal, mais maman laissait faire, avec courtoisie et philosophie. »

Il est vrai que Vevey, qui depuis deux siècles a vu défiler tous les grands de ce monde, a toujours été réputée pour la discrétion de son accueil. Ce qui ne signifie pas qu'on y est moins chaleureux qu'ailleurs, non, mais d'une manière beaucoup plus réservée. Les gens de Vevey ont été même surnommés les « pâtés froids ». Cela amusait beaucoup Paul Morand qui a vécu, lui aussi, plus de vingt ans, dans cette cité qu'il adorait.

Seul bémol, ce havre de repos devient parfois l'enfer du bruit. « *My dear, what a noise !* », crie Chaplin exaspéré à son ami Paul Morand[1], et il se bouche les oreilles sur sa terrasse ; ces claquements suivis de sifflements, c'est évidemment le stand de tir de Vevey, dans la vallée de la Veveyse : celui de Gilamont. La toute-puissante armée helvétique y envoie ses réservistes s'entraîner dans le seul stand militaire de la région et, le dimanche, c'est le grand sport national (un crépitement typiquement helvétique). Amoureux de leurs coutumes, les Veveysans vont refuser de le déménager malgré la munificence des offres de Chaplin qui tentera tout pour s'en débarasser et échapper à ces détonations stressantes. Jusqu'à provoquer l'ire d'un quotidien de Berne qui accusera : « Qu'un étranger, jouissant de l'hospitalité qu'on lui accorde ici, s'immisce dans une affaire à caractère interne, et qui plus est, touche à notre défense nationale, cela dépasse les bornes. » Si pointilleux pour son audition et la nécessaire concentration dans son travail, ayant déjà

---

1. *Marie-Claire*, octobre 1961, « Mon voisin Charlie Chaplin » par Paul Morand, page 102.

pris le parti de supporter le tapage des corneilles au-dessus des pelouses du manoir, Chaplin a accepté tous les autres bruits de ce lac prétendument si calme, sirènes de la navigation, hors-bords, autos, motos, à quoi s'ajoutent de temps en temps les orphéons et les tambours des processions scolaires ; et aussi les pieuses musiques de l'Armée du Salut. À tout cela, Chaplin s'est résigné, mais le tir, c'est vraiment trop. *Too much* !

Le réalisateur fera paraître dans la *Feuille d'Avis de Vevey* un communiqué exaspéré : « ... Tout d'abord, il est inexact que je songe à quitter la Suisse à cause des tirs du stand de Vevey...Je ne me plains pas du tir normal, tel qu'il est pratiqué dans tous les stands de la Suisse, mais de l'excès actuel des tirs au stand de Gilamont. Peut-on me priver entièrement, et tous les jours, de la beauté du printemps, de l'été et de l'automne dans ce cadre admirable, face au lac et aux Alpes ? Devons-nous rester cloîtrés dans notre maison, toutes fenêtres fermées, pendant les plus beaux mois de l'année afin de ne pas succomber à ces perpétuelles détonations, dont le bruit couvre toute la propriété ? » Ce à quoi une gazette locale répondera agacée : « Ce crépitement du dimanche, avant et après le culte, est typiquement suisse. Ce n'est pas un bruit comme les autres. Nous avons ce bruit dans le sang et il appartient à la défense de notre liberté de plus en plus menacée. » Chaplin semble renoncer à se battre. Aussi s'absente-t-il, dès le premier coup de feu des descendants de Guillaume Tell[1] qui préfèrent le pistolet à l'arbalète. Le silence, ce luxe rare à notre époque, lui est absolument nécessaire. « Le silence, cette grâce universelle, combien de nous savent en jouir ? » fait-il remarquer, un jour, à Somerset Maugham. Chaplin est l'homme de la mesure. « Il n'en fait jamais trop », disait de lui Jean-Louis Barrault. Il a quitté à temps l'Amérique, ce pays de trop. L'art de vivre, n'est-ce pas l'art de n'en faire jamais trop ? C'est pourquoi, aussi, il a épousé la femme la plus tranquille et la plus silencieuse du monde.

« Une atmosphère d'une incroyable sérénité entourait le couple, remarque Paul Morand. Au manoir, le salon était grand sans être immense. De vastes vitrines éclairées abritaient de merveilleuses porcelaines d'Angleterre – des Wedgwood originaux, des Derby

---

1. Ce n'est finalement qu'en 1963 qu'un compromis sera adopté entre Chaplin et les autorités des communes concernées, limitant les tirs à certains moments précis de la semaine et définissant les catégories de tireurs admis.

d'une délicatesse extrême, des Staffordshire faussement rustiques, des Chelsea de grande époque – et, posés sur des socles d'ébène savamment ouvragés, deux extraordinaires flamants de la dynastie Song en grès monochrome. Partout sur les meubles étincellaient des pièces d'argenterie anglaise d'une grande qualité. Il y avait aussi, accrochées aux murs – preuve de l'ouverture d'esprit des propriétaires – plusieurs peintures abstraites. Sur tout cela, une lumière dorée, chaude, intime. Le couple semblait n'avoir jamais connu autre chose que cette paix profonde. » Ils reçoivent, mais ne sont invités au manoir de Ban que des gens qui ont vraiment quelque chose à dire : des écrivains, des acteurs, des musiciens. Parmi les habitués : James Mason qui vient en voisin de Corseaux[1], tout comme Igor Markevitch (de Villars-sur-Ollon), la pianiste virtuose Clara Haskil (habitant Vevey ou son chalet de Cornaux), Yehudi Menuhin (locataire du chalet *Chankly Bore* à Gstaad), Peter Ustinov (résidant à Bursins), Sophia Loren (souvent genevoise), Audrey Hepburn (hôte discrète de *La Paisible* à Tolochenaz), Coco Chanel (longtemps résidente à Lausanne), l'actrice Capucine qui vit à Lausanne tout comme son ami Yul Brynner... Il y a aussi les invités de passage : Gene Kelly, Rex Harrison, Jules Dassin et Melina Mercouri, Herbert von Karajan et tant d'autres. Greta Garbo, qui passe tout ses étés dans les Alpes suisses à Klosters, près de Davos, vient exceptionnellement en *guest-star* de ce casting helvétique de rêve : « Maman était assez exaltée de recevoir "La Divine", confirme l'une des filles Chaplin. L'actrice parlait toujours à papa, en disant *Mister Chaplin, comme c'est merveilleux Mister Chaplin ! Quelle belle vue, Mister Chaplin !* Elle n'aimait pas trop les enfants, mais elle vous accueillait avec son célèbre sourire qui vous confondait par la beauté et cette légère ombre de tristesse qui donnait à tout sourire sa signification la plus précieuse. Elle portait évidemment ses célèbres lunettes noires et maman, audacieusement, lui demanda une fois de voir ses yeux. Avec grâce, la star du muet porta les mains à ses lunettes qu'elle souleva lentement et maman put admirer son célèbre regard. C'était une personne très simple, naturellement, et jamais elle ne tentait d'impressionner ses

---

1. L'acteur britannique fut le narrateur de la série documentaire *Chaplin inconnu* en 1983. « Il fut très chic avec papa, se souvient Michael. Il venait lui remonter le moral dans ses vieux jours, en bon voisin. » Hasard du destin, James Mason repose dans le cimetière de Corsier-sur-Vevey, à quelques pas de la tombe de Chaplin.

interlocuteurs. Mais personne ne pouvait s'approcher d'elle sans une certaine réserve. Elle exagérait la simplicité de ses vêtements. Elle préférait des pantalons et des chandails aux tenues créées pour elle par de grands couturiers. Ce n'était pas une intellectuelle mais maman trouvait qu'elle avait une bonne intelligence naturelle. »

Eugène Chaplin se souvient tout particulièrement d'un invité fréquent : Truman Capote. « Extravagant, excentrique, je le voyais toujours habillé de rouge. Il racontait avec détachement qu'il avait assisté à la sentence d'un condamné à mort. Pour lui, c'était extraordinaire que l'on puisse tuer sans faire souffrir. Ce qui lui avait valu une longue conversation avec mon père. Mais nous avions l'habitude de ses lubies et nous aimions le recevoir. » Noëlle Adam-Chaplin remarque elle aussi que « Truman Capote occupait une place assez privilégiée dans la vie d'Oona. L'auteur de *De sang-froid* menait une vie plutôt difficile à New York, se débattant entre des relations homosexuelles compliquées et des problèmes d'alcool. Son physique plutôt ingrat, sa petite taille (il était encore plus petit que Charlie) et son talent l'avaient rendu à jamais sympathique à Oona. Il nous accompagnait souvent lorsque nous nous rendions à Corsier chez mes beaux-parents. Au moindre chagrin d'amour, à la moindre aventure qui tournait mal – et Dieu sait si elles viraient parfois au sordide – Truman appelait sa chère Oona, lui parlait des heures au téléphone ou lui écrivait. Elle était son oreille attentive et affectueuse. Oona ne lui a jamais fait faux bond. » Dans son dernier manuscrit resté inachevé, *Côte basque*, Truman Capote évoque les souvenirs heureux de ses visites au manoir. Truman Capote habita plusieurs années en Suisse, à Verbier. Dans *Conversations avec Truman Capote*, on interroge ainsi l'écrivain sur Chaplin. Il répond : « Je l'ai connu quand j'avais dix-sept ans parce que sa femme, Oona, a exactement mon âge et nous étions, pour ainsi dire, des amis d'enfance. Si bien que, dès qu'elle a épousé Charlie, je suis allé très souvent les voir. Ma maison en Suisse n'est qu'à une demi-heure de la leur, j'étais donc tout le temps fourré chez eux. » Lorsqu'on lui demande ce qu'il pense de Chaplin, il avoue : « J'aimais énormément Charlie ; c'était un homme merveilleux. » Et quand on le questionne sur Oona, il précise : « Une femme ne mérite d'être louée sans réserves que si elle acquiert, et sait conserver, des qualités de style, d'apparence, de bon sens et d'esprit dépassant la facile séduction de la jeunesse. Oona est comme ça : c'est une femme de la bonne race, une femme très bien équilibrée. »

Capote ira même jusqu'à baptiser son bouledogue adoré Charlie, et un cliché de Truman avec son animal trônera dans le boudoir d'Oona parmi les photos de famille. Elle écrira même à son ami cette carte : « J'ai ta photo avec Charlie sous les yeux. Elle est chargée d'affection. Ce demi-sourire est contagieux et je ne peux pas m'empêcher de sourire moi-même chaque fois que je la regarde. Je crois n'avoir jamais vu une expression aussi plaisante et réjouie – elle me semble avoir sur moi l'effet d'un euphorisant et il serait inutile que tu me la réclames. »

Georges Simenon (habitant Épalinges) et Graham Greene (de passage chez sa fille, Caroline, à Corseaux) viennent en voisins (« on allait souvent jouer avec les enfants Simenon et profiter de leur piscine intérieure », se souvient Victoria). On reçoit à la table aussi bien Isaac Stern que Pablo Casals qui font de la musique après le dîner. Chaplin joue, lui, uniquement pour la famille. « Il n'osait pas devant les invités qui pourtant n'attendaient que ça, raconte Eugène Chaplin. Il ne se considérait pas comme assez bon musicien pour infliger à ses hôtes l'interprétation de ses œuvres. Inutile de lui rappeler que *"Smile"* était devenu un standard de jazz. Non, n'insistez pas, il n'était pas un bon musicien… » Certes, quand on a à sa table Yehudi Menuhin, Charles Trenet ou Lorin Maazel, il y a de quoi annihiler ses dons musicaux. Maria Callas, qui sera pour Joséphine une amie très proche, ne viendra jamais au manoir, mais recevra plusieurs fois Charlie et Oona à son domicile parisien, et la cantatrice leur offrira même de précieux billets pour l'écouter dans son ultime *Tosca* à Covent Garden, les recevant ensuite dans sa loge tels des intimes. Oona sera fascinée par la Callas, par sa classe et son incroyable énergie. Victoria, elle, garde en mémoire la visite précise du compositeur arménien Khatchatourian ou celle des gitans de Manitas de Plata (« on était par terre d'avoir de tels musiciens *at home* ! »). C'est vraiment uniquement devant ses amis intimes qu'il accepte de faire de la musique ainsi qu'en témoignera Simenon : « Au lieu de discuter à perte de vue, de jouer les pontifes ou de parler de lui, il se mettait plus volontiers au piano et tout à coup, pendant deux heures, il vous fredonnait de vieilles ballades irlandaises de son enfance. Mais vraiment pour son régal, non pour montrer qu'il savait chanter ou qu'il connaissait ces mélodies. Pour son plaisir. Et il amusait tout le monde. »

Tous remarquent à quel point Charlie et Oona s'aiment. « C'est un couple heureux, note dans son journal Cecil Beaton. C'est pourtant très rare chez deux personnes qui vivent ensemble que l'une soit le reflet de ce dont l'autre a besoin. Oona est réellement le reflet de ce dont Chaplin a besoin. » Leurs intimes sont au diapason : « Je les trouvais touchants, se rappelle Dina Wells Hood. Il regardait tout ce qu'elle faisait. Il répondait à chaque inflexion de sa voix. Il s'agitait dès qu'elle s'absentait trop longuement. » Georges Simenon témoignera des marques d'amour et de tendresse entre Oona et Charlie : regards, gestes affectueux, mains croisées l'une dans l'autre. Eugène Chaplin : « Mon père ne pouvait prendre une décision ou se déplacer sans elle. Ce fut un couple fusionnel. Souvent, j'ai vu mes parents s'embrasser, partager chaque moment avec une intensité de jeunes amoureux. » Mais cet amour si intense va connaître ses excès. Un incroyable et perfide sentiment de jalousie. Le cinquième des enfants Chaplin en témoigne : « En vieillissant, mon père fut parfois très jaloux et surveilla sa si jolie femme. Il lui arrivait ainsi de croire à d'impossibles idylles ou à des amants imaginaires et ma mère eut la plus grande peine du monde à lui faire comprendre qu'il se faisait du souci pour ce qui n'existait que dans son imagination. Qu'il n'y avait rien ! Ma mère était très forte et leur amour tout autant ». Noëlle Adam-Chaplin se rappelle particulièrement une incroyable crise de jalousie où Chaplin soupçonna même son propre petit-fils Stephan (certes portrait craché de son grand-père) d'entretenir une bien improbable liaison avec son épouse : « Mon fils Stephan avait dans les seize ans. Il était superbe. J'étais à Londres et lui séjournait au manoir. Un soir, Oona m'appelle :

— Noëlle ?

— Oona ! Comment vas-tu et comment va Stephan ?

— Je t'appelle à propos de lui, justement, et de Charlie. Il va bien, mais il y a un problème.

— Lequel ?

— Voilà. Charlie croit que Stephan est mon amant !

— Comment ?

— Oui, tu as bien entendu. Charlie est persuadé que ton fils Stephan est mon amant !

— Mais c'est ridicule, il faut que tu lui dises...

— Dans ces cas-là, tu le sais, on ne peut rien lui dire. Quant à essayer de lui faire comprendre quoi que ce soit, c'est tout à fait impossible !

J'ai dû rapatrier Stephan à Londres où il a été hébergé par Jerry Epstein, l'assistant de Charlie qui y possède une maison », conclut Noëlle Adam-Chaplin.

Avec les années, ces crises de jalousies iront malheureusement *crescendo*. Chaplin soupçonnera même un membre du personnel, Sandro, et Oona, pour rassurer son mari, devra s'en séparer. « Une fois, un chauffeur fraîchement engagé eut l'idée saugrenue de se mettre à draguer maman en voiture en plein trajet, se souvient précisément Victoria. Dès son retour, elle fila voir papa, lui raconta tout et l'imprudent fut renvoyé sur-le-champ. » Mais, malgré de telles scènes où la fidélité de sa femme est une évidence, Chaplin se complait à imaginer d'improbables scénarios. Elle se montrera philosophe devant la possessivité de son mari. Mais « parfois dans l'intimité de son boudoir, elle confiait à son seul journal ses bleus à l'âme et sa tristesse devant ce comportement », dit sa fille Victoria. « C'est aussi une façon à lui de me prouver son amour », conviendra Oona. Elle tente alors de ne penser qu'aux rires et à la joie qu'ils ont partagés, jamais aux caprices qu'elle a dû supporter et à la tristesse qu'elle lui a a cachée. S'il y eut des moments de blues et de dépression, si quelques rides creusèrent davantage son visage, elle les garda pour elle et pour son journal intime. Même quand, par la force des choses, leurs relations sexuelles cessèrent et que la tendresse fut leur seul lien physique, Oona ne cessa de prouver son attachement à son mari et fit semblant de ne pas prendre ombrage de sa suspicion à son égard. Elle lui fut fidèle tout au long de leur vie conjugale. Aucune rumeur d'une quelconque liaison n'a jamais vu le jour à Vevey, aucune confidence d'ancien employé n'a évoqué ce fait. Comme le souligne une amie de la famille : « Il n'y a jamais eu le moindre amant dans le placard. » Victoria Chaplin évoque ainsi une scène qui est restée gravée dans sa mémoire : « Mes parents dansaient dans le salon un tango argentin avec beaucoup de subtilité et une fascinante complicité. Ils étaient si beaux dans leur chorégraphie mystérieuse. Ils avaient appris le tango dans un club new-yorkais et ils l'interprétaient de façon divine. Ils dansaient vraiment comme s'ils étaient vraiment seuls au monde... Parfois papa ironisa en disant de maman : *"She took the best years of my life* (elle m'a pris les meilleures années de ma vie)..."

C'est un amour exclusif, même s'il y a huit enfants. À Jeffrey Vance, Oona expliquera son amour pour Chaplin en disant : « Il n'y a certainement pas de fixation au père dans mes sentiments pour lui...

Il m'a rendue plus mûre et je le maintiens jeune… La confiance et la solidité de ma relation avec Charlie sont dues en grande partie à notre différence d'âge. Notre bonheur n'est pas déterminé par les enfants. Ils ont leur place bien entendu. Et une large place, même. Mais pour moi, il y a d'abord Charlie. »

Chaplin adore ses enfants, mais son rôle principal dans la vie est d'être artiste, puis mari et en fin de compte père. Celui d'Oona est d'être femme de Chaplin puis maman. En tant qu'épouse, elle ne recueille que des louanges, en tant que mère les avis sont un peu partagés. Certes, Oona est devenue maman huit fois. Huit fois, elle a porté en elle une vie, chacune unique et précieuse, comme autant de dons d'amour. Mais comme l'explique Betty Tetrick Chaplin, « Charlie voulait Oona pour lui tout seul. » C'est ainsi qu'il en vient nettement à préférer ses filles – des prolongements d'Oona – à ses fils. « Il chérissait évidemment ses enfants, continue Betty, mais à condition qu'ils n'empiètent pas sur sa passion pour Oona. » Il se montre ainsi moins sévère avec ses enfants plus jeunes qu'avec ceux nés aux États-Unis. « J'ai l'intuition, avoue Jane Chaplin, que la critique constante et les règles strictes qui me furent imposées, à moi comme à mes frères et sœurs, auraient été moins présentes si Papa avait été plus jeune et Maman moins protectrice. »

Chaplin n'est pas Eugene O'Neill et joue volontiers les pères tendres avec ses enfants, mais ils ne doivent jamais le gêner dans son travail ni dans sa relation avec leur mère. « Nous avions, avoue Jane, TOUT ce dont il avait manqué jeune, mais nous étions privés d'une véritable enfance à cause de la loi du silence qu'il imposait à la maisonnée entière. » La mise en place de contraintes et d'exigences veillant à faciliter ses moments de création rend, selon elle, l'ambiance un peu « répressive » pour tout le monde, y compris pour le personnel. Jane se rappelle : « Lorsque ma sœur et moi rentrions de l'école, la nurse nous rappelait toujours d'être très silencieuses pour ne pas le déranger. Parfois, elle nous faisait enlever nos chaussures sur le pas de la porte et nous faisait promettre de ne pas parler avant d'arriver à l'étage supérieur. » Dans son livre de souvenirs, Michael Chaplin considère son père comme un homme victorien. « Nous, enfants, avions notre monde et étions hors de sa vue la plupart du temps. Les nannies ne cessaient de nous assener d'être silencieux au moment d'entrer ou de sortir de la maison. […] Il avait un tempérament terrible, souvent tyrannique. Le dîner était toujours le moment approprié pour parler avec lui et j'avais le chic pour soulever un sujet provocateur qui le mettait en rage... Autour de la grande table de chêne, mes parents avaient toujours la même place. Ma mère s'asseyait à sa gauche. Nous, les enfants, nous nous disputions la chaise à côté d'elle. J'avais fini par y renoncer et me trouvais à deux, trois places d'elle. Mère était toujours calme et gentille... Le manoir était son univers et l'objet de toutes ses préoccupations. Elle le faisait fonctionner avec beaucoup d'attention. » Eugène Chaplin est au diapason quand il dit : « Pour faire tourner la maison, Papa laissait l'entière responsabilité à ma mère. La vie du manoir s'organisait autour d'elle. Du sol au plafond. De ce que nous trouvions dans nos assiettes à la décoration du salon. » Quand elle s'isole dans son boudoir, c'est pour préparer les salaires des employés, tenir le budget familial, coordonner les différentes tâches et régler l'intendance. Victoria se souvient d'un des grands *leitmotiv* de sa mère : « *I'm doing my bills* (Je m'occupe de mes factures). » Pendant que son mari construit patiemment ses futures chimères, Oona prend soin du manoir de Ban. Ce n'est pas une mince affaire. Treize hectares de terrain, dont un potager tenu comme un jardin à la française, de vastes roseraies, des serres regorgeant de tulipes, une maison qui aurait convenu à un roi en exil parti de chez lui en emportant la caisse, un *staff* et huit enfants qui entrent et qui sortent à longueur de journée. Tout doit fonctionner comme sur des roulettes. « La vie quotidienne au manoir est réglée comme sur du papier à musique, confiera même Oona. L'ordre est nécessaire à Charlie, autant que l'air qu'il respire. Nous ne sommes pas des oisifs. Ici, chacun de nous a son rôle à jouer. Chaque heure a son but, sa raison d'être[1]. »

Chacun vit surtout dans l'ombre du grand homme, au diapason de ses humeurs, de ses colères ou de ses rires. De tous les enfants, Michael est celui qui a le mieux analysé l'inconvénient d'être fils de... « Mon père n'était comme aucun père. Complexe, doué, étrangement créatif, ses déraisons n'ont jamais été celles d'un petit banlieusard. Pour dire les choses modérément, il a toujours été un père qui donnait du fil à retordre. J'ai pris conscience qu'il était un homme exceptionnel à travers les réactions des autres à son égard. Des visiteurs dont les noms, à l'époque, ne signifiaient rien pour moi, mais qui s'appelaient Noël Coward, Graham Greene, Jean Cocteau, Henry Miller, Ian Fleming et autres, le traitaient

---

1. *ELLE*, n° 1220.

comme un dieu de l'Olympe. Il y avait aussi un va-et-vient permanent de photographes, d'intellectuels, de peintres, d'acteurs et de mondains, tous très respectueux ; et quand ils se "pointaient" au manoir de Ban, ils projetaient une aura majestueuse autour du "vieux bonhomme".

« Il y eut un temps où mes instincts infantiles obscurs et mon esprit immature faisaient simplement de cet homme un prolongement inversé de moi-même. Je le voyais bienveillant, volatile, changeant, gai, absolu, inventif, drôle, affectueux, rigide, triste, rieur, autocritique, irrationnel, snob, splendide, stupide, injuste, aimant, perceptif, indifférent, sensible, cruel, joyeux... Un temps où je n'étais rien d'autre qu'un membre de mon père-pieuvre. Alors, dans la grande maison de Beverly Hills, en Californie, qui fut notre *home* avant que nous nous installions en Europe, mon environnement, ma famille et mon père comme chef de famille me semblaient sans doute normaux...

« Être le fils d'un grand homme peut représenter un désavantage ; c'est comme de vivre à côté d'un monument immense ; on s'évertue à en faire le tour soit pour rester dans son ombre soit pour en sortir. Mais des gens élevés dans un orphelinat, lorsqu'ils essaient de découvrir leur place dans le monde, passent souvent le reste de leur vie à la recherche d'un tel monument. »

Un fossé sépare Charlie et Oona de leurs rejetons. Comme le note la sixième des huit enfants : « Il y avait les biscuits de Papa et Maman, et il y avait les nôtres. Dans le réfrigérateur, il y avait les fruits de Papa et Maman, et il y avait les nôtres. Il y avait le déjeuner, le dîner et les en-cas de Papa et Maman, et il y avait les nôtres. Il y avait la crème pour les mains, l'Ambre solaire, le parfum et l'eau de Cologne de Papa et Maman, et il y avait les nôtres. *Idem* pour la voiture dans laquelle on conduisait les enfants, ainsi que pour l'uniforme du chauffeur. Eux et nous. » Francis Wyndham, qui écrira un album photographique avec Chaplin, a remarqué un des écueils de leur vie familiale : « Le seul véritable accroc dans leur harmonie domestique – une incompréhension occasionnelle avec les enfants, au fur et à mesure que chacun cessait d'en être un – provenait de l'intensité et de la plénitude du bonheur mutuel des parents. Les délices que Charlie et Oona connaissaient dans la compagnie l'un de l'autre tendaient à les isoler dans un monde d'amour qui se suffisait à lui-même. Pour les amis, cette atmosphère était tout à fait charmante, mais pour des êtres plus proches, elle pouvait signifier, bien involontairement, une exclusion. » Un autre témoin note lui aussi que « leur amour réciproque isola Oona et Charlie de leurs enfants. Ils avaient leur monde personnel, bien à eux, où nul ne pouvait vraiment pénétrer, pas même la famille. Ils flirtaient comme des fous. Les enfants se sentaient parfois de trop » !

Certes, dix-neuf ans séparent Géraldine, l'aînée, du dernier enfant, Christopher James. Les plus âgés ont encore connu une Oona alerte qui n'a pas les soucis d'un mari âgé. Les plus jeunes doivent presque se bagarrer avec les aînés pour obtenir l'attention des parents tout en ne dépassant pas la mesure. « Il régnait un tel climat autoritaire à la maison, avoue Jane, qu'aucun d'entre nous n'était effronté, brave ou vaillant. » Un constat qu'atténue Géraldine : « Nous étions une maison joyeuse. On chantait. On riait même si l'atmosphère générale de la maison était régie par la règle du silence. »

Chaplin a déjà cinquante-cinq ans au moment de la naissance de Géraldine. Il en a soixante-treize quand vient au monde le petit dernier : Christopher James. Il s'agit d'un véritable défi d'être à la tête d'une jeune famille, à un âge où la plupart des hommes goûtent le rôle confortable de grand-père. Si aucune considération d'énergie déclinante ne semble de mise pour Chaplin, néanmoins, il reste difficile d'élever cette grande couvée. Les rêves de Charlie se sont formés dans sa jeunesse. Offrir à ses enfants la protection et la discipline paternelles qui lui ont fait défaut durant son enfance est un désir légitime, mais pour les jeunes gens des années 1960, cet idéal peut paraître plutôt archaïque et limité. Et si, aux yeux d'Oona, il demeure un jeune homme, le fossé entre les générations est de taille. Chaplin lui-même, malgré ses vieux rêves d'une vie de famille, se consacre toujours autant au travail et son métier garde la préséance sur tout et sur tous. En fait, il se montre plutôt moins sévère avec les jeunes qu'avec les plus âgés, ceux qui sont nés en Amérique. S'il y a jamais le plus léger ressentiment parmi les enfants au sujet de cette discrimination, c'est le fait des cadets qui se sentent frustrés de la discipline qu'ils voient, parcimonieusement d'ailleurs, appliquée à leurs aînés.

De tous les enfants, Michael est sans doute celui qui est le plus mal dans sa peau. Peut-être a-t-il été traumatisé par le fait que son meilleur ami d'enfance à Hollywood, le petit Michael (le fils de Charles Boyer), soit mort tragiquement en jouant à la roulette russe ? Sans doute est-il écrasé par la stature de son père et ses principes rigides ? Mais l'enfant terrible des Chaplin est surtout précoce. Au début de son adolescence, il court à la catastrophe. À quinze ans, il tombe amoureux d'une jeune étrangère d'origine polonaise, une certaine Yannah, de plusieurs années son aînée (elle a vingt-deux ans) et l'invite même à venir nager dans la piscine du manoir. Ses parents, assis sur la terrasse, manifestent leur mécontentement par un regard glacial. Il n'y a pas de présentation. Oona fera simplement remarquer : « Cette jeune fille n'est-elle pas trop âgée pour toi ? » Charlie, lui, est plus direct. Pas question de continuer cette idylle ! S'étant vu interdire de la revoir, Michael sèche évidemment les cours plusieurs jours de suite. Son père décide d'avoir recours à un détective privé pour l'espionner et tenter de le remettre dans le droit chemin. L'enquêteur file donc en douce le garçon à Lausanne, finit par se présenter et le prévenir que son amie pourrait même se faire arrêter pour détournement de mineur s'ils poursuivent leurs relations. Yannah reçoit le même avertissement et se le tient pour dit. Vaincu et inquiet du sort de son amie, Michael rentre dare-dare à la maison par un train de l'après-midi. Innocemmment, il téléphone de la gare de Vevey pour demander au chauffeur de venir le chercher. Chaplin répond lui-même au téléphone. « Espèce de petit imbécile, lui crie-t-il, qui te crois-tu pour donner l'ordre aux domestiques d'aller te chercher quand tu as envie de rentrer ? Tu n'as qu'à venir à pied, mon bonhomme ! » Par une pluie battante, le garçon grimpe les quelques kilomètres qui le conduisent au premier affrontement sérieux avec son père, dans le hall du manoir.

Chaplin l'attend bel et bien. Il a même fait fermer toutes les portes à clef, à l'exception de celle d'entrée, sachant que Michael entre en général par la porte de service. Quand l'adolescent arrive enfin, son père se précipite au bas de l'escalier dans une posture très théâtrale et lui joue son grand numéro : « Pauvre fou, tempête-t-il, te laisser entraîner par une femme qui a le double de ton âge… Pourquoi ne l'as-tu pas laissée tranquille quand je te l'ai dit, il y a des semaines ? » Il menace à nouveau son fils de dénoncer Yannah pour détournement de mineur. La sentence paternelle est claire : « Tu retournes au collège étudier… cet épisode avec cette fille est terminé. Si tu la revois… tu ne reviens plus jamais ici. » Le lendemain, Chaplin tentera de s'excuser maladroitement : « La seule chose qui me restait à faire était de te clouer littéralement un peu de bon sens dans la tête », plaidera-t-il.

Michael confiera : « Il a réussi à me faire peur. Il estimait faire ce qu'il fallait pour moi. À sa manière, il m'aimait beaucoup. Mais il voulait que ses enfants aient une éducation quitte à se montrer dogmatique et inflexible. » Chaplin n'a, bien entendu, pas vraiment atteint son but. Michael oubliera, en effet, Yannah, comme il l'aurait fait de toute façon. Mais le traumatisme sera tel qu'il en viendra à fuguer pour de bon et fuir la maison plusieurs années...

Mais il y a autre chose à gérer dans la maison que l'éducation, les règles, l'étiquette et les bonnes manières, et ce sont les attentes qui pèsent sur leurs épaules à cause de leur héritage intellectuel. Leur père est un génie du spectacle, aussi bien dans le domaine du cinéma que de la musique. Leur grand-père O'Neill est un dramaturge célèbre, prix Nobel. « Même si nous avons été élevés aux côtés d'un génie[1], aucun des enfants Chaplin n'a été façonné pour en devenir un, affirme Jane Chaplin. Malgré tout, chacun de nous a grandi avec en lui ou en elle une petite étincelle. » Oona qui craint que ses rejetons n'attrapent la grosse tête a veillé au grain.

---

1. Jean-Baptiste Thierrée (le mari de Victoria) donne une analyse assez pertinente sur la carrière des enfants de Chaplin : « Ceux qui son nés aux États-Unis ont vraiment développé leurs dons artistiques. Ceux nés en Suisse sont restés plus conventionnels. Comme si le fait d'avoir eu un père plus jeune et plus attentif à leur devenir avait pesé sur leur destin. »

VIII

JOIES ET DÉCEPTIONS

En 1964, Charlie Chaplin se plonge dans la rédaction d'un nouveau scénario : *La Comtesse de Hong Kong*. Il aurait pu être écrit par Paul Morand ou Jean Giraudoux et aurait pu être imaginé au début des années 1930. La nostalgie n'est peut-être plus ce qu'elle était, mais le film en illustre une bonne définition, à savoir que la nostalgie est la vénération de ce que l'on a été soi-même. L'intrigue et l'articulation du scénario conviennent parfaitement à un film de deux bobines de 1920 : un diplomate milliardaire, Odgen Mears (Marlon Brando), quittant Hong Kong pour regagner l'Amérique, trouve une jolie émigrée russe sans le sou, prénommée Natacha (Sophia Loren). Embarquée clandestinement, elle se cache des autorités car elle n'a pas de visa d'entrée aux États-Unis. La majeure partie du film se déroule dans la cabine de Mears et montre toute une série d'efforts délirants pour cacher Natacha au flot de visiteurs qui envahit les appartements du diplomate. Une idylle se noue inévitablement dans ces circonstances et Mears renonce à sa femme et à sa profession pour les beaux yeux de Natacha.

Une semaine avant de signer le contrat définitif, Charlie et Oona se montrent bien superstitieux : « Cela peut sembler un brin midinette mais Maman avait lu leur horoscope dans *Harper's Bazaar* et tous les éléments les concernant semblaient incroyablement pertinents, se souvient Victoria. Trop de coïncidences les troublèrent. Il y avait ainsi cet avertissement impératif de l'astrologue : surtout ne signez aucun contrat important cette semaine ! Papa a bel et bien repoussé cette formalité de plusieurs jours. »

Lors de la lecture du script définitif, Sophia Loren et Brando sont conviés au manoir de Ban. Le réalisateur installe confortablement ses acteurs et leur lit l'histoire en entier. Il interprète tous les rôles, en passant sans transition des coquetteries de l'héroïne à la raideur de l'austère consul américain que doit incarner Brando. Il va même jusqu'à jouer au piano la chanson qu'il a composée spécialement pour le film. Tout le temps que dure la lecture, Brando somnole ou fait semblant, le menton sur la poitrine, les yeux clos. Charlie Chaplin ne fait pas attention à lui et ne paraît pas s'en formaliser. L'acteur est simplement épuisé par le décalage horaire. Mais Sophia ne lui pardonne pas cet affront : « Moi, je me sentais horriblement gênée, avouera-t-elle dans son autobiographie, *La Bonne Étoile*. Chaplin n'avait pas réalisé de film depuis presque dix ans, celui-ci avait donc une importance capitale, et Brando dormait. » À sa compagne Anna Kashfi, l'acteur américain confiera : « Charlie a dit que j'étais le seul qui pouvait jouer le rôle, mais je crois que si je l'avais refusé, il appelait immédiatement Sean Connery... Je lui ai suggéré qu'il lui fallait peut-être quelqu'un comme Jack Oakie puisque c'était une comédie. Mais il s'est montré très flatteur, et il m'a dit que j'étais le seul[1]. »

Lorsque commence le tournage aux studios de Pinewood, à Londres, dès le début de janvier 1966, tout le monde semble anxieux. Le premier jour, sur le plateau, Brando semble tellement terrorisé par Chaplin qu'il en a l'estomac noué : « Je ne savais pas ce que je faisais là... Je commençais à me dire que j'étais complètement fou, que Charlie était aussi complètement fou et que tout cela était impossible. Je ne pouvais pas faire des fondus et des prises de vue triples dans cet esprit-là, et je n'avais qu'une hâte, c'était de pouvoir aller dire au réalisateur : "Je suis désolé, mais je crains que nous ne nous soyons tous les deux fourvoyés dans une horrible histoire..." » Selon Sophia Loren : « L'évidence crevait les yeux : Brando était mieux fait pour les rôles dramatiques que pour la

---

1. Anna Kashfi Brando, *Brando au petit déjeuner*, Buchet Chastel.

comédie. Il faut reconnaître, en toute honnêteté, qu'il n'était pas l'acteur qu'il fallait pour *La Comtesse de Hong Kong*. Il cessa d'ailleurs de s'intéresser au film dès le début du tournage. Il était mal à l'aise et ne parvenait pas à sentir le personnage. Ce sont des choses qui arrivent. De plus, Chaplin et lui ne s'entendaient absolument pas. Jamais ne se produisit le déclic indispensable, jamais ne s'établirent ce climat décontracté et ce jeu réciproque qui stimulent l'inspiration et l'invention dont se nourrit la comédie. Ils se heurtaient souvent et sur le plateau, l'atmosphère devenait de jour en jour plus tendue. »

Oona, omniprésente, essaie de gommer les tensions. Chaplin guette son approbation d'un signe de la tête en sa direction. Mais rien n'y fait. Lorsque Brando commence à se plaindre de la mise en scène, elle prend ouvertement parti contre lui. Sophia Loren fait de même et implore le réalisateur de sa voix suave mais convaincante : « Tu dois l'envoyer promener. Il n'y a aucune raison pour que tu laisses passer ce genre de conduite. » Chaplin se range à son avis et, quand Brando arrive en retard un matin, il l'attrape par le bras : « Écoute-moi bien mon salaud, tu travailles avec Charlie Chaplin, hurle-t-il. Si tu penses que ce n'est pas assez bien pour toi, saute dans le prochain avion pour Hollywood. Nous n'avons pas besoin de toi ! » Comme en témoignera Charles Higham, « plus le tournage avançait, plus Marlon avait du mal à supporter d'être traité en débutant inexpérimenté. Le metteur en scène fixait la chorégraphie d'une scène de cabine jusque dans les moindres détails, faisant aller et venir les figurants sur le plateau. Il cherchait ensuite à improviser la scène pour Brando, à lui enseigner l'art de roter après avoir bu un verre d'Alka-Seltzer, ou de faire entrer sa partenaire dans un placard avec un élégant mouvement de danseur. Sophia Loren cherchait à compenser l'insuffisance de sa diction par des grimaces, technique qu'encourageait Chaplin. Marlon, lui, compensait en jouant au-dessous de ses moyens, avec calme et dignité. Au bout de deux mois, tous les participants, à l'exception du metteur en scène, se rendirent compte qu'on allait à la catastrophe ».

Sophia et Marlon s'adressent à peine la parole. « Il fallait que je leur rappelle que c'était une histoire d'amour », se plaignait Chaplin. L'antipathie qui opposait les deux vedettes apparaît de façon évidente à l'écran et chacun saisit l'autre comme s'il devait embrasser le loup-garou... La présence permanente des enfants sur le tournage sera un baume bienfaisant d'autant que Sydney (né de son mariage avec Lita Grey), Victoria, Géraldine et Joséphine ont un petit rôle. « On s'amusa beaucoup sur le tournage, raconte Victoria. Brando nous disait *"give me a kiss"* et on allait l'embrasser. Annie garde un souvenir mémorable du premier baiser sur la bouche de Marlon. Seule Jane, qui avait une grosse bronchite, ne fut pas de la partie. Nous formions son harem. Brando nous disait : *"Tu es magnifique et on lui faisait un câlin."* Avec maman, il était observateur, prudent, un peu distant. Elle lui faisait beaucoup penser à sa propre mère. » Noëlle Adam évoque l'attitude bizarre de l'acteur américain : « M'ayant catalogué comme homosexuelle, alors qu'il me savait pourtant la femme de Sydney, il me toisait d'un air méprisant et ne m'adressait pas la parole. Bonjour l'ambiance ! » Les enfants qui soutiennent le *pater familias* sur le plateau semblent inconscients des tensions et des enjeux.

La star drague donc les filles de la famille Chaplin, pince les fesses de Sophia Loren et, au moment des prises, ne joue plus à l'instinct selon son habitude mais sous la direction d'un despote nommé Chaplin qui lui dicte jusqu'au moindre froncement de sourcils. Imposant sa manière de faire, mimant toutes les scènes, le réalisateur ne peut que froisser l'acteur américain obligé d'incarner un personnage superficiel, décoiffé, gesticulant, en robe de chambre et chaussettes noires devant supporter dans sa cabine cette comtesse exilée vers l'Amérique, une Sophia Loren qui, elle, se soumet docilement aux exigences d'un réalisateur seul maître à bord. « Papa trouvait Marlon rigide, engoncé », se souvient Victoria. Derrière le dos de Chaplin, Brando pastiche le style « chaplinesque » et, en privé, le réalisateur fait des imitations peu flatteuses de sa manière de jouer. Mais sur le plateau, il use souvent la carte de la diplomatie : « Marlon, si seulement vous pouviez puiser en vous tout le talent que vous possédez... » constitue le *leitmotiv* récurrent. Chaque matin, Sophia Loren arrive dans sa loge, pleine d'énergie et toute pimpante ; Brando débarque l'air épuisé, l'œil torve et sabote évidemment les dialogues de son texte, ce qui nécessite d'innombrables prises. « Avec Charlie, c'était comme si on jouait aux échecs à cent trente à l'heure », tentera de justifier l'acteur américain. Le nœud de ce film aux gags épurés et aux sentiments démodés, c'est Chaplin lui-même qui le dénoue dans son interprétation quelque peu pathétique d'un garçon de cabine maladroit, dans une ardeur saoule digne des meilleurs Buster Keaton.

Chacun fait donc son numéro dans cet ultime tour de piste. Oona tricote dans les coulisses, mais ne perd rien de ce qui se passe sur le plateau. Elle sait que pendant les tournages son mari ne se ménage pas. Elle craint pour sa santé, car il fait travailler toute l'équipe sans répit. Il contrôle les décors, définit le plan de travail de la journée. Son œil rapide remarque le moindre détail : quand Chaplin tourne, il perd toute notion du temps. Seule Oona a le courage de l'interrompre pour lui dire qu'il est midi et qu'il est temps de faire une pause.

Car les techniciens sont timides face à Chaplin. Ce n'est pas seulement sa renommée qui les intimide mais l'intensité magnétique qu'il met dans sa façon de les diriger en recherchant la perfection. Si les échafaudages ou les lumières ne sont pas en place, Chaplin est capable d'exploser. Il est plus patient avec un acteur qui ne sait pas jouer une scène qu'avec un mauvais technicien. Mais son attitude nerveuse, toujours effervescente, fatigue plus qu'une véritable explosion. Avec ses acteurs, voulant que l'effet rendu soit exactement celui qu'il désire, il leur montre comment traverser la pièce, comment s'asseoir, comment faire les gestes. Si l'acteur ne comprend pas du premier coup, il recommence les mêmes gestes à une vitesse foudroyante et explique ce qu'il veut d'une voix basse, rapide, monocorde. Si le comédien ne refait pas exactement les gestes requis, Chaplin insiste : « Regarde, regarde, non, non, essaie encore, recommence… » Enfin, quand il est aux affres du désespoir, il obtient ce qu'il veut. Sophia Loren trouve touchant qu'à chaque prise, il cherche l'approbation d'Oona. Patrice Chaplin écrira que « La Loren était un peu trop italienne avec Charlie », suggérant que les attentions de Chaplin envers sa star rendaient Oona jalouse (toutes deux aimaient des hommes beaucoup plus âgés qu'elles). Mais Oona recevra régulièrement l'actrice italienne au manoir et appréciera sa nature franche, sa passion des enfants et ses recettes de pasta.

L'écrivain Ron Mosely, de passage sur le plateau londonien, notera : « Chaplin voulait que tout soit précisément comme il l'avait prévu. Quand les acteurs ne comprenaient pas ce qu'il voulait, il disait : "Regardez-moi !" D'abord, il jouait la scène de Marlon comme face à un miroir. Ensuite, il disait les répliques que Sophia était censée lui répondre. C'était étonnant de voir ce grand comique interpréter leurs personnages, car il était bien meilleur qu'eux. Quant à Marlon, il était visiblement terrorisé à l'idée d'avoir à imiter ce que Chaplin venait de lui montrer. » Le réalisateur, lui, finira par détester Brando : « J'aurais fouetté les chevaux plus forts pour conduire le cortège à la cérémonie s'il était mort au milieu de la production », confiera-t-il. Ce à quoi l'acteur rétorquera avec sa grossièreté légendaire : « Ce n'est qu'un petit trou du cul mauvais et sadique. Et encore, je suis gentil. Lubitsch aurait pu réussir ce film. Pas Chaplin ! » À la fin du tournage, il lancera même au réalisateur : « Vous pouvez prendre votre saleté de film et vous le foutre dans le cul. Image par image ! »

L'acteur américain a laissé dans ses Mémoires des pages bien amères sur le film, écrivant même : « *La Comtesse de Hong Kong* fut un fiasco et le tournage me révéla Chaplin sous les traits du pire sadique que j'aie jamais rencontré, un tyran égocentrique et un grippe-sou. Il s'acharnait sur les gens pour le moindre retard, les houspillait sans cesse pour qu'ils travaillent plus vite. Pis encore, il traitait de la façon la plus cruelle son fils Sydney, mon partenaire. Il l'humiliait constamment devant tout le monde. Il lui parlait toujours sur un ton épouvantable et, pour un oui, pour un non, lui faisait recommencer ses scènes. Il ne perdait pas une occasion de le dévaloriser : jamais un mot qui ne fût un sarcasme. Oona assistait à toutes ces scènes mais se gardait bien de prendre la défense de son beau-fils. C'était un spectacle pénible. » Après la mort de Chaplin, il sera plus sincère à l'égard des frustrations qu'il a ressenties avec le cinéaste. Son analyse du problème sera assez pertinente. « Mon style de jeu a toujours eu besoin d'espace, avoue-t-il en insistant sur son besoin de liberté artistique. La méthode de Chaplin était différente. Il s'agissait d'une mosaïque. Sa façon de me diriger était un puzzle dont chaque pièce était taillée et polie pour correspondre à la suivante… Avec Charlie, le jeu d'acteur était comme une partie d'échecs menée à cent vingt à l'heure ; Il avait un talent remarquable mais il avait une personnalité monstrueuse[1]. »

Lorsque Marlon a une crise d'appendicite au cours de la production, tous les membres de la distribution et de l'équipe technique lui adressent leurs vœux de prompt rétablissement. Tout le monde signe la carte, sauf Sophia Loren.

Autre élément de déception sur ce tournage : Tippi Hedren. La dernière grande blonde d'Hitchcock a bel et bien racheté son contrat au réalisateur britannique après qu'il lui ait fait des avances

---

1. Gary Carey, *Marlon Brando, The Olny Contender*, St. Martin's.

pesantes. *Bye Bye, Hitchcock !* Tippi Hedren a donc de grandes ambitions quand elle accepte de figurer dans le film de Chaplin. Ce sera son grand *come-back* trois ans après *Pas de Printemps pour Marnie*. Mais à la découverte du scénario, elle tombe des nues quand elle se rend compte qu'elle n'a finalement qu'un court rôle, celui de la femme divorcée de Brando. Elle demande donc à Chaplin de bien vouloir étoffer son rôle. Bien que le réalisateur ait essayé de l'accommoder, il n'a guère pu : l'histoire a surtout lieu sur un bateau et le personnage campé par Tippi Hedren ne monte à bord que vers la fin du film. Elle tentera de ne pas trop montrer sa frustration sur le plateau et confiera très diplomatiquement que « cela a été un vrai plaisir de travailler avec Mr Chaplin ».

Le 2 janvier 1967, Chaplin, Oona et Brando sourient aux photographes britanniques comme si de rien n'était. Le rélisateur donne l'impression qu'à tout moment, porté par son génie, il peut affronter seul le monde entier. Anna Kashi, qui accompagne Brando, racontera : « Jay Kanter, directeur des productions de la Universal à Londres, donna une réception à laquelle assistèrent tous ceux qui avaient joué dans le film, à l'exception de Sophia Loren, enceinte de plusieurs mois. Tous les invités furent unanimes pour dire que la soirée était très réussie. "Dommage que nous ne puissions distribuer la réception à la place du film", se lamenta un responsable de la Universal. » Car *La Comtesse de Hong Kong*, que Chaplin a réalisé à soixante-dix-sept ans avec une indomptable énergie, essuie, lors de son avant-première mondiale au Carlton Theater à Londres, un éreintement systématique et impitoyable de la critique britannique : « Erreur regrettable », dit-on dans le *Times*. « De ce sujet banal et ressassé, un Orson Welles, avec son tempérament de dynamiteur de l'écran, eût fait un chef-d'œuvre de sentimentalité romanesque », écrit l'*Evening News*. Le *Daily Telegraph* est impitoyable : « C'est probablement le meilleur film qui ait jamais été réalisé par un homme de soixante-dix-sept ans. Malheureusement, c'est le pire jamais réalisé par Chaplin ! » Dans le *New York Times*, Bosley Crowther souligne : « Si un vieil admirateur de Chaplin se double d'un homme charitable, le mieux qu'il puisse faire est de tirer le rideau sur cette œuvre compromettante et feindre qu'elle n'a jamais existé. » Le reste des critiques semble du même acabit. On conseille même au cinéaste de « retourner à l'école », ce qui entraîne de la part d'un Charlot plus serein que courroucé cette réplique tranquille : « J'ai fait mes classes, tant dans la rue, au collège de la vie, que dans les studios. Je crois connaître mon métier, un métier que j'exerce avec le cœur : pour un public dont les réactions m'importent avant tout. Or, les réactions du public londonien sont positivement bonnes et vont à l'encontre de cette mise au pilori décidée, comme à l'avance, par les censeurs des quotidiens de Sa Majesté. Si les critiques n'aiment pas mon film, c'est qu'ils sont de fieffés imbéciles. Démodé ? Ce sont eux qui sont démodés... Cela ne me gêne pas. Je persiste à penser que c'est un grand film et que le public me donnera raison. » Malheureusement, les chiffres du box-office se montrent vite décevants et l'accueil global reste tiède. Certes, la mélodie romantique du film *This is My Song* (*C'est ma chanson*) interprétée par Petula Clark figure rapidement dans les hit-parades du monde entier, mais le cinéaste se montre très affecté par l'hostilité de la presse. Charlie Chaplin ne refera plus de nouveau film, *la Comtesse* est donc son chant du cygne et le retour vers Vevey avec Oona, qui vient de fêter ses quarante et un ans, est en demi-teinte.

Mais leur amour est le plus précieux des cadeaux comme le proclame Chaplin : « J'aime ma femme et elle m'aime. Voilà pourquoi nous sommes si heureux. [...] Oona est mon inspiratrice et c'est une bonne spectatrice. Elle a un talent inné et sa critique est constructive. Pour profiter de ses réactions, je lui laisse voir mon travail au quotidien. Elle n'émet jamais d'opinion sans que je le lui demande. »

Oona est son ombre bienveillante. En octobre 1966, Chaplin fait une chute sérieuse. Jerry Epstein, son assistant pour *La Comtesse de Hong Kong*, se souvient : « [...] alors que Charlie et moi nous promenions devant Pinewood, Charlie glissa sur un pavé saillant et se cassa la cheville. Je l'amenai au pas de course au Slough Hospital et, tandis qu'ils lui plâtraient la jambe, je dis : "Appelons Oona et avertissons-la de ce qui est arrivé." Mais Charlie me dit de ne pas le faire : il ne voulait pas qu'elle s'inquiète. Lorsque nous arrivâmes au *Savoy*, les photographes nous attendaient à l'entrée. [...] Oona était au bord de la crise de nerfs. "Pourquoi ne m'as-tu pas appelée ?", hurla-t-elle lorsque nous arrivâmes dans la suite. La presse l'avait assaillie de coups de téléphone, et elle avait craint le pire. Charlie était toute sa vie : entièrement et complètement. Je pense qu'Oona souffrit de cet accident encore plus que Charlie. »

C'est l'époque où les enfants grandissent et s'émancipent. L'aînée, Géraldine, a déjà quitté le manoir en juin 1961. Elle vient de terminer ses études à l'école des sœurs Montolivet, près de

Lausanne. Les sept années précédentes, elle les a passées au pensionnat, ne revenant chez elle qu'en week-end ou en vacances. Au moment où elle fait la connaissance de Noëlle Adam, Géraldine décide elle aussi de faire de la danse sa carrière et réussit l'examen d'entrée à l'École royale du ballet de Londres (Sadler's Wells Royal Ballet School). Mais il faut vaincre la résistance de « Papa » !

Malgré son succès, Chaplin et sa femme lui posent une condition supplémentaire. Leur adorable fille de dix-sept ans ne peut décemment pas vivre toute seule dans une grande méchante cité comme Londres. Rachel Ford, l'assistante-business de Chaplin, demande ainsi à ses amis, le prince et la princesse Eugène Lubomirski, de prendre Géraldine sous leur aile protectrice. Cette garantie de respectabilité et de chaperonnage met fin aux objections du pointilleux papa qui capitule. Nous sommes donc à l'été 1961 et la belle Géraldine goûte à la douce liberté londonienne, travaille sa technique plusieurs heures par jour et fait ses classes avec panache. Elle est tellement avide d'apprendre, et, en même temps, si simple, naturelle et gentille qu'elle fait la conquête de tout le monde dans ce milieu de la danse pourtant reputé pour sa dureté.

Les vrais ennuis de Géraldine ne commencent qu'avec son premier rôle, une très brève apparition dans le ballet *Cendrillon* de Prokofiev lors d'un gala avec un modeste cachet de 80 livres sterling. Elle n'est évidemment plus un petit rat mais pas encore une « étoile ». Mais la presse parle tant des débuts de la fille de Charlot qu'il n'y a plus un strapontin libre le soir de la première. « On m'a fait à l'avance une formidable publicité pour mon seul nom, constatera Géraldine. Au début, j'ai cru qu'on m'avait choisie parce que j'étais bonne. J'ai découvert ensuite que ce n'était que pour ma valeur publicitaire. Mon nom facilita donc mes débuts. Mais, d'autre part, quand on s'appelle Chaplin, on attend sans doute un peu trop de vous ! Il faut être plus que bonne pour se faire respecter. » Les journalistes anglais ne manquent pas d'interroger Géraldine sur sa ressemblance frappante avec sa mère. La jeune fille malicieuse réplique : « C'est vrai mais il y a un domaine en tout cas où cela est faux, c'est celui du rouge à lèvres ; je n'en ai qu'un seul bâton pour la scène alors que ma mère en fait collection : elle en a des centaines. »

Le scénario se renouvelle quelques mois plus tard quand Géraldine vient danser à Paris son court rôle de princesse persane dans *Cendrillon* au Théâtre des Champs-Élysées, à Paris. La presse n'accorde pas une ligne à la chorégraphie de Raymundo de Larrain (il est pourtant le neveu du marquis de Cuevas), pas un paragraphe au danseur étoile Philippe Dohlmann mais se plaît à souligner le costume oriental au décolleté plongeant de Géraldine et le fait que Chaplin a réservé six fauteuils d'orchestre pour la première. Géraldine, avide de garder sa ligne, avoue aux reporters ne prendre qu'un repas par jour et vivre de café noir… L'anorexie la guetterait-elle déjà ? Après ce premier éclat très médiatisé, elle enchaîne encore deux spectacles à la télévision française avant de louer les services de Margot Capelier, un agent recommandé par sa belle-sœur Nöelle Adam-Chaplin. Elle affiche bientôt son premier flirt sérieux en la personne d'un acteur anglais de trente-cinq ans, Richard Johnson, au gran dam de son père. Pourtant Géraldine commence à envisager d'abandonner totalement la danse, ne s'estimant sans doute pas assez douée. Elle se souvient : « J'ai fait ma petite rébellion à quinze ans, mais lorsque j'ai quitté la maison pour Londres, j'étais plutôt dans l'état d'esprit d'un pionnier à la recherche de nouveaux horizons. Et puis, je dois rectifier l'opinion selon laquelle j'ai décidé seule de faire de la danse. Maman était au courant depuis le début et elle m'approuvait. Je n'aurais pas commencé si elle n'avait pas été d'accord. Quand je lui ai écrit pour lui parler de l'offre qu'on m'avait faite au Royal Ballet, elle m'a répondu, et là, je cite : "Pourquoi n'acceptes-tu pas ? Ce n'est pas une mauvaise idée et cela te donnera une certaine expérience de la scène." Donc, maman m'a donné le feu vert. Mais je me suis vite rendu compte que je ne pourrais jamais être une grande danseuse. » Or les parents Chaplin ne comprennent plus du tout quand leur fille aînée parle déjà d'abandonner le ballet. À quoi bon toutes ces années d'apprentissage pour renoncer si tôt ? Chaplin lui assène même très mélodramatiquement : « Tu me trahis ! » et la boude ostensiblement. Et quand Géraldine part en Espagne pour de longues vacances et donner la réplique (dialogues de Michel Audiard) à Jean-Paul Belmondo dans *Par un beau matin d'été* de Jacques Deray, les journaux parlent théâtralement de « rupture » entre Chaplin et sa fille et s'étendent complaisamment sur les chevaliers servants de l'« enfant terrible » du célèbre clan. « J'ai eu beaucoup de petites aventures sans lendemain mais pas une seule importante, expliquera-t-elle. Je préferais vivre avec un homme plutôt que de l'épouser car, si je me mariais, je ne pourrais pas travailler. »

L'image de l'épouse parfaite que lui a donnée Oona la terrifie-t-elle comme un idéal inaccessible ?

Pourtant sa mère ne cesse de lui écrire – des lettres d'au moins dix pages – pendant ce séjour ibérique, tentant de réconcilier père et fille. Oona va en tout cas plaider la cause de Géraldine quand celle-ci décide finalement de devenir comédienne. Elle obtient la bénédiction paternelle et, comme tout contrat doit être « approuvé » par ses parents (Géraldine étant mineure), Chaplin appose sa signature sur celui du *Docteur Jivago*, son premier grand rôle international. « Avant le film de David Lean, mon père me conseillait sans cesse de "chercher la vérité". Je me suis donné beaucoup de peine pour suivre son conseil », dira-t-elle simplement.

Géraldine confiera que sa mère veillait sur tout : « Elle avait une sorte de radar. Elle était au courant de chaque détail. » Et de poursuivre : « Je lui écrivais tout le temps. Elle adorait être tenue au courant de tout ce qui se passait au studio, surtout pendant le tournage du *Docteur Jivago*. Je n'écrivais pas à Papa ; peut-être parce qu'il ne répondait jamais. Il avait d'ailleurs une écriture particulièrement illisible. Nous avons été élevés sévèrement et nous ne pouvions pas nous adresser directement à lui… Nous allions donc trouver Maman… » Par rapport à la rigueur de leur éducation, Géraldine expliquera : « Eh bien, je suppose que, Papa étant très riche, nous aurions pu être gâtés, obtenir tout ce que nous désirions. Il n'en fut rien. Quant à l'argent de poche, nous n'en avions pas plus que les autres enfants de Corsier-sur-Vevey et nous devions rendre compte de nos dépenses par écrit. Papa a toujours été très exigeant en ce qui concerne l'éducation. Il nous disait que l'éducation est notre seule défense dans la vie. C'est pour cette raison que lui et Maman furent si déçus quand j'abandonnai mon éventuel projet d'études à l'université et filai à Londres jouer les ballerines. Papa avait toujours surveillé nos carnets scolaires de très près. Quand nous obtenions de mauvaises notes, il nous punissait : les plus âgés étaient privés de sortie ; les plus jeunes, de jeux ou de télévision. Inversement, quand les petits avaient bien travaillé à l'école, ils étaient autorisés à dîner avec Papa, Maman et les aînés. Papa communiquait avec le personnel par l'intermédiaire de Maman parce qu'il n'a jamais été capable de maîtriser le français. Je ne pense pas qu'il ait jamais essayé et de ce fait aussi, nous les enfants, nous étions censés ne parler anglais qu'à table. C'est Maman et personne d'autre qui servait d'interprète à Papa chaque fois qu'il avait besoin d'aide… »

Lorsqu'il s'agit de décrire l'organisation précise de la demeure familiale, Géraldine se souvient : « La maison était impeccable et les pelouses admirablement entretenues. Tout le monde vivait dans la terreur de me voir arriver flanquée de Boris, mon bouledogue français. Les chiens n'étaient autorisés au manoir de Ban que sur ordre spécial de Papa, parce qu'ils abîmaient le gazon et y faisaient leurs besoins. En revanche, Papa ne faisait pas attention aux chats… en fait, il les adorait, mais chaque fois que nous en avons eu, ils se sont enfuis. Donc pas de chats. Boris a eu la chance de bénéficier d'une dispense spéciale mais révocable. D'où la terreur qu'inspirait mon arrivée. Au manoir, tout était très paisible et, bien sûr, très réglementé, parce que tout le monde observait strictement les lois de la maison. Ce qui signifiait que nous nous levions très tôt, à sept heures et demie, et quelques-uns des enfants commençaient à s'agiter vers cinq heures et demie… Donc, nous nous levions, nous déjeunions puis nous nous promenions dans le jardin sans rien faire… C'était une existence paresseuse. Nous déjeunions à midi et demi et, ensuite, nous pouvions aller au cinéma à Vevey. Et toute la maisonnée était au lit à huit heures et demie. À moins qu'il n'y ait des visiteurs, auquel cas nous dînions un peu plus tard. Parfois, nos hôtes passaient la nuit ; d'autres fois, ils nous quittaient peu après le repas. Voilà comment se déroulait l'existence d'aussi loin que je me souvienne jusqu'à mon départ. Je n'ai jamais été impressionnée par nos visiteurs parce que, quand j'étais petite, je ne savais pas qui ils étaient et, plus tard, j'ai pris l'habitude de les voir… J'ai le souvenir de Rex Harrison, Stewart Granger, Noel Coward, Michel Simon, Margot Fonteyn, la reine Marie-Josée d'Italie ou l'ex-reine Victoria-Eugénie d'Espagne… Maman arrivait à tout suivre. Elle avait sa manière bien à elle de prendre soin de nous tous. Quant à l'amour pour mon père, ils étaient éperdument amoureux l'un de l'autre. Songez qu'ils ne se sont jamais quittés de toute leur vie commune. Sinon deux jours, lorsque ma mère est partie soigner sa mère malade. »

Et quand on interroge l'aînée des Chaplin pour savoir s'il est arrivé que Charlie lui témoigne de la fierté, elle répond : « Mon père rêvait que ses enfants deviennent médecins, architectes ou ingénieurs. Il n'a pas eu de chance sur ce plan-là. Aucun de nous n'est allé à l'université. Il voulait que nous soyons les mieux élevés de la terre. Il eut effectivement du mal à admettre que nous ne suivions pas le chemin qu'il avait tracé pour nous. En ce qui me concerne, lorsqu'il fut convaincu de ma volonté, il me trouva tous les dons. Ce qui l'irritait, en fait, était que je sois célèbre sans avoir fait mes preuves. Il n'était pas très bon critique et il se montrait souvent aveuglé dans son affection pour ses enfants. Il pensait constamment que j'étais le meilleur élément de tous les films que je tournais. Par exemple, lorsqu'il vit *Docteur Jivago*, il me déclara, les larmes aux yeux, que j'étais fantastique, que je l'avais bouleversé et que je devais absolument continuer comme cela. »

Michael est à l'époque le seul à obscurcir le ciel familial, comme l'explique Géraldine : « Il a été un peu *beatnik*. Nous avions toujours été couvés à la maison, pas gâtés mais toujours surveillés et jamais autorisés à faire vraiment grand-chose. Je crois que Michael a été un peu jaloux de moi quand je suis partie pour cette école de danse de Londres, alors que lui, il restait tristement en Suisse. Il voulait s'enfuir parce que j'étais partie. Quand il est allé à Londres, il s'est lié avec quelques personnes réellement peu recommandables et nous a joué sa fureur de vivre. »

Le jeune homme a en effet quitté le doux cocon de Vevey et a rejoint Londres, la capitale branchée où la mini-jupe et les Beatles donnent le rythme à Carnaby Street. Il commence à goûter aux paradis artificiels et, en cette année 1964, finit par vendre des fruits et légumes dans une épicerie d'Hampstead au salaire de dix livres sterling par semaine : « Je suis presque devenu champion du monde dans ce métier-là, racontera Michael. J'avais tout un système. Je me posais devant la vitrine du magasin et, quand une vieille passait, je bloquais d'un coup tous les muscles de mon visage pour lui décrocher un grand sourire : un vrai sourire de piranha qui ferait de la réclame pour une marque de dentifrice, quoi !

« La vieille hésitait puis finissait par entrer. Alors là, toujours avec le sourire, je passais à l'action et je lui expédiais dans son sac mes légumes. J'effaçais alors l'expression de sympathie et jouais un petit air de symphonie sur la machine à additionner du tiroir-caisse...Ce genre de truc a marché les premiers jours mais les vieilles ont toutes fini par réclamer et le patron écœuré a dû me mettre à la porte. » À la même époque, il étudie à l'Académie royale d'art dramatique, le R.A D.A. « On se présentait dans cette école avec sa personnalité et ses idées propres conviendra Michael. Mais au lieu de se servir de cette personnalité pour encourager et développer l'artiste, la R.A.D.A. commençait à vous réduire à rien pour vous reconstruire à sa façon. Enfin, faut pas crier contre ces gens-là ! Ils avaient une bonne cantine. On pouvait se taper tout un repas pour deux shillings et six pences. » Michael, les cheveux longs, porte des chemises de hippie, se laisse pousser barbe et moustache, fume, boit dans la meilleur tradition *beatnik*. On commence à parler de lui dans la presse anglaise quand le soir du 7 août 1964, peu avant minuit, des *bobbies* font les cent pas dans le quartier de Marble Arch. Un quidam s'approche : « Vous devriez aller jeter un coup d'œil vers les fontaines du pont. » Dans les fontaines, où les touristes ont coutume de venir jeter quelques pièces de monnaie en faisant un vœu, se trouve en effet un escogriffe un peu douteux. Posément, sans se soucier des vingt témoins qui le regardent, il plonge le bras dans l'eau et semble faire bonne pêche.

« Vos papiers s'il vous plaît ? »

Le jeune homme ne cille pas et, de sa main mouillée, fourrage dans sa poche pour en extirper son passeport britannique.

À la lumière de sa lampe électrique, le policier lit en écarquillant les yeux : « Ah ça, par exemple ! Mais c'est le fils de Charlot ! »

Amené dare-dare au commissariat de Marylebone Lane puis devant le tribunal des flagrants délits, Michael déclare froidement qu'il est « le mouton noir de la famille », qu'il ne veut rien devoir à son père. « Je suis chômeur et sans projets. Mais il faut que Papa comprenne que je veux mener ma vie à ma guise. Je veux échapper à son influence. »

Le juge (Mr Robey), un brin compatissant, finit par l'acquitter. Quelques jours plus tard, Michael (dix-huit ans) se fait virer de son cours d'art dramatique et décide d'épouser sa *girl-friend* de l'époque, la blonde Patrice Johns (vingt-cinq ans). « On s'est tiré en Espagne, dira Michael. Là-bas, on voulait se marier. On avait eu cette idée-là. Tous les deux, on s'entendait vraiment bien. On s'aimait beaucoup. Mais en Espagne, ce n'était pas facile de se marier dans ces bleds de la Costa Brava. Il fallait des tonnes de documents administratifs. Et moi je n'avais évidemment pas l'âge légal. Alors un paparazzi français, un certain Daniel Cande, nous a proposé d'aller en Écosse. Là-bas à Gretna Green, qu'il nous a dit, il n'y a qu'à rester domicilié pendant trois semaines et c'est fini !

« On est donc parti en Écosse ; on y est resté pendant vingt et un jours. On s'est caché sans rien dire parce que j'avais peur de voir mon paternel intervenir. Les journalistes, eux aussi, s'étaient mis sur notre piste. Mais nous ne nous sommes pas laissé faire. Nous nous sommes débrouillés pour prendre une licence spéciale de mariage et cela s'est fait deux ou trois jours avant la date prévue. » Cela se passe en effet le 6 février 1965 à Moniaive dans le comté de Dumfriesshire. Une Écossaise, une certaine Sarah Black, qui passe innocemment dans la rue, est prise comme témoin : « Je ne savais même pas pourquoi c'était faire », affirmera-t-elle aux reporters enfin accourus.

À Corsier-sur-Vevey, l'annonce de ce mariage semble laisser de marbre le maître du manoir. « Une ambiance tendue régnait à la maison, dit Victoria. C'était lourd, terrible ! Le départ de Michael et le fait qu'il laissa Maman sans la moindre nouvelle pendant des mois constituèrent un vrai traumatisme. » Charlie et Oona ne font aucun commentaire sur la « révolte » de leur fils. Mais l'actualité va les forcer à rendre publics leurs états d'âme. En effet, en cette année 1965, le gouvernement travailliste est en difficulté. Des coupes sombres sont faites dans le budget. C'est alors que le public apprend avec étonnement – « dans un moment de détresse nationale » titrera la presse – que Michael et Patrice Chaplin émargent bel et bien pour dix livres sterling hebdomadaires au fonds de l'Assistance nationale aux chômeurs ! C'est un peu fort ! Aux Communes, un député conservateur pose même une question écrite à Miss Herbison, la ministre des Affaires sociales. La réponse ne tarde guère : « M. Michael Chaplin est parfaitement dans son droit en recevant cette somme à condition qu'il soit bien inscrit à l'agence du chômage et que, s'il n'a pas trouvé de travail comme acteur au bout de trois semaines, il accepte n'importe quel job qui lui serait offert. » Mais l'opinion publique va difficilement accepter pareille justification. Car, au même moment, le clan Chaplin arrive en grandes pompes à Londres et descend dans de somptueuses suites au *Savoy*. La presse fait ses gros titres sur les protestations agacées du public devant ce « privilège » accordé à un fils de millionnaire qui choque les contribuables. L'affaire prend une telle ampleur qu'Oona, très inhabituellement, est contrainte de publier un communiqué de presse acide aux allures de sentence : « Ce jeune homme constitue en effet un problème. Depuis trois ans, il refuse avec entêtement toute éducation. Je regrette qu'il en soit venu à bénéficier de l'assistance nationale. Il ferait mieux de se chercher un vrai travail. Si je ne souhaite pas faire de lui un *beatnik*, c'est mon droit. Je n'ai nulle envie de lui pardonner ! »

Michael serait-il définitivement renié ? « Non, Maman est toujours restée en contact avec moi, raconte aujourd'hui l'ex-brebis galeuse. Par lettre, par téléphone ou par l'intermédiaire de Jerry Epstein. » Un lien d'autant plus nécessaire que l'enfant rebelle devient bientôt le père d'un petit garçon, Christian, puis d'un autre baptisé Tim et s'installe avec son épouse dans un modeste appartement de Manor House. Il multiplie alors déclarations et interviews comme pour mieux exprimer sa « difficulté d'être » quand on a pour père un géant et en fait des tonnes : « Je suis opposé à toute autorité, mais je ne suis pas un révolutionnaire, précise-t-il. Je suis plutôt un évadé, un évadé de l'autorité. C'est normal quand on en a trop subi dans la famille... On veut alors se découvrir soi-même tout seul. Cela m'est arrivé très tôt. Je n'aime pas l'école. Je n'aime pas être obligé de lever la main pour parler, pour sortir. Je n'aime pas être ponctuel. Je n'aime pas être enrégimenté et me conformer à un règlement. On dit que je suis sale et pas soigné. C'est vrai ! Mais ce n'est pas pour faire un effet, ni pour prouver quoi que ce soit. Je me trouve bien comme ça et plus les gens critiquent mon aspect, moins j'ai envie d'en changer ! »

Toute cette publicité gratuite donne évidemment des idées à un producteur londonien, Larry Page. Michael va ainsi prendre le chemin d'un studio d'enregistrement pour un disque 45 tours au titre éloquent : *I Am what I Am* (je suis ce que je suis). Ce qu'il est ? Un fils ambitieux qui entend devenir « aussi célèbre que son père, sans rien lui devoir – et qui permettra à sa tendresse de s'exprimer le jour où le mur de la réussite ne les séparera plus », annonce-t-il d'emblée. Dans la foulée il hérite même d'un petit rôle au cinéma dans *Promise Her Anything* avec Warren Beatty et Leslie Caron. Mais le succès n'est pas vraiment au rendez-vous ; il n'est ni bon chanteur ni le nouveau James Dean ; le temps de le comprendre et de l'admettre enfin – c'est-à-dire quelques années – Michael finira par quitter sa femme que ses parents n'apprécient guère, couper ses longs cheveux de hippie et reprendre le chemin de la sobriété et de l'hygiène chères à son père. Tout le monde feint d'oublier qu'il a écrit entre-temps un livre assez cocasse où il règle ses comptes avec son père : *Smocking The Grass On My Father's Lawn*[1], le mot *grass* équivalant en argot américain à marijuana.

---

1. Les Mémoires de Michael écrits peu après son mariage par deux « nègres » furent la cause d'un procès de longue durée lorsqu'il tenta de résilier son contrat, horrifié par les injures contre son père qui allaient paraître sous son nom. En tant

Joséphine, elle, est la plus douce des filles Chaplin en apparence, peut-être la plus belle aussi (de très belles jambes). Un port altier, un regard sombre, un profil de déesse grecque. Mais sous son apparent calme olympien se cache une forte personnalité qui n'a pas peur de tenir tête à son père. « Joséphine était gentille, ouverte, accessible et vraiment rigolotte », se souvient sa sœur Annie. « Mais elle avait un curieux sens du goût, fait remarquer Jane. Elle ne savait absolument pas s'habiller. » Elle suit studieusement ses classes de danse et apprend le piano. « Joséphine avait l'oreille très musicale, observe l'une de ses sœurs. Elle jouait merveilleusement du piano. Elle avait beaucoup de dons : elle écrivait bien, faisait une délicieuse cuisine, connaissait déjà tout des champignons, se plongeait dans les Agatha Christie, obtenait des carnets scolaires brillants. C'était *superwoman* ! » Au moment de l'adolescence, elle se prend de passion pour le chant et s'imagine déjà en diva. Le fait qu'elle rencontre bientôt Maria Callas, par une amie de Christina Onassis, et devienne une intime de la cantatrice, n'est sans doute pas étranger à sa fascination. « Je n'ai jamais eu de voix, affirme-t-elle aujourd'hui lucidement. J'étais mezzo mais rêvais d'être soprano. Je travaillais des lieder de Mozart et les sublimes arias des *Noces de Figaro*. Avec une amie au somptueux timbre de coloratura – et qui fit une belle carrière –, je campais Adalgisa dans *Norma* en mezzo romantique et nous interprétions fiévreusement nos deux duos. J'admirais tellement Maria Callas et j'aimais tant l'opéra que je pensais naïvement que ça allait venir, que mon timbre prendrait toute sa dimension. Au début, mon père qui avait l'habitude de m'écouter pendant mes leçons de chant depuis la pièce voisine lançait perfidement : *"That's a squeak, it's not a voice !* (mais c'est un couinement, pas une voix !).* » J'ai pris des leçons de chant pendant cinq ans et mon professeur a décidé que j'étais plutôt faite pour l'oratorio ou la musique baroque. Moi, ce que je voulais, c'était le bel canto, la

---

que mineur – la majorité étant alors à vingt et un ans en Angleterre – Michael dut intenter un procès aux éditeurs pour empêcher la publication – par l'intermédiaire de sa femme. Du point de vue légal, il était « un enfant » soumis à la tutelle. La version finale du livre, avec en bandeau « *The rebel of the Chaplin family* », ne lui rapporta que 2000 dollars. Il n'était ni aussi bon (ni peut-être aussi mauvais) que si Michael l'avait écrit lui-même mais ses pages laissaient entrevoir un peu de sa philosophie compliquée et de sa solitude intérieure. Paradoxalement, son épouse Patrice se révéla meilleur auteur en faisant paraître son premier roman : *A Lonely Diet*.

Scala ! » Heureusement Joséphine va se consoler dans les bras d'un bel Hellène de vingt et un ans, Nicolas Sistovaris (héritier d'une richissime dynastie de fourreurs athéniens qui s'associèrent dans le prêt-à-porter avec Jean Dessès et qui ouvrit une luxueuse boutique à Genève). « Nicky était en fait le petit copain de la grande sœur de ma meilleure amie, Christine Careas, quand j'avais douze ans, raconte Joséphine. J'ai appris à le connaître et à l'apprécier et nous sommes sortis ensemble vers mes seize ans, mais très discrétement, mon père ayant la fâcheuse tendance à ne guère apprécier mes *boy-friends* ! »

« Nickie était quelqu'un de nerveux mais terriblement attachant, raconte Jane. Lui et son frère Johnny travaillaient déjà dans la fourrure mais ne ressemblaient pas à des "fils à papa". Leur père était d'ailleurs un redoutable personnage. Nicky, lui, faisait de son mieux pour être plaisant, intéressant et accessible aux enfants que nous étions. Nous l'appréciions beaucoup. » Quand il s'agit d'obtenir enfin l'approbation de Chaplin, Oona et Joséphine manœuvrent en coulisses. « Quand Papa a terminé la composition de la partition du *Cirque*, une première projection publique en a été prévue. Mon père tenait beaucoup à ce que je sois dans la salle car il trouvait que j'émettais un rire sonore, presque contagieux. Maman m'a lancé : "Voilà l'occasion parfaite pour présenter Nicolas à ton père." Après le film, nous avons rejoint la table des parents pour le dîner et j'ai bien insisté auprès de mon ami : "Nicky : surtout ne dis pas un mot, pas un seul !" Il a respecté la consigne et, à l'issue de la soirée, Papa a rendu son verdict : "Ce Nicolas est vraiment charmant et intelligent !" C'était gagné ! » Joséphine passe haut la main ses examens, annonce qu'elle veut devenir Mme Sistovaris, et tout se termine en *happy end* par un grand mariage le 21 juin 1969. Noëlle Adam se souvient que « la messe frisa le cauchemar : trois heures montre en main ! Il faut dire que le protocole avait été difficile à établir. Le marié était en effet orthodoxe de famille et le clan de la mariée catholique ou athée. De surcroît, pour que tout le monde puisse comprendre la cérémonie, il avait été décidé qu'elle se déroulerait en français, en anglais et en grec. Un vrai mariage princier… Le soir, une grande fête se tint dans le parc du manoir, avec plusieurs centaines d'invités, un feu d'artifice autour de la piscine et des flots de champagne. Charlie et Oona étaient aux anges. Pouvaient-ils se douter que tout cela se terminerait quelques années plus tard par un divorce difficile ? »

Victoria, la dernière des enfants nés aux États-Unis, montre elle aussi dès le début une personnalité marquée. Ressemblant physiquemen le plus à Chaplin et dotée d'un caractère entier à la O'Neill, elle sait taper du pied quand son père la gronde et quitter précipitamment la pièce à la moindre opposition à ses caprices. Mais elle a l'art de faire fondre tout le monde par son sourire et ses reparties et Chaplin, le premier, « craque » devant son irrésistible fille qu'il couve ostensiblement au point qu'un membre de la famille parlera même de « fixation ». « Ma sœur était extrêmement belle, presque envoûtante, affirme Jane. Papa la regardait en permanence comme fascinée par elle. » Elle semble pourtant vivre cet emprisonnement du regard avec calme. Elle est la seule de la famille à savoir jouer de l'accordéon de son père ou de la guitare et démontre vite son sens du mime et son goût du spectacle avec son théâtre de marionnettes. Elle excelle aussi à son cours de danse. Tous les témoins de l'époque la trouvent drôle, belle et intéressante. Elle fait aussi preuve d'originalité : chez le dentiste, elle refuse les anesthésies et semble supporter stoïquement la douleur. « Dans sa chambre, elle ouvrait les radiateurs à fond et laissait les fenêtres hermétiquement fermées. Elle adorait se lancer des défis et endurer des épreuves physiques » témoigne une de ses sœurs. La troisième des filles Chaplin fait pourtant une scolarité médiocre : « L'école à mes yeux, c'était l'ennui ! soupire aujourd'hui Victoria. J'étais paresseuse. Ce n'est qu'après que j'ai vraiment compris l'intérêt de la lecture et de l'éducation. Je n'étais pas une littéraire. » La venue chaque octobre du cirque Knie à Vevey constitue l'un des faits marquants de son enfance : « Nous étions au premier rang et on nous autorisait même à assister à l'entrée des artistes, depuis les coulisses. L'odeur des chevaux, la proximité avec les animaux, toute cette magie du chapiteau me marquèrent à jamais. » Autre grand souvenir : l'adaptation cinématographique du roman *Le Lion*[1] de Joseph Kessel. « Ce fut un vrai choc. Cette gamine, maîtresse de l'Afrique, représentait à mes yeux le comble du pouvoir. Cette histoire d'amour entre cette petite fille et un lion me toucha incroyablement. Je rêvais de cette savane, de la beauté des Masaï. » Elle a aussi une passion

---

1. Jack Cardiff adapta en 1962 le roman de Kessel avec comme interprètes William Holden, Trevor Howard et Capucine. Le rôle de la petite fille revint à Pamela Frankin, curieusement baptisée Tina dans le film alors qu'elle se nomme Patricia dans le livre.

d'adolescente pour Jacques Brel : « Toutes ses chansons très mélo, si fortes. » Victoria a quinze ans quand son père cesse enfin de la fixer comme un faucon. « Papa avait fini par relâcher la surveillance de "Vicky", transformant son attachement obsessionnel en une relation constructive, poursuit Jane. Mais quand elle a fugué, ce fut un sacré traumatisme ! »

À dix-huit ans, « Vicky » va prendre en effet la clef des champs et entamer une carrière de saltimbanque. Elle a débuté au cinéma par de la figuration dans *La Comtesse de Hong Kong* où elle passe devant la caméra en tenue de tennis. Son père a déjà remarqué ses évidents dons artistiques et rêvera de la mettre en scène dans *The Freak*, l'histoire d'une femme-oiseau qui suscite bien des convoitises, un beau projet qui ne verra jamais le jour et sur lequel nous reviendrons. En attendant, Victoria rêve et trouve la Suisse un peu ennuyeuse à son goût.

Un article d'un hebdomadaire de l'époque lui fait dire : « Mon rêve est de devenir un clown dans un cirque. » Elle ne se rappelle pas l'avoir jamais dit mais le papier reflète bien son envie cachée. Un comédien de trente-trois ans, aux yeux noirs et aux cheveux frisés, un certain Jean-Baptiste Thierrée, qui se dit « clown-acteur », lit cette déclaration et prend sa plus belle plume au printemps 1969 pour lui écrire et lui faire part de ses intentions : renouveler le métier de clown. Quoi de plus normal que de contacter l'une des filles de Charlie Chaplin ? « Il rédigeait bien », avoue aujourd'hui Victoria. Puis, il vient lui rendre visite en Suisse : c'est bientôt le coup de foudre comme dans le pire roman de Barbara Cartland et elle va bel et bien s'enfuir du manoir pour vivre son amour passion. En cachette, elle prend un soir en gare de Vevey, le Lombardie-Express qui la conduit à la gare de Lyon, le lendemain à 6 heures 11, où l'attend « Baptiste » sur le quai, tout droit sorti d'un scénario de Jacques Prévert. Alors commence une merveilleuse aventure, version moderne, misérable et ambulante des *Enfants du Paradis*, où Victoria possède la douce grâce d'une Arletty et Jean-Baptiste la silhouette de « Baptiste », alias Jean-Louis Barrault, mime au théâtre des Funambules.

Qui est-donc ce jeune acteur, ce « jeune aventurier touche-à-tout », comme le définit Victoria, pour lequel elle fugua et risqua les foudres paternelles ? C'est, selon son fils James Thierrée, « un rebelle » par excellence. Il est le fils d'un tourneur de chez Renault, conçu lors des premiers congés payés. Apprenti imprimeur, souffleur dans un théâtre, il tient de beaux rôles au cinéma avec Alain Resnais et Jacques Baratier. Sur scène, il joue avec Planchon, Brook puis, lassé du théâtre français qu'il trouve trop bourgeois, crée ses propres spectacles (cinq productions en trois ans), avant de rêver lui aussi, dans la fièvre de mai 1968, à un cirque d'un genre nouveau. N'a-t-il pas une passion presque enfantine pour l'une des reines de 1900, la chanteuse de café-concert et danseuse Polaire, qui fut l'amante de Colette et l'amie de Jean Lorrain et Cocteau, et donc il collectionne toutes les cartes postales qu'il réunira dans un livre passion : *La Folie Polaire* ? N'est-il pas un peu fou cet échevelé à qui Fellini confiera un petit rôle dans *Les Clowns* ? À la sortie d'un congrès de magie à Reims en 1968, il tombe sur le vieux Alexis Gruss et lui expose son projet bien concret d'un cirque novateur en tous points – fantasmagorique, renouvelé dans la musique, les costumes et l'esprit, bref l'anti « Piste aux étoiles »… Reste à convaincre des élus et responsables politiques de subventionner son futur « bébé ». Jean-Baptiste les contacte tous, mais personne ne se bouscule au portillon. Seul Michel Rocard, alors à la tête du PSU et qui prône l'autogestion tous azimuts, a l'audace de lui répondre. Cela ne décourage pas ce doux rêveur. Il a été marié à l'une des petites-filles de Georges Duhamel, Betty, et ils ont eu une enfant, Juliette (devenue aujourd'hui une talentueuse chanteuse sous le nom de scène de Juliette Andrea). « Baptiste » convainc donc Victoria de le suivre dans son aventureux chemin et le jeune couple vit bientôt à Paris au sixième étage, dans une chambre de bonne vers la Bastille, prêtée par Mme Thierrée mère, dans la meilleure tradition bohème.

« Quand Victoria s'est amourachée d'un clown de plus de dix ans son aîné, Papa ne pouvait approuver cette *love-story* et décida de bannir Vicky de la maison, se souvient Jane. Et quand il décidait une chose, elle était appliquée. À ses yeux, sa fille chérie ne faisait désormais plus partie de la famille. Il en était de même de ses autres édits, sauf si Maman naturellement mettait en place une de ses ruses. Elle devait parfois revenir à la charge à plusieurs reprises, mais elle parvenait toujours à ses fins. Papa fondait alors sans la moindre résistance. » Ce qui complique la tâche d'Oona, c'est que Jean-Baptiste Thierrée semble politiquement un peu trop à gauche, adepte du philosophe et psychanalyste Félix Guattari[1], qui soutient

---

1. Militant de gauche, Félix Guattari a suivi étudiant les séminaires de Lacan, occupé l'Odéon en mai 1968 et a créé une clinique psychiatrique dans le Loir-

de nombreuses causes anarchistes et désespérées. Certains rangent même Thierrée bien hâtivement dans la catégorie sympathisant « maoïste », à une époque où le maoïsme est parfois considéré comme un recours par des intellectuels de gauche et où un certain Lionel Jospin flirte avec le trotskisme. Pas vraiment le profil du gendre idéal ! Chaplin diligente aussitôt un enquêteur privé pour en savoir un peu plus et charge son assistante, Rachel Ford, gaulliste fervente, de sonder en douce ce « dangereux révolutionnaire ». Miss Ford rencontre le kidnappeur de Victoria, tombe sous son charme, apprécie d'emblée son érudition et, contre toute attente, s'en fait bientôt l'avocate auprès du courroucé papa. De son côté, Oona perçoit vite que Jean-Baptiste fourmille d'idées créatives et que Victoria semble totalement à son diapason. Il est ainsi d'avis que le cirque, ce n'est pas seulement un spectacle pour les enfants. Que faire le clown recèle un côté politique et philantropique et que rendre le monde plus heureux grâce au rire est presque une philosophie. Il s'évertue surtout à changer les structures fondamentales du cirque tradionnel pour le rendre « adulte ». Il se lance même dans une tentative de « thérapie par le rire », donnant des représentations aux malades mentaux dans des hôpitaux auxquelles se joint la jeune Victoria. Félix Guattari est en effet persuadé que le théâtre est un moyen possible de rassembler les personnalités éparpillées des schizophrènes autour d'un texte commun, autour d'un travail de répétition, autour d'une représentation théâtrale et les aide à se dépasser.

Jean-Baptiste et Victoria viennent ainsi travailler avec les patients de la clinique, installent des chapiteaux de cirque dans le grand parc et Thierrée songe même avec Guattari à monter une ménagerie humaine présentant des cas sociaux à la place des animaux. Cela ne se fera pas. Le couple est surtout sidéré que les schizophrènes de la Borde aient une facilité si déconcertante à franchir sur scène les frontières entre le statut de fou et le statut de l'acteur. « La scène leur permettait de transcender leurs angoisses, se souvient Victoria. Mais aussitôt redescendus, ils replongeaient dans leurs obsessions. » Pour son mari : « Le travail avec les aliénés m'a ouvert davantage

---

et-Cher, un des lieux de ce que l'on a appelé *l'antipsychiatrie*. En fait un petit château sans murs de clôture. Il n'y a pas de verrous, les portes restent ouvertes. Il écrira quatre livres avec Gilles Deleuze et reste renommé pour son approche pratique de la schizophrénie. Il fut un grand agitateur politique, anticolonialiste, proche des « autonomes » italiens, défenseur du mouvement des « radios libres ». N'a-t-il pas fondé une revue au titre éloquent : *Chimères* ?

sur l'imaginaire. » Quand ils ne sont pas en atelier psychiatrique, le couple donne son duo poètique dans les MJC, les petits festivals et d'obscurs théâtres. Ils parcourent la province, mais n'ont pas un traître sou pour louer une salle ou faire imprimer des affiches. Ils passent aussi à *L'Écluse*, un cabaret de la rive gauche ou, très Buster Kreaton, Jean-Baptiste interprète une scène de burlesque muet et décalé. Au début, leur numéro, c'est « Victoria et Baptiste » tels les amoureux de Peynet. « Nous placions notre numéro de-ci, de-là », dit encore Victoria. Ils travaillent harmonieusement, se complétant l'un l'autre. Ils savent déjà cultiver leur différence, marient le rire à l'étrange, la magie au burlesque, la dextérité au merveilleux. La façon de Victoria de mouvoir son corps ressemble presque à celle de son père. « Je veux que personne ne sache qui je suis, explique-t-elle alors. J'ai trop peur que cela gâche tout. » Quant à la mère de Jean-Baptiste, elle remarque avec douceur : « Victoria est une charmante jeune fille, mais, jusqu'à présent, elle a vécu dans un cercle très fermé. Elle est très amoureuse et Baptiste aussi. En ce qui me concerne, le fait qu'elle soit la fille de Chaplin n'est pas un obstacle. » Le couple finit par se marier le samedi 15 mai 1971 à la mairie de Dhuizon, dans le Loir-et-Cher. Il fait beau ce jour-là et la place du village, entourée d'un bouquet d'arbres, ressemble à une toile de Courbet. Victoria est en robe blanche brodée de petites fleurs bleues, longs cheveux noirs encadrant son front têtu, yeux fardés à la Gréco et tenant une rose à la main. Jean-Baptiste arbore une chemise à col Mao et la réception a lieu dans le parc de la clinique de la Borde, ce qui ne manque pas d'originalité ! Les témoins du marié ne sont autres que Michel Rocard et Félix Guattari.

Au manoir, tout le monde semble au début très dubitatif quant à l'avenir de cette *love-story*. Jean-Baptiste paraît non seulement un clown obscur et impécunieux, mais il y a ces quinze ans de différence entre Victoria et lui, ce qui paraît beaucoup. Chaplin en colère déclare qu'il ne veut pas connaître les détails de la nouvelle vie de sa fille et refusera obstinément d'assister à l'une de ses représentations de cirque. « Papa grondait parce que Vicky avait commis la pire folie amoureuse », sourit l'une des filles de la famille.

Oona finira par réconcilier tout le monde ! Après de très longs mois de bouderie, elle organise un grand week-end harmonieux où le jeune couple est montré sous son meilleur jour. « Papa a vu que Jean-Baptiste se tenait très bien à table et avait une conversation intelligente, avoue aujourd'hui Victoria. Il ne nous a jamais reproché nos idées politiques. » Un dîner parisien scelle même la grande réconciliation à la *Brasserie Lorraine*, le restaurant préféré de Charlot. Toutes les tensions semblent oubliées. Le champagne pétille dans les verres. Le cirque est le plus fort. Baptiste en parle avec une intelligence qui séduit Charlot. Les Chaplin avaient coupé les vivres à leur petite écervelée. Ils lui rouvrent leur cœur. La quatrième des enfants rejoint alors de nouveau le sein familial ; à ce gendre de trente-cinq ans, les Chaplin donnent enfin leur « bénédiction » sans la moindre réserve, passant sur la différence d'âge, le contraste accusé des naissances et des milieux, l'incertitude de deux destinées qui se cherchent encore. Autant de questions auxquelles suffit une unique réponse : un vrai roman d'amour épanoui dans un commun idéal profesionnel. Victoria donne bientôt naissance à sa fille, Aurélia. Chaplin sera le premier à la faire sauter sur ses genoux. Entre-temps, Victoria et Jean-Baptiste connaissent leurs premiers succès. Le début d'une magnifique histoire artistique qui commence par la création du spectacle du Cirque Bonjour à l'été 1971, accueilli au festival d'Avignon grâce à Georges Goubert et Jean Vilar, qu'ils joueront sous des chapiteaux, dans des théâtres et des music-halls aux quatre coins du monde. « Ce n'était pas vraiment du cirque, expliquera Victoria. Ce n'était pas non plus du théâtre, ni de la danse et encore moins du mime. Jean-Baptiste était celui qui faisait surtout rire. Moi, je n'allais vers la comédie qu'à pas feutrés. » En 1974, ils abandonneront les fauves, la cavalerie et son orchestre pour le plus intimiste Cirque imaginaire où lui, en clown magicien, et Victoria, en femme caméléon, tourneront pendant quinze ans avant de produire en 1990 Le Cirque invisible. Un spectacle joliment surréaliste mariant le génie de la métamorphose de Victoria à la loufoquerie de Jean-Baptiste.

Intelligente et talentueuse, Victoria a tout réussi, même ses deux enfants : des petits génies de la scène dont James Thierrée, en passe de devenir une figure légendaire. Guère surprenant qu'elle soit aujourd'hui la plus équilibrée de tous les enfants du clan Chaplin, la plus harmonieuse, tournée vers l'avenir avec une énergie stimulante, une incroyable vitalité. Tous ceux qui connaissent l'attachante Vicky l'adorent. Elle est celle au sein de la famille qui défend le plus ardemment l'image de l'œuvre de son père, refusant de vendre son âme, de se prêter à un business bien lucratif. La vraie gardienne du temple. Avec Victoria, aucun risque qu'un modèle de Citroën ne porte jamais le nom de Chaplin !

Eugène est le premier de la nichée d'Oona née en Suisse. « Ce fut le plus gros bébé de nous tous, s'amuse l'une de ses sœurs. Un têtard tant sa tête était énorme. » C'est dans la petite enfance le plus facile et le plus aimable de la bande. Il a survécu à une certaine brutalité de son frère aîné. « Eugène était mignon, placide, heureux comme tout, s'attendrit un proche de la famille. Il fut couvé et adora cela. Surtout, il vécut sa vie au manoir comme s'il était dans un roman d'Heidi. Il idéalisa tout, ne fut jamais conscient des tensions et problèmes des grands et fut fou de bonheur de rehabiter le manoir après la mort d'Oona. » Il possède la douceur de sa mère et l'espièglerie de son père. C'est un enfant souvent dans la lune que tout le monde aime. « Il racontait les blagues suisses les plus drôles du monde », se souvient l'une de ses sœurs. Eugène se fait vraiment remarquer une seule et unique fois : lui et la fille d'un chauffeur partent souvent dans les bois jusqu'au jour où la demoiselle se met entièrement nue pour lui, à la grande surprise de Walter, le jardinier, qui découvre ce scandaleux intermède. Bientôt l'adolescent portera les cheveux longs « pour ne pas se singulariser », écrira une pièce sur les hippies et ratera son examen final. « Il s'est révolté de façon passive-agressive, confie Jane. Il s'est mis à boire, à fumer trop de cigarettes et puis, du jour au lendemain, il a tout arrêté, est devenu boulimique et à commencer à grossir exagérément au point d'en faire plus tard une dépression. » Tout s'arrange un peu avant vingt ans quand il tombe amoureux fou de la fille du dentiste de la famille et convaincra ses parents de l'épouser.

Jane, Annie et Christopher James sont tous nés à Lausanne. Les trois cadets sont alors des quasi inconnus, bien que Jane montre déjà un début de turbulence et un goût inné de la rébellion (elle garde ses cheveux courts, contre l'avis d'Oona et de ses nannies). Elle est facilement impressionnable : « La nurserie au dernier étage me donnait des frissons. C'était la pièce la plus sombre du pallier et j'avais l'impression qu'elle pouvait s'effondrer à tout moment. J'y dormais dans un lit à croisillons en métal gris, coincé entre deux armoires pleines de jouets. J'entendais des craquements et je voyais des ombres effarantes sortir de derrière les draperies usées. Nuit après nuit, je faisais les mêmes cauchemars. » La petite fille engage alors une conversation avec ses camarades de jeu et confidents imaginaires, Kissy et Golly, pour se rassurer. Annie, « Annie-Doody », est la plus douée pour mettre Chaplin de bonne humeur. Eugène et Jane, fines mouches, la poussent toujours en avant quand il s'agit d'obtenir une faveur, telle une permission de regarder la télévision en dehors des horaires autorisés. Le trio se prend d'ailleurs de passion pour le feuilleton de Cécile Aubry sur la chaîne française, *Belle et Sébastien*, et la cadette tombe instantanément amoureuse du jeune acteur, Mehdi. Annie se ronge les ongles, verse des larmes et exige un chien de montagne des Pyrénées pour *Christmas* ! Le grande série de leur enfance, c'est *Perdus dans l'espace* (*Lost in Space*) où, embarquée à bord du vaisseau *Jupiter II*, la famille Robinson (choisie pour se rendre dans le système d'*Alpha Centauri* afin d'y fonder une colonie), se retrouve égarée dans la galaxie pendant trois saisons de 83 épisodes. Chacun des petits Chaplin va se retrouver dans les personnages. La fille aînée des Robinson a ainsi voulu faire carrière dans le théâtre musical sur terre et semble le portrait craché de Géraldine. Penny Robinson, qui aime les animaux et la musique classique, ressemble à Victoria. Il y a aussi Will, l'enfant surdoué en électronique qu'adore Eugène. Et tout le monde s'accorde à dire qu'Oona ressemble au Dr Maureen Robinson, avec son haut front pâle, ses yeux d'un marron velouté, sa voix douce qui possède une touche de vibrato et son énergie de tous les instants. Jane porte pourtant un regard acide sur le goût de son clan pour ce *soap* spatial : « Pourquoi appréciions-nous tant *Perdus dans l'espace* ? Était-ce parce que cette série tournée en noir et blanc concernait une famille survivant dans un lieu froid et silencieux, un peu à l'image du manoir ? » *"We're here because we're here because we're here* (nous sommes ici, nous sommes ici, oui nous y voici)" leur apprend inlassablement la plus jeune des nannies, Pinnie.

Annie est très dorlotée jusqu'à l'arrivée de Christopher James, l'air solennel et les yeux noirs, qui lui prend sa place privilégiée de petite dernière, ce qui donnera lieu à un certain antagonisme entre eux. Les trois rejetons lisent des bandes dessinées dont *Tintin*, Christopher boit du Coca-Cola et Annie montre un faible pour le pop-corn mais interdiction leur est faite de mastiquer du chewing-gum ! Un soir, Oona sort ses albums de photos du coffre oriental où elle les conserve et commence à en feuilleter les pages jaunies en compagnie de ses enfants. D'emblée on s'accorde sur la ressemblance frappante de Victoria avec James O'Neill, le célèbre acteur. Eugène, lui, semble la doublure de son grand-père, Eugene O'Neill. Joséphine et Annie sont un curieux mélange entre Agnès et Oona enfant Même Christopher James a droit à sa photogénie à la Boulton. Seule Jane peine à reconnaître ses traits dans les clichés de ses ancêtres et en éprouvera un effroyable sentiment de rejet. « Je ne vois pas de ressemblance, Janie, dira Oona. Ou peut-être faut-il chercher du côté Chaplin ? » Pourtant sa mère, en la remarquant comme unique et issue donc d'un moule différent, n'a pas voulu la vexer, ni d'ailleurs la flatter. Comme le souligne aujourd'hui Jane : « Quand j'étais avec les nurses ou Maman, je sentais toujours une distance entre elles et moi, j'avais le sentiment de vivre et respirer dans un espace vide et hermétique, différent du leur. » Jane est un peu faible sur le plan scolaire, contrairement à sa sœur cadette. « Annie brillait à l'école, surtout en français, se souvient Jane.La lecture, enfant, des romans de Mary O'Hara sur Flicka, la pouliche issue d'une lignée de chevaux sauvages qui se rebelle contre les hommes, lui a donné à tout jamais la passion pour les chevaux. Mais elle est sans doute née avec cette exaltation équestre. Ce n'était pas la sœur rêvée à mes yeux. Nous deux, c'était bagarre sur bagarre ! » Christopher James ne va commencer le piano qu'à l'âge de douze ans. Il s'y montre incroyablement doué. « Il était surtout très discipliné, convient Jane. Un peu romantique, un peu torturé. Maman le voyait déjà grand concertiste ! »

Quel clan incroyable de fortes personnalités ! Géraldine fera un superbe parcours cinématographique, Michael mènera l'existence d'un gentleman-farmer, tandis que son aînée Joséphine rêvera d'opéra avant d'imiter sa sœur aînée. Elle jouera sans répit et gère aujourd'hui le bureau parisien de l'Association Chaplin. Victoria sera applaudie dans le monde entier. Eugène deviendra ingénieur du son, producteur et homme de cirque. Jane essaiera tous les métiers du cinéma avant de trouver enfin sa voie dans l'écriture. Annie choisira la comédie et cofondera une compagnie théâtrale, tandis que Christopher tentera une carrière au cinéma avant de devenir compositeur et de se consacrer à sa passion pour l'aviation. Des enfants tous terribles chacun à leur manière !

Chaplin a pourtant des principes d'éducation très stricts. « Je n'exige pas de mes enfants qu'ils soient plus intelligents que les autres, mais je demande au moins qu'ils le soient autant. Je ne suis pas très exigeant pour les études. La plupart de mes enfants, à part Joséphine, sont des élèves très moyens. Ce qui importe, c'est qu'ils aient un don artistique. Heureusement, aucun n'en semble dépourvu ! » Il soutient de toutes ses forces leurs ambitions : « Ce sont des Chaplin. J'ai pleine confiance en eux. D'ailleurs, je les ai préparés à faire n'importe quoi aussi bien que n'importe qui. » Lors des réceptions organisées pour les sorties de ses films, ils sont tous bien là. Chaplin les fait figurer dans tous les reportages de l'époque et sur les photos. Car c'est cela, le grand sujet de conversation au manoir de Ban : les enfants. Ce qu'ils sont. Ce qu'ils font. Ce qu'ils seront. Du père et de la mère, c'est encore le père qui s'enthousiasme le plus facilement. Mais lui, c'est Chaplin. Et n'est-il pas tentant de croire que les enfants de Chaplin ne peuvent être autre chose que des Chaplin prodigieux, étonnants, mirifiques ?

À près de quatre-vingts ans, pour Charlot, les rituels immuables rythment plus que jamais la journée. Il dort d'un sommeil de chat, un œil ouvert, l'autre à moitié fermé, et commence sa journée à six heures. Dès que les beaux jours sont de retour, le petit déjeuner a lieu sur la terrasse devant laquelle s'étend une vaste pelouse bordée d'arbres immenses – des cèdres bleus du Liban, des magnolias – et qui encadre un extraordinaire paysage de montagnes aux sommets enneigés. Au fond scintille, dans la brume matinale, le lac. Tandis que Charlie s'enferme dans sa bibliothèque, Oona veille au bon fonctionnement du domaine, ce qui n'est pas une mince affaire. Elle expliquera : « Nous ne sommes pas des oisifs. Ici, chacun de nous a son rôle à jouer. Chaque heure a son but, sa raison d'être. Charlie cesse toute activité professionnelle en fin d'après-midi, à six heures. La fin de la journée est consacrée à l'art de vivre. Les enfants, les amis, la nourriture. Les plaisirs de la table ont pour Charlie une grande importance. » Cordon-bleu diplômé, Oona est d'ailleurs capable de faire, même en Suisse où le poisson est rare, une bouillabaisse comme on n'en mange pas ailleurs.

La femme de Sydney, à l'époque, Noëlle Adam[1], rapporte : « La cuisine proposée au manoir avait des accents italiens prononcés, notamment pour la préparation des légumes ou des poissons. Soles de l'Atlantique, rougets ou thons de Méditerranée, bars de la Manche, truites, perches et ombles du lac Léman, coquillages et crustacés de Bretagne : toutes les mers étaient à l'honneur. Je me souviens d'une des spécialités d'Oona, le soufflé aux rognons et au filet de bœuf, un vrai délice. Sur la desserte se trouvaient disposées trois carafes de vin ; l'une contenait de l'excellent blanc local, le

---

1. Après avoir divorcé de Sydney, Noëlle Adam a épousé Serge Reggiani et a publié un livre, *Dans les yeux de Serge*, aux éditions L'Archipel, dans lequel elle relate la rencontre avec sa belle-famille à l'époque de son mariage avec Sydney Chaplin.

fendant, la deuxième du bordeaux rouge et la troisième du porto (une tradition anglo-saxonne), que Gino avait l'habitude de servir après le fromage. Des coupes de fruits en semaine, et des gâteaux le dimanche fermaient le ban. On se levait de table en souriant, l'appétit et la gourmandise satisfaits, pour passer au salon prendre le café et le digestif. Oona savourait un autre gin tonic et Syd un cognac tandis que Charlie demandait, après en avoir déjà bu un très vite :

— *Oona ? Where is my porto ?*

— *You already had one !* répondait invariablement Oona.

Alors, avec une mauvaise foi totale, Charlie répondait, l'air sec mais le sourire en coin :

— *No, I did not !*

Il obtenait alors un second verre. [...] Lorsque les Chaplin venaient à Paris, Charlie adorait emmener Oona et sa famille dîner dans les grands restaurants, *Taillevent* ou *Le Grand Véfour* de Raymond Oliver, cher à Cocteau. Ou la *Brasserie Lorraine* pour ses huîtres. Je me souviens qu'il adorait les cailles sur canapé. »

Ainsi, au bout de vingt-cinq ans de mariage, Charlie et Oona forment toujours un couple amoureux, savourant un bonheur presque sans nuages, dans l'harmonie la plus totale.

IX

PORTRAIT ET RETOUCHES

MICHAEL CHAPLIN DÉCRIT SA MÈRE comme une femme hypersensible : « Elle était affectueuse et attentive. Elle était aussi originale. Elle avait un penchant pour tout ce qui était mécanique et électronique. » Elle adore en effet ses voitures, comme sa petite Alfa-Roméo, une berline de 1900 centi-mètres cubes. Elle est ravie de son walkman et a toujours des gadgets du dernier-cri : nouveau modèle de photocopieuse ou de machine à écrire, le plus récent téléphone. Elle garde tout le temps un appareil avec elle et prend des tonnes de photos de chacun de ses enfants.Elle possède surtout un Leica qu'elle chérit et avec lequel elle mitraille ses proches. À Vevey, c'est la meilleure cliente du magasin *Photo Favez* à deux pas de la gare. André Favez lui réserve toujours un traitement de faveur : « Un beau jour, Mme Chaplin a débarqué avec un tiroir rempli de 5 000 négatifs. On a dû développer le tout en une semaine ! » « Elle avait aussi la passion de réaliser des films maison, se souvient Michael. Tous les spectacles dans lesquels nous avons joué enfants ont été filmés. » Et conservés méticuleusement. « Quand elle filmait, raconte Géral-dine, mon père lui donnait des conseils pour trouver le meilleur angle de vue. Maman était passionnée de cinéma et les projections de ces *home movies* constituaient de petits événements. Mais elle écoutait d'une oreille distraite les commentaires de Papa qui était toujours critiques. »

Les fêtes de Noël n'échappent pas non plus à son objectif. Selon Michael, Charlie Chaplin ne prise guère l'aspect commercial de Noël, mais Oona adore cette réunion familiale : « C'était SA fête par excellence et Papa supportait le tout parce que cela lui faisait tellement plaisir. La semaine avant Noël était consacrée à la décoration du sapin et à envelopper les cadeaux. Papa trouvait que Maman nous gâtait trop et préférait ne pas assister à tout cet étalage. Maman profitait de cette fête pour envoyer des cartes de vœux à toutes les relations et à tous les amis. Une fois, elle a trouvé des cartes musicales et en a envoyé à tout le monde. Elle avait le don de réussir les fêtes. » Eugène Chaplin évoque avec nostalgie « la chorale composée d'une vingtaine de personnes qui venait nous chanter des cantiques dans le salon. C'était un rituel joyeux et très attendu. Toutes les fins d'année se ressemblaient et étaient toutes aussi excitantes. Nous fêtions Noël à l'américaine. C'était l'occasion de réunions familiales et nous ne dérogions à aucun rite. Il fallait placer nos grandes chaussettes devant la cheminée qui crépitait d'un doux feu. Un photographe de Vevey venait prendre la famille en photo ». Noëlle Adam-Chaplin avoue que « s'il y avait bien une fête à ne pas manquer chez les Chaplin, c'était Noël. Chacun était vraiment gâté même si Charlie ne pouvait s'empêcher de bougonner à sa *lady* des : "Moi, à leur âge, j'avais une orange..." Les temps avaient bien changé depuis son enfance et dans le parc du manoir, pour la circonstance, un des grands arbres était illuminé et décoré de guirlandes : à son pied s'élevait une montagne de cadeaux. Il fallait être vraiment blasé pour ne pas être émerveillé ! » Oona a donc l'art de réussir ses Noël et si, par chance, il neige, recouvrant le parc d'une épaisse couche de blanc, le bonheur est à son comble. Elle couvre également de cadeaux son personnel et tous ceux qui, de loin ou de près, participent au bon fonctionnement du manoir. Françoise Sanders, la fille de son professeur de yoga, se souvient presque émue de ses témoignages de gratitude : « On recevait des corbeilles de fruits exotiques, des cashmeres, des présents d'une largesse incroyable. Tout était parfait et personnalisé. »

En fait, Oona est l'organisation faite femme. Pour Noël, elle prépare des listes précises de gens à combler. Elle dispose aussi d'un livre d'anniversaires. Y figurent chaque jour ceux qui sont à souhaiter que ce soit pour ses amis, son personnel, ses relations ou sa famille. Selon le degré d'amitié, Oona envoie une lettre, un télégramme ou fait porter des fleurs (Géraldine a hérité de cette organisation ; elle n'oublie jamais un anniversaire). Parmi les obligations du mois de décembre figure évidemment l'immuable carte de vœux, envoyée dans le monde entier. Chaque année Oona choisit le thème, la couleur de la carte, les caractères, l'encre. Elle opte toujours pour une illustration montrant ses enfants. Elle sait bien que ses correspondants apprécient de les voir grandir au fil des ans. Les cartes une fois imprimées, elle ajoute toujours quelques mots personnels. C'est un énorme travail d'autant que son fichier doit être tenu à jour. Elle calligraphie même les adresses plusieurs semaines durant. La plus célèbre des cartes de vœux fut celle de l'année 1967 où chacun des enfants feint de lire les Mémoires de Chaplin en tenant une édition étrangère différente dans la main. « Maman avait un sens très anglo-saxon des fêtes de famille », reconnaît une de ses filles.

Autre don, selon Jane Chaplin : « Maman était un génie de la finance. » Elle avait été initiée par Chaplin dès le début de leur mariage. À chacun de ses anniversaires, il lui offrait une substantielle somme d'argent qu'elle plaçait judicieusement. Si le montant de ses gains était en augmentation, il doublait la mise. Oona a commencé par se passionner pour tout cet univers et son instinct a fini par payer. Elle a fait des investissements très opportuns. Pour Jane : « Dotée d'une intuition lumineuse dans l'investissement intelligent, ma mère avait le chic pour faire fructifier l'argent. Longtemps avant ma naissance, elle avait convaincu Papa de placer de l'argent dans les cigarettes et les couches jetables. Ces deux choix la résument parfaitement, elle qui savait être à la fois avisée et aimante. Papa comptait sur elle autant que sur ses banquiers suisses. Côté finances, c'est elle qui portait la culotte, gérait le liquide et payait l'addition au restaurant, jamais mon père. » On aurait tort de penser ce trait anecdotique. Écoutons Jane Chaplin nous en dire plus sur « la bonne fortune » de sa mère : « Certaines femmes sont mal à l'aise avec l'argent et incapables de traiter des affaires. Ce n'était pas le cas de Maman. Elle savait gagner de l'argent, le gérer, le faire fructifier. Je ne sais pas d'où lui venait cette science. C'est un mystère pour moi ! Certes, elle suivait les cours de la bourse et lisait parfois le *Wall Street Journal*. C'est elle qui a fini par gérer la fortune familiale, mais toujours en partenariat avec mon père. Les banquiers suisses respectaient beaucoup ses intuitions et, pour elle, ce jeu avec l'argent, c'était une façon de se montrer l'égale de papa. Après sa mort, elle a rencontré à New York un financier d'une grosse boîte américaine, le fonds Dreyfus, qui a fini par la prendre sous son aile. Il lui a présenté son *board of directors*, tous des hommes ; Maman était la seule femme. Et elle a eu l'audace de jouer à la bourse des sommes très importantes. Elle a eu des coups de génie et elle a quasiment doublé la fortune de mon père. Elle a fini par nous l'avouer en nous offrant un festin arrosé de champagne : elle était de trop bonne humeur pour garder secrets ses succès financiers ! Ma mère était quelqu'un d'extrêmement sensible, à fleur de peau. L'argent représentait pour elle une sorte d'armure, de protection. »

« Oona, raconte Betty Tetrick, s'agaçait qu'aucun de ses enfants ne s'intéressât à la fortune familiale. Mais elle avait un rapport très sain avec l'argent et pouvait être la bonté même. » Jane raconte ainsi : « Maman faisait des folies. Elle aimait en faire trop pour les cadeaux. C'était sa façon à elle de dire : "Je vous aime." Qu'il s'agisse de Noël ou des anniversaires, Oona n'était pas seulement notre mère, elle était le Père Noël, effectuant achat sur achat. Doublement douée, elle savait garder un œil sur la pièce économisée tout en cultivant la générosité pour la dépenser. » Juliette Thierrée a en souvenir une anecdote révélatrice : « J'avais quinze ans quand, un soir à Paris, je gardais ma sœur et mon frère, Aurelia et James, dans leur chambre au *Ritz* tandis que Jean-Baptiste et Victoria allèrent dîner avec Oona dehors. À son retour, elle me glissa un billet de cinq cents francs suisses pour me récompenser. Un vrai baby-sitting de luxe ! »

Oona a surtout l'art d'apaiser les colères de son mari. « Elle l'acceptait tel qu'il était, se souvient Claire Bloom. Elle le berçait de ses doux silences, elle le calmait, l'apaisait avec des attentes patientes. » Elle est surtout providentielle pour réconcilier son mari avec ses enfants « fugueurs », calmer ses emportements de patriarche inflexible et vaincre ses diktats victoriens. Elle sait faire fondre ses résistances et, quand tout est enfin apaisé, elle le surnomme « Pops » ou « Puppy » de façon affectueuse. Géraldine abandonnant soudainement la danse, Victoria partie avec un Don Juan d'acteur…Oona joue la carte de l'apaisement et prône l'harmonie familiale. Même avec Michael, pendant sa période *beatnik*, elle garde toujours le lien et tente d'amadouer les mauvaises humeurs de son mari à son encontre. Elle a tant souffert de l'indifférence paternelle et de sa mise à l'écart qu'elle déploie des trésors d'imagination pour obliger ses « enfants terribles » à venir sceller leur réconciliation.

Pour Oona, tous les moyens sont bons pour profiter de la quiétude familiale. Jane Chaplin n'a que huit ans quand elle découvre quel est le rôle précis d'un gros téléphone noir dans la chambre de sa mère : « Un jour, j'ai pénétré innocemment dans sa chambre et je l'ai fait sursauter. Que faisait-elle donc, accroupie par terre ? "Ah ! ma petite Jane", a-t-elle lancé, l'air à peine inquiet. Elle s'est redressée immédiatement et m'a donné un baiser furtif sur la joue. Puis elle a pris ma main et m'a attirée entre les deux lits jusque devant l'appareil téléphonique sombre, sur lequel une lumière verte clignotait, me disant en même temps : "Ne raconte à personne ce que je fais. Promis ?" J'ai évidemment acquiescé. Puis elle s'est accroupie devant le téléphone. Abaissant l'une des manettes, elle a saisi le combiné avec précaution et l'a placé entre nos oreilles. Stupéfaite, j'ai articulé : "Maman ! C'est incroyable !" Elle a gloussé : "Maintenant, je vais pousser la manette, juste comme ça. Mais tu dois rester tranquille, sinon ils nous entendront." J'ai hoché la tête. Dominant ma surprise, j'ai regardé son grand sourire tandis que nous espionnions une conversation en cours. Quand elle eut actionné le bouton de façon à ce que l'on puisse de nouveau parler, je lui ai demandé :

— Maman, mais depuis combien de temps as-tu ce téléphone ?

— Un certain temps.

— Tu n'écoutes pas toutes les conversations de la maison, tout de même ?

— Quelques-unes, seulement", a-t-elle glissé[1]. »

Michael avoue aujourd'hui : « À sa décharge, précisons que ce téléphone espion fut installé par l'ancien propriétaire, Grafton Minot. Il y avait une petite lumière verte qui s'allumait et l'on pouvait bien sûr tout entendre. Nous savions tous que Maman s'amusait de temps en temps à écouter des conversations. Personne n'en a été traumatisé ! Ce fut très utile pour elle quand Géraldine eut ses premiers boy-friends. » Et Joséphine de conclure : « Tout le monde savait pour le téléphone. Il était déjà là, avec son petit système, avant notre arrivée. »

---

1. Jane Chaplin, *op. cit.*

Oona est ainsi au courant des petits secrets de tout le manoir. Un gadget utile pour gérer l'éducation, les règles, l'étiquette et les bonnes manières de toute une maisonnée.

Elle a d'autres qualités : « En plus de son génie financier, Maman avait pour les autres un goût vestimentaire très sûr, dit Jane. En un clin d'œil, elle pouvait évaluer la taille d'une personne, la couleur qui la flatterait le plus et les tons qui iraient avec, ainsi que le vêtement qui la mettrait le mieux en valeur. Des années durant, elle a habillé toute notre famille, surtout ma sœur Joséphine qui n'avait aucun goût en la matière. »

En plus de protéger et aimer Chaplin, elle doit élever du mieux possible huit enfants et faire tourner le manoir, un vrai défi : « Elle devait voleter en tous sens dans chaque recoin de la demeure, s'agiter utilement et faire face aux exigences de la maison et à la vie d'un mari riche et célèbre reconnaît l'une de ses filles. Un sacré défi au quotidien. »

Penchons-nous sur l'analyse graphologique de cette correspondante insatiable pour voir quelle part d'autodiscipline révèle son caractère secret. Pour la graphologue Pascale Jousse, « l'écriture d'Oona Chaplin traduit une vraie présence, le charme d'une personnalité dont il émane à la fois élégance, sobriété et dignité. Lady Chaplin se présente en effet avec simplicité, discrétion. C'est une femme sociable mais sélective dans ses relations. Son graphisme laisse penser qu'elle est souvent sur ses gardes. Le contrôle et la maîtrise de ses émotions peuvent parfois passer – pour les gens qui l'entourent – pour de la froideur, parfois même de l'indifférence. Elle conserve en effet une certaine distance avec ses interlocuteurs. Cependant, la sérénité, l'aplomb qu'elle affiche n'excluent pas les doutes et les remises en question. C'est une personnalité attentive, à l'écoute. Elle a de l'empathie et le désir de comprendre ses proches. Elle sait les entourer, les protéger. Son sens des réalités, son approche méthodique lui permettent d'avoir une organisation sans faille. Elle a le sens des priorités. Avec des exigences morales et sociales, elle se montre professionnelle dans son rôle de maîtresse de maison. Son désir de perfection, ses aspirations qualitatives – côté élitiste – l'incitent à se dépasser constamment. Souplesse et adaptabilité lui permettent également de s'adapter aux circonstances. Son intelligence est analytique, mais aussi logique et déductive. Elle est curieuse, vive d'esprit, s'intéresse à énormément de choses. Intuitive, elle a une perception spontanée des choses. Elle va vite et à l'essentiel. Imaginative, elle fait montre de bonnes capacités d'improvisation. Lady Chaplin est une femme qui a le sens des responsabilités. Très indépendante, elle a à cœur de mener à bien ce qu'elle entreprend ; elle a besoin de se sentir libre d'agir et de penser. C'est une femme qui s'attache, ses sentiments sont profonds, durables – côté rassurant, fidélité. C'est une mère très protectrice, qui a le désir de donner une bonne éducation à ses enfants, de leur inculquer les valeurs auxquelles elle croit profondément : courage, volonté, discipline, tolérance. Mais cet enseignement n'est pas dépourvu de chaleur, ni d'affection. Il s'agit en effet d'une femme sensible et attentionnée. Tout dans son graphisme dénote une personnalité harmonieuse, équilibrée, avec des exigences morales et sociales fortes, qui sait à la fois s'imposer une discipline rigoureuse et se réserver des moments de détente et de plaisir avec les gens qu'elle aime ».

Car Oona est perfectionniste. Quand Agnès Boulton et son mari sont reçus au manoir, ils remarquent : « Nous avions l'appartement du premier étage réservé aux invités : une chambre et un salon communiquant avec une spacieuse salle de bains. Oona avait préparé tout ce dont nous pourrions avoir besoin : crèmes, talc, eau de Cologne, poudre de riz (de ma nuance préférée), lotion à raser, lotion pour les cheveux. Deux robes de chambre blanches, en tissu bouclé, étaient suspendues à la porte de la salle de bains. Dans la chambre, il y avait des livres, du papier à lettres et de grands bouquets de fleurs et d'épis qu'Oona avait disposés elle-même avec une sobriété du plus bel effet. Le matin qui a suivi notre arrivée, mon mari et moi nous sommes réveillés vers 10 heures. Un beau feu brûlait dans la grille de la cheminée de notre salon, et un instant après notre coup de téléphone à la cuisine, Joseph, le maître d'hôtel, a surgi avec un exquis petit déjeuner sur un plateau. C'était parfait. »

Louise de Vilmorin, invitée au manoir de Ban note qu'Oona a disposé dans sa chambre deux vases de roses et un de glaïeuls. Les draps viennent de la maison *Porthault*, les oreillers sont ornés de dentelles et on trouve dans la salle de bains des savonnettes ainsi que des sels de bain, de l'huile pour le bain, de l'aspirine et de l'Alka-Seltzer. Une bouteille thermos contenant de l'eau glacée et des livres récents sont posés sur la table de chevet.

Quand il y a des invités, à 18 heures précises, c'est l'heure de l'apéritif. Toute la maisonnée doit se trouver parée au salon, les hommes en tenue de ville, costume sombre et cravate, et les femmes en kaftan. Le service est assuré par Gino, le majordome (dont l'épouse Mireille est la femme de chambre des adultes tandis qu'Yvonne est celle des enfants). Oona se fait servir un gin tonic et Chaplin un porto ou du Pernod. Et l'on passe à table vers 19 heures dans la grande salle à manger.

Modèle de femme d'intérieur, Oona supervise toutes les questions domestiques de sa grande maison avec un soin personnel et y brille. Lorsqu'il y a des invités, elle fait elle-même le menu, veille à la décoration de la table et inscrit dans un livret les plats, le vin et la liste des invités pour éviter toute répétition. Le soir où Louise de Vilmorin dîne chez eux, elle remarque qu'Oona est habillée d'un pull-over et d'un sweater de laine rose et d'une jupe tzigane de toile blanche à incrustations multicolores, couvrant deux jupons, l'un rouge et l'autre blanc. Au menu du soir : omble chevalier (poisson du lac), rosbeef, asperges du jardin et deux desserts : compote de pêches et crème renversée. On dîne souvent aux bougies. Gino sert du vin blanc avec le poisson, un bordeaux rouge avec la viande et le champagne au dessert. « Elle servait du très bon poisson et de très bonnes volailles. » L'influence américaine est évidente. L'une des spécialités maison est l'« avocat Tahiti », moitiés d'avocat garnies de rhum et de sucre brun. Oona prise aussi un soufflé de poisson à la sauce au curry.

Le jour de congé du personnel, Oona cuisine des plats tout spécialement pour Charlie. Il aime la triperie : la langue, les rognons, le foie, le cœur, le boudin, les tripes figurent parmi ses mets préférés. Quand elle officie aux fourneaux, elle a sa propre façon de faire cuire le lard en chauffant des tranches minces, les gardant au four jusqu'à ce qu'une partie de la graisse fonde, et ensuite les couvrant de sucre brun avant de les réchauffer. À mesure que le sucre fond, elle retourne les tranches de lard, couvre l'autre côté de sucre et les grille jusqu'à ce qu'elles deviennent croustillantes... En dépit de l'excellence de la chère et des vins au cours de ses dîners, Oona mange peu et fait très attention à sa ligne. À table, elle laisse la vedette à Chaplin et met les invités en valeur : « Je me souviens du don extraordinaire qu'elle avait, si plaisant pour les hommes, qui consiste à trouver immédiatement quels étaient leurs centres d'intérêt et qui, aussitôt, devenaient les siens pendant dix minutes », souligne Cecil Beaton. Lors de ses réceptions, elle s'efforce toujours d'assortir les gens avec perspicacité, elle montre à tous un égal intérêt. Certains hôtes, comme Graham Greene, finissent même par préférer Oona à Chaplin. Betty Tetrick affirme qu'elle avait un grand sens de l'humour : « Elle était vive et pouvait se montrer très drôle. Elle possédait de la gaieté, de l'entrain, parfois de l'auto-dérision mais elle était très bon public pour son mari et pouvait rire de bon cœur à une anecdote maintes fois entendue. » Joséphine Chaplin rappelle aussi cet aspect chez elle : « Maman avait une vraie drôlerie. Avec elle, j'attrapais de fréquents fous rires. Elle savait s'amuser, elle avait le goût de la vie, une nature joyeuse, même si certains sentaient poindre parfois une once de mélancolie. »

Pour ses dîners, elle aime créer des bouquets elle-même. « Elle adorait les fleurs, avait "la main verte" et réussissait toutes les boutures », se souvient Victoria. Elle a l'autorité sur quatre jardiniers dont Walter Stromberg, le jardinier en chef, fut le plus apprécié : « Oona, précise Betty Tetrick, contrôlait son univers avec précision en dirigeant sa maison avec une main douce mais pas dans un gant de fer. C'était elle qui donnait les ordres au personnel, jamais Chaplin. Avec Mary, la cuisinière, une Suissesse allemande, elle décidait des menus. Puis elle donnait ses ordres à chacun. À Mia, la servante espagnole, et à Yvonne, une Française. Il y avait aussi Sandro, le chauffeur italien et sa femme qui était servante et Gino le majordome italien. Une femme à la journée venait aussi tous les jours du village et bien sûr, pour les enfants, les deux gouvernantes : Edith McKenzie et Mabel Pyniger. »

Oona ne cesse d'aller et venir dans la maison, vérifiant le bon fonctionnement du moindre détail. Avec huit enfants, le travail ne manque pas. « La maison était toujours impeccable, se rappelle Géraldine Chaplin, et les pelouses admirablement tenues. » Oona inspecte la vaisselle, les bibelots, le linge parfaitement rangé, vérifie les bouquets et supervise toute la teinturerie fournie de cette immense maisonnée. « Paradoxalement, elle ne donnait pas l'impression de gérer le manoir, dit Victoria. Nous les enfants ne fûmes jamais conscients de ses problèmes d'intendance. Tout semblait fonctionner miraculeusement ! » Oona organise, trie, commande, ordonne et administre le manoir avec beaucoup de finesse. « Elle avait un goût exquis en matière de décoration, précise Betty Tetrick. Elle faisait facilement repeindre une pièce puis la redécorait. La bibliothèque de la maison était la retraite privée de Chaplin : une pièce aux boiseries chaleureuses et dont le sol était recouvert d'un beau tapis persan. Trois murs étaient entièrement recouverts de livres ; il y avait la cheminée avec quatre fauteuils, un divan, le bureau sous un lustre Directoire. L'endroit était lumineux et avait une âme. »

Le boudoir d'Oona est d'un blanc virginal. C'est là qu'elle écrit son journal et tient sa nombreuse correspondance, appuyée sur un secrétaire du XVIIIe siècle. Les murs sont tendus de soie moirée et les fenêtres ornées de rideaux mousseux. Tapis persan et canapé-lit meublent la pièce autour de la cheminée. Un pot d'azalée et une orchidée de serre sèment des taches de couleur. Partout des photos encadrées, des étagères de livres reliés, des aquarelles et des miniatures au mur. Trois lampes basses rouge et jaune. Au moindre objet est assignée une place determinée. Un jardin d'hiver, attenant au bureau, contenant quelques meubles de rotin aux coussins à fleurs et disposant d'un lutrin, sera installé après la mort de Chaplin. Pendant les deux heures qu'elle passe là en début d'après-midi, il est conseillé de ne pas la déranger. Elle lit, fait parfois la sieste (elle est victime d'insomnie et possède un sommeil très léger), effectue sa gymnastique quotidienne et ses exercices de yoga et, exceptionnellement, accepte qu'un des enfants soit admis dans le saint des saints.

Après son boudoir, l'endroit qu'elle préfère est la piscine. Elle aime s'y reposer sur une chaise longue avec un verre de thé glacé. « Maman s'y baignait en général en fin d'après-midi, raconte Jane Chaplin. Il était hors de question de la déranger, elle souhaitait une solitude absolue. Je l'ai entendue dire une fois qu'elle adorait être immergée dans l'eau parce que cela lui offrait un sentiment de liberté. Plus que d'une piscine, elle avait envie de l'océan. »

Outre la piscine bleue et le tennis rose, Oona aime son parc : le bois de mélèzes, le potager, les plates-bandes de fleurs à couper. « Ce jardin qui n'en finissait pas a été, dirait-on, agencé par le bonheur a écrit Louise de Vilmorin. Il a donc un pouvoir rajeunissant. Charlie et sa femme s'y amusent comme des enfants qui prêtent des sentiments et des intentions à la nature. […] Ils ont su créer un univers de fantaisie et de réalité sur lequel ne souffle aucun vent de folie. C'est l'équilibre parfait[1]. » Noëlle Adam-Chaplin dit encore qu'« Oona adorait son jardin et ses roses. Elle avait une passion touchante pour son parc, ses arbres et les animaux du domaine ». L'une des filles Chaplin garde en mémoire : « Maman agenouillée dans le jardin et humant l'odeur de la terre, bêchant,

---

1. *Marie-Claire*, septembre 1955.

jardinant. Quand un rosier planté dans un coin peu propice donnait sa première rose, elle était aux anges ! Elle était très sensible à la beauté des choses. Elle adorait les couleurs de l'automne, toutes ses teintes si mélancoliques ou au printemps le chant harmonieux des rouges-gorges, des grives et des merles. Elle chérissait ses arbres qu'elle touchait, respirait, collectionnant leur essence. »

Son *home* est son refuge paradisiaque : les hautes montagnes découpées dans le ciel à coups de ciseaux, le lac d'acier, les pelouses fleuries, le soleil, l'air sec et Oona aux abords du potager, armée d'un sécateur... Pourquoi partir ? Les maîtres du manoir de Ban voyagent donc de moins en moins. La carte du monde se rétrécit à vue d'œil au fur et à mesure que des pays tombent sous des régimes que Chaplin désapprouve. L'Espagne, pas question, à cause du général qui la gouverne. Le Portugal non plus, pour des raisons similaires. La France, de moins en moins, hormis Paris. L'Amérique, c'est fini. Restent Londres, pour son théâtre, l'Italie, pour son soleil et le Maroc parce que Fez s'y trouve.

Demeurent ainsi les petits plaisirs de Vevey. Une fois par an, il est de tradition que la famille au grand complet aille au cirque Knie qui s'installe sur la grande place de la ville[1]. Entouré de sa famille, aux premiers rangs, Chaplin participe passionnément à la fête. Sa présence dans le cirque bouleverse tout le monde. Les jeunes clowns rivalisent de fantaisie devant le grand ancêtre. Les vieux, ceux qui se souviennent que Chaplin fut autrefois des leurs, viennent lui serrer longuement la main après le spectacle. Un soir, l'un d'eux, trop ému, la lui baise. Chaplin, les larmes aux yeux, lui remplit les bras de roses. « À Vevey, nous nous retrouvions au cirque Knie, l'automne, écrira Paul Morand. Il venait en spectateur passionné avec ses enfants. Il fallait voir les milliers de têtes d'écoliers, tournées vers lui, dans une adoration muette ; il fallait voir le culte que lui rendaient les acrobates, les clowns, les danseuses et les dompteurs. Il fallait surtout voir la joie profonde de Chaplin, devant ce spectacle forain, le clown de génie se réveillait en lui... » Les Knie seront des hôtes réguliers du manoir de Ban. « Il s'attacha rééllement au chapiteau Knie et à notre dynastie helvétique. Il s'y sentait à l'aise parce qu'on était un peu dans le même chemin que lui dans le cinéma à ses débuts, estime Rolf Knie Jr. Il aimait le

---

1. Chaplin s'est assis pour la première fois dans les gradins du cirque national en 1954 ; jusqu'à sa mort en 1977 il vint chaque année en octobre voir le spectacle.

contact direct avec des artistes exigeants et talentueux. Pour nous, c'était même le meilleur spectateur : il riait comme un fou ! » Un ami d'Eugène, Edouard Zahnd, témoigne que « lorsqu'il entrait sous le chapiteau, la foule lui réservait une "standing ovation". Chaplin était certes un enfant de la balle ! Lorsqu'ils étaient à Vevey, les Knie venaient impérativement chez Chaplin, emmenant des animaux avec eux. Géraldine adolescente eut même un petit béguin pour l'un des enfants Knie. »

Autre grande distraction : aller au cinéma. Ils sont des clients assidus du Rex, le vieux cinéma de 540 places à Vevey. Yves Moser, le patron, se souvient : « C'était un bon client et il payait sa place comme tout le monde.Il faisait simplement réserver le premier rang du balcon. Il lui arrivait d'organiser aussi des projections privées, le matin, de ses propres films à l'attention d'amis. »

Mais sa détente préférée reste, toujours et encore, ses tête-à-tête avec Oona, dans les auberges au bord du lac. Leur adresse préférée se trouve à cinq minutes de Vevey, au centre du village de Saint-Saphorin cher à Charles-Albert Cingria : L'Auberge de l'Onde, un lieu mythique dans la mémoire des Vaudois. C'est leur cantine de luxe, dépourvue d'un service « chichiteux » où officie le chef M. Wenger. Ils y emmènent systématiquement tous leurs amis. « "Il est indispensable de visiter ce village avec ses petites ruelles sinueuses" », me confia-t-il, écrira la portraitiste Lillian Ross. « "Ça a tant de charme. On pourrait y partir tout de suite." Et il nous y conduisait, garait son véhicule et nous nous engagions dans une petite rue sombre. À un certain moment, il avait un peu d'avance sur nous. Il se mit donc à improviser une amusante figure à sa façon en fixant ironiquement les retardataires. Le maître d'hôtel lui déroulait le tapis rouge. » Les Chaplin y dînent en tout cas chaque dimanche soir, généralement « à la pinte » ou face à la grande cheminée sous les combles. Mais ils préfèrent le plus souvent la première formule, dans une atmosphère typiquement vaudoise de « pinte » avec son banc d'angle, ses meubles de bistrot, les portraits de vignerons par Géa Augsburg accrochés au mur. Et les soirs d'été, la « pinte » déborde sur la place du village où de petites terrasses sont aménagées. Et Chaplin fait honneur à la carte. Lui prend invariablement du poulet à l'estragon ou des cuisses de grenouille à la provençale. Oona prise davantage le poisson : un sandre poêlé à l'ail doux ou des filets de perchette meunière qu'ils accompagnent de pinot gris. Ils se retrouvent avec leur dessert favori : le

Charlie Chaplin et Oona au théâtre du Colisée, en 1956.

Automne 1957, Charlie et Oona Chaplin au côté de Dawn Addams, à la première parisienne d'*Un roi à New York* au Gaumont Palace.

« Teatime » pour Oona et la comédienne indienne Mohana.

Presque seuls au monde,
au milieu des treize
hectares de leur domaine.

Sur la pelouse devant le Manoir
de Ban, la famille Chaplin réunie
pose pour la naissance de Jane,
en mai 1957.

Encore une fille en décembre
1959, Annette, que tout le
monde appellera Annie.

Charlie Chaplin dansant le twist avec sa fille Géraldine.

Le 2 janvier 1967, seule Oona sourit lors de la première londonienne de *La Comtesse de Hong-Kong*. Marlon Brando et Charlie Chaplin font semblant d'avoir enterré la hache de guerre...

Marques d'amour et de tendresse entre Oona et Charlie : regards et gestes affectueux.

Farniente amoureux au
soleil estival : « True
love ! »

Oona, Charlie Chaplin
et leur fille Joséphine
en 1971, à Eden Roc.

Gala à l'Opéra de Paris
Claude Pompidou, Charlie
Oona et Géraldine échangen
des roses.

Le 2 avril 1972, Charlie et Oona font un retour historique aux États-Unis, en prélude à la remise de l'Oscar honorifique à Hollywood.

Charlie Chaplin et Oona avec Nicolas Sistovaris, alors le mari de leur fille Joséphine, lors des fiançailles de leur fils Eugène, à Vevey, en 1973.

Chaplin se rit des atteintes de l'âge et ne sacrifie pas son séjour annuel à Londres, comme ici en 1973.

Charlie Chaplin, Oona et Géraldine dans leur Manoir de Corsier-sur-Vevey, en 1974.

Oona en 1974, à Londres, à l'occasion de la sortie de son livre, *My life in pictures*.

Le 4 mars 1975, à Buckingham Palace, la reine d'Angleterre lui offre son plus beau cadeau : il est élévé au rang de Sir Charles Chaplin et Oona est dorénavant Lady Chaplin.

Ultime rencontre le 10 mars 1976 entre la reine Elizabeth et l'un de ses plus célèbres sujets : Sir Charles Chaplin. La princesse Anne et Oona sont aux premières loges.

Devenue veuve, Oona tente de trouver un peu d'apaisement, comme ici, en 1981, en vacances aux Bermudes sur les lieux de son enfance, où le chien d'un ami lui tient compagnie.

mille-feuille framboise-coco. La famille Fonjallaz est aux petits soins pour eux ! Parfois ils font quelques infidélités à « leur » auberge et essaient des tables qui fleurent bon le terroir : le restaurant de *L'Hôtel du Lac*, celui des *Trois Couronnes* ou le *Café Bellagio*. Ils poussent même jusqu'à *L'Auberge de Rossinière*. Parfois ils gagnent la vieille ville de Lausanne et déjeunent dans le cadre romantique de *La Pomme de Pin*. Un témoin y est frappé par le regard d'Oona pour son mari : « Elle était en adoration devant lui, aux petits soins, à lui tendre un petit pain, par exemple... » En Sherlock Holmes des rendez-vous culinaires des Chaplin, Pierre Smolik a dressé la liste des bonnes tables qui ont les faveurs du couple : « Il aimait la *Taverne du Château* pour y manger des raclettes, *Les Trois Sifflets* pour leur fondue, le chinois *Jardin d'Asie* et *Le Raisin* et leur spécialité de filets de perche à Vevey. S'ajoutent *La Terrasse* à Corseaux, *Chez Francis Chibrac* au Mont-Pèlerin et la *Grappe d'Or* ou *Aux Sapeurs-Pompiers* à Lausanne où il dégustait de succulents pieds de cochon. Enfin il ne dédaignait pas les grands établissements de Genève, notamment le restaurant de l'*Hôtel Richemond*. »

Pour faire plaisir aux Fonjallaz, ils assistent plusieurs fois à des dîners au château de Glérolles qui dresse son donjon et sa bâtisse ancestrale au bord du lac Léman. La Bentley serpente en plein cœur de Lavaux, la plus belle région viticole du canton et Charlie et Oona, invités d'honneur, goûtent en compagnie du propriétaire des lieux aux différents cépages : chasselas, pinot noir, humagne rouge et cabernet franc. Le couple finira par devenir connaisseur sans toutefois posséder une cave exceptionnelle. « Oona surveillait sa ligne, se souvient un proche, mais se mettait au diapason de son mari qui aimait les bonnes tables et organisait de véritables tournées gastronomiques. Pas question de faire bande à part ! Ils éprouvaient cette joie toute banale de descendre à pied en ville pour y déguster une spécialité "maison", sans protocole et les servitudes de la célébrité. Un rite inimaginable à Hollywood ! »

L'été, ils profitent de leur parc pour pique-niquer à deux. Chaplin confiera à Lillian Ross : « De temps à autre, il nous arrive à la "vieille dame" et à moi de prendre du caviar et du champagne. Nous n'invitons personne. Assis ici, nous nous en régalons jusqu'à satiété. Seulement nous deux ! » Pour lui le mets le plus exquis est une simple pomme de terre en robe des champs cuite à l'intérieur d'une papillotte et recouverte de caviar qu'il déguste avec de la vodka glacée ou du champagne.

Simenon les immortalisera dans ses Mémoires intimes : « Assise à côté de lui, Oona sourit de son merveilleux sourire tout d'amour, de douceur et, oserai-je l'ajouter, d'indulgence pour son génie de mari. » Plus tard, il évoquera le pouvoir rajeunissant d'Oona : « Chaque fois qu'il est dans la voiture avec elle, il est toujours joyeux. Il chante. Ils se racontent des histoires, ils rient. Il est comme un jeune homme. » Et les témoins de remarquer comme ce couple irradie. Tout est prétexte à une douce complicité, à une tendre insouciance.

X

BLEUS À L'ÂME

1968 EST UNE ANNÉE DOULOUREUSE. Le 20 mars s'éteint Charles Chaplin Jr., le fils aîné (né de son mariage avec Lita Grey), à l'âge de cinquante-deux ans d'une thrombose fatale. Le frère de Charlie, Sydney Chaplin senior, a déjà disparu. À la même période, s'en va son amie de toujours Edna Purviance.

Pour ne pas sombrer dans le chagrin, Chaplin se réfugie dans le travail et commence à composer la partition de son film de 1928, *Le Cirque*. Il écrit, entre autres, une chanson, *Swing, Little Girl*, qu'il chantera lui-même (la nouvelle version sonorisée verra le jour en 1970).

Le 25 novembre 1968, c'est au tour d'Oona d'être frappée. Sa mère, Agnès, s'éteint à l'âge de soixante-dix-sept ans. Un an avant, Oona avait fait le voyage jusqu'à West Point Pleasant, dans le New Jersey pour soigner sa maman malade. L'âge et l'alcool la minaient. La seconde femme d'Eugene O'Neill meurt seule dans sa maison, entourée de ses quatre-vingt-douze chats. Oona ne se rend pas à l'enterrement, ne voulant pas quitter Chaplin et la Suisse. Elle demande à son amie Betty Tetrick Chaplin de se charger des funérailles et d'aller mettre de l'ordre dans la maison. Betty et son mari

Ted Tetrick découvrent *The Old House* dans un état pitoyable[1]. Il faut certes vider le cottage, mais la mission prioritaire est de brûler les lettres d'Oona. En effet, Agnès a gardé précieusement toutes les missives de sa fille. Il y en a des centaines dans lesquelles la femme de Chaplin raconte sa vie en Suisse, ses enfants et ses lectures. Tout est détruit dans l'incinérateur du village pour respecter la volonté d'Oona. Agnès Boulton Burton O'Neill Kaufman ne laisse aucun manuscrit ni testament. Le seul lien avec le passé est désormais son frère Shane. Mais, prisonnier de la drogue (il fait plusieurs séjours en hôpital psychiatrique), celui-ci est devenu presque une épave. Oona lui envoie régulièrement de l'argent et arrivera à le convaincre de se soigner à la méthadone. Malgré l'éloignement et les années, elle garde pour lui une tendresse particulière.

1968 reste aussi une année noire pour les Chaplin parce qu'elle marque la construction de l'autoroute Lausanne-Montreux-Ville-neuve qui passe à deux cents mètres du manoir. C'en est fini du calme parfait du parc ! Le cinéaste sera furieux.

Vers 1969, Chaplin trouve que le monde évolue trop vite à son goût. Au mariage de sa fille Joséphine (vingt ans) avec l'homme d'affaires grec Nicolas Sistovaris, le 21 juin 1969, il s'épanche auprès du photographe Taki (Théodoracopoulos) venu couvrir l'évé-nement pour *Paris-Match*, parce qu'il est l'ami du marié. Comme il le raconte à Kenneth S. Lynn[2], il est frappé par le conservatisme de Chaplin et par le fossé grandissant entre lui et ses enfants : « Il était furieux de l'attitude de ces jeunes occidentaux pourris par la prospérité. Il va même plus loin : "Une honte que ces gosses de riches se rebellent. La révolte étudiante à Paris, en 1968, aurait dû être écrasée immédiatement..." Il est agacé par leurs habitudes de porter des blue-jeans et par leur manque d'éducation. » Taki comprend que les exigences de la nouvelle génération le scandali-sent. « On aurait cru entendre Alexandre Soljenitsyne », avouera Taki, qui pense que Chaplin, depuis son manoir où il vit entouré de ses domestiques, ne semble plus comprendre la jeunesse et ses aspirations[3]. « Tous ses enfants pensaient à gauche, avaient de la

---

1. Les innombrables félins ont tant envahi la maison que la piscine n'est plus rempli d'eau, mais de nourriture pour chat.
2. Kenneth S. Lynn, *Charlie Chaplin and his Times*, Aurum Press. Joséphine Chaplin conteste ce témoignage, repris par deux biographes de Chaplin.
3. Victoria Chaplin tient, elle aussi, à mettre un bémol à ce témoignage. Selon elle, son père eut même une certaine sympathie pour ce vent de révolte.

sympathie pour Cuba, les hippies, étaient opposés à la guerre au Vietnam. Chaplin âgé se sentait un peu perdu face à la révolte de ses propres enfants. »

Devant les attitudes un brin réactionnaires de son mari et les élans libertaires de ses enfants, Oona se sent un peu partagée. « Très diplomatiquementent, elle essayait de concilier les deux camps, se souvient sa fille Jane. Elle ne prenait surtout pas parti sur les opinions de mon père. Elle observait un silence prudent ou gloussait en levant les yeux au ciel quand cela semblait la dépasser. On parlait parfois politique à table mais Papa avait l'art de mettre fin à toute discussion qui l'agaçait. Politiquement, Maman se sentait très proche du Parti démocrate aux États-Unis. Elle était en faveur de l'avortement. Tout acte raciste la hérissait. Elle se retrouvait dans certaines revendications féministes dans la mesure où, à ses yeux, une femme se devait d'avoir le même salaire qu'un homme et posséder les mêmes droits. Elle était farouchement contre la peine de mort. J'ai le souvenir d'un vrai débat en famille sur ce sujet avant, pendant et après le dîner.La discussion s'est envenimée, chaque enfant ayant des arguments passionnés à exposer.Il y eut même des échanges électriques entre Victoria et Christopher. Ma sœur a presque fini en larmes et Maman est "restée sur le cul" devant la férocité des propos de mon frère. »

Son fils Michael agace tout particulièrement Chaplin. N'a-t-il pas mené une vie chaotique de *beatnik* pendant ses années londoniennes ? N'est-il pas un marginal par excellence vivant tel un hippie, dans une ferme du sud-ouest de la France ? Ne s'est-il pas arrogé le droit de se nommer écrivain ? Aujourd'hui, avec le recul, le second des enfants Chaplin plaide coupable : « J'ai écrit *I Couldn't Smoke The Grass On My Father's Lawn* en 1966, un livre pas très flatteur, dans lequel je relate mes souvenirs avec mon père. J'étais jeune, j'avais besoin d'argent et j'ai exploité le nom de Chaplin sans beaucoup de scrupules. Heureusement, le livre n'a pas été réédité et si je me suis donné le titre d'écrivain, c'est par rapport à toute une période de ma vie où je vivais en marginal. Quand on me demandait ce que je faisais, je répondais "écrivain", parce que tout le monde peut l'être, qu'il publie ou non. » Michael estime qu'il s'est toujours battu pour faire sa place dans la vie. « Être le fils de Charlie Chaplin a bien sûr joué un rôle dans ma vie… Mais il faut faire la part des choses : comparé à d'autres, j'ai eu une enfance privilégiée et très heureuse. C'était un papa qui aimait ses enfants, qui était sévère, en demandant peut-être un peu beaucoup. Exigeant parce que lui-même s'était énormément battu dans la vie. Il s'attendait à ce que ses enfants fassent de même. Malheureusement, je n'étais pas à la hauteur de ses attentes. Cela a créé certains conflits. »

Chaplin est surtout déçu de son choix de vie : « J'ai vécu sucessivement à Londres, Séville, Trinidad puis j'ai été agriculteur dans le Lot-et-Garonne pendant quatorze ans. C'était une très petite exploitation, peut-être la moins rentable de toute la France, mais j'avais un grand troupeau de chèvres et six hectares de vergers. » Michael, qui aura sept enfants de deux femmes différentes, verse trop, aux yeux de son père, dans le New Age. Très attiré par les philosophies orientales, il a mis ses lectures en pratique et médite chaque jour, comme il le faisait dès son adolescence. Quand on lui demande aujourd'hui ce qu'il reste du garçon de neuf ans qui donnait la réplique à son père dans *Un roi à New York* en 1957, Michael répond : « Ce fut une très belle expérience pour moi, parce que je n'avais pas de contacts vraiment proches avec lui. J'ai pu le voir à l'œuvre et travailler avec lui. Faire ce film ensemble, c'était l'occasion de se rapprocher. La plus grande partie de sa carrière cinématographique s'est déroulée bien avant ma naissance, c'était toujours un mystère pour moi. » Sur sa mère, il fait un aveu étrange : « Maman était très introvertie et plutôt secrète. Aujourd'hui encore, elle reste un peu énigmatique à mes yeux. Elle pouvait sembler mettre parfois un brin de formalisme dans ses relations avec les autres. Je l'adorais mais c'est seulement quand elle vous écrivait une lettre véhémente ou qu'elle se mettait en colère qu'elle se dévoilait enfin. Les dernières années, elle paraissait chercher la bagarre avec ses enfants : elle m'engueulait. Quand on lui parlait religion, elle ironisait en disant : "Mais où est-il Jésus quand tu as besoin de lui ?" Maman croyait en l'amour, l'amour absolu ! Jamais elle ne nous parla de son enfance chaotique, de la triste destinée de son frère Shane ou de l'absence de son père. Elle a voulu nous protéger et nous éviter la "malédiction" des O'Neill. Nous avons eu une enfance heureuse sans subir le poids de son passé et je lui en suis très reconnaissant. Elle a gardé tout cela pour elle. Ce qui explique peut-être qu'après, elle ait plongé dans l'alcool et qu'elle ait enfin osé être plus directe et plus vraie, en un sens. » Après la mort d'Oona, Michael habitera pendant dix ans le manoir de Ban, avant qu'il ne soit question de le transformer en musée. Il vit aujourd'hui entre sa ferme du Lot-et-Garonne et sa résidence d'hiver de Gruyères, en Suisse[1]. Il écrit toujours, tandis que sa deuxième femme, Patricia (afro-carabienne), est peintre. À son tour d'être un patriarche avec ses sept enfants (dont Carmen et Dolores, toutes deux actrices et Kathleen qui fait carrière dans la chanson). « Il a adopté le rôle du père dévoué et a fait de ses rejetons des individus sûrs d'eux », assure l'une de ses sœurs. Proche des philosophies orientales, il aime les arts martiaux et semble incroyablement « zen ».

L'autre enfant terrible du clan est Jane, la plus introvertie de la fratrie. Jane est très tôt hypersensible, se sent parfois en marge du clan et incomprise. Elle aimerait qu'on lui prête un peu plus d'attention. Mais avec huit rejetons, Oona ne prend pas toujours le temps de s'interroger sur les états d'âme de sa sixième enfant. Les remarques de sa mère au moment de son adolescence sont parfois ressenties comme des sentences exagérées. Comme le reconnaît Victoria, « Maman pouvait être un brin perverse ; elle avait le chic pour trouver là où ça fait mal et bien insister. Elle pouvait aussi faire preuve d'un humour noir assez terrible ». Sous ses allures de garçon manqué et son caractère bien trempé, Jane cherche la bagarre avec sa mère. Autant Michael s'est rebellé contre son père, autant Jane voit en sa génitrice l'objet de tous ses ressentiments Difficile de faire la part des choses quand une certaine forme d'incompréhension surgit entre une mère et sa fille. Jane a souvent l'impression que sa mère fait tout pour lui gâcher la vie. Faisant très tôt une crise d'adolescence, elle est renvoyée d'école en collège. Oona finit par l'envoyer en pension. Une sacrée et injuste punition aux yeux de Jane ! Cela ne calme pas son tempérament crâneur. Au manoir, elle s'ingénie à provoquer sa mère, en arrivant en retard aux repas familiaux. Or, Chaplin est très ponctuel. Il aime déjeuner à 12 h 30 pile et dîner à 18 h 45. Oona doit sans cesse rappeler à l'ordre sa fille qui, fine mouche, réplique que sa mère est toujours sur son dos. Un matin, alors qu'elle va prendre le petit déjeuner à la table des nurses, une colère folle s'empare de l'adolescente. Elle soulève la lourde table à plusieurs centimètres du sol, renversant sur le lino argenterie, plats, nourriture et liquides. Dans un autre accès de rage,

---

1. En 2003, Michael et Patricia Chaplin ont acheté la Maison bourgeoisiale de Gruyères : un lieu que Chaplin aimait particulièrement et où il se rendait souvent avec sa famille et ses invités.

elle a, dans son école, lancé par la fenêtre une machine à écrire qui atterrit sur le trottoir transformée en petits tas de métal. « Rage, rage, rage ! », écrira Jane dans ses Mémoires. « Elle surgissait en moi brutalement, et parfois sans véritable provocation. Je me suis mise à boire beaucoup de bière pour noyer ma fureur et tuer la souffrance. Maman me faisait des sermons sur mon manque de respect envers mon père, le personnel et elle, ce qui me faisait monter déchaînée au dernier étage. » Oona s'avoue impuissante et bien évidemment, les résultats scolaires sont au diapason. Ce qui lui vaut des remontrances maternelles assorties de piques. « Elle ne manquait pas une occasion de me rabaisser – je l'avais déçue –, de m'humilier – j'étais un déshonneur pour la famille – ou encore de me châtier – j'étais une insulte à son intelligence. » Et Jane de conclure : « J'étais devenue à ses yeux une gêne, une maladie qu'elle tentait de son mieux de cacher et d'ignorer. » Derrière l'exagération de la jeune fille se cache la difficulté d'être d'une adolescente qui ne sait pas trop ce qu'elle veut vraiment.

À dix-sept ans, son père lui donne une sacrée leçon de vie pendant presque dix-sept minutes qui la marqueront pour toujours : « Maman devait partir pour une course à Vevey et me demanda de tenir compagnie à mon père, dans la bibliothèque. Toute seule avec Papa, en tête à tête avec lui. Mon cœur battait la chamade. Qu'allions-nous bien pouvoir nous dire ? Je semblais nerveuse car je devais passer une audition pour un cours d'art dramatique à Lausanne. Je lui exprimai donc mon angoisse devant cet examen intimidant. "Et si j'échoue ? Et si on ne me prend pas ?", lui dis-je. Il me tranquillisa en me confiant : "N'oublie jamais que l'échec n'existe pas. Seuls ceux qui ne tentent rien et ne continuent pas d'essayer échouent !" Je lui fis remarquer que, pour lui, évidemment, c'était plutôt facile de prétendre cela. Après tout, il n'avait qu'à s'installer au piano et l'inspiration surgissait. J'avais d'ailleurs souvent entendu dire qu'au cinéma, il n'avait jamais dû faire d'efforts parce que tout lui venait si naturellement. Il me rétorqua simplement : "Pas du tout. Jusqu'à mes quarante ans, j'ai dû énormément travailler. Et j'ai été assailli de doutes pendant la plus grande partie de ma vie et je le suis encore. Sans doute, à la différence de beaucoup, je ne me suis jamais découragé. La seule clé du génie, vois-tu ma petite Janie, c'est le travail acharné, le fait d'être persévérant et conséquent, et de ne craindre ni le ridicule ni l'échec.

Tu dois avoir confiance en toi, là est tout le secret[1]. Même quand j'étais à l'orphelinat, quand j'errais dans les rues cherchant à manger, à survivre, même dans ces durs moments je pensais que j'étais le plus grand acteur du monde ! Il fallait que je ressente cette exaltation qui vient d'une immense, d'une profonde confiance en soi. Sans cela tu cours à la défaite.

— Donc si j'échoue ce soir, je devrais insister pour que le prof d'art dramatique me prenne, quoi qu'il advienne ? demandai-je incrédule.

— Tu dois persévérér, c'est comme cela que tu prendras confiance en tes moyens. Je sais que tu as la réussite en toi, Jane, sinon je ne te dirais pas tout cela, hein ? Tu peux avoir autant d'ambitions que tu veux. Simplement, assure-toi de te donner à fond dans chacune." »

Jane est frappée par ses propos si humbles : ainsi donc son monstre sacré de père est lui aussi pétri de peurs et de doutes ! « "Il m'a fallu appprendre, exactement comme tout le monde. J'ai beaucoup lu, beaucoup observé les gens", dit-il. Et de lancer : "Il n'y a jamais rien de mal à douter tant que cela n'étouffe pas ta vie. Changer est le seul travail difficile et permanent, le seul antidote à l'inquiétude." »

Et Chaplin de lui avouer qu'il a des regrets : « "Il est presque impossible de ne pas avoir de regrets au cours d'une existence. Mais le travail constitue ce qu'il y a de plus important dans la vie ! Et si, en plus, il te plaît, alors la vie vaut vraiment la peine d'être vécue. Suis mon conseil, rien que pour te prouver à toi-même que tu peux y arriver, va jusqu'au bout !" »

Son père si inacessible lui semble soudain si proche. Ils finissent par ne plus échanger un seul mot, conscients du moment précieux qu'ils viennent de vivre. « Je l'ai serré contre mon cœur et suis sortie de la pièce rapidement, confiera Jane avec émotion. J'avais confiance en moi comme jamais. J'ai passé mon audition qui fut assez catastrophique. Je suis donc retournée voir le professeur en insistant plusieurs fois. Il a fini par consentir à m'accepter parmi ses élèves et j'ai commencé enfin ma route. » Et Jane de raconter cette vulnérabilité latente en elle, à la fois sa force et sa faiblesse :

---

1. Pour la petite histoire, notons que Chaplin tiendra – mot pour mot – les mêmes propos à son fils, Charlie Jr., qui les transcrira, lui aussi, dans son livre de souvenirs.

« L'amour, quand vous n'avez pas l'habitude de le recevoir ou de l'éprouver, peut susciter un terrible sentiment de fragilité. »

Aujourd'hui, Jane a vaincu en beauté ses démons et vit depuis sept ans en Colombie avec son deuxième fils. Elle possède la double nationalité, britannique et colombienne. Elle a essayé méthodiquement tous les métiers du cinéma sans jamais trouver celui qui lui convenait vraiment. Elle a été d'abord scripte, assistante personnelle de Milos Forman, chargée de production, productrice déléguée en 1992 avec *Christophe Colomb* (dont le tournage épique à Malte avec Marlon Brando ressembla au pire des cauchemars). Elle a même été actrice, jouant en 1981 dans *Sezona Mira U Parizu* de Predrag Golubovic avec Alida Valli et Maria Schneider et dans *The Rainbow Thief* d'Alejandro Jodorowsky avec Peter O'Toole et Omar Sharif. Jane fut la compagne de 1985 à 1999 d'Ilya Salkind (le fils du célèbre producteur des Superman) et vécut à Paris, Londres, Madrid puis Orlando avant de partir pour Carthagène des Indes, sur la mer des Caraïbes, par amour d'un beau Colombien. Après l'écriture du sulfureux *Dix-Sept Minutes avec mon père* qui fut un véritable livre thérapie, Jane rédige aujourd'hui des contes pour enfant, sans doute à l'attention de son premier petit-fils dont le père, Orson, vit aujourd'hui à Los Angeles. Elle est créative, drôle, d'un humour féroce, avec un sens de la réplique fabuleux et assez fière de construire sa vie loin des montagnes suisses. Elle élève Osceola, son deuxième fils, sans nurse, sans collège helvétique et loin des pesanteurs d'un manoir à l'anglaise. Sous le soleil des tropiques, elle semble heureuse.

Sa sœur Annette (Annie) joue, elle, sur un autre registre durant son enfance pour attirer l'attention d'Oona au sein du clan envahissant. Elle est comme par hasard sujette aux accidents. Elle tombe dans l'escalier, elle se coupe la langue. Il faut l'amener dare-dare à l'hôpital pour des points de suture. Ou bien, elle se blesse avec une fourche, alors qu'elle est dans le potager. Elle peut aussi tomber de cheval pendant ses cours d'équitation et souffrir du dos. La liste de ses petits malheurs est longue. Elle a l'art de se faire mal pour être ensuite mieux dorlotée. Jane, qu'elle agace, lui donne bientôt le surnom de « Miss Catastrophe ». Mais nul besoin d'être psychologue pour comprendre sa tactique. Oona et les nurses la plaignent, la consolent et répondent à son besoin forcené d'affection. La plus fragile des enfants Chaplin est une comédienne née. Elle fait d'assez bonnes études à l'institut de Valcreuse à Lausanne (une année, elle est la seule fille dans une classe de garçons, avec son amie Irène Couropoulos). Elle passe en 1979 son bac philo A5, fait un stage de journalisme et cherche sa voie. Elle s'illustre en 1981 en faisant à la télévision la publicité pour Woolite : étranges débuts de carrière ! Dès 1984, elle prouvera ses talents d'actrice dans le film *Vincent & Théo* de Robert Altman. Elle a surtout interprété au théâtre Victor Haïm, Ionesco, Sam Sheppard, Gombrowicz ou Cocteau et même O'Neill. Elle dirige depuis 1989 la compagnie du Théâtre « Le Silo » (le théâtre est un ancien silo à grains) avec son mari Jacques Auxenel, à Montoire-sur-le-Loir.

Discrète dans sa vie privée, mais pétillante sur scène, Annie Chaplin a choisi les vertes collines du perche vendômois pour y donner libre cours à ses deux passions : le théâtre et l'équitation (elle possède trois chevaux). « J'ai reçu une éducation anglo-saxonne assez rigoureuse, rappelle-t-elle et je garde l'image d'un père qui travaillait beaucoup, tour à tour scénariste, compositeur, écrivain, acteur. » Et la septième des enfants Chaplin de convenir de la stature écrasante de son géniteur : « Comment arriver à la hauteur d'un tel personnage ? Ce n'est guère possible. Immanquablement, on serait toujours les enfants de… Impossible évidemment d'y échapper ! Bien sûr gamine, cela ne voulait rien dire. Tout le monde à l'école connaissait Charlot mais il n'y avait pas de notion de star à la maison. Nous n'étions pas à Hollywood. Les vieux films de Papa, je les ai vus bien sûr quand j'étais petite et ce petit monsieur à moustache me rapellait vaguement quelqu'un. Ce n'est que plus tard, disons vers les dix-douze ans, que je me suis rendu compte de la vraie stature de daddy. Ce doit être à ce moment-là que je me suis dit : Oh ! Mon Dieu, mais je suis la fille de… Incroyable ! J'ai ressenti un sentiment étrange : à la fois de la gêne mais une énorme fierté aussi. Un curieux mélange ! » Enfant, elle rêvait d'être grand reporter. Mais sa vraie passion est la comédie. Maurice Béjart la fit ainsi participer à son ballet *Mister C.*, nourri de la musique et des films de Chaplin. Sous la houlette d'Annie – boule de feu drôle et émouvante – le chorégraphe créa un spectacle chaplinesque à souhait, auquel participa aussi Charly, le fils aîné de Joséphine.

« Maman, se souvient Annie, c'était le grand amour de ma vie ! Elle était pleine de nuances. Belle et intelligente, beaucoup d'humour et souvent malicieuse. Une finesse, un raffinement, une telle douceur et quelle classe ! » Annie a gardé un pied-à-terre à Vevey (voisin de celui de Christopher James) et y vient souvent renouer avec les paysages de ses souvenirs d'enfance.

Joséphine, elle, ne se lancera dans le cinéma qu'en 1971. Elle devient d'abord mère d'un petit Charles Alexander[1] dans une clinique de Genève. Oona ne veut surtout pas que son petit-fils l'appelle « Granny » ou « Gran ». Elle préfère « Oona » tout simplement.

Joséphine Chaplin a d'abord commencé par des études de chant (même si gamine, elle préférait la danse). On l'a vu, elle rêva de devenir cantatrice et, privilège d'être une Chaplin, rendit souvent visite à Maria Callas dans son appartement de l'avenue Mandel ou l'accompagna en Grèce. Lucide, elle renonça cependant à une carrière à l'opéra. Après son mariage et son premier bébé, Joséphine décide donc comme Géraldine de flirter avec la caméra, sans atteindre toutefois la popularité de sa sœur aînée. Elle commence par *L'Odeur des fauves* sur les mœurs journalistiques de la presse à scandale où elle croise le profil altier et le regard insolent de Maurice Ronet qu'elle n'oubliera pas. Sa carrière comptera vingt-deux longs-métrages d'un éclectisme parfait : Pasolini, *Les Charlots*, Chabrol, Franju, etc. Elle joue même la marquise de Sade pour la télévision et campera en 1976 l'une des victimes de *Jack l'Éventreur* face à Klaus Kinski. Peut-être est-ce rôle qui la fait remarquer par François Mitterrand ? Le premier secrétaire du Parti socialiste tombe sous son charme et lui envoie de longues lettres enflammées qu'elle fera évidemment lire à sa mère amusée ou la poursuit de ses appels pressants ! Mais en cette année 1976, elle tourne *L'Ombre d'un été* et, cette fois, tombe évidemment amoureuse de son partenaire : Maurice Ronet, le charmeur désenchanté de *Plein Soleil* et d'*Ascenseur pour l'échafaud*. Le séducteur finira par épouser Joséphine, fraîchement divorcée, et posera ses valises dans une grande bastide à Bonnieux, face au mont Ventoux. À cinquante-trois ans, il connaît enfin le bonheur d'être père : Joséphine donne naissance à un fils, Julien. Oona adopte son gendre qu'elle nomme affectueusement « Momo » et les frères et sœurs de Joséphine apprécient vraiment le personnage (« Eugène et Ronet étaient comme cul et chemise », avoue Jane). Tout semble enfin

---

1. Charly Sistovaris assiste aujourd'hui sa mère dans l'Association Chaplin. C'est lui qui a créé le site internet www.charliechaplin.com et a plusieurs projets audiovisuels concernant l'œuvre de son grand-père.

serein dans la vie de Joséphine ! Mais sa quiétude est de courte durée. Le 14 mars 1983, Maurice Ronet meurt à l'hôpital Laennec d'une « longue maladie » qu'il traitait comme la vie, avec insolence, alors même qu'il avait trouvé la paix après tant d'années de nuits blanches en quête de l'impossible. Désormais veuve et mère de deux jeunes garçons, Joséphine passe par des moments difficiles. En 1984 elle reprend courageusement son métier de comédienne dans un film avec Liv Ullmann, *Un printemps sous la neige* et écrit même un livre pour les bambins, *Tom et Anaïs découvrent le cinéma*. Elle participe aussi en radio à l'émission célèbre de RTL : *Les Grosses Têtes* (pas vraiment *the cup of tea* de sa mère !). Elle mettra fin à sa carrrière au cinéma en 1994 et se consacre depuis à l'Association Chaplin (à la demande de ses frères et sœurs) où elle gère tous les aspects du patrimoine familial et la pérénnité de l'œuvre de son père. L'une de ses sœurs fait ce constat doux-amer sur elle : « Josy, en tant qu'actrice, travailla ses rôles avec la même précision qu'elle aurait mise à faire un puzzle compliqué ou résoudre un problème ardu de mathématiques. Mais elle n'a pas eu beaucoup de chance dans sa carrière cinématographique. Plusieurs de ses films ont été des échecs commerciaux et c'est si dur à supporter, si injuste. Les gens du métier la comparaient évidemment à ma sœur Géraldine, et c'était quelque peu cruel. Josy possédait un talent bien à elle, mais n'a pas pu totalement en prouver toutes les facettes. »

Joséphine a refait sa vie avec l'archéologue Jean-Claude Gardin et a eu un fils de ce troisième mariage : Arthur. Ils vivent entre Paris, la Suisse et l'Irlande. « Josy possède un cœur gros comme cela, avoue l'une de ses sœurs. Elle est si généreuse de son temps et a hébergé plusieurs de ses neveux et nièces ou enfants d'amies pendant des années, comme s'ils étaient ses propres enfants. Elle est celle qui s'identifia le plus à maman et j'imagine que son amour pour l'Irlande constitue une façon de perpétuer les traditions familiales. Là-bas, elle chasse, jardine, ramasse les champignons et cuisine merveilleusement bien. Elle aime manger et, sous ses doigts, les aliments les plus banals prennent rondeur et saveur. C'est une merveilleuse maîtresse de maison. Les jours de pluie en Irlande, elle relit ses chers polars, des Agatha Christie ou des P.D. James, devant sa cheminée. La vie ne lui a pas fait que des cadeaux. Parfois elle sombre un peu dans le pessimisme et, les jours de spleen, confie qu'elle finira dans un couvent de religieuses carmélites... » Mais c'est aussi une battante et ses enfants l'adorent.

En 1971, la si discrète Victoria et son mari Jean-Baptiste Thierrée créent donc le « Cirque Bonjour » au festival d'Avignon (qui deviendra plus tard le « Cirque Imaginaire » pour devenir enfin le « Cirque Invisible »). Victoria est vraiment celle qui a hérité des talents de mime de Chaplin. Tandis que son mari endosse joyeusement les accoutrements les plus extravagants, Victoria surgit dans le spectacle, telle une apparition féerique, pour faire naître un bestiaire fantastique par la magie de transformations à vue improbables. Elle et son époux ont vraiment joué les défricheurs du nouveau cirque avant tout le monde, dans les années 1970, en mettant les animaux dehors pour faire entrer la poésie par la grande porte. Leur parcours a produit une ramification intéressante dans le spectacle vivant et Victoria a développé tout son potentiel de clown, metteur en scène, chorégraphe assorti d'une prédilection pour la conception de costumes.

Aujourd'hui fière de son parcours théâtral et applaudie dans le monde entier (« Molière » de la costumière en 2006) et comblée par les succès de ses deux enfants talentueux, James et Aurélia, Victoria Thierrée-Chaplin a gardé sa fraîcheur et son enthousiasme d'adolescente au sein d'une famille d'artistes cultivant la polyvalence. Elle porte un beau regard sur sa mère : « Maman représentait pour moi une vraie princesse romanesque, confie-t-elle. J'aimais sa grande timidité, son aura de douceur, de paix et d'harmonie, son charme enfantin. Visuellement elle dégageait quelque chose d'unique qui donnait un sentiment de sérénité. Je pense qu'elle était consciente de son charme sauvage et aimait rester réservée et mystérieuse. J'insiste sur le terme de "romanesque" pour parler d'elle. Elle me fait presque penser à une héroïne des *Hauts de Hurlevent*. Elle avait ainsi une quasi-communion avec la nature. Chaque année au manoir, l'arrivée de la neige la comblait ; elle pouvait s'émerveiller de l'alternance des saisons et s'enthousiasmer du retour des milans et de leurs cris de rapaces, de l'éclosion des premières fleurs, de la beauté des paysages. Elle n'était pas blasée. Dans les trente dernières années de sa vie, quand elle choisissait des lieux de vacances, ils avaient une constance : l'Irlande, l'Écosse, le Morvan, où elle finira par acheter une grange... Des paysages sombres, sauvages, presque déserts. La mer agitée ou le ciel gris et noir...

Elle fuyait les yachts et le soleil. Son tempérament romantique s'accordait mieux à ces atmosphères. »

Si Victoria est tombée folle amoureuse à dix-huit ans d'un « clown », Géraldine, elle, a craqué dès 1965 sur le tournage madrilène du *Docteur Jivago* pour le réalisateur espagnol Carlos Saura, avec qui elle tourne bientôt son septième film : *Peppermint frappé*. Il a trente-cinq ans. Il est le fils d'une pianiste connue et a déjà reçu l'Ours d'argent au festival de Berlin en 1966. Bunuel est l'un de ses amis et *Peppermint frappé* est son premier gros succès commercial. Dans le rôle d'Elena, la fille aînée de Chaplin en blonde radieuse et décomplexée y fait merveille. À l'époque de sa rencontre avec elle, Carlos Saura tente de divorcer d'Adela Medrano dont il a eu deux fils : Carlos et Antonio. Une situation à la Almodovar bien avant la movida. La *love-story* entre lui et Géraldine durera douze ans et donnera plusieurs beaux films dont *Cria Cuervos* qui traite avec subtilité de la société franquiste. Chaplin mettra un certain temps à accepter d'accueillir le compagnon de sa fille aînée et à reconnaître la force de son talent artistique. Ce n'est qu'avec le film *Ana et les Loups*, dont on organisa la projection à Vevey, que Chaplin honora le réalisateur espagnol en le qualifiant de « poète ». « Papa adora le film, se souvient Victoria. Géraldine était heureuse de voir le talent de Carlos reconnu et apprécié par les siens. » « Chaplin aimait beaucoup Géraldine, rapporte un proche. Chacun de ses films la faisait progresser. Elle aimait le métier d'actrice intensément et était trilingue, tournait dans le monde entier. Il était très fier d'elle. » Oona est plus réservée sur Saura. Comme il ne parle pas un mot d'anglais, la communication n'est pas toujours aisée. Elle n'aime pas toujours les rôles qu'il fait jouer à sa fille aînée, mais elle la trouve brillante et douée. Celle-ci affiche aujourd'hui une impressionnante filmographie de 118 films, de Robert Altman à Michel Deville, de Richard Lester à Zeffirelli, de Rivette à Lelouch, en passant par Richard Attenborough qui lui a fait jouer le rôle de la mère de Chaplin dans son *Chaplin* en 1993. Elle a tenu toutes les promesses de son premier grand succès international, *Le Docteur Jivago*. Elle partage son temps entre Madrid, Miami et une maison à Corsier-sur-Vevey. Avec son mari, le Chilien Patricio Castilla (chef-opérateur, réalisateur et peintre), elle a eu une fille baptisée Oona, qui, elle aussi, poursuit une carrière de comédienne. Mère et fille sont incroyablement complices. Shane, le fils qu'elle eut avec Carlos Saura, a fait de Géraldine une joyeuse grand-mère avec la naissance de Spencer.

De tous les enfants, Eugène est celui qui, pendant son enfance, ressemble le plus à son père, avec les boucles brunes et rebelles qui couronnent sa tête. Le cinquième enfant de Charlie et Oona sortira, à dix-huit ans, diplômé de l'illustre Royal Academy of Dramatic Arts de Londres, comme *stage manager*. Il commence par être régisseur de scène au Grand Théâtre de Genève, travaille ensuite pendant huit ans avec quelques pop stars aux Mountain Studios de Montreux, avant d'aboutir au Montreux Jazz Festival. Il finit par monter sa maison de production et s'impose comme un producteur de cirque en créant dès 1996 le spectacle *Smile* à Amsterdam. Il finit par rejoindre le cirque Nock en 2003 dont il est encore aujourd'hui le directeur artistique. Il a publié un album en 2007, *Le Manoir de mon père*, sur son enfance, et produit en 2003 avec sa fille Kiera, un documentaire sur Chaplin : *Charlie Chaplin : les années suisses*. « Je me souviens de lui comme d'un homme qui travaillait tout le temps, dit-il. Je ne l'ai jamais vu rester à la maison sans rien faire. Et si nous, les enfants, avons eu une quelconque influence sur lui, ça aura été de l'aider à se détendre et à penser un peu moins au travail et un peu plus à profiter de la vie. De toute façon, il était bien plus tranquille ici qu'au milieu des pressions qu'il subissait à Hollywood. Je pense que les dernières années de son existence lui ont apporté une certaine stabilité émotionnelle, avec une vraie vie de famille. Quand il ne travaillait pas, il aimait se promener dans la campagne de Suisse romande. Ma mère l'emmenait souvent en excursion en pays fribourgeois ou valaisan et nous avons pas mal de photos de lui dans des villages de montagne. Nous avions également l'habitude de descendre à pied à Vevey pour manger au restaurant. Mon père appréciait particulièrement le fait de ne pas être harcelé par des fans à chacune de ses sorties, ce qui était encore régulièrement le cas lorsqu'il se rendait à l'étranger. » Eugène se rappelle aussi que Chaplin ne reniait pas son statut de légende vivante : « Il aimait recevoir des artistes et des célébrités à la maison. La pianiste Clara Haskil était une amie intime de la famille. Papa l'admirait beaucoup. Elle venait chez nous à chaque Noël et se mettait au piano après le dîner. Bien sûr, étant enfant, je trouvais un peu ennuyeux de rester assis à l'écouter. Mais plus tard, quand j'ai découvert ses disques, j'ai compris quel grand privilège nous avions eu là. »

Calme, posé, Eugène Chaplin se décrit comme « l'élément tranquille » de la famille. Lui aussi a hérité de son père la passion du cirque, mais contrairement à ses frères et sœur, il a préféré l'ombre. Briller sous les feux de la rampe, ce n'est pas son genre : « Non, je n'ai jamais voulu me produire sur scène ou sur une piste. Pour y parvenir, il faut être exhibitionniste et je ne le suis pas. Je préfère me trouver à l'arrière-plan, régler les mises en scène, les problèmes d'organisation. » Sa formation de régisseur et d'ingénieur du son lui permet de faire des étincelles dans les coulisses. Eugène est la discrétion même, ce que confirme sa fille Kiera : « Papa a toujours été terriblement terre à terre. Il fuit les mondanités comme la peste. Il en a peur et préfère de loin la compagnie des artistes de cirque. » Avec sa deuxième femme Bernadette, il a lui aussi habité le manoir de Ban après la mort d'Oona. Il a avoué tenir davantage d'Oona que de Chaplin : « J'ai hérité du caractère de ma mère. Elle était calme et compréhensive, alors que mon père était si turbulent. » Lorsqu'il pense à sa mère, Eugène évoque son parfum doux et léger, celui de son « Eau de Cologne 4771 » (elle porta aussi parfois du Guerlain). Selon lui, Charlie Chaplin nous a laissé un message d'amour universel. Amour de sa mère, amour de sa famille, amour du cirque, amour des hommes, amour du sport. « Je me souviens surtout de la complicité qu'il partageait avec Oona, de leur grand amour. Ils sont la représentation de l'adage : "Derrière chaque grand homme, il y a une grande femme". » Eugène a eu cinq enfants de Bernadette : Kiera, Laura, Spencer, Shannon et Kevin. Il est aujourd'hui le jeune papa avec sa nouvelle compagne de deux jumelles : Skye et Oona.

Il y a enfin le plus discret des enfants, le petit dernier : Christopher James. Selon Annie, « il eut vraiment une relation très forte avec maman. C'était évidemment le "chouchou" ! » Il étudia religieusement le piano avant de tout arrêter du jour au lendemain au désespoir d'Oona. Il a tenté une carrière dans le cinéma entre 1983 et 2001 et a joué dans huit films dont le *Rimbaud Verlaine* d'Agnieszka Holland avec Leonardo Di Caprio. Passionné d'aviation, il a passé son brevet de pilote, même si sa compagne Carmen a le mal de l'air. Il fait désormais de la musique sa principale occupation. On peut entendre nombre de ses créations sur www.myspace.com/christopherjchaplin. Il compose et vit entre Londres, le Sussex et la Suisse. Il est le seul de la fratrie, avec Annie, à ne pas avoir d'héritier.

Chez chacun des enfants Chaplin on retrouve le goût de la création, doublé d'un tempérament brillant, et tous ont tenté, à un moment ou à un autre, de faire carrière dans le cirque, le théâtre ou le cinéma. Bon sang ne saurait mentir !

Pourtant, au début des années 1970, le fossé entre Chaplin et ses enfants se creuse. La distance immense qui se crée avec certains de ses rejetons lui pèse et le laisse impuissant. Chaque départ du manoir a parfois été douloureux. Il y a eu des crises de larmes, des disputes puis des réconciliations, car le patriarche ne supporte pas d'être fâché avec l'un des siens. Oona, elle, joue la carte de l'apaisement. Elle possédait une tactique bien particulière pour marquer le départ de chacun : « Lorsqu'un de nous prenait son envol, se souvient Géraldine, maman changeait toute la décoration de sa chambre et y installait un autre rejeton. Ainsi, il ne restait plus d'évidence de sa présence. Le partant n'était plus incité à revenir ; la méthode était radicale. »

En vieillissant, Chaplin est de moins en moins facile à vivre et de moins en moins sociable. Ainsi, à un dîner au manoir, les Rossier (grands amis de la famille) viennent en compagnie d'une riche Américaine qui rêve de connaître enfin Chaplin. Mais assise à côté de son héros, elle ne cesse de lui casser les oreilles. Il ne sait pas trop comment la faire taire. Oona, qui sent poindre l'agacement chez son mari, essaie d'arrêter le moulin à paroles. En vain. Comme cette femme est de toute évidence une « calamité », seule une réplique très catégorique peut lui clouer le bec. Chaplin se concentre, se tourne vers elle et lui assène d'un ton courroucé : « Maintenant que j'ai près de quatre-vingts ans, je n'ai plus envie de vous écouter, ni de vous parler, à vous ou à qui que ce soit. » L'effet est radical : sa voisine restera muette jusqu'à la fin du dîner.

Parfois, à la fin d'un déjeuner, c'est sa proche collaboratrice, Rachel Ford, qui fait les frais de sa mauvaise humeur : « Dites à cette femme que je ne veux pas la voir ici ce soir », proclame-t-il. Oona tente de comprendre. Chaplin bougonne : « Faut-il vraiment qu'elle soit là tout le temps. Je la trouve franchement exaspérante. — Je sais mon chéri ; tu as raison », commente sa femme avant de plaider la cause de la pauvre secrétaire soudainement plus en cour, auprès d'un mari qui se comporte de plus en plus souvent comme un monarque. « Mon père avait une présence écrasante », convient Michael Chaplin. Oona doit alléger les tensions, empêcher les conflits, gérer les humeurs de son « monstre sacré » de mari.

Parfois il se comporte comme un enfant gâté. Il prend ainsi en grippe son dentiste à Lausanne et une fois parvenu au cabinet et installé sur le siège pour les soins, refuse obstinément d'ouvrir la bouche avant l'arrivée d'Oona. Le praticien le convainc de faire un effort, examine ses dents et finit par lui conseiller un détartrage immédiat. Chaplin, le plus sérieusement du monde, lui réplique : « J'aime le tartre parce que ça conserve mes dents en bon état et bien fixées », et refuse qu'on touche à sa plaque dentaire. « Quand il le voulait, papa pouvait avoir la tête dure », reconnaît Géraldine Chaplin. Quand un éditeur de musique décide de consacrer une cassette à « Chaplin et la musique », Charlie n'a pas envie d'être loquace. Quand l'auteur du programme l'interroge sur son inspiration, il se contente de répondre : « Je ne sais pas pourquoi je compose de la musique. »

Le photographe Yves Debraine se rappelle une mémorable séance de pose au salon pour un portrait de famille. Ayant oublié sa cravate, Chaplin retourne la chercher dans sa chambre. Il emprunte alors l'ascenseur qui, évidemment, tombe en panne en pleine course. « On entendit des coups de pied, des hurlements à l'intérieur. Tout le hall résonna des cris de fureur du maître emprisonné. Il sortit finalement de sa cage grâce à un domestique qui ramena l'ascenseur à la manivelle. Sa fureur enfin apaisée, le maestro arriva dans la pièce, retrouva son sourire et la séance put enfin débuter. »

Ses caprices amusent Oona, mais parfois elle est obligée de s'énerver et de lâcher : « *Charlie, that's enough* », comme un rappel à l'ordre. Son ego démesuré peut être plus fort que tout. Jane Scovell racontera un épisode significatif : « Lorsqu'Oona reçoit une biographie sur son père Eugene O'Neill et qu'elle reste plongée dans cette lecture pendant des journées, Chaplin est presque jaloux et elle entend son mari s'exclamer : "Oh ! Cet ouvrage est vraiment excellent ! Cela vaut la peine de le relire." Et de la contempler le nez dans sa propre biographie. »

Parfois les voisins remarquent un petit homme frileux qui sautille ou claudique sur la route. De grosses voitures le dépassent. Suit derrière, dans la Jaguar, une Oona résignée prête à tendre sa pelisse. Quand les soucis l'accablent, Chaplin a besoin de ces sorties. « Il partirait aussi bien tête nue et sans manteau, ironise-t-elle. C'est parfois l'aîné de mes enfants.Un enfant difficile ! » Elle le connaît par cœur : exigeant, irrascible, égoïste, mais aussi d'une confondante gentillesse, d'une bonne humeur communicative et souvent d'une merveilleuse gaieté. « Il faut savoir le prendre », glisse-t-elle un brin lucide aux témoins. Et quand il est vain de lui suggérer de rentrer, Oona demande au chauffeur de le suivre de près...

« Vous ne vous ennuyez pas avec un mari plus âgé, demanda un jour un journaliste d'un ton compatissant ?

— Je ne me suis jamais ennuyée un instant ! », répliqua-t-elle sincère.

Alors bien sûr il a toujours de ses colères violentes et inexpliquées, de ses accès de mélancolie que rien ne peut chasser. Il est toujours exigeant et fantasque. Il peut être à volonté charmant ou glacial, généreux ou économe, et sa mauvaise foi est parfois consternante mais Oona accepte ses montagnes russes, compose et apaise.

Oona est surtout maîtresse dans l'art de gérer toute situation conflictuelle. Quand une actrice britannique vient dîner, accompagnée d'un des enfants, la soirée ne se passe pas très bien. Dans la conversation, celle-ci raconte que quand elle était gamine pendant la guerre, elle et ses amies faisaient des plaisanteries et des chansons satiriques sur Hitler et qu'elles le considéraient comme un clown. Chaplin, furieux, l'interrompt et, comme il vient de parcourir un album de photos sur Auschwitz, il tient absolument à lui en montrer les photographies insoutenables. Chaplin commence alors un cours sur l'importance de bien comprendre qu'Hitler était un monstre et non un clown. Il insiste pour que l'invitée regarde les photos du camp de concentration, tant et si bien qu'elle finit par éclater en larmes. Oona intervient avec un énergique « *That's enough Charlie !* (C'en est assez Charlie) » et, tapant dans les mains, annonce que le dîner est servi. « Chaplin, racontera l'actrice, menait son monde à la baguette et Oona avait la déférence d'une geisha. »

Personne n'est à l'abri de ses emportements. Aux plus jeunes de ses enfants qui se plaignent dans leurs études, il assène : « Vous avez de la chance. Moi, à votre âge, j'étais dans les rues, je luttais contre la faim et le froid. Vous, vous n'avez pas à vous soucier de tout cela. Vous avez un endroit fixe et trois repas par jour. Vous allez au collège, moi je n'ai fait que de vagues études primaires. Considérez-vous comme heureux ! »

Plus que jamais, il est facilement irritable et brusque. « Il perdait son sang-froid en maintes occasions, dit Betty Tetrick. Il n'avait pas à élever la voix. L'intensité nerveuse qu'il dégageait était encore plus redoutable qu'une explosion de colère. » Dans ces moments-là, seule Oona sait s'y prendre pour désamorcer les tensions. Parfois, il peut être tellement tranquille à table qu'on en oublie sa présence et c'est Oona qui fait le spectacle. Le repas sert alors à l'exposé des commérages et des petites histoires drôles dont elle a eu vent. « Durant tout le dîner, se souvient l'une de ses filles, elle racontait avec esprit les rumeurs sur divers membres de la famille et sur ses amis proches aux États-Unis. Elle était fort distrayante et se livrait même à des imitations des gens dont elle parlait. Tout le monde s'amusait vraiment. Puis Papa reprenait le contrôle du dîner et chacun se tenait sur ses gardes. »

Avec lui, Oona doit toujours être sur le qui-vive, prête à répondre à ses besoins, ses envies ou ses chagrins. Selon Patrice Chaplin : « Heureusement, Oona était quelqu'un de très équilibré et bien dans sa peau. Vivre avec Chaplin âgé constituait un travail à plein-temps. »

Pour ne pas rester sur le demi-échec de *La Comtesse de Hong Kong*, Chaplin se décide sur ses vieux jours à se lancer dans un nouveau projet de film. Il en écrit même le scénario intitulé *The Freak* (que l'on pourrait traduire approximativement *Le Phéno-mène*), l'histoire d'une femme-oiseau qui suscite la convoitise des hommes... À mi-chemin entre Jules Verne et Walt Disney, l'héroïne se nomme Sarapha. Fille de missionnaires, elle a grandi parmi les Indiens de la Terre de Feu, loin de toute influence occidentale. À douze ans, elle devient orpheline mais a la surprise de voir des ailes lui pousser. On l'adule bientôt telle une déesse. Elle vole, elle vole ! Elle atteint dix-huit ans quand un bel historien la découvre sur le toit de sa maison au Chili. L'amour naît entre eux mais ils sont capturés par des escrocs londoniens qui finissent par les exposer en bêtes de foire. Sarapha parvient à s'enfuir mais la police britan-nique la traque. Elle finie enfermée dans une cage et réussit à se libérer et a déployé ses ailes vers l'Atlantique par une nuit de pleine lune. Elle plonge dans les eaux noires et gardera tous ses mystères.

Pour le rôle principal, Chaplin ne pense à personne d'autre que sa fille Victoria, sans doute son enfant préférée. Comme *The Freak* nécessitera l'avis technique d'un expert pour les scènes de vol, Chaplin part pour Londres demander l'opinion de Stanley Kubrick. « Papa avait vu le film de Roger Vadim, *Barbarella*, et guère apprécié les scènes de vol de John Philipp Law avec Jane Fonda, raconte Victoria. Il tenait à ce que ses fausses ailes n'aient pas l'air rigides. » Il tient tant à son scénario féérique qu'il fera même réaliser un costume et Victoria, sous la direction stricte et précise de son père, apprend à bouger les ailes comme si elle était un oiseau. « Je fis plusieurs essais et papa corrigeait mes intonations tandis que je déployais mes ailes à l'horizontale. » Chaplin ira même jusqu'à composer les principaux thèmes musicaux destinés au film. Reste maintenant à trouver le financement.

Avec l'aide de Jerry Epstein, Chaplin contacte United Artists. Deux pontes du studio débarquent à Vevey et Charlie et Oona leur jouent le grand jeu. Les hommes d'Hollywood repartent, avec la promesse d'une réponse rapide. Quelques semaines plus tard, le réalisateur reçoit une simple lettre de remerciements avec son manuscrit, regrettant de ne pouvoir donner suite à ce projet. Le studio qu'il a aidé à créer lui refuse son aide. Le coup est rude pour son ego.

Au fil des mois, Jerry Epstein tente de convaincre d'autres producteurs. Mais Oona, paradoxalement, n'encourage guère ces tentatives. Le collaborateur artistique expliquera qu'elle était inquiète du poids écrasant que représentait la fabrication d'un film avec effets spéciaux. « Cela le tuerait », va-t-elle même jusqu'à affirmer. « Il était sorti exténué de tous ses tournages, perdant même toute notion du temps, courant partout, se dépensant du matin jusqu'au soir. Mais il était maintenant un homme âgé, à l'énergie fluctuante et Oona devait lui éviter des sources de stress inutiles. Elle ne voulait pas que le film se fasse. » Comme l'explique aujourd'hui Joséphine : « L'échec de ce projet doit surtout être imputé à son âge et aux refus des compagnies d'assurance de jouer le jeu. »

Chaplin continuera longtemps à peaufiner son projet. En vain. Il en concevra une certaine amertume, sans jamais connaître le véritable rôle d'Oona dans cet échec.

XI

VIEILLESSE

A U DÉBUT DES ANNÉES 1970, Chaplin consacre toute son
énergie à remettre en exploitation ses vieux films. Il a
imaginé un temps d'en louer les droits de distribution, ce
qui lui permettrait de s'assurer une avance considérable, tout en se
déchargeant des soucis de l'exploitation. Après bien des hésitations,
il finit par accepter la proposition de Moses Rothman, un ancien
exécutif de United Artists. La Roy Export Company Establishment
de Chaplin cède en septembre 1971 ses droits jusqu'en 2001 à une
compagnie discrètement baptisée Black.Inc. Le réalisateur touche
une avance de six millions de dollars et 50 % des royalties. Rothman
louera les qualités de *businesswoman* d'Oona dans les négociations.
Une partie de l'accord prévoit que Chaplin prêtera son concours
publicitaire à la nouvelle distribution des films. Déjà Oona et lui
ont accueilli le 2 mai 1969 une centaine de journalistes au manoir
à l'occasion de la réédition du *Cirque*, qui marque alors le cinquan-
tenaire de la compagnie United Artists, et film qui n'a pas été
présenté dans le circuit commercial depuis 1928 (Rothman n'en
récupérera les droits qu'en 1974). Un déjeuner de presse réunit tout
ce beau monde à l'incontournable *Auberge de l'Onde* à Saint-
Saphorin. Les reporters notent que le poids des années ne semble

pas trop affecter Charlot. À l'âge de quatre-vingts ans, le « petit homme » est toujours sur la brèche. Sa vivacité d'esprit, son humour, sa fraîcheur, son allant, sa bonne humeur sont stupéfiants. Il dit préparer un film et songe à rééditer ses vieilles bandes du muet. « Je lutte contre le temps et j'ai bon espoir de gagner », lance-t-il en souriant. Puis il répond avec brio aux questions :

« *Charlie Chaplin, nous sommes ici chez vous au manoir de Ban à Vevey. Votre film* Le Cirque *vient de ressortir sur les écrans parisiens. La presse est excellente. Êtes-vous satisfait ?*

— Je suis très heureux. Je n'en suis pas surpris, toute modestie mise à part, car *Le Cirque* est un très bon film, drôle et plein de sensibilité. Il y a des tas d'inventions de toutes sortes. Je ne vois pas pourquoi il ne marcherait pas bien maintenant, quarante et un ans après sa réalisation.

— *Vous avez composé une musique originale pour la réédition du* Cirque *?*

— Oui. Je ne peux pas composer de musique sans voir les images. Si je m'assois au piano sans le film, je ne trouverai pas un seul thème. Les images me donnent une ligne mélodique. »

Sur un ton plus intimiste, il confie :

« Toute ma vie, j'ai travaillé dur. Très dur. Mon mariage a été une réussite extraordinaire. Faire un film a toujours été une entreprise difficile. J'écris en même temps que je dicte. Il m'arrive d'être si nerveux que je suis incapable d'écrire quelque chose ; j'enregistre alors mon texte au magnétophone. Je ne suis pas du tout quelqu'un de drôle. Je suis un être très sérieux et souvent je me sens perdu. C'est pourquoi j'ai besoin de beaucoup de temps pour mes films, afin qu'ils me donnent, et c'est très important, une impression de légèreté et de simplicité.

— *Comptez-vous ressortir d'autres films ?*

— Oui, naturellement. Cela dépend de beaucoup de choses. Tous les films que j'ai tournés, je veux les donner à ma famille. Quoi qu'il arrive, il y aura toujours un endroit, un chapiteau, une tente gonflable pour les projeter et c'est pourquoi je les conserve. J'ai lu avec un grand intérêt et une réelle bonne volonté les lettres ouvertes publiées par la presse française me demandant de rééditer mes films ; ces lettres m'ont beaucoup flatté. Ce n'est pas seulement ça, j'y ai vu aussi combien Charlie Chaplin était encore présent dans la mémoire des gens. Je sais que de vieilles bandes comme *Une vie de chien, Charlot soldat, Une Idylle aux champs, The Kid* sont les meilleurs de mes films ; malheureusement, je n'ai plus de contrôle artistique sur ces œuvres, la photographie est mauvaise, de même le montage et le tirage ne me satisfont pas. Pour *Le Cirque*, c'est différent. Il a été bien conservé et l'on peut dire que le public n'a jamais vu ce film tel qu'il est présenté maintenant avec sa nouvelle musique et la photographie que je trouve excellente. Et je suis très ému à la pensée que des gens découvrent Charlot avec *Le Cirque* et qu'ils prennent un grand plaisir à cette comédie, mais je veux vous dire que les Français ont une manière de s'exprimer et de vous faire des compliments qui est très émouvante pour moi… Pourquoi gardez-vous vos films, m'a-t-on demandé, pourquoi cachez-vous ces trésors qui appartiennent à l'humanité comme les pièces de Shakespeare, les symphonies de Beethoven ou les toiles de Rembrandt ? Tout cela est très gentil, j'en prends bonne note, mais si je n'avais pas conservé mes films avec beaucoup de soin, ils auraient été coupés, mutilés et je tiens beaucoup à eux car je les ai faits et financés moi-même. Et je pense aussi à mes enfants, car s'ils sont un jour ruinés, ils pourront toujours les montrer sous un chapiteau… Cela fera encore rire des millions de gens. »

Le 4 novembre 1971, ce sont *Les Temps modernes* qui ressortent. Chaplin vient en personne à Paris pour la première au Paramount-Élysées. Oona et lui finissent joyeusement la soirée chez *Maxim's* qui a préparé un immense gâteau sur lequel sont dessinés en nougatine un chapeau melon et une canne. Tous ces hommages le rassurent sur la pérennité de son œuvre, même si, de retour à Vevey, il sent un grand vide l'envahir.

L'essentiel de son activité dans ses dernières années est d'ordre musical, pour la composition des musiques originales de ses films muets. Pendant la période des vingt-cinq dernières années de sa vie en Suisse, Chaplin compose deux cents airs. Parachever ses œuvres en les enrichissant par une bande sonore qui leur faisait défaut à l'origine constitua pour lui un vrai bain de jouvence. Après *Le Cirque* et *Le Kid*, il compose des musiques pour tous les films restant qui lui apppartiennent : *Jour de paye* en 1972, *Une journée de plaisir* en 1973, *Une idylle aux champs* en 1974 et enfin *L'Opinion publique* en 1976. En 1972, il est heureux d'accorder à la Black Inc. les droits de distribution de deux films qui ont été exclus du contrat original, *The Kid* et *Une idylle aux champs*, avec ses nouvelles partitions musicales. Toutes ces reprises, ces nouvelles sorties génèrent de nombreux dossiers Chaplin dans la presse. La génération de vingt ans ignore certains chefs-d'œuvre de Charlot et cette redécouverte de *La Ruée vers l'or* ou *Les Temps modernes* est une bénédiction. La Société des écrivains de cinéma n'avait-elle pas signé une lettre ouverte lui demandant de mettre à la disposition du public ses films, en consentant à « libérer » une douzaine de ses chefs-d'œuvre dont certains n'ont pas été projetés depuis vingt ans ?

Plus que jamais, la musique constitue son refuge de prédilection. Les siens en profitent parfois. À quelques rares occasions, Chaplin est si joyeux qu'il traverse la salle à manger et disparaît dans l'entrée pour réapparaître avec son accordéon et se mettre à jouer sur-le-champ de vieilles ballades irlandaises. Un jour, le guitariste gitan (très à la mode à l'époque), Manitas de Plata, vient au manoir divertir le cinéaste avec plusieurs musiciens. Dans ses Mémoires, il notera : « Manero s'apprête à chanter sa réplique, quand, chose extraordinaire, Charlot se lève et chante. On dirait de l'espagnol, mais ça n'en est pas. Seulement le rythme, les modulations, le ton, tout y est. Avec sa petite voix rauque, un peu cassée, on dirait un très vieux chanteur andalou. J'en ai le souffle coupé. Maintenant, il ôte sa veste, la lance au loin, se campe. Cambré, battant des mains, frappant du talon, il danse... Olé ! »

Mais ce qui le met de bonne humeur avant tout, c'est le travail. C'est pourquoi Oona l'encouragea à accepter le projet de l'album photos *My Life in Pictures*, une autobiographie en images. Le journaliste Francis Wyndham arrive au manoir de Ban pour faire le choix des clichés et les légender. Mais c'est à un Chaplin à la mémoire défaillante qu'il doit faire face. D'ailleurs, le réalisateur ne veut pas parler du passé. Seul son projet de film *The Freak* semble l'intéresser. Heureusement, Wyndham peut compter sur Oona : « Ce devait être un peu épuisant pour elle de tout assumer. Elle ne se mettait jamais en avant. Quand Chaplin me distrayait avec des plaisanteries et des anecdotes, sa femme réagissait comme si elle les entendait pour la première fois. Je suppose que c'était sa façon d'exprimer sa loyauté, son tact et son amour. C'était une personne très intelligente, mais qui savait le cacher. Parfois, dans les vieux couples, il y a une sorte de compétition. Mais Oona ne laissait place à aucune rivalité entre eux. Ils se complétaient très harmonieusement. » Wyndham note la sérénité parfaite de la maîtresse de maison : « Je n'ai jamais été capable de dire si c'était dû à sa modestie ou sa discrétion, à son désir de s'accorder à Charlie dont le bouillonnement de vie était constant. Sans doute avait-elle développé cette qualité en vivant dans le sillage de deux monstres sacrés : son père et son mari ? » Ce témoin note l'adoration de Chaplin pour son épouse : « Quand elle entrait dans la pièce, il tendait la main pour serrer la sienne. Il lui arrivait même d'interrompre notre conversation pour manifester sans pudeur son adoration devant elle. Pour la nommer, il avait recours à plusieurs surnoms : "Ma vieille amie", "La vieille dame", "La petite mère". »

L'image d'Oona choisie par le réalisateur dans *My Life in Pictures* est celle d'un visage pris en contre-plongée sur un fond de ciel, le sourire large, telle une créature angélique, un peu éthérée. Wyndham remarque qu'une fois mise en confiance, Oona aime parler : « Elle le faisait, sans réticence et longuement. Mais elle aimait aussi qu'on lui parlât, et le plaisir qu'elle prenait à s'exprimer semblait dépendre de l'empressement et de la capacité de celui qui l'écoutait à faire de même. En un mot, elle avait le don de la conversation. Elle prenait grand plaisir à raconter des histoires, retraçant par le menu des anecdotes pittoresques et des souvenirs pleins de vie des personnes et des lieux. Sa voix était parfois mélodieuse, parfois féline, mais toujours expressive. Elle accompagnait ses paroles de petits gestes très brefs et de hochements de tête. Elle riait aisément, souvent de ses propres remarques, dont elle goûtait sans affectation l'esprit piquant, fréquemment irrévérencieux. Parler avec Oona Chaplin était un plaisir, et elle semblait admettre elle-même avec une satisfaction candide qu'il devait en être ainsi. »

Wyndham apprécie surtout l'humour d'Oona et sa très subtile personnalité. Ils passent des heures à parler littérature. « Même si elle n'était pas un écrivain, elle avait un don particulier pour parler des livres. » Oona lui avoue que son fils Michael a un vrai talent littéraire et qu'il travaille à un roman. Elle confie qu'elle tente de l'aider de manière objective en lui offrant des critiques constructives. Elle fait surtout ça par lettres, ratissant son œuvre qu'elle lui renvoie truffée de suggestions, peaufine son travail, même si pour cela, il faut plusieurs réécritures et polissages. En digne héritière d'Eugene O'Neill, elle aime la perfection. « Elle avait des goûts littéraires très éclectiques, se souvient Michael Chaplin. Elle pouvait passer d'un roman américain à un polar, d'une biographie à de la poésie. Le seul livre qu'elle m'ait conseillé absolument de lire, c'est *L'Étranger* de Camus. À ses yeux, c'était le grand roman de l'après-guerre. Elle aimait beaucoup E. M. Forster, trouvant qu'il écrivait une prose superbe, *Route des Indes* était l'un de ses livres préférés. Elle n'aimait pas Hemingway qu'elle trouvait trop macho, ni Steinbeck qu'elle considérait comme sentimental et prétentieux. Elle appréciait beaucoup Saul Bellow, en particulier *Le Faiseur de pluie*. Parmi ses amis, elle prisait les livres de Truman Capote, de Christopher Isherwood et de Graham Greene. Maman et Papa pensaient beaucoup de bien des romans de Greene. Elle partageait avec son amie Carol une passion d'adolescente pour Willa Cather. John Updike l'ennuyait un peu et, parmi les poètes modernes, elle avait une affection particulière pour Walt Whitman. » « Elle était abonnée à la *New York Review of Books*, rapporte Joséphine Chaplin. C'est là qu'elle dénichait les livres qui lui faisaient envie. Elle dévorait aussi la presse. Elle recevait quotidiennement le *Herald Tribune*. » Jane Chaplin revoit encore le chauffeur qui, chaque dimanche, allait récolter à Vevey les volumineux suppléments dominicaux des quotidiens britanniques. « Dès qu'elle pouvait aussi récupérer le *Daily Mail*, le *Times*, le *New York Times*, elle était ravie. Elle achetait aussi *Harper's Bazaar*. À une époque, ils avaient un horoscope génial ! »

L'éditeur William Phillips, chez Little Brown à Boston, évoque sa plume alerte dans ses lettres. « Elle avait un style bien à elle. Il n'y avait aucune prétention et tout ce qu'elle racontait était merveilleusement rendu. Elle avait un don évident pour cela. » Le biographe d'Eugene O'Neill, Louis Sheaffer, qui reçut des centaines de lettres d'Oona au cours des années partage cet avis : « Tout ce qu'elle écrivait était drôle et touchant. » Les deux hommes décident bientôt de lui commander un livre. Mais elle ne se laisse pas convaincre et refuse poliment leur offre. Elle tient son journal qui suffit à son bonheur littéraire.

Il y a surtout qu'elle consacre déjà beaucoup de temps à écrire des lettres à ses amies ou à ses enfants. Ses amies de jeunesse, Carol Marcus et Gloria Vanderbilt, ont droit à une missive hebdomadaire et Betty Tetrick Chaplin, sa complice par excellence, est encore plus gâtée : « Nous nous écrivions tous les jours. Nous nous racontions les événements de la journée. » Certains biographes de Chaplin estiment qu'au cours de sa vie, Oona rédigera des milliers de lettres[1]. Isolée par la force des choses en Suisse, ce lien avec le

---

1. Dans son testament, Oona Chaplin a exprimé le vœu que tous ses écrits soient détruits. Par respect pour sa mémoire et à la demande de ses enfants, aucune lettre n'est ici reproduite.

monde extérieur lui offre l'oxygène nécessaire à sa respiration intérieure.

Bientôt, elle apprend qu'un journaliste vivant en Suisse, Frederick Sands, a contacté des éditeurs anglo-saxons avec un synopsis de livre intitulé *Charlie et Oona*. Pour empêcher le projet de se réaliser, Oona demande conseil à un vieil ami dans l'édition, Max Reinhardt. Il lui conseille une tactique amusante : annoncer qu'elle-même écrit un livre pour mieux faire capoter le livre de Sands. Un communiqué de presse à l'en-tête de la maison d'édition Bodley Head informe bientôt qu'Oona Chaplin a signé un contrat pour une autobiographie. Immédiatement, le *New York Times* publie la nouvelle, relayé par maints journaux. Mais le complot échoue et Sands publie son livre en allemand, en italien et en néerlandais : *Charlie et Oona : l'histoire d'un mariage*. Les anecdotes du livre volent bas. Sands écrit que Chaplin pleure en voyant ses vieux films et qu'on doit le remonter dans sa chambre. Ou bien qu'Oona a des cheveux blancs et est obligée de se faire teindre. L'ensemble est du même acabit. L'image qui y est donnée du couple est caricaturale. Oona, impuissante, est atterrée et cache l'existence du livre à son mari.

Bientôt les Chaplin ont d'autres soucis en tête. Leur fils Eugène, âgé de vingt et un ans, est tombé amoureux fou d'une certaine Sandra. Il veut épouser sa petite amie. Oona le trouve un peu jeune et lui conseille d'attendre, mais il pousse des soupirs à n'en plus finir qui les rendent tous fous. Chaplin et Oona finissent par donner leur bénédiction. Un rendez-vous est fixé à Vevey afin que les parents des deux tourtereaux se rencontrent et se parlent. Et le 10 août 1974 la réception de mariage a lieu dans les jardins du manoir. Les noces estivales sont magnifiques et l'union semble faite pour durer. Un an plus tard, il y a divorce et Oona n'aura de cesse d'énumérer tous les obstacles qui ont nui à leur mariage : ils manquaient évidemment de maturité et aucun d'eux n'avait vécu seul ou en couple avant de se marier. Heureusement, cette brève union n'a donné naissance à aucun enfant, le divorce en est donc d'autant moins pénible.

1974, c'est aussi l'année où Géraldine Chaplin, qui partage la vie du réalisateur espagnol Carlos Saura, donne naissance à un fils, baptisé Shane en hommage au frère d'Oona. Douze ans plus tard, avec son nouveau mari, Patricio Castilla, elle met au monde une petite fille qui est nommée Oona. Cette même année 1974,

Joséphine Chaplin a l'un des rôles principaux du film *Nuits rouges* de Georges Franju. Victoria, elle, devient maman d'un petit James[1], le 2 mai 1974, à la clinique de Lausanne. Le clan Chaplin vit intensément. « À l'exception des plus jeunes qui habitaient encore au manoir, tous ses enfants prenaient leur envol, dit Betty Tetrick. La plupart d'entre eux sont partis dès qu'ils ont pu se débrouiller. Et si l'un d'entre deux s'accrochait, Oona faisait tout pour les pousser à s'en aller. » À l'exception de Jane, tous savent ce qu'ils veulent faire. Christopher a un évident don pour la musique. Oona rêve pour lui d'une carrière de soliste. Elle veut surtout que ses enfants ne manquent pas d'ambition, d'enthousiasme et de courage.

L'état de son mari est ce qui l'inquiète le plus. Elle sait que, sans son travail, il perd le goût de vivre. Composer la musique de ses films muets est l'exercice dans lequel il excelle. En 1975 et 1976, Chaplin écrit la partition de *A Woman of Paris* (*L'Opinion publique*), son film de 1923, en moins d'un mois et l'enregistre l'année suivante. Mais son énergie est vacillante et composer finit par l'exténuer. David Robinson, qui assiste à l'enregistrement de la partition aux studios de Denham, note que « Chaplin était toujours bien en chair, mais il paraissait terriblement fragile et ne pouvait plus marcher sans aide. À l'évidence, sa pensée était plus vive que jamais, mais il n'avait plus la force de la mettre en pratique, ce qui devait le frustrer terriblement ».

En effet, il se déplace de plus en plus difficilement et Oona a souvent recours à une chaise roulante. Ils n'en sacrifient pas néanmoins leur séjour annuel à Londres. À l'aéroport de Genève, une voiturette les conduit jusqu'au pied de l'avion et Charlie, assis dans un fauteuil roulant, est hissé par une plateforme jusque dans l'appareil. Handicapé et dépendant, il s'accroche à la vie pour Oona. « Elle détestait voir cette chaise roulante, se souvient Betty Tetrick. Elle lui faisait mal. Cela signifiait que Charlie vieillissait, qu'il devenait invalide et qu'il s'approchait inexorablement de la mort. » Mais Oona a de l'énergie pour deux. Et le personnel du *Savoy Hotel* est aux petits soins pour eux. Ce n'est qu'à partir de 1976 qu'ils renonceront à leur semaine anglaise. Leurs meilleurs amis londoniens, Donald Ogden Steward, Ella Winter ou Harry Cushing se font une raison.

---

1. James Thierrée, tout comme sa sœur Aurélia, fait désormais une carrière de saltimbanque dans la lignée de Victoria et Jean-Baptiste Thierrée avec un époustouflant talent.

De retour à Vevey, Oona se promène le long du lac, des heures durant, avec son époux emmitouflé de vêtements chauds dans son fauteuil roulant. Oona prend souvent le chemin du quai Perdonnet à Vevey et ils font halte à l'embouchure de la rivière pour y observer les nids des cygnes. Elle immobilise la chaise de son mari face au lac. Parfois, il fait l'effort de se lever et de marcher avec sa canne quelques pas. « Papa avait recours à un médecin suédois, se souvient Jane. Un homéopathe très réputé qui avait fait merveille pour ses rhumes de foin et ses allergies. Mais il ne pouvait rien contre les atteintes de l'âge. » La nuit, Charlie exprime le désir de ne pas dormir seul. Son épouse vient donc coucher dans un des lits jumeaux de sa chambre. L'écrivain David Robinson, qui séjourne à l'époque au manoir, confirme : « Oona traitait son mari avec infiniment de tact. Elle faisait tout pour ne pas le froisser. Elle était la délicatesse même. Jamais elle ne faisait sentir à Charlie qu'il était diminué. Il s'agissait de faire comme si de rien n'était. »

Oona tente d'intéresser son mari à l'avenir de son œuvre. Moses Rothman revient à Vevey pour négocier la création d'une société de *merchandising* consacrée à l'image de Charlot. Le projet consiste à développer commercialement des produits à l'effigie du célèbre petit homme. On prévoit des T-shirts, des stylos, des porte-clés, du papier à lettres, des cartes postales, des vêtements et d'innombrables bibelots. Oona et Charlie sont bien conscients qu'il faut conserver vivante l'image de Charlot, mais hésitent à se lancer dans la vente de produits dérivés. Rothman finit par les convaincre après plusieurs heures en leur expliquant que le projet consiste surtout à faire prospérer l'argent et ne pas avoir à payer trop d'impôts sur les futurs héritages Chaplin et O'Neill. « Bubbles Inc[1] » est ainsi créé dès décembre 1971 (dans la foulée du contrat de distribution avec Moses Rothman). Oona insiste bien afin que les licences ne soient accordées qu'à des objets de qualité. Le premier contrat signé est de sept ans. Les profits seront si importants que Bubbles Incorporated détient aujourd'hui encore le droit exclusif d'exploiter tous les droits de *merchandising* en relation avec Charlie Chaplin et son personnage de Charlot.

---

1. « Bubbles » est le premier fils de Joséphine Chaplin, Charly Sistovaris. On le nommait Charlie Bubbles parce que sa nourrice appelait les rots « bubbles » et, comme tous les bébés, il en faisait beaucoup. Pendant la grossesse et après la naissance, Joséphine et son mari résidaient souvent au manoir de Ban et y passaient tous les week-ends.

Plus que tout, Chaplin a peur d'être un jour oublié. Il y a certes un énorme intérêt financier dans Bubbles Inc, mais aussi la volonté d'être encore dans l'air du temps et de plaire au jeune public. En 1973, il donne son accord au producteur Bert Schneider, pour un documentaire : *The Gentleman Tramp*, qui lui est consacré (le contrat définitif ne sera signé qu'en 1974). Le comédien Walter Matthau (le mari de Carol) en sera le narrateur. La caméra de Nestor Almendros vient au manoir de Ban filmer le couple le 8 février 1973 puis revient les 27 et 28 octobre. À quatre-vingt-cinq ans, Chaplin paraît fatigué. Il pose avec Oona devant la cheminée du salon. Un appareil stéréo diffuse un vieil air du music-hall : *I'm a Little Bit Faint* et Chaplin chante sur la musique, expliquant que sa mère avait l'habitude de le lui fredonner. La dernière séquence met en scène le couple dans le parc. Charlie tient le bras d'Oona avec une canne à la main et avance vers les arbres, tandis que la caméra s'éloigne. « C'était touchant, dira Candice Bergen (alors la compagne du producteur). Leur amour était presque palpable. Il y avait une telle dévotion entre eux. Oona passait derrière la chaise de son mari et s'amusait à le décoiffer, lui souriait béatement. »

Hormis ces visiteurs et les enfants, peu d'invités à la table du manoir. Un journaliste de *Spectator* est autorisé à venir faire un portrait. Il trouve « Oona gracieuse mais nerveuse. Elle devait faire face au grand âge de son mari. Elle était la gardienne, la protectrice du *home* ». Chaplin confie qu'il a encore plusieurs projets de partition, mais ne revient pas sur son film *The Freak*. A-t-il enfin compris qu'il ne retrouverait plus jamais l'ambiance des studios ? Pour un homme qui, sur une période de quarante-trois ans (de 1914 à 1967) a joué dans 80 films, a réalisé 56 courts-métrages et 10 longs-métrages et produit 33 films, le constat est amer. Il doit se résoudre à considérer son travail cinématographique comme achevé et l'idée lui semble inconcevable.

Mais Oona fait tout pour que le manoir reste joyeux. Chaplin autorise son plus jeune fils, Christopher, à prendre un chien, et le vieil homme joue comme un enfant avec le caniche. Le coiffeur Mimmo Mignozzi vient tous les mois au manoir rafraîchir sa coupe. Oona ne déroge à aucune de ses habitudes et l'on dîne toujours aux chandelles. « Plus que jamais, elle essayait de faire plaisir à son mari, se souvient Betty Tetrick. Elle portait ses bijoux, s'habillait à son avantage. Elle avait des kimonos en soie et crêpe de Chine superbes. De beaux Chanel aussi. Charlie l'aimait dans ces tenues.

Elle allait chaque semaine chez son coiffeur, Daniel. Pas question d'afficher de la lassitude ou du pessimisme ! »

Pourtant, intérieurement, elle sent le vide l'envahir de plus en plus souvent et elle se réfugie dans son boudoir, ne voulant pas montrer les signes de sa détresse. « Au manoir, les trois plus jeunes enfants qui habitaient encore la maison, se souvient Betty Tetrick, remarquaient les cernes sous les yeux de leur mère. Elle maigrissait. » Régulièrement, pour se remonter le moral, elle prend du gin à fortes doses. C'est l'époque où Joséphine Chaplin s'éloigne de son mari grec. L'échec de ce mariage déprime Oona. Ses relations avec sa fille Jane sont aussi tendues. « Mon problème, c'était que je ne savais pas ce que je voulais, ni comment je voulais vivre ma vie, ni où », rapporte Jane. La jeune fille rebelle passe par des accès de rage et transforme souvent sa chambre en capharnaüm. Les tensions sont fortes entre elles. En désespoir de cause, Oona enverra sa fille chez un psychologue à Genève.

La présence au manoir du petit Charlie, le fils de Joséphine, constitue une agréable récréation. Il joue avec Othello, le chat de sa mère, et fait les quatre cents coups dans les couloirs. « On m'a projeté les films de mon grand-père vers quatre, cinq ans, s'amuse-t-il. J'étais persuadé que le Kid, c'était moi, moi en personne et que j'en avais tout simplement oublié les détails du tournage. À la fin de sa vie, mon grand-père était très diminué, mais il avait une aura qui imposait le respect aux enfants. Avant un dîner nous eûmes droit mes cousins et moi à grignoter des cacahuètes en apéritif. Aurélia se montra discrète et n'en prit que parcimonieusement. J'eus le tort d'en avaler goulûment plusieurs poignées, ce qui ne passa pas inaperçu aux yeux de mon grand-père. Il brandit alors sa canne, laissant toute l'assistance figée. Oona calma mon grand-père et je fus vite mis au lit, un peu secoué par cette quasi-résurrection de Charlot. Avec le recul, je réalisai à quel point la faim et l'injustice avaient modelé son œuvre. Deux ans avant sa mort, les traumatismes de son enfance étaient restés intacts ! Ma grand-mère, elle, était délicieuse. Nous l'appelions Oona, elle n'aimait pas le terme de grand-mère, je la percevais d'ailleurs comme une femme belle, élégante et douce. J'ai le souvenir une fois d'avoir grimpé très haut dans un immense sapin du parc. Inconscient du danger, je saluai fièrement ma grand-mère en la voyant promener le chien à mes pieds. Levant la tête, elle me découvrit suspendu à une branche à près de 10 m de haut… Elle m'incita à descendre le plus tendrement du monde, mais arrivé en bas j'eus droit à un véritable sermon. C'est la seule fois où Oona fut un peu ferme avec moi. »

Bientôt, paraît aux États-Unis la biographie de référence sur Eugene O'Neill. Oona a été longuement en contact avec son auteur. Au fil de la lecture, elle redécouvre son père. De nombreux faits inédits éclairent d'un jour nouveau le comportement de son géniteur. Elle le comprend enfin sans parvenir toutefois à lui pardonner. Elle est frappée par la tristesse de ses dernières années : O'Neill, atteint de la maladie de Parkinson, a été incapable d'écrire. Sans la capacité de créer, sa vie semblait finie. Elle fait évidemment le parallèle avec la vie de son époux et cela la conforte dans l'idée de lui trouver de nouveaux projets. Tout faire pour lui conserver le goût de vivre.

XII

L'ADIEU

C'EST LE TEMPS DES HONNEURS ET DES HOMMAGES. Au Festival de Cannes, en mai 1971, Chaplin éclate presque en sanglots en recevant la cravate de commandeur de la Légion d'honneur des mains de Jacques Duhamel, alors ministre des Affaires culturelles. Des sanglots qui en disent long sur l'humanisme et sur la valeur de ses sentiments. Un cœur, avec ses faiblesses, ses débordements, ses fureurs et ses passions, c'est sans doute tout le secret de sa véracité et de sa crédibilité qui traverse imperturbablement les époques. Il joue avec la canne du ministre (atteint alors d'une sclérose en plaques) qui perd un peu l'équilibre et les deux hommes semblent improviser un petit numéro tragi-comique.

Avril 1972 marque son retour aux États-Unis. Un *come-back* inattendu afin de recevoir un oscar d'honneur à Hollywood. Sa fille Joséphine raconte : « [...] Il nous cachait tout de ses soucis, mais j'ai le souvenir que lorsqu'on lui a demandé de retourner aux États-Unis pour l'oscar avec un visa pour une entrée de quinze jours uniquement, il a dit : "C'est bien, ils ont encore peur de moi[1] !" »

---

1. Chaplin n'eut droit qu'à un visa de quinze jours, alors que celui de son épouse était de durée infinie. Le consul américain de Berne adressa aussitôt un

C'était sa réaction, mais il n'en parlait pas plus que ça. Il nous protégeait... trop, probablement ! »

L'actrice Candice Bergen (alors compagne du producteur Bert Schneider) couvrit pour *Life* le séjour aux États-Unis des Chaplin. Elle se souvient : « Il y eut d'abord l'arrivée à New York le 2 avril, où une limousine vint le chercher sur le tarmac de l'aéroport Kennedy, pour le mener au *Plaza Hôtel*. Il y avait une centaine de journalistes et autant de curieux. Il adressa des baisers à la foule d'un geste dont la grâce rappela celle de Charlot. Dans la soirée, Gloria Vanderbilt donna une réception en leur honneur dans sa maison du East Side 7ᵉ Rue. Truman Capote, Lillian Gish, Diana Vreeland y assistaient, entre autres. » Le lendemain a lieu une soirée de gala au Philharmonic Hall où s'entassent mille cinq cents personnes qui ovationnent le réalisateur. À la réception qui suit, Chaplin retrouve de nombreux amis, dont Claire Bloom, mais aussi Paulette Goddard : « Maman fut furieuse du temps qu'il osa consacrer à sa troisième épouse, confie Michael Chaplin. Elle s'est sentie soudain délaissée, tandis que Papa faisait le beau avec Paulette. Elle décrira avec agacement les bijoux que sa rivale arborait un peu trop ostensiblement. Elle remarqua notamment à son annulaire droit trois énormes diamants d'au moins quinze carats : un bleu, un rose et un jaune : "*My every day diamonds*", minauda Paulette. Maman concéda qu'elle avait encore beaucoup d'allure, mais nota son profil d'oiseau de proie et un puissant rire de gorge. Elle finira par rire de sa jalousie un peu primaire, mais elle digéra mal l'épisode. »

Enfin, c'est l'envol vers la côte ouest. Candice Bergen raconte : « Quand l'avion descendit vers Los Angeles, il devint de plus en plus nerveux. C'était comme s'il regrettait, au fond, d'avoir accepté de venir : "Oh, a-t-il prononcé, peut-être n'était-ce pas si dur ? Après tout, c'est bien là que j'ai rencontré ma chère Oona". » À leur arrivée, Carol Matthau, l'amie de toujours, organise un déjeuner en leur honneur dans leur grand parc à Pacific Palisades. Cary Grant, Groucho Marx, Rosalind Russel et Jackie Coogan sont là pour souhaiter la bienvenue à Oona et Charlie. Selon la version de plusieurs biographes, le réalisateur reconnut l'acteur du *Kid* dès le premier instant. Il éclata même en sanglots et ils se jetèrent dans

---

mémo au directeur du FBI, précisant *« Chaplin has been issued a visitor's visa for the U.S. »* tel un avertisssement précieux !

les bras l'un de l'autre. Mais dans ses Mémoires, Carol Matthau donne un autre son de cloche : « Chaplin sembla ne pas identifier l'acteur. Oona eut beau répéter trois fois : "C'est Jackie Coogan", il n'eut pas la moindre réaction. Le pauvre finit par s'éloigner de la table, dépité. » Et Carol de confier : « Charlie se tourna alors vers sa femme, et lui dit : "Bien sûr que c'est Jackie Coogan. Je l'ai su dès le premier regard. Mais tu n'as pas compris qu'il est intéressé. Et tu insistes lourdement. Je ne veux pas lui parler". » C'est la seule vraie fausse note du séjour hollywoodien.

Le 10 avril, pour la 44ᵉ soirée des Oscars, au pavillon Dorothy-Chandler, Chaplin conclut en beauté la soirée et reçoit une longue ovation au moment de la remise de son oscar. Sur les images de la soirée, il semble incroyablement ému. À tous ses confrères qui l'acclament, il lance : *« You are so sweet !* (Vous êtes si gentils). » Des coulisses, Oona goûte ce beau moment de revanche sur l'exil et le temps. Candice Bergen a laissé un témoignage précis sur l'émotion sincère de Chaplin à la réception qui suivit. « Quand il racontait la cérémonie, ses yeux brillaient d'un éclat enfantin : "Cela m'a fait presque pleurer", disait-il, de façon touchante. Et celle-ci – il hochait la tête vers son épouse rayonnante – celle-ci qui souf-flait : "Ne pleure pas !" C'était tellement attendrissant, et le public – leur émotion. Je croyais que certains allaient siffler, mais ils ont été si adorables. Toutes ces stars, tous ces artistes. Ils ne m'ont jamais fait ça auparavant. Cela dépasse tout. Il cherchait autour de lui son oscar : "Oh ! non, s'indigna-t-il, tous ces gens formidables et je l'ai égaré." On retrouva bien sûr l'oscar et on le remit en place (…). Soudain, recouvrant son agilité de jeune homme, il sembla s'envoler de sa chaise. Les yeux brillants, il glissa avec une impa-tience malicieuse : "Allons ! Et que la fête commence, pour l'amour de Dieu !" Et, en chantant à tue-tête sa chanson *Smile*, il embarqua Oona par le bras et fit une sortie pleine de panache. » À quatre-vingt-trois ans, il semble rajeuni !

Autre honneur, le 3 septembre 1972, il reçoit un Lion d'or spécial à la Mostra de Venise et la foule s'écrase sur la place Saint-Marc pour une projection des *Lumières de la ville*. 3 500 spectateurs acclament le Maître depuis le palais des Doges. Le retour en bateau vers l'hôtel *Gritti* est euphorique et Oona et Charlie finissent la soirée au champagne.

Enfin, le 4 mars 1975, dans la grande salle de bal de Buckingham Palace, il est fait *Knight Commander* de l'Empire britannique.

Pourquoi Charlot est-il promu « sir » à quatre-vingt-cinq ans ? Et pourquoi cette « promotion d'exilé » ? Sydney Chaplin répond : « Avant la dernière guerre, mon père a refusé tous les honneurs qu'on lui proposait parce que, partout dans le monde, des gens de différentes conditions et confessions le considéraient comme le symbole du petit homme qui se défend contre l'autorité. Après la guerre, quand il a été exilé d'Amérique pour des raisons politiques, personne n'a plus parlé d'honneurs. Aujourd'hui, il est très, très vieux, très gamin, les honneurs l'amusent… »

Chaplin adora la cérémonie à Buckingham Palace. Pendant qu'il s'avançait en fauteuil vers la reine pour être décoré, l'orchestre à cordes des gardes gallois joua la musique de *Limelight*. Charlie raconta que le sourire radieux d'Elizabeth II lui avait fait chaud au cœur. « Elle m'a remercié pour tout ce que j'ai fait, elle m'a confié que mes films l'avaient beaucoup aidée. » La souveraine n'oublia pas Oona. En quittant la salle de bal du palais, elle sourit à la nouvelle Lady Chaplin en lui faisant un signe appuyé de la main. Oona en fut particulièrement émue. Le 16 mars 1976, Chaplin est de nouveau à Londres pour recevoir le titre de membre honoraire de la British Academy of Film and Television Arts. Dans son fauteuil roulant et secondé par Oona, il bavarde joyeusement avec la reine, le duc d'Edimbourg et la princesse Anne. La soirée se conclut par des extraits de *La Ruée vers l'or*.

Un autre hommage est particulièrement émouvant. Paris projette, en avant-première, le 30 mars 1977, un film de quatre-vingt-dix minutes, *Charlot, le gentleman vagabond*. Ce monument féerique et baroque – on ose dire un montage – est composé de dix-sept extraits de ses plus grandes œuvres, des reportages inédits sur sa vie privée et des coulisses de son travail, de séquences intimes tournées en famille par sa femme, Oona. C'est la première fois, depuis l'invention du cinéma, qu'un génie du septième art reçoit une telle consécration de son vivant. Et l'on sonne le rappel des enfants Chaplin éparpillés à travers le monde. Ce sont des bohémiens, comme leur père. Ils vont le représenter lors de la première, à la salle de l'Empire.

Car l'ancêtre reste chez lui en Suisse. Victime d'une attaque, une partie de son corps est paralysée. Oona n'a plus qu'un rôle : être l'ombre silencieuse et l'ange gardien de son mari, promenant pour la galerie, dans un fauteuil roulant, ce fantôme frileux, le grand, l'immortel Chaplin, toujours habillé comme pour un soir de gala par quelque nuit de neige : complet de gentleman, cravate, pardessus, foulard. C'est son costume de parade pour mieux affronter les hommages. La plupart du temps, il reste immobile dans son fauteuil – il semble dormir – mais son sommeil est celui des statues. Oona veille sur lui, inquiète. De temps en temps, il se penche et lui prend tendrement la main. Sa santé déclinante n'altère pas sa joie de l'avoir à ses côtés. Elle refuse que quiconque se charge de lui : « Charlie a pris soin de moi lorsque j'étais jeune et que j'avais besoin d'attention. Maintenant, c'est à mon tour de m'occuper de lui », affirme-t-elle.

Oona ne peut s'empêcher de penser à l'inéluctable. À un ami, elle racontera un étrange épisode : « À quatre heures du matin, Charlie s'est réveillé et a commencé à parler à voix haute : "... et ils sont magnifiques, disait-il... et je n'en ferais jamais plus..." Il parlait de ses films. » Elle en est profondément troublée.

En avril 1977, il fête ses quatre-vingt-huit ans. Il s'en est fallu de peu que le héros du jour soit absent : il est grippé et au lit. Il ne s'est levé que pour souffler les bougies de son gâteau. Pour cet anniversaire, sa nombreuse famille, Oona et leurs huit enfants, se réunit dans le manoir de Ban. « L'événement pour nous, autant que l'anniversaire de Charlie, a été la réunion de la famille entière, dira Lady Chaplin ; d'habitude il manque toujours un de nos enfants. C'est un miracle, ils étaient tous là ! » Au moment de souffler les bougies du gâteau, Charlie cherche la main de sa femme. « C'est devenu chez lui un réflexe, avoua Oona, sa main cherche toujours la mienne. »

Bientôt, Oona se décide à engager une infirmière pour alléger la charge des soins. Avant toute chose, pour Charlie, l'aide-soignante doit être jeune, jolie, calme, charmante et, naturellement, parler anglais. Mais pour Oona, il faut privilégier le sens pratique et non la beauté, l'expérience et non la jeunesse, et préférer l'esprit de décision à un caractère hésitant. Une candidate anglaise est engagée. La seule difficulté est qu'Oona n'accepte pas de laisser une infirmière la remplacer complètement, même durant ses quelques heures de travail de la journée. Elle s'inquiète que Chaplin ne soit trop lourd à soulever ou que l'infirmière ne s'ennuie car le réalisateur a une fâcheuse tendance à somnoler au gré des fauteuils dispersés dans la maison et sous la véranda. À cette époque, il s'assied sur son siège préféré, près de la cheminée dans la bibliothèque. Sensible au froid, il se plaît dans la pièce la plus chaude du rez-de-chaussée. Mais il est incapable de se lever seul, aussi est-il forcé de laisser

Gino, le domestique, le mettre debout. Avec Gino d'un côté, une canne de l'autre et Oona l'accompagnant à chacun de ses pas, le vieil homme s'extirpe de son fauteuil : « Papa, raconte Jane, vieillissait et parfois ne se rendait même plus compte de ce qui se passait autour de lui. La plupart du temps, sa façon de se mouvoir était effrayante. » Oona fait en sorte que tout se passe en douceur.

Le 23 juin 1977, elle apprend le suicide de son frère Shane. Il a sombré dans la drogue et l'alcool. Il a fini par sauter du quatrième étage d'un immeuble de Brooklyn et est transporté au Coney Island Hospital où il meurt le lendemain. Il avait cinquante-sept ans et il laisse une femme, Catherine Givens O'Neill, et quatre enfants : Sheila, Maura, Ted et Kathleen. Toujours la malédiction des O'Neill ! Oona est effondrée.

Mais l'inquiétude pour son mari va *crescendo*. L'âge a épuisé ses forces. Depuis un an, il ne marche plus, partage son temps entre son lit et sa chaise roulante. Malgré son grand appétit, il mange avec difficulté des repas limités à des compotes de légumes ou de fruits et à des viandes hachées. Le soir, le dîner aux chandelles reste une tradition solide, mais gâtée par les aléas de sa santé. Au cours de l'après-midi, il fait une longue sieste – plus de deux heures – dans sa bibliothèque, peu à peu transformée en chambre, où ses livres favoris et ses objets familiers semblent le rassurer. Son chat birman, Othello, respecte ce rythme lent et dort à ses pieds. Eugène Chaplin évoque l'état de son père : « Jusqu'à ses quatre-vingt-six ans, il s'est toujours porté comme un charme et ne faisait absolument pas son âge. On peut même dire que jusqu'à quatre-vingt-six ans, il était en bonne forme. Après, il a eu quelques attaques. L'âge le rattrapait. Les derniers temps, il était malade et on sentait venir la fin. Pendant les dernières semaines, il a dormi presque tout le temps. Sa famille était autour de lui. Mais c'est vrai que Noël se préparait et nous avions notre vie. Des amis venaient à la maison, nous suggéraient de sortir pour les fêtes, nous répétaient que "cela" nous ferait du bien de changer un peu d'air ! C'était dur de sortir et de le laisser là, s'éteignant à petit feu. On ne pouvait pas ne pas se sentir coupable. »

Le 25 décembre 1977, vers quatre heures du matin, Charlie meurt paisiblement, en plein sommeil, dans sa chambre du premier étage. Oona, qui veille juste à côté, a compris que c'était fini et prévient Joséphine et Victoria. « C'est très étrange, se souvient aujourd'hui le fils aîné de Joséphine. Une heure avant sa mort, le chat Othello a miaulé anormalement, presque hurlé, comme s'il avait deviné ce qui allait se passer. Moi, mes cousines Aurélia et Carmen et le petit James, nous dormions dans une chambre à quatre sous les combles, tant la maison était pleine. Cela sentait encore la peinture fraîche. Vers quatre heures et demie, Baptiste, le mari de Victoria, est venu nous réveiller et nous annoncer la disparition de notre grand-père. Les filles ont fondu en larmes, James n'a pas trop compris, moi j'ai réalisé que Noël allait être gâché et que nous n'aurions peut-être pas nos cadeaux ! Nous avons eu du mal à nous rendormir. » Vers huit heures, tous les adultes connaîssent la terrible nouvelle. Selon le témoignage de Jane : « Kay-Kay et Christopher nous ont rejointes pour que nous allions ensemble au premier présenter nos condoléances à maman. Debout, près de la bibliothèque, elle a fait un signe de tête à Eugène et à Vicky, les yeux cachés derrière ses lunettes de soleil, le haut du corps drapé dans un plaid en cachemire gris. Je l'ai serrée sur mon cœur et j'ai senti son corps se raidir ; il me fallait ravaler mes larmes pour elle, papa et moi. Annie et Christopher la prirent dans leur bras, puis maman resta près de la bibliothèque, oscillant de droite et de gauche, les bras croisés et les mains jointes comme si elle allait se mettre à chanter, ou s'effondrer[1]. » Oona peut à peine y croire : Charlie la laisse totalement seule. Elle doute d'être capable de survivre. L'ironie est qu'en ce Noël, les petits-enfants sont là, certains tout joyeux, sans se douter du caractère dramatique de cette matinée. Ils piaillent d'impatience d'ouvrir leurs cadeaux dans le salon, tandis qu'au premier étage, c'est la désolation. Eugène Chaplin se souvient : « Une cérémonie de Noël avait été préparée à l'intention des plus jeunes, avec la visite d'un Père Noël, Jean Inmoos, un habitant des environs qui revenait chez nous à chaque fin d'année, depuis plus de vingt ans. Il y avait la joie des enfants découvrant leurs nouveaux jouets. Nous n'avons pas pu leur expliquer tout de suite ce qui se passait. » Un seul membre de la famille est absent : Géraldine (qui tourne un film en Espagne).

Bientôt, les télégrammes inondent le rez-de-chaussée. Certains sont adorables, d'autres tristes, et beaucoup expriment avec justesse le désespoir de la famille. Un message particulièrement mémorable a la forme d'une larme dentelée, il est envoyé par la famille Picasso. Truman Capote télégraphie : « Mon cœur est brisé. ». George

---

1. Jane Chaplin, *Dix-Sept Minutes avec mon père*, éditions Florent Massot.

Simenon signe : « Sincères condoléances ; très chère Oona. Tu as donné à Charlie la plus belle vie du monde. » Sophia Loren et Carlo Ponti résument dans leur envoi l'opinion de tous : « Très chère Oona, nous nous rappellerons toujours cet homme si grand et si bon. Il sera à tes côtés, dans l'amour, pour le reste de ta vie. »

Ce décès fait les gros titres des journaux du monde entier. Simenon résume bien l'opinion de tous les proches, en confiant à un quotidien de Lausanne : « Je suis écrasé, je savais, j'attendais sa mort depuis plusieurs semaines, comme ses enfants, sa femme ; on savait que c'était la fin, mais malgré ça, maintenant que c'est arrivé, on se sent tous un peu orphelins. C'est une mort qui me frappe beaucoup, celle d'un ami, d'un homme, car ce sont vraiment les qualités humaines qui étaient extraordinaires chez lui. »

Les funérailles ont lieu un jour de pluie, le 27 décembre, et l'armée suisse veille sur le manoir. Un convoi de voitures noires glisse le long de l'allée centrale, descend les rues et les avenues désertes, guidé par un policier debout à l'embranchement de l'avenue. Il porte la main à son képi pour saluer chaque voiture du convoi funéraire. Le minuscule cimetière de Corsier est envahi de paparazzi et d'équipes de télévision, sur le sol, dans les arbres, ainsi que sur les murs et les toits voisins. Ils sont vêtus d'imperméables noirs et tiennent des parapluies destinés à protéger leurs caméras. L'enterrement est strictement familial, selon les vœux de Chaplin lui-même. Les révérends de l'église anglicane de Lausanne, Robert Thomas et David Miller, officient en présence de l'ambassadeur de Grande-Bretagne, Sir Alan Keir Rothnie, qui représente la reine. Le cercueil est recouvert d'un drap mortuaire noir et argent. La cérémonie dure à peine dix minutes. L'oraison du révérend David Miller souligne que « le silence est une force cachée, laquelle nous conduit au partage avec autrui. Il est notre maître et nous enseigne à devenir nous-même présence. La nuit de Noël, silence et beauté... » Bouleversée et se sentant mal, Oona n'assiste pas à l'inhumation. La tombe est un simple bloc de marbre portant son nom, ainsi que les dates de naissance et de décès de Chaplin.

« Le manoir était empli de tristesse et d'un sentiment de perte, raconte Jane. La maisonnée dut néanmoins refouler sa peine pour s'occuper des affaires courantes, en l'occurrence la lecture du testament de papa. » Il consiste en un unique paragraphe mentionnant que toute sa fortune revient à son épouse, avec quelques lignes concernant une pension à verser à un ou plusieurs membres du personnel. C'est un vrai testament d'amour. Sa succession risquait d'être très difficile, de provoquer des querelles comme celle de Picasso. Charlie a résolu la question en léguant tout à Oona. À charge pour elle de répartir la fabuleuse fortune entre elle et les neuf enfants ; Sidney, cinquante et un ans, le fils qu'il a eu de son mariage avec Lita Grey, et Géraldine, trente-quatre ans, Michael, trente-deux ans, Joséphine, vingt-huit ans, Victoria, vingt-six ans, Eugène, vingt-quatre ans, Jane, vingt ans, Annie, dix-sept ans et Christopher James, quinze ans. Ce testament fut rédigé trois ans avant sa mort : une manière tendre et discrète de préparer ses adieux. De quoi hérite-t-elle ? À l'époque, la presse anglo-saxonne osa interroger la recette d'État de Vevey (l'équivalent d'un centre des impôts en France), les agents immobiliers du coin et des experts fiscalistes suisses qui finirent par lâcher comme estimation une fourchette entre cinquante et cent millions de dollars La biographe Joyce Milton avance le chiffre de quatre-vingt-dix millions de dollars. Une évaluation que certains estimèrent bien minorée. Certes, il y avait le manoir de Ban, la résidence proche pour les employés. On parla d'immeubles que Chaplin aurait possédés à travers le monde, de terrains et surtout d'argent et d'un portefeuille d'actions à l'Union des banques suisses. Aidé d'Oona, il fut un prodigieux homme d'affaires. Tant qu'il lui resta une once d'énergie, il eut la hantise de faire fructifier son argent. Pour que jamais, au grand jamais, sa femme chérie et ses enfants ne se trouvent dans la misère qu'il avait connue. « Mon père savait ce qu'est la misère, dira son fils aîné Sidney. Et la vérité, c'est qu'il ne s'est jamais senti riche alors que moi qui ai été élevé dans des millions, je ne me suis jamais senti pauvre ! » Comme le confie un très proche de la famille : « Les Chaplin eurent surtout la surprise de découvrir l'enchevêtrement de trusts mis au point par le réalisateur pour payer le moins d'impôts possible. Même aux yeux des banquiers suisses, cela relevait du grand art ! »

Chaplin n'aimait pas faire étalage de sa fortune, hormis sa Bentley et son personnel de maison. Quand on lui parlait de son patrimoine, il s'en sortait par une pirouette : « Mes films, disait-il, constituent le plus bel héritage que je puisse laisser à mes enfants. Un héritage aussi bien spirituel que financier ; plus tard, ils pourront les montrer à leurs petits-enfants. Je suis sûr que cela les fera rire. » À Hollywood, il avait une tenace réputation de radinerie. Orson Welles, qui, longtemps, jeta l'argent par les fenêtres, s'amusait à raconter des histoires en concluant toujours : « Il est le type le plus pingre que j'ai jamais connu. » L'affirmation doit être nuancée. Le réalisateur anglais connaissait surtout la valeur de l'argent et détestait l'idée de le gaspiller. Il affirmait : « L'argent fait le bonheur. J'ai trop souffert de la pauvreté pour ne pas apprécier la liberté que donne la richesse. »

Pendant ses années suisses, il veille toujours au grain ! Michael se souvient que « papa faisait toujours les comptes avec maman chaque semaine. Si une facture lui semblait excessive, il pestait. Il avait l'œil sur toute dépense et voulait qu'on respecte le budget initial. Maman a supporté stoïquement et amoureusement son sens de la parcimonie mais, après sa mort, elle est devenue très dépensière ». Certes, au manoir, s'il avait besoin d'un traiteur pour une réception, Chaplin en mettait plusieurs en concurrence, comme par exemple, Genetti, à Vevey et Manuel à Lausanne. Ensuite, il choisissait le meilleur devis. Il y avait une explication bouleversante à ces économies : en matière de nourriture, il souffrit de la faim étant petit[1]. Pire : à l'âge de dix ans, il entendit un médecin dire : « Votre mère est certainement devenue folle à cause de sa sous-alimentation. » Cette tragédie, le milliardaire ne l'a jamais oubliée. N'oublions pas non plus la crainte qu'il eut, en 1952, de voir toute sa fortune mise sous séquestre aux États-Unis ! Chaplin fut donc avisé et économe et grâce à ses placements, Oona, veuve, put bénéficier d'un revenu de capital très confortable.

Mais celle-ci a à peine le temps de sécher ses larmes : le 2 mars 1978, le corps de Chaplin est volé au cimetière de Corsier et les ravisseurs exigent une rançon. En fait, la nouvelle du décès de Chaplin n'a pas échappé à Roman Wardas, un réfugié polonais de vingt-trois ans. Appâté par les ressources financières de la famille, il décide d'enlever la dépouille et d'exiger une rançon. Wardas expose son plan à un ami, Gantscho Ganev, une armoire à glace d'origine bulgare, âgé de trente-huit ans. Les deux hommes

---

1. Des années dans la mansarde du Pownell Terrace, Sydney Chaplin dira : « Nous vivions dans une misérable chambre. Le plus souvent, nous n'avions rien à manger. Ni Charlie ni moi n'avions de souliers. Je me rappelle encore comment notre mère enlevait les siens pour les donner à l'un de nous qui courait alors à une soupe populaire pour en rapporter notre unique repas de la journée. Notre vie était traversée d'une catastrophe qui semblait revenir à intervalles réguliers. C'était lorsque le constable venait saisir le peu de mobilier que nous avions pour payer nos dettes. La loi anglaise le stipulant, nous gardions cependant notre matelas… »

mettent leur plan à exécution dans la nuit du 1ᵉʳ au 2 mars. Sous la pluie, ils déterrent le cercueil au moyen d'une pelle et d'une pelle-bêche, le traînent sur la pelouse, le chargent ensuite dans un petit fourgon et filent le cacher sous la terre d'un champ de Noville, au bout du lac où ils ont l'habitude de pêcher. Le lendemain, vers 14 heures, est découvert le forfait. La tombe de Chaplin est béante et les inspecteurs venus sur place sont désemparés : les indices sont inexistants.

Au manoir de Ban, chacun des occupants est perplexe. Eugène Chaplin raconte : « À la maison, ce fut la stupeur ! Pour la première fois depuis la disparition de papa, maman avait réussi à se lever et faire un peu de cuisine. Ma mère pouvait à peine le croire. Qui pouvait bien agir ainsi ? On a pensé à tout. Un fan qui aurait voulu que Papa soit enterré en Angleterre ? Des voyous ? Cela se passait à une époque très agitée. Peu de temps avant l'assassinat en Italie d'Aldo Moro. Mon père s'était beaucoup impliqué politiquement et il n'était pas possible de ne pas songer à une action de caractère politique. » Le vol crapuleux, quelques jours plus tôt, de l'urne funéraire de Maria Callas, semble aussi une piste.

Le jour suivant : premier coup de fil de Wardas au manoir de Ban. Le Polonais qui se fait appeler « Rochat » réclame une rançon d'un million de francs suisses. Débute alors un jeu du chat et de la souris avec la police. Il dure soixante-quinze jours. Aux appels de « Rochat » succède l'envoi de photos du cercueil avant sa mise en terre. « Nous n'avions pas les moyens de localiser ce "Rochat" qui appelait depuis des cabines téléphoniques », se souvient le juge d'instruction en charge de l'affaire, Jean-Daniel Tenthorey. Ce qui complique le tout est l'attitude intransigeante d'Oona. Elle refuse de négocier avec les ravisseurs et, selon son avocat Jean-Félix Paschoud, déclare : « Mon mari est au paradis et dans mon cœur et non dans une tombe... De toute façon, c'est une question de principe, nous ne traiterons pas avec des bandits[1]. » Victoria : « C'était épouvantable une chose pareille en Suisse. Maman ne voulait pas payer de rançon. Pourquoi donc donner une fortune à des gens qui n'ont personne de vivant à échanger ? Les ravisseurs ont dû

---

1. Un proche de la famille racontera : « Oona refuse de céder au chantage. Elle savait que cela aurait été la volonté de Charlie. Dans les années 1930, lorsqu'avait été kidnappé le fils de Lindbergh, Charlie avait laissé des instructions pour que, au cas où lui-même aurait été enlevé, la rançon ne soit pas payée. Il était intransigeant à ce sujet. »

percevoir sa réticence… » Car bientôt les malfrats deviennent menaçants et, ne voyant pas l'argent venir, annoncent qu'ils vont s'en prendre à Christopher, le plus jeune des enfants. On lui délègue alors une escorte policière.

Pourtant, le juge d'instruction et l'avocat de la famille sont persuadés d'avoir affaire à des amateurs. Les kidnappeurs iront jusqu'à donner vingt-sept coups de téléphone au manoir et c'est l'astucieuse Géraldine qui est désignée par la famille pour leur répondre, faire traîner les négociations et essayer de les piéger. Bientôt Rachel Ford, Oona et Geraldine concoctent un plan digne d'un polar de série B ! « Elles voulaient utiliser de fausses coupures, style Monopoly, les fourrer dans des sacs-poubelle, comme le demandaient les ravisseurs et faire diversion en attendant la police », raconte Annie. En fait, Géraldine fait croire aux ravisseurs que la famille est enfin prête à payer la rançon, mais leur assure que l'argent dort dans une banque et qu'un rendez-vous doit donc être fixé près de l'établissement financier. Les malfrats tombent dans le panneau. « J'ai gagné Lausanne en Rolls-Royce, avec un inspecteur caché sur la banquette arrière, se souvient Géraldine. On se serait cru dans une comédie à la Blake Edwards. J'ai laissé la voiture près du *Lausanne Palace* et suis allée à pied jusqu'à la banque, sur la place Saint-François. En sortant, j'ai reçu leurs instructions. » Leur scénario rocambolesque prévoit qu'un homme revêtu d'un maillot sportif Adidas l'attendra sur un stade pour réceptionner le sac contenant l'argent jeté depuis un pont de l'autoroute. Impossible pour les policiers de se cacher dans ces conditions. La police annule tout. Géraldine rentre *illico* sur le manoir, dans l'attente d'un nouvel appel. Ce n'est finalement que le 16 mai (les trois quarts des agents de la police cantonale vaudoise surveillent 40 cabines téléphoniques au centre de Lausanne) que le Polonais va être enfin arrêté. Il téléphone suffisamment longtemps au manoir pour être repéré. Deux pandores coffrent le voleur dans sa cabine. Il conduit les inspecteurs à Noville où ces derniers creusent le champ de nuit pour éviter les journalistes. Ils sont une dizaine à arpenter l'endroit. Éclairés par la lune, les hommes frappent le sol humide quand soudain, un bruit sourd, des grattements et un hurlement triomphal : « On l'a trouvé ! » Le cadavre de Chaplin en décomposition repose dans un cercueil plein d'eau.

Le 11 décembre 1978, le tribunal correctionnel de Vevey juge les coupables pour « extorsion manquée » et « atteinte à la paix des morts ». Geraldine Chaplin vient témoigner à la barre et explique qu'elle a servi d'intermédiaire entre les ravisseurs et la famille. Elle donne le ton de l'angoisse qui régna au manoir de Ban durant cette période où le clan était rassemblé presque au complet :

« J'étais l'aînée et je me sentais plus forte que ma mère et mes sœurs.

— Avez-vous été effrayée par les menaces ? interroge le président.

— Terriblement effrayée. La grille du parc, qui était ouverte depuis vingt-cinq ans, a été fermée. Mon jeune frère était gardé jour et nuit. Il y avait des photographes sur toutes les collines avoisinantes. La nuit, leurs flashes me faisaient peur. On craignait que la maison soit cambriolée. C'était très angoissant. »

Réquisitoires et plaidoiries donnent lieu à un festival oratoire dont Charlot, constamment évoqué et invoqué, se serait régalé. Le procureur Heim trouve des accents shakespeariens pour décrire la découverte du cercueil dans la plaine du Rhône : « Il faisait froid et gris ce matin-là, sous les vols lourds et les disputes des corneilles criardes. La boue engluait les chaussures. Le cercueil était au bord de la fosse, on l'a ouvert devant moi, j'ai revu le visage du grand artiste. *Alas ! poor Yorick* ! », s'écrie le procureur en citant *Hamlet*.

Curieusement, il reprend dans son réquisitoire un article du grand écrivain suisse Jacques Chessex, paru alors dans le journal *Vingt-quatre heures* : « Sans aucun cynisme, sans méchanceté, je voudrais dire que j'envie et que j'admire le sort posthume de M. Chaplin. Il y a un rituel moral dans l'abominable périple que les voyous lui ont fait subir. Il y a une fable dans cette horreur […]. Ce n'est pas le roi, le dictateur ou le vieux génie de *Limelight* que vous avez déterré et baladé, ce n'est pas le patriarche ou le châtelain de Vevey. Rappelez-vous les lacets-spaghetti de *La Ruée* ou le pauvre bougre du *Kid*, la route triste, les désillusions, les coups. Savez-vous qui vous avez excavé et replanté dans le scandale ? Ce n'est pas grave. Rassurez-vous. C'est l'émigrant. Charlot. Le vrai. Il en a vu d'autres. »

Le procureur fustige enfin ces « braves jeunes gens assis sagement sur leur banc » qu'il qualifie, en termes cinglants, d'apprentis capitalistes et de tortionnaires et requiert quatre ans de réclusion : « Sachez dire non, adjure-t-il à la cour, à la tentation de l'indulgence à laquelle succombent trop souvent les juges de ce paisible pays. Les imitateurs en puissance doivent savoir ce qu'il en coûte de substituer un cadavre et de faire pression sur la vie d'un enfant. » Wardas écope finalement de quatre ans et demi de prison, son comparse de dix-huit mois. Mais l'épisode n'est pas tout à fait fini.

Le 7 mars 1979, Jean Lob, le défenseur du Polonais, réussit à obtenir un recours tendant à annuler le jugement ou à le diminuer. Il se fonda sur le fait que le tribunal avait refusé de produire les notes prises lors des entretiens téléphoniques entre son client et Mᵉ Jean-Félix Paschoud, conseil de la famille Chaplin. Selon lui, elles démontraient une incroyable fermeté de la famille lors de ces négociations qui jouait avec l'accusé comme le chat avec la souris. Au cours d'une délibération substantielle, les juges furent unanimes à considérer que les menaces d'extorsion ne pouvaient faire aucun doute. Le juge rapporteur rappela ensuite que Wardas avait même reconnu avoir proféré des intimidations à l'égard de Christopher Chaplin, concluant même : « On ne va pas le rater ! » Tout recours fut donc rejeté et le jugement initial confirmé.

Aujourd'hui, le juge d'instruction, Jean-Daniel Tenthorey, se rappelle surtout l'énorme tapage médiatique qui a entouré le rapt : « Les journalistes me téléphonaient jour et nuit du monde entier. Je n'ai jamais parlé à la presse des demandes de rançon et niais tout en bloc. La famille était sur les dents. Lady Chaplin n'en pouvait plus. Les paparazzi faisaient le siège du manoir et chaque fois qu'elle allait dans le jardin, elle confondait les téléobjectifs des photographes avec des fusils et se couchait à terre. La violation de sépulture est un acte particulièrement odieux. » Le cercueil retrouve donc le cimetière de Corsier, où il est placé sous une dalle bien scellée.

Oona sortira de tout cet épisode rocambolesque profondément meurtrie. La police[1] l'obligera à prendre deux bergers allemands au manoir et à engager un veilleur de nuit pour sa sécurité. Curieusement, l'agriculteur, dont le champ avait servi de tombe provisoire au cercueil de Chaplin, crut bon de mettre une pancarte : « Pendant

---

1. De façon amusante, Lady Chaplin devint très complice avec le commissaire Jean Paccaud, chef de section à la police de sûreté. Il fut si présent au manoir pendant des semaines qu'Oona en vint à apprécier ses qualités humaines et le conviera régulièrement à venir prendre le thé avec elle. C'est lui qui conseilla quelques mesures indispensables de sécurité : « Maman a fait mettre des protections sur les fenêtres, se souvient Michael. Et a fait éclairer la partie du jardin proche de la maison, mais sans plus. Par contre, elle a bien pris deux chiens bergers allemands. Le premier a mangé les moutons du voisin et nous avons dû nous en séparer. Le seul chien de garde restant était une brave femelle qui n'aurait fait de mal à personne ! »

un temps, Charlot est venu se reposer ici », avec une simple croix de bois ornée d'une canne à la Charlot. Eugène Chaplin avouera : « Le corps de mon père se trouvait dans un endroit réellement magnifique. Un champ de maïs. À ce point, je l'avoue, où nous n'étions pas loin de regretter qu'on l'ait retrouvé, tant il était bien là-bas ! » Plusieurs fois, Oona retourna à Noville s'y promener comme à la recherche de l'âme de son mari. Elle semblait touchée de savoir que les ravisseurs avaient choisi un lieu aussi tranquille pour le repos de son cher « Charlie ». De façon surprenante, elle s'inquiéta même du sort des kidnappeurs. « Ils sont si jeunes pour devoir rester si longtemps en prison », disait-elle, presque prévenante. Sans l'espoir de revoir l'être aimé, elle semblait désespérée, vulnérable et solitaire.

XIII

SI SEULE

LES SIGNES DE SON DÉSESPOIR EN CE PRINTEMPS 1978 sont tangibles. À peine le cercueil de Charlie Chaplin a-t-il réintégré le petit cimetière de Corsier-sur-Vevey qu'Oona, sa veuve, fait connaître son désir de mettre en vente le manoir de Ban : « Je veux partir parce que toute cette affaire m'a causé beaucoup de chagrin. Durant les dernières semaines, j'ai été importunée par des appels téléphoniques insultants sur cette ligne que j'avais laissée libre à la demande de la police. Maintenant, j'ai l'intention pour être tranquille de m'installer ailleurs, mais toujours en Suisse[1]. »

A-t-elle vraiment pensé à abandonner la demeure familiale ? Ce sont les conseillers de la toute-puissante Union des banques suisses qui vont, à sa demande, jusqu'à prendre des premiers contacts en vue de trouver un acquéreur. Le prix retenu tourne alors autour de cinq millions de francs suisses[2] (un milliard deux cent cinquante millions de nos centimes de l'époque). Mais Oona décide finalement de tout

---

1. Article de *l'Aurore*, 26 mai 1978. Joséphine Chaplin est formelle : « Jamais sa mère n'aurait vendu le manoir. »
2. En mars 2003, à la demande de la famille, le manoir fut évalué à 7 millions de francs suisses.

307

arrêter, sur l'insistance de ses enfants. Plus question de partir ailleurs ou de fuir. Pourtant, elle est incapable, pendant de longues semaines, de répondre à toutes les lettres et nombreux messages de condoléances. À peine écrit-elle une petite note à Francis Wyndham, lui disant : « Tout est triste. Vraiment insupportable. » Betty Tetrick, qui vient au manoir, remarque qu'Oona agit comme si son mari allait réapparaître d'une minute à l'autre dans la demeure. « C'était vraiment étrange. Une atmosphère à la Sunset Boulevard. » Oona lui parle du fantôme de son mari et se dit incapable d'écouter de la musique classique car, dit-elle, « cela me rend trop triste ». Victoria se souvient : « Avec la disparition de Papa, la lumière s'est éteinte. Maman a traversé une sorte de "no man's land" terrible. »

« Elle ne changea rien au bureau de père, déclare Annie. Tout resta exactement à la même place. On fit simplement moins de feux. Elle classa quelques albums de photos, rangea des souvenirs, mit de l'ordre dans sa bibliothèque et s'asseyait pensive pendant des heures dans le fauteuil qu'affectionnait tant Papa. »

Pourtant, après trois mois de réclusion totale, trois longs mois de silence et de douleur, Oona décide, à la fin de l'été 1978, de reprendre le chemin de la vie et de réunir le clan familial. Tous répondent à l'appel. Hier, les Chaplin marchaient dans les pas de Charlie, désormais, ils marchent dans ceux d'Oona. L'itinéraire des promenades dominicales reste le même. C'est à de tels signes que l'on reconnaît la solidité des familles. Du village suisse de Corsier aux rives du lac Léman, une route sinueuse descend de la montagne à travers les vignes. Elle débouche sur une petite place, en forme de promontoire qui s'avance sur le lac. Ce chemin, Charlot l'a fait pendant vingt-cinq ans, chaque semaine, seul avec sa femme Oona, d'un pas de vagabond assagi. Et puis, deux ou trois fois l'an, à l'occasion d'une fête ou de l'anniversaire d'un des huit enfants, c'est le clan tout entier qui quitte le manoir de Ban pour faire la route. Géraldine a fait cette promenade sur les épaules de son père. Sa sœur cadette Victoria, son frère Eugène, l'ont faite à leur tour, en racontant à Charlot les étapes de leur vie d'artistes, puisque presque tous les Chaplin sont devenus, comme l'était leur père, des « gens du voyage ».

Un mois après la mort de Charlie, Géraldine, Victoria et Eugène sont à nouveau au rendez-vous du petit square, au bout de la route, au côté de leur mère. Pour Shane, le fils de Géraldine ou Jean-Baptiste, le mari de Victoria, le chef du clan est désormais Oona.

« Nous vivons tous séparés et chacun à un bout du monde, confiera alors Géraldine aux photographes venus immortaliser la scène. Mais nous savons tous que notre maison est là-haut, sur la colline de Vevey. »

Le premier déplacement de Lady Chaplin depuis la mort de son mari a pour cadre Londres. Betty Tetrick l'accompagne et notera l'étrange rituel d'Oona : « Dans l'avion, elle ne se rendait pas compte que je l'observais. Je l'ai vu ouvrir son sac, y saisir quelque chose et le tenir fermement dans la main. Au début, j'ai cru que c'était un mouchoir ou quelque chose comme cela, mais en regardant mieux, j'ai compris qu'elle tenait un des gants de Charlie. Elle le garda dans sa paume tout au long du trajet, comme s'il lui tenait encore la main. » Oona lui apparaît terriblement fragile. « Elle avait vécu des années dans le cocon du manoir. Elle semblait soudain incapable de louer une voiture, de commander une pizza au téléphone ou simplement d'utiliser une cabine téléphonique ou même prendre le métro. Sans son mari, tout semblait la désemparer. »

Avec Jane, Annie et Christopher encore à la maison, Oona doit faire face et donner le change. Mais le cœur n'y est plus. « Lorsque Papa est mort, Maman est morte aussi », dira Annie. Tout dans la maison lui rappelle son défunt mari et leur bonheur commun. Elle arpente les couloirs telle une somnambule. Les journées deviennent interminables. Juliette Thierrée, la première fille de Jean-Baptiste Thierrée, évoque une scène symptomatique : « Peu après la mort de Chaplin, Oona passait des heures à se promener dans le parc, toute seule, comme si la contemplation de la nature pouvait être salvatrice. On respectait son besoin de solitude. Un matin au manoir, je me suis levée très tôt et elle était déjà debout. Je l'ai trouvée en train de nager dans la piscine, concentrée. Elle n'avait pas envie de parler. Elle est sortie très pudiquement du bassin, telle une biche qu'on aurait dérangée dans le parc et avec beaucoup de bienveillance, m'a laissée me baigner. Même dans son chagrin, elle était belle, classe, avec une aura. »

Les insomnies deviennent son lot quotidien. Elle exécute machinalement tous les actes de sa vie. Rien ne parvient à l'égayer. Elle cherche désespérément à se réconforter. Finalement, dans la meilleure tradition O'Neill, l'alcool fournit une échappatoire. Il apaise d'abord son anxiété, lui sert de remontant, fonctionne presque comme un antidépresseur. Le début d'une dépendance qui va durer quatorze longues années. Une vraie descente aux enfers, telle la plus terrible des autodestructions. « Ce qui est terrible, avoue Victoria, c'est que tout cela lui ressemblait si peu. Cela a été complètement imprévisible ! »

Et comme la plupart des alcooliques, son ivresse passe par diverses étapes. Le premier stade est, selon sa fille Annie, le plus plaisant. Elle bavarde, laisse échapper quelques fous rires et semble presque euphorique. Dans le deuxième stade, l'euphorie tourne quelque peu à l'agressivité. L'ultime stade correspond au besoin impératif de regagner sa chambre, prendre des somnifères et récupérer. La plupart de ses excès sont nocturnes, alors qu'elle est toute seule dans ses appartements. Oona accumule des réserves d'alcool, prenant grand soin de cacher des bouteilles aux quatre coins du manoir. « À la maison, rapporte Jane, elle cachait ses réserves dans la cave, les placards, les tapis roulés et derrière les piles de bois. Tout cela en plus des cachettes plus ordinaires, comme sous les vêtements, dans les tiroirs des commodes, dans les poches des manteaux, dans des boîtes à chaussures vides au fond de ses placards, derrière les livres dans les nombreuses bibliothèques, et naturellement sous le matelas. » Les enfants comprennent que leur mère est en train de basculer dans une dépendance terrible. « Le problème de Maman avec l'alcool, se souvient Annie, c'est qu'elle était drôle et de bonne humeur quand elle avait un peu bu. Dès qu'elle redevenait sobre, elle semblait d'une tristesse sans nom. C'était déconcertant. »

Comme le fait remarquer Noëlle Adam-Chaplin (qui affronta le même problème avec son deuxième époux Serge Reggiani) « le grand souhait des alcooliques, ce serait d'oublier. Or, il ne faut jamais oublier. L'alcoolisme, ce n'est pas tant un problème de quantité, ce n'est pas non plus un problème de volonté, mais c'est une maladie qui se soigne en passant par l'affectif. L'alcoolisme est une maladie très liée aux émotions ».

Au manoir, une réunion de famille s'impose. L'aîné, Sydney Chaplin[1], pense qu'il serait préférable qu'elle boive de

---

1. Sydney Chaplin, le second fils de Charlie Chaplin qui était également acteur, est décédé le 3 mars 2009 à son domicile de Rancho Mirage, en Californie, des suites d'une attaque. Il avait quatre-vingt deux ans. Son père l'avait employé dans *Les Feux de la rampe* (1952) et *La Comtesse de Hong Kong*, qui fut en 1967 le dernier film du créateur de Charlot. Mais il n'avait jamais connu à Hollywood le succès qu'il a eu sur scène, dans des comédies musicales à New York. Il était le deuxième fils de Charlie Chaplin et de sa seconde épouse, Lita Grey. L'autre fils,

manière officielle, à la vue de tous, et non en cachette comme elle le fait. Eugène, lui, croit que leur père est un peu responsable de cet état, tant il l'a surveillée et ne lui a jamais laissé son autonomie. Joséphine balance entre deux explications : la première est qu'Oona n'a jamais fait son deuil de leur père, et qu'elle s'est tournée vers la boisson, en prenant conscience de sa mort. La seconde réside dans le fait qu'elle a énormément aidé son mari dans ses vieux jours, et qu'à présent, elle n'a plus personne à prendre en charge. Et Joséphine de conclure : « Leur amour était si fort, que lorsque Papa est mort, une partie d'elle est morte aussi. »

« Mais est-ce une raison suffisante pour boire ? » demande Jane, un brin sévère.

« Je pense que c'est sacrément une bonne raison, oui », réplique Joséphine, lucide.

Victoria émet d'autres hypothèses : « Maman se réfugie dans l'alcool parce qu'elle n'a jamais eu de métier, un job bien à elle. Tout son savoir se résumait à faire en sorte que Papa soit bien, et sa mort lui a brisé le cœur. Là-dessus, s'ajoute la malédiction O'Neill, qu'il ne faut pas négliger[1]. » Aujourd'hui, avec le recul des années, Michael estime que « la disparition de mon père est survenue au pire moment pour ma mère. Elle n'était plus jeune, mais pas encore vraiment âgée. Elle a plongé dans l'alcool, comme pour anesthésier ses bleus à l'âme ».

Pourtant, Oona semble reprendre goût à la vie lorsqu'elle fait l'acquisition d'un appartement à New York sur la East 72ᵉ Rue. Un somptueux duplex décoré dans des tons de beige de la dernière élégance. Sur les murs tendus de soie de couleur champagne des toiles figuratives, entre autres de Pamelo Bianco, sa grand-tante. Une vaste salle de bains tout en marbre rose : un appartement très jet-set. Elle part même en Californie, en 1979, rejoindre son amie Carol Matthau dans sa villa de Malibu, au 30936 Broad Beach Road, face à l'Océan. « Oona est restée un mois. Nous avons passé des semaines à écouter de la musique, cuisiner, parler, marcher sur

---

Charles Chaplin Jr., est mort en 1968. Il avait aussi joué dans plusieurs productions françaises : *Ho !* au côté de Jean-Paul Belmondo en 1968 et l'année suivante dans *Le Clan des Siciliens* d'Henri Verneuil. Il avait pris sa retraite d'acteur en 1977, ouvrant un restaurant à Palm Springs (Californie). Marié en 1960 à Noëlle Adam, dont il avait divorcé huit ans plus tard, Sydney Chaplin a eu un seul enfant. Après sa disparition, il reste huit enfants en vie de Charlie Chaplin.

1. Voir Jane Chaplin, *Dix-Sept Minutes avec mon père*, F. Massot.

la plage, se souviendra-t-elle. Un soir, j'ai remarqué qu'Oona avait enfin cessé de pleurer. Nous sommes allées dîner chez Merle Oberon et déjeuner chez Jennifer Jones. Cette dernière s'épancha sur son veuvage depuis la mort de son mari, David O. Selznick. Elle nous raconta tout ce par quoi elle était passée et Oona fut à la fois captivée et effrayée d'entendre toutes les étapes de son calvaire affectif. Mais Jennifer avait fini par rencontrer un merveilleux nouveau mari et l'optimisme gagna Oona. »

Lors de ce séjour, au cours d'une party organisée en son honneur, Oona rencontre l'acteur Ryan O'Neal (Walter Matthau et Tatum O'Neal ont tourné ensemble le film *La Chouette Équipe*). À trente-huit ans, l'acteur, auréolé de ses succès mondiaux dans *Love Story* et *Barry Lindon* n'a rien à voir avec Chaplin. Le lendemain de leur rencontre, Ryan prend l'initiative de lui téléphoner et lui lance, presque provocant : « Si seulement je vous avais rencontrée avant, ma vie aurait été totalement différente. » Il lui déclare bientôt sa flamme, admiratif devant son allure d'éternelle jeune fille que n'affecte pas le passage du temps.

Ainsi commença une épisodique relation pendant quelques mois. Ryan O'Neal lui fit l'honneur de sa villa à Malibu, au 21368 Pacific Coast Highway, mais Tatum O'Neal, du haut de ses quinze ans, ne sembla guère apprécier la présence de Lady Chaplin. « Il faut arrêter cette femme. Tout ce qu'elle veut, déclara-t-elle à des amis, c'est changer son nom de O'Neill en O'Neal[1] ! »

Oona appréciait en effet les origines irlandaises de l'acteur et aimait l'homophonie de leurs deux noms. Elle fut toujours très nerveuse en sa présence et ne sut trop sur quel pied danser. Elle était attirée irrésistiblement et Ryan ressentait un faible pour elle. Mais la présence de leurs enfants (Jane, Annie et Christopher étaient du voyage !) compliquait la situation. Tatum O'Neal aurait même fini par lui envoyer une lettre très agressive, lui demandant de se tenir éloignée de son père. « Tatum était une petite peste, confia un ami de la famille, mais elle avait beaucoup d'influence sur Ryan. »

Pour certains témoins, l'histoire resta platonique. Selon eux, Ryan était assez flegmatique en apparence et presque détaché. Certes, Oona aimait son chic et son côté sexy, mais, comme le racontera une amie : « Il louvoyait avec facilité entre amour et amitié si bien que son entourage proche avait parfois du mal à faire la différence,

---

1. Article dans *The Ledger*, 26 juin 1979.

tant il était avenant et charmeur. » Pour d'autres, il y eut bien quelque chose de sérieux. Et Annie Chaplin elle-même a confié à l'auteur de ces lignes : « Ryan paraissait sincèrement amoureux de ma mère. Il lui a fait une cour pas possible ! » Oona racontera d'ailleurs à son amie Carol qu'il voulait l'épouser. Bientôt Ryan présente même Oona à son agent et complice Sue Menger qui les reçoit dans son luxueux manoir de Bel-Air, l'ancienne maison de Zsa Zsa Gabor. Mais la presse commença à s'emparer de l'histoire et à s'étonner de la différence d'âge entre les deux tourtereaux. Les remarques cyniques et soupçonneuses des gazettes durent ulcérer Lady Chaplin, si discrète, secrète et pudique. Cette « romance » devenait quelque peu explosive. D'autant que Ryan O'Neal affichait déjà un palmarès éloquent de conquêtes célèbres[1]. Pouvait-elle s'abandonner telle une midinette et choquer tout son entourage ? Chaplin avait tellement souffert des potins sur sa vie privée : était-elle capable à son tour de supporter les échos perfides de la presse à scandale ? Allait-elle braver les interdits et succomber aux charmes d'un play-boy d'Hollywood ?

« C'était drôle d'être avec lui, confiera la jeune veuve, cela m'a fait du bien après une si longue période de tristesse. » Ils s'éloigneront l'un de l'autre rapidement, mais Oona dira un jour : « Si Ryan me téléphonait aujourd'hui et me disait : "J'ai besoin de toi", je répondrai présente. Je l'aimais beaucoup. » Ryan O'Neal est toujours resté un gentleman et n'a jamais rien confié de sa relation si « spéciale » avec Oona[2].

Entre bientôt en scène l'artiste David Bowie. Selon Jane, il vient pour la première fois au manoir à l'occasion d'une partie de tennis avec Eugène. Ce dernier pense qu'il y eut d'abord un dîner en prélude. En fait, Eugène est l'ingénieur du son aux studios de Montreux, en 1979, où Bowie enregistre son album *Lodger* qui sortira le 18 mai 1979. Pour fêter l'événement, Eugène organise un buffet

---

1. À l'époque de leur rencontre, il est divorcé de Leigh Taylor-Young et a connu une *love-story* avec sa partenaire Barbra Streisand et plusieurs liaisons avec Diane de Furstenberg, Bianca Jagger et Diana Ross. Ce n'est qu'en 1982 qu'il rencontrera la femme de sa vie Farah Fawcett.

2. Elle lui laissera une photo les représentant avec cette dédicace : « *Ryan darling, my wildest wish fantasy come true / With all my love. Oona. P.S : Not one of my big children, one of those handsome friends ! And with apologies to your other love* (Ryan mon chéri, mon rêve et désir le plus fou se réalise. Affectueusement Oona. P.S : Pas l'un de mes grands enfants, l'un de ces séduisants amis et mes excuses à ton autre amour. »)

au manoir. Oona y fait une apparition. Comme l'écrira l'une de ses filles : « Maman avait besoin de quelqu'un de brillant à ses côtés... Bowie avait un charme irrésistible, de l'éloquence et de la discrétion. Un vrai gentleman. Après son départ, elle nous a fait part de ses impressions sur l'invité... Elle était mordue. » C'est une vraie histoire d'amitié qui commence entre eux. David Bowie s'est en effet installé en Suisse dans le chalet *Le Clos des Mésanges*, sur les collines de Blonay, au-dessus du lac Léman. À cette époque, il vient de divorcer de son épouse Angela.

Malgré leur vingt-deux ans de différence, Oona et David deviennent complices et se rencontrent de temps en temps. Elle aime son côté artiste caméléon aux talents multiformes : acteur, peintre, musicien et poète. Elle apprécie aussi son côté homme d'affaires avisé et ne peut même s'empêcher de lui donner des conseils de placement. Surtout, elle encourage sa vocation de peintre et ensemble ils visitent quelques galeries. Elle lui organisera même une rencontre avec Balthus au *Grand Chalet* à Rossinière où ils prennent le thé avec son épouse Setsuko et leur fille Harumi[1]. Bientôt, David Bowie déménage à Sauvabelin, sur les hauts de Lausanne, et investit le château du Signal, une demeure bâtie en 1900 par un prince russe. Il demande des conseils de décoration à Oona qui a un goût très sûr et l'incite à toucher le moins possible au décor de la demeure, ornée de boiseries et de faïences décorées. Annie Chaplin se souvient surtout de nombreux pique-niques en famille : « Une fois, David est venu avec son fils Zowie et maman les avait pris en photo. Il avait fait toute une histoire avec ces clichés, de peur qu'ils puissent être utilisés. Des menaces d'enlèvement avaient été proférées contre son fils et il devenait un peu paranoïaque. »

Le chanteur pop comprend en tout cas la solitude d'Oona, perçoit son alcoolisme latent et décide de l'inciter à ne plus rester dans l'ombre de Chaplin. Il passe même un marché avec elle : il acceptera un rôle à Broadway si, en échange, elle consent à jouer un rôle qu'on lui propose au cinéma. Chacun finit par se prêter au défi. En 1979, à la demande de son ami producteur Bert Schneider, elle accepte un petit rôle dans *Broken English* de Micki (Michie)

---

1. La star anglaise du rock en profita pour réaliser une interview – rarissime – du peintre au cours de laquelle Balthus déclara avoir Lucian Freud en horreur. Setsuko offrit un kimono à Oona et lui fit les honneurs de l'atelier (voir James Lord, *Des hommes remarquables*, Séguier).

Gleason. Elle y joue le rôle de la mère de Sarah (jouée par Beverly Ross) qui accepte mal que sa fille épouse un Africain (Jacques Martial). Elle n'a que peu de scènes mais elle y donne toute son énergie. Pour elle, qui rêva autrefois de devenir actrice, c'est une expérience qui l'amuse, même si elle n'a aucune illusion sur son talent. Le tournage à Paris, puis au Sénégal, est surtout l'occasion de se rapprocher de sa fille Jane qui est assistante-réalisatrice sur ce film. « À l'époque, le geste de maman fut très important à mes yeux. Cela reste l'un des rares moments où j'ai senti notre complicité. Sa grande scène avec l'actrice Beverly Ross fut tournée dans le restaurant du *Plaza Athénée*. Elle n'avait pas le trac. Elle m'impressionna même par son calme olympien, alors que, dans la vie, c'était une autre histoire... » dit Jane. Ce long-métrage ne sortira qu'en 1981 et ne sera pas distribué en France, malgré de bonnes critiques et la musique de Georges Delerue.

Davie Bowie honore, lui aussi, sa part du *deal*. Le 22 septembre 1980, le rideau du Booth Theater de New York s'ouvre sur la première d'*Elephant Man* où il joue le rôle du monstre John Merrick. Oona a fait le voyage spécialement de Suisse et son fils Eugène l'accompagne. Ce soir-là, elle croise Elisabeth Taylor, Andy Warhol, David Hockney, Christopher Ischerwood et Diana Vreeland. Poursuivie par les photographes, Lady Chaplin consent à dire : « J'aime beaucoup David. » « Comme ma mère sortait très peu, témoignera Eugène Chaplin, une rumeur s'est propagée très vite : David et ma mère vivaient une romance. Bien sûr, il n'en était rien, mais nous n'avons pu éviter les potins. » Le chanteur pop est à un moment clef de sa carrière internationale. Le 8 janvier 1982, il fête ses trente-cinq ans à New York. Oona n'est pas de la party. Bowie vit alors une nouvelle *love-story* avec Bianca Jagger. Le souvenir de Lady Chaplin va s'effacer. Il viendra de moins en moins souvent en Suisse et leur amitié sincère perdra de son intensité.

Un nouveau chevalier servant va bientôt le remplacer : le réalisateur Walter Bernstein, rencontré chez Carol et Walter Matthau. Les deux premières années de leur relation, Bernstein ne s'aperçoit pas de l'alcoolisme d'Oona. Il la pousse à s'émanciper et à voyager. Elle devient une habituée du Concorde. Elle loue même un yacht l'été et ses enfants l'y rejoignent. Il l'incite également à écrire et Jacqueline Kennedy Onassis, chez Doubleday, lui propose de publier ses Mémoires. Mais Oona résiste et poussera, à sa mort, le paroxysme en exigeant que tous ses manuscrits soient brûlés.

Né en 1919 à Brooklyn, Walter Bernstein fut scénariste, producteur, réalisateur et même acteur. Victime du maccarthysme, il fut même soupçonné d'être un agent du KGB ! C'est Carol Matthau qui présente Oona à Bernstein (ce dernier vient de réaliser *La Puce et le Grincheux* avec Walter Matthau et Julie Andrews). De ses quelques années avec Lady Chaplin, il se souvient : « Je savais que personne ne pourrait prendre la place de Charlie Chaplin. Je n'ai jamais pensé qu'Oona pourrait même se remarier. Elle ne tenait pas en place, n'avait guère envie de rester au manoir : donc nous bougions ! Les deux premières années de notre relation, je ne me suis pas vraiment rendu compte de son problème d'alccol. Elle était experte dans l'art de le masquer. Je ne l'ai jamais vue boire en ma présence. Son intelligence m'impressionnait : c'était finalement une autodidacte. Sa générosité était sans limite. On se donnait rendez-vous à Londres au *Savoy* ou à Paris au *Ritz*. Elle me faisait prendre un billet sur le Concorde, elle réglait tout. J'ai cru bon de lui conseiller de s'inscrire à un atelier d'écriture à l'université de Columbia, mais elle ne se voyait pas enfermée dans une classe pendant des heures. À un moment, Oona a eu envie d'acheter une maison aux Bermudes ; on aurait pu s'y retrouver. Mais le projet ne s'est pas concrétisé. À chaque fois que je la voyais avec ses enfants à Vevey ou à New York, tout se passait bien même si parfois je les sentais très dubitatifs à mon égard et si moi-même je me demandais bien ce que je faisais là ! »

Certains visiteurs au manoir, tel Michael Jackson, la distraient un peu. Le chanteur pop a repris à l'époque l'indémodable *Smile* des *Temps modernes*, après Nat King Cole, Tony Bennett et Sinatra. C'est même, si l'on en croit Brooke Shields, la chanson qu'il préfère le plus au monde. Dès qu'il en a l'occasion, l'artiste exprime sa fascination pour Chaplin : « Mon demi-frère Sydney l'a rencontré aux États-Unis, dit Jane Chaplin. À son retour en Europe, il confia à ma mère l'incroyable adoration de Michael Jackson pour mon père. Il raconta que le chanteur lui avait même pris la main et déposé un baiser dans la paume. Sydney avait été très surpris et Maman fut ravie et touchée de cette adulation. »

C'est Géraldine Chaplin qui va organiser la rencontre. Lors d'un concert du chanteur auquel elle assiste, Michael Jackson lui confirme combien il admire son père. Géraldine prévient sa mère et appelle Rolf Knie, ami de la famille et habitué du manoir : « Michael aimerait venir à Corsier. Peux-tu arranger quelque chose ? » L'occasion est toute trouvée lors de la tournée mondiale en solo en 1988. Il se produit à Bâle. Un rendez-vous est fixé au vendredi 17 juin à 15 heures. Le jour dit, les familles Chaplin et Knie attendent la star. L'heure file et il n'arrive toujours pas. Vers 15 h 30, Mario, le majordome, accourt en disant : « Quelqu'un vient d'appeler, je n'ai pas bien compris son nom. » C'est évidemment la star. Oona prend le téléphone et a en ligne un Michael Jackson tout embarrassé qui s'excuse mille fois. Il s'est perdu et appelle d'une station-service de Vevey. C'est là que Mario va aller le chercher. Le chanteur arrive tout timide, sans garde du corps, juste accompagné d'un assistant et baise la main de Lady Chaplin. « Je me souviens de l'extrême politesse de Michael, de son calme, témoigne Rolf Knie. J'ai en souvenir la manière avec laquelle il a attendu qu'Oona Chaplin s'asseye pour faire de même, comment il n'a d'abord pas osé demander un Pepsi… » Un autre aspect de la star frappe les témoins : « Il connaissait parfaitement la vie de Chaplin, un vrai lexique. Les dates des films, le nom des acteurs, tout ! Les archives du manoir l'ont émerveillé. Puis, il a joué dans le parc avec les enfants présents. »

À cette occasion, il croise la petite Kiera Chaplin. Aujourd'hui, elle raconte : « Quand je l'ai rencontré pour la première fois, j'avais sept ans. Il était venu visiter ma grand-mère. Rolf Knie est arrivé en hélicoptère, s'est posé sur la pelouse et Oona me fit venir dare dare pour rencontrer mon idole. À l'époque, j'avais une poupée à son effigie, dont je ne me séparais jamais. Quand il a vu la poupée, il a ri. Il m'a prise sur ses genoux et m'a parlé. Je me souviens de quelqu'un de très doux, très timide, très courtois. Je n'ai pas prononcé un mot. Et il a promis de m'envoyer une autre poupée. Ce qu'il fit ! » Deux mois plus tard, au stade de la Pontaise, à Lausanne, où il se produit, Oona fait partie des invités VIP et lui rend même visite dans sa loge. Ce soir-là, il lui dédie son *Moonwalk*. Lady Chaplin trouvera sa prestation époustouflante. La pop star ira même jusqu'à proposer d'acheter le manoir de Ban après la mort d'Oona. Ce que les enfants refuseront poliment.

Hormis quelques visiteurs exceptionnels, Oona se cloître chez elle, pour se réfugier encore et toujours dans l'alcool. Comme le remarque son amie fidèle Claire Bloom : « Dans ses dernières années, Oona avait tout dans la vie, sauf Charlie, et rien ne l'aurait jamais consolée de cette perte ; ni l'amour de ses enfants et petits-enfants ni la présence d'amis dévoués. Oona avait vécu à travers et pour Charlie, et bien qu'elle lui ait survécu plusieurs années, la vie ne signifiait plus grand-chose sans lui[1]. »

Elle ne s'imagine pas remariée, même avec un ami cher comme Walter Bernstein. « Elle était Lady Chaplin, confie une amie, c'était bien trop tard pour retomber amoureuse. » Et même si elle est passée maître dans sa capacité à camoufler son addiction à l'alcool, elle est trop sérieusement dépendante pour envisager une vie à deux. Selon Eugène Chaplin : « De nombreux hommes ont tenté de la courtiser et même si elle n'avait pas envie de jouer à la veuve de Chaplin, elle n'a pas voulu refaire sa vie. » « Walter Bernstein fut proche de Maman pendant deux, trois ans. Nous détestions ses deux enfants, absolument horribles, rapporte une des filles de Chaplin. Maman a été ensuite très courtisée par un Suédois qui possédait une galerie d'art en Suisse. C'était le père d'une amie d'école d'Annie. » À eux, elle cache habilement ses problèmes d'alcool. « Elle veillait à se maquiller davantage pour masquer ses traits. Rares furent ceux qui la virent ivre morte, se souvient le sixième de ses enfants. Une fois, elle est tombée dans les escaliers. On la crut morte. Et puis elle s'est relevée comme si de rien n'était. Sous son apparente fragilité, elle était assez robuste. »

Ses enfants reviennent à la charge et l'incitent à faire une cure de désintoxication. Oona leur répond : « Je n'en ai pas besoin. » « Ce n'était pas quelque chose pour elle », reconnaît sa fille Joséphine. « Elle était incapable d'abstinence », remarque perfidement Gloria Vanderbilt. Cette dernière suggère à Oona de profiter de ses séjours à New York pour voir son psychiatre, le cher docteur Christ L. Zois. Dans ses Mémoires, *It Seemed Important At The Time*, Gloria Vanderbilt précise : « Le Dr Chris L. Zois ressemblait à Ryan O'Neal. Je devins sa première patiente et lui envoyais toutes mes amies… Oona Chaplin fut tellement conquise par lui qu'elle devint elle aussi sa patiente. Je n'ai aucune idée de l'argent qu'elle lui donna, mais ce fut une somme importante. Le Dr Zois me présenta un conseiller en affaires, Tom Andrews, et me pressa de l'engager. Ce que je fis. Il incita aussi Oona à lui faire confiance, mais, par un instinct salvateur, elle refusa. »

---

1. L'actrice Claire Bloom est d'ailleurs l'une des rares amies à venir séjourner alors au manoir. « Maman l'appréciait beaucoup », se souvient Michael. Et, comme l'avoue Victoria, « en vieillissant Claire a fini par ressembler de plus en plus à Maman physiquement ».

Le psychiatre est en effet un personnage très contestable. Gloria Vanderbilt finira par le traduire, le 29 septembre 1993, devant la Cour suprême de Manhattan, pour abus de faiblesse en lui réclamant 1,6 million de dollars habilement détournés. Oona, malgré sa bonne intuition financière, a aussi laissé quelques plumes. « Il était très beau, plaide Annie Chaplin. Maman était sous le charme et confiante. Elle a pensé à tort qu'elle serait plus intelligente que lui. » Selon Joyce Milton, elle aurait fini par prêter un demi-million de dollars au si prévenant médecin pour l'achat d'une maison dans le New Jersey, que la famille Chaplin aura le plus grand mal à récupérer. « Il est venu jusqu'en Suisse et a réussi à lui faire signer un chèque, presque dans son lit, tellement elle était faible », affirme Jane. « Du vrai abus de faiblesse ! » Joséphine va même plus loin : « Il a carrément falsifié la signature de Maman puis celle de Pamela Paumer, sa *business manager*, sur un document. Il y eut un procès par la suite avec plusieurs plaignants. » L'histoire brouillera considérablement les deux femmes : « Oona était vulnérable, admet Joyce Milton. Elle avait une fragilité émotionnelle. Elle en voudra énormément à Gloria de l'avoir mise en contact avec un si redoutable praticien[1]. » Annie Chaplin confirme aujourd'hui la brouille racontant même que, pour tenter de se faire pardonner, Gloria offrit un cheval à son amie qui le refusa. C'est finalement Annie qui en hérita. Si Oona ironisa en disant qu'elle était guérie à jamais de l'influence des psys, ajoutant : « J'ai eu tort de faire confiance », elle fut surtout agacée par le comportement de son amie. Gloria, en effet, se dépeignit à tous ses proches comme une femme mal conseillée, mal entourée, une héroïne romantique conduite à sa perte par des hommes avides et malfaisants : son psychiatre et son notaire. Oona, elle, ne chercha pas à trouver des boucs émissaires.

Certains soirs, à New York, Oona, déprimée, va marcher entre la 42ᵉ Rue et Park Avenue. Elle finit par échouer au restaurant *L'Oyster Bar* où elle dîne seule en buvant de la vodka et repart en laissant généreusement des billets de cent dollars aux SDF qui peuplent le Grand Central Terminal[2]. Parfois, pour échapper au spleen, elle téléphone à un autre « paumé » : Truman Capote.

---

1. Chris Zois poussera le culot jusqu'à remercier Oona de son soutien dans la préface de son livre *Think Like A Shrink : Solve Your Problems With Short Term Therapy Techniques*.
2. Oona fut toujours généreuse pour les œuvres de charité. Son fils Eugène témoigne : « Elle a fait pas mal de dons en Suisse, notamment une donation

« Maman et lui se voyaient beaucoup à New York, raconte Jane Chaplin. Leur amie commune, Carol Matthau, se joignait souvent à eux. Elle appréciait beaucoup son sens de la dérision et son intelligence, même si parfois Maman saturait un peu. » Ils ont tous les deux alors un problème d'alcoolisme, auquel l'écrivain ajoute une dépendance à la cocaïne. Capote réussit d'ailleurs à traîner Oona à une réunion des Alcooliques anonymes, où ils font vœu de sobriété. Une promesse qu'ils s'empressent tous deux de ne pas tenir. Ils se consolent en jouant les mauvaises langues. « Maman avait toujours une anecdote à raconter sur son ami new-yorkais, se souvient Jane. Elle disait : "Truman est vraiment sans-gêne. Mais il est trop drôle ! C'est un obsédé !", lançait-elle en narrant ses derniers potins. Dès que Maman voulait obtenir des informations sur une relation, Capote constituait la meilleure source de renseignements. Mieux que quiconque, il connaissait toute la *high society* de l'East Side de Manhattan. Il adorait colporter les ragots : les bijoux d'Unetelle et la façon qu'elle avait de les étaler, les liftings, les tromperies et les coucheries... Maman trouvait cela très divertissant ! » Tammy Grimes qui arbore des sourcils de vison, Lee Radziwill et ses états d'âme, les soucis de Gloria Guiness avec sa domesticité, le nouveau masseur de Eleanor Lambert, les dernières lubies de Barbara Paley, les démêlés de Pamela Harriman avec ses décorateurs, les petites amies de Claus von Bulow... Capote sait tout !

Comme le reconnaît son ami Carol : « C'était un être si mobile, avec tant de couleurs, tant de facettes, comme une de ces boules miroitant au plafond des salles de bal sous les projecteurs. Mais, dans cette boule, il y avait un esprit prodigieux ; Truman était l'une des trois ou quatre personnes les plus brillantes que j'ai rencontrées. Son intelligence me fascinait. Déjeuner avec lui dans un bon restaurant était follement amusant. Mais rien n'était plus enrichissant que de se retrouver seul avec lui après le dîner et de l'écouter parler. Pour moi et Oona, c'était un ami adoré. »

---

importante pour le jumelage de l'hôpital Samaritain et d'un hôpital au Cameroun. Elle fut très altruiste pour le développement des soins aux enfants et pour le pavillon du parc Chaplin à Corsier. Et donnait généreusement chaque année un chèque au syndic de Corsier. » Victoria se souvient aussi « du soin qu'elle prenait de son ancien personnel, veillant toujours à ce qu'ils touchent de bonnes pensions de retraite et payant les compléments nécessaires ».

Parfois, ils quittent New York quelques heures, le temps de rouler dans la campagne dans sa Mustang rouge. Presque invisible derrière le volant, l'écrivain terrifie les autres automobilistes par son absolu mépris de toutes les règles de la circulation routière. Oona, parfois, l'oblige à lui laisser le volant et ils roulent vers East Hampton au son de ses mots d'esprit. Avec lui, Oona ne se sent pas jugée[1]. « Il était le seul, reconnaît Annie Chaplin, à pouvoir lui dire : "Tu n'as plus l'âge de t'habiller comme cela !" De lui, elle acceptait des remarques acerbes. » Comme l'expliquera Carol Matthau dans ses Mémoires : « Truman savait ce que chacun devait porter. Il était infaillible là-dessus et je ne veux pas dire dans un genre arrogant superchic ou homosexuel – pas du tout – il savait exactement ce qu'il fallait mettre. Il y réfléchissait, devinait vos désirs ou comment vous souhaitiez vous montrer, et il vous aidait à atteindre votre but. C'était sa forme d'intimité avec vous. »

Oona apprécie particulièrement cette complicité. Et le dimanche, quand l'ennui ordinaire de cette journée paresseuse se fait soudain profond, telle une crise d'hypoglycémie, ils décident souvent de se donner rendez-vous à Central Park et y font une promenade interminable, le long des allées grises fermées aux voitures et pleines de promeneurs, de cyclistes, semblables à des torpilles humaines, et de coureurs poussifs. Nulle envie de flâneries dans les librairies ouvertes ce jour-là, de petites descentes vers Chinatown ou de tournées des nouvelles boutiques. Ils se quittent sur un baiser devant le taxi. Elle finira la journée avachie sur son divan en cuir à lire, lui à passer des coups de fils plaintifs à Jack ou à John, ses ex-boyfriends. Parfois, Oona le rejoint à son appartement au vingt et unième étage du 870 U.N Plaza, à l'angle de la 1re Avenue et de la 49e Rue, et ils descendent à la piscine de l'immeuble faire quelques longueurs. Lady Chaplin sera l'une de ses rares amies qu'il épargnera dans son ultime livre *Prières exaucées* où il mettra en scène tous les protagonistes de la jet-set. Ainsi, Gloria Vanderbilt[2] y est montrée si vide et si absorbée par elle-même qu'elle n'est

---

1. Entretien avec Gerald Clarke, biographe et ami de Truman Capote. L'auteur remercie également Alan U. Schwartz, exécuteur testamentaire de l'écrivain, de ses précisions.

2. Dans une interview avec son biographe G. Clark, il expliquera ainsi la détérioration de leurs relations : « C'était une sale petite garce, dit-il. Elle a menti à propos de sa mère au moment du procès en divorce pour la garde de ses enfants et elle a été odieuse avec elle presque jusqu'à sa mort. Elle avait une fixation au

même pas capable de reconnaître son premier mari quand il s'arrête près de sa table pour lui dire bonjour. En représailles, elle ne lui adressera plus jamais la parole, comme nombre de ses victimes épinglées. Oona ne fera pas partie de ceux qui traînèrent l'écrivain plus bas que terre. Elle resta son amie sincère et, quand il disparut le 23 août 1984, elle fut, selon sa fille Annie, « anéantie de chagrin. C'était l'un des amis de sa jeunesse qui partait. Elle savait que personne ne pourrait le remplacer ». Dans son exemplaire de l'ultime livre de Capote dont a hérité l'une de ses filles, Oona soulignera au crayon cette phrase : « Il ne pouvait que rarement se souvenir du temps passé. Le bonheur ne laisse que des traces si ténues, seules les journées sombres vous marquent en profondeur. »

Dans ces moments de déprime, elle trouve une consolation passagère dans la compagnie de Patrice Chaplin, l'ex-femme de son fils Michael, qui lui tire souvent les tarots. Devenue écrivain et scénariste à succès, Patrice est aussi une ex-alcoolique et tente de venir en aide à son ex-belle-mère. En vain. « La fin de sa vie fut un terrible gâchis, avoue-t-elle. On était désolé pour elle. On aurait aimé qu'elle exploite ses talents littéraires, qu'elle profite de ses petits-enfants. Mais elle était si malheureuse qu'elle n'a pas pu échapper à une forme d'autodestruction. » Parfois, elle se tourne aussi vers une autre ex-belle-fille : Noëlle Adam, l'ex-épouse de Sydney. « Lorsqu'à la fin de sa vie, Oona ne trouvait plus le sommeil, il lui arrivait de me téléphoner. Nous passions quelques minutes ou plus à nous parler, mais aussi à nous entendre vivre et respirer, comme si nous étions l'une à côté de l'autre. Ses connaissances en littérature européenne me sidéraient. J'essayais de lui

---

père. Son premier mari, Pat DiGicco, était un dogue, une brute finie qui lui cognait réellement dessus. Finalement, elle s'en est débarrassée pour épouser Léopold Stokowski qui était plus pour elle un grand-père ou un arrière-grand-père qu'un père. Je l'ai présentée à Sydney Lumet et elle l'a épousé uniquement parce qu'elle se figurait qu'il ferait d'elle une star. Mais le seul rôle qu'elle a jamais obtenu a été celui d'une infirmière dans je ne sais quel feuilleton télévisé. Quand elle a compris que jamais il ne la transformerait en vedette, elle l'a rapidement laissé tomber. Pour quelle raison elle a épousé Wyatt Cooper reste un mystère. Il a fini par la prendre en grippe, mais il était terrifié à l'idée qu'elle allait le planter là en emmenant leurs deux garçons qu'il adorait. Il m'appelait constamment en me demandant ce qu'il devait faire. Je crois que cette anxiété permanente a contribué à sa mort. En fait j'ai déjeuné avec lui, juste avant sa mort en 1978. Il paraissait bien mais il n'arrêtait pas de parler de ses garçons. "Si seulement je peux vivre encore dix ans, m'a-t-il dit, je n'en demande pas plus. Mais Gloria est trop irresponsable pour les élever." »

remonter le moral et je me sentais mal placée pour la juger quant à ses problèmes avec la bouteille. » Noëlle Adam-Chaplin précise même : « J'étais surprise d'être parfois réveillée en plein milieu de la nuit. Mais Oona ne se sentait pas bien. Elle était seule. Elle demandait de l'aide. Elle avait besoin de parler. » Elle continue donc inlassablement à s'en donner à cœur joie avec l'alcool, malgré la réprobation de tout son entourage. À tel point qu'une fois, elle perd conscience et se retrouve sur le linoléum de sa salle de bains, incapable de bouger. Il lui faut quelques tapes au visage de la part d'une de ses filles pour reprendre un peu conscience. « C'est vrai que la fin de sa vie ressemble à du Tennessee Williams », reconnaît sa fille Annie.

De plus en plus souvent patraque, elle annule à la dernière minute ses rendez-vous, ses dîners. Elle fait même faux bond à Jacqueline Kennedy Onassis qui ne la réinvitera pas. Son amie Frances Schuman tente de lui insuffler de l'énergie : pourquoi, par exemple, ne pas accomplir quelque chose de magnifique avec son argent et créer une fondation ? Mais Oona préfère passer ses journées dans l'obscurité de sa chambre à boire. « Elle avait cependant un sacré pouvoir de récupération », affirme Frances Schuman.

Certains de ses enfants affirment que, dans cette période, elle a envie de renouer avec sa famille O'Neill et de repartir sur les traces de son enfance. Il y aura bien un voyage aux Bermudes et Oona ira aussi revoir la maison de Point Pleasant pour filmer le cabinet de son père. Des proches affirment qu'elle veut racheter l'ensemble des droits de l'œuvre d'Eugene O'Neill[1]. Pourtant, certains souvenirs sont encore trop douloureux. « Elle était très partagée quant à l'œuvre de son père, confie Jane. La seule pièce qu'elle m'ait fait lire, c'est *Ah, Solitude,* la seule comédie qu'il ait écrite. Bien sûr, elle est allée voir à Londres et à New York des chefs-d'œuvre à l'affiche. Mais très sincèrement, elle les trouvait *over rated.* Elle estimait que la critique les surestimait et qu'à son avis, son théâtre

---

1. Après sa mort en 1953, les droits d'Eugene O'Neill sont revenus en grande partie à Yale University. Shane et Oona n'héritèrent que d'une petite part des droits américains sur certaines œuvres. En 1957, la charge notariale Cadwalader, Wickersham and Taft avertit Shane et Oona que les droits d'auteur américains des pièces suivantes leur revenaient. Il s'agit de *L'Étrange Intermède* (1928), *Dynamo* (1929, et *Le Deuil sied à Electre* (1931). « À la mort de Shane, se souvient Michael, maman décida de faire verser ce qui lui revenait aux enfants de son frère. »

avait un peu vieilli. Par contre, elle a beaucoup aimé le film *Reds* de Warren Beatty, où Jack Nicholson campait le rôle de mon grand-père. » En effet, elle ira même jusqu'à écrire à l'acteur : « Après une vie d'indifférence mutuelle, l'inévitable vient de se produire. Grâce à vous, cher Jack, je suis tombée amoureuse de mon père[1]. » Cela ne dura qu'un temps. « En effet, se souvient Annie, une université américaine publia un recueil de lettres d'O'Neill[2] à ses amis. Je me le suis procuré. Y étaient inclues des missives où il parlait de sa fille. » C'est un choc pour Oona. « Mon grand-père y apparaissait comme une vraie ordure envers elle, estime Jane. "La Carlotta" aussi ! Dans ces écrits, il "descendait" ma mère d'une façon vraiment horrible. Je crois qu'il avait été jaloux qu'elle épouse mon père, qui était plus mondialement connu que lui et avait seulement six mois de moins. » Cette lecture ravive les plaies !

Il y a une présence bienfaisante pendant ces années sombres : la présence en Suisse des enfants d'Eugène qui habitent à deux minutes sur une colline qui domine le manoir. Kiera, la plus belle de ses petites-filles, vient souvent jouer dans le jardin. Aujourd'hui, elle se raconte : « J'ai grandi juste à côté du manoir. Dès que je rentrais de l'école, je jetais un coup d'œil vers le parc de grand-mère. Je l'apercevais souvent, un walk-man sur la tête, faisant de longues promenades solitaires, parcourant des kilomètres. Je l'appelais mais elle ne m'entendait pas. Chaque dimanche chez elle, c'était barbecue ou pique-nique. Je jouais avec ses animaux, le berger allemand "Pia", le labrador noir "Yvonne" et le chat siamois "Billy Boy". Tous mes cousins détestaient ce dernier car il avait une fâcheuse tendance à les mordre dès qu'ils montaient l'escalier. Oona possédait aussi deux poneys : "Alice" et "Atchoum", qu'elle préféra rebaptiser "Arthur". C'étaient deux adorables bêtes noires mais leurs poils virèrent au blanc au fil des années. Le manoir constituait un lieu magique à mes yeux. Je me baladais toute seule pendant que les adultes discutaient. C'était tellement grand, j'avais peur de tout. Il y avait une table de ping-pong au sous-sol : j'imaginais une cave hantée. Au rez-de-chaussée une imposante horloge égrenait les heures. Le gong m'impressionnait. Je grimpais aux arbres, je partais toute seule dans la forêt et je me réfugiais là où l'on ne

---

1. Voir Parker John, *The Biography of Jack Nicholson*, John Blake.
2. Jackson Bryer, *Selected Letters of Eugene O'Neill*, Yale University Press (800 pages).

coupait pas les hautes herbes : je me faisais plein de films dignes de ma fertile imagination. Oona me gâtait outrageusement. Une dent perdue et je recevais un sac rempli de pièces.

« Ma grand-mère me fascinait. Je la voyais toujours en train de lire dans l'imposante bibliothèque. Très belle. Je me souviens encore de ses habits de soie, de ses textures très douces, de ses robes larges, flottantes. De ses Chanel éternels. Elle sentait merveilleusement bon et j'étais fascinée par son poudrier et ses crèmes de beauté dans son boudoir. Elle avait une somptueuse bague de mariage et j'espère bien l'hériter de ma mère un jour. J'ai reçu aussi un manteau de fourrure qu'elle portait et plein de reliques d'elle : des sacs, des chaussures, des objets de maquillage. J'allais tout le temps à la piscine du manoir. Au début, je suivais des leçons de ballet et je me souviens d'avoir dansé pour elle en lui assurant qu'un jour je serai une superstar. Puis je suis passée à l'équitation et j'ai oublié mes prétentions. Pour mes six ans, Oona organisa une grande fête : j'ai reçu un appareil enregistreur avec micro, un gadget encore rare à l'époque. Oona avait un véhicule de golf et me véhiculait sur les nombreux hectares du parc. Il y eut des sublimes soirées d'été et des fêtes dans le jardin avec des musiciens. David Bowie est même venu. Certains de mes cousins me fascinaient. James Thierrée était bien le plus extraverti de tous. Il nous faisait des tours de magie, des trucages (il faisait par exemple semblant d'être étranglé et de s'effondrer) et nous étions bon public. Shane, le fils de Géraldine, me captivait. Avec ses longs cheveux noirs, il ressemblait à un cheyenne. Il se peignait les ongles en noir. Un véritable "Indian Rocker". J'aimais bien Julien, l'un des fils de Joséphine et les enfants de Michael : Tracy en particulier, Kathie la timide et George. J'étais en admiration devant la beauté de mes cousines, Dolly et Carmen. Le manoir était vraiment un "palace" merveilleux. Mais bien sûr quand nous le quittions joyeusement, ce devait être triste pour Oona de se retrouver toute seule dans cette immense demeure, sans les cris des enfants, sans nos présences exubérantes. »

Lorsque Victoria et son mari débarquent à New York, en 1986, pour y présenter leur « Cirque Imaginaire », Oona semble se ressaisir. Elle assiste à chacune des représentations et achète même des centaines de billets pour les enfants d'une école. Elle finit par donner une mémorable party dans son duplex en l'honneur de sa talentueuse fille, mais là aussi force un peu sur la boisson. Jed Wheeler, qui a organisé la tournée du spectacle, garde un souvenir précis de cette soirée-là : « Oona semblait gracieuse et parlait intelligemment, mais on pouvait sentir qu'elle avait bu. On a passé une heure à bavarder. Je n'oublierai jamais l'impression de mélancolie qu'elle me laissa. Chaplin lui manquait terriblement, on pouvait sentir de la douleur sur les traits de son visage. » Son amie Frances Schuman partage cet avis : « Oona était adorable, douce, sincère. Mais elle était tout simplement misérable sans son mari. Elle n'a jamais pu faire le deuil de Chaplin. Parfois, on surprenait son regard empreint de tristesse et l'on pouvait être sûr qu'elle pensait à son époux. La douleur de l'absence était souvent trop forte. »

En dehors de l'alcool, elle n'a plus d'énergie à donner à quiconque. Elle s'éloigne de ses enfants qui, croit-elle, la jugent et la supplient d'adhérer à un programme des Alcooliques anonymes. Annie Chaplin confiera : « On avait la sensation qu'elle n'était pas très heureuse de nous voir. Mais c'était faux. Lorsque nous avons lu son journal après sa mort, nous avons réalisé qu'à chacun de nos départs, elle était triste. Quand nous étions là, elle souhaitait que nous partions, mais quand nous nous étions évaporés elle voulait que nous revenions. » Victoria confirme ce fait : « Cela a été la plus grande surprise pour moi quand j'ai lu son journal. Elle se réjouissait de la moindre venue de ses enfants. Elle notait tous les détails de ces séjours. C'était un déchirement pour elle de nous voir partir. »

Lady Chaplin affronte aussi quelques problèmes domestiques. Mirella Canese, une des femmes de chambre depuis vingt-cinq ans au service des Chaplin et épouse de Gino, quitte le manoir avec en poche quelque deux cents souvenirs de Chaplin. Selon la famille interrogée par le *Journal de Genève*, « elle aurait récupéré et patiemment mis de côté des objets jetés ou abandonnés ». Elle mettra plus tard aux enchères des choses aussi anodines que des pantoufles, des chaussettes, des cravates, mais aussi un chapeau et un frac de l'artiste, sans compter des cartes et des manuscrits. La famille dénoncera ce « monnayage », mais ne pourra pas en faire annuler la vente.

Mais il y a pire. « À l'époque, se rappelle Jane Chaplin, nous avions un cuisinier suisse pure souche et une gentille aide-cuisinière portugaise qui répondait au doux nom de Fernanda. Maman l'appréciait beaucoup. Un jour, juste après le déjeuner, il y eut comme un moment de panique au manoir. Un policier suisse se présenta à la porte et affirma d'emblée que ma mère employait du personnel illégal. Elle l'empêcha fermement d'entrer et, sur le perron, lui signifia élégamment "d'aller se faire voir". Puis elle mena sa propre enquête et découvrit que c'était notre charmant cuistot suisse en personne qui avait téléphoné à la police du canton et dénoncé son assistante. Le chef helvétique ne fit pas long feu dans la maison ! Maman avait horreur de toute xénophobie ! » D'ailleurs, son personnel du manoir l'adore, à commencer par son majordome Mario. « À chaque fois qu'il tombait sur une bouteille d'alcool, il en vidait la moitié et remplissait le flacon d'eau, de façon à ce qu'elle ne se rende compte de rien, se souvient un des enfants. "Tant pis si elle me renvoie", disait-il, philosophe, craignant d'être découvert. »

C'est le temps où Lady Chaplin fait l'achat d'une petite maison à Corsier-sur-Vevey, rue Centrale. Elle la décore de façon exquise et vient de temps en temps s'y réfugier pour échapper à l'atmosphère pesante du manoir (Géraldine en héritera). Elle achètera aussi plusieurs appartements et pieds-à-terre, prenant plaisir à les décorer, sachant qu'un jour ils reviendraient à ses enfants. Elle finira par faire l'acquisition d'une grange dans le Morvan (qu'elle transformera en maison) séduite par les paysages tourmentés de Saône-et-Loire que lui fait découvrir sa fille Victoria et c'est sa petite-fille Aurélia Thierrée qui la recevra en héritage.

Pour ses soixante ans, elle organise une fête dans son duplex new-yorkais[1]. Une fois tous les invités arrivés, elle s'enferme à clé dans sa chambre, elle est ivre. Ses cousins les plus proches essaient alors de la faire discrètement ressortir, mais sans succès. La seule personne à qui elle accepte de parler est sa bonne. Ainsi, minute après minute, cette dernière transmet les messages d'Oona : ils doivent attendre, elle se prépare et sortira bientôt. Dans un coin de son salon, une pyramide de coupes à champagne est dressée sur une table, attendant d'être remplies. Oona finit par apparaître. Elle fait signe au serveur d'ouvrir le magnum de champagne. Une fois toutes les coupes remplies, elle souhaite porter un toast : « À vous tous, ma chère famille », lance-t-elle. Puis, posant sa coupe sur la table, elle empoigne le lourd magnum, avant de lancer : « Voici ce que je veux dire, et que je peux enfin dire, en ce soixantième anniversaire : je hais mon père, Eugene O'Neill ! » Après quoi, elle lève la bouteille et en descend le contenu en entier. La boisson l'assomme presque.

---

1. Jane Chaplin, *op. cit.*

Plusieurs fois, Lady Chaplin semble accepter d'entrer en clinique pour se faire soigner, avant de se raviser et de tout annuler à la dernière minute, au désespoir de ses enfants qui ne savent plus qu'elle stratégie adopter. Le soir, elle est souvent dans les « vapes ». Elle semble planer. « Malheureusement, déplore Annie, elle n'a jamais pu trouver un médecin qui l'aide vraiment. Il lui arrivait de réussir à rester sobre quelques semaines, puis elle rechutait. » Ces crises sont d'autant plus dures qu'elle culpabilise : « On lui disait : "Arrête de demander pardon", rapporte Annie. Elle avait une telle force dans son autodestruction. Le pire, c'est qu'elle devenait émouvante dans ses beuveries. Elle était touchante, très maternelle. En quelque sorte, elle s'échappait par l'alcool du monde rigide suisse qui fut une grande partie de sa vie. C'était sans doute un moyen de se libérer. » Betty Tetrick Chaplin se souvient d'une scène symptomatique à Vevey : « J'étais devant mon hôtel quand j'ai vu sa Rolls arriver. Le chauffeur m'a ouvert la portière et j'ai découvert Oona recroquevillée dans un coin. Je ne pourrais pas dire si elle avait bu, mais ce qui m'a frappé, c'était sa tenue : elle était en robe de nuit et pieds nus. » Sa santé se détériore. Annie dit « que son nez se mettait à saigner abondamment. Elle a fait deux crises d'épilepsie. Heureusement, Joséphine était là. L'un des problèmes résidait dans le fait que maman mélangeait allègrement les antidépresseurs et l'alcool. » Elle est bientôt victime d'une rupture d'anévrisme dont elle sortira heureusement sans trop de séquelles[1] : « Elle a commencé par avoir des maux de têtes violents, des nausées, une brève perte de conscience, rapporte une de ses filles. Maman avait horreur des médecins. Elle disait souvent : "Je n'irai voir un praticien qu'à ma dernière heure !" Là, on a fait venir vite le généraliste de la famille, le Dr Berger, qui a fait hospitaliser *illico* ma mère. » On lui rasera la tête, ce qui choquera beaucoup les rares petits-enfants qui la verront ainsi. À la suite de cet épisode, pendant quarante jours, Oona réussit à être sobre puis rechute. C'est le cycle infernal.

---

1. La rupture d'anévrisme (10 % des accidents vasculaires cérébraux) est une dilatation localisée de la paroi d'une artère, aboutissant à la formation d'une poche de taille variable. La conséquence la plus habituelle en est l'hémiplégie. Dans le cas d'Oona, l'hémorragie cérébrale se produisit dans la partie gauche du cerveau et elle fut légèrement paralysée du côté droit. On lui rasa une partie du crâne (celle où était située l'hémorragie) pour l'opérer.

Ce qui l'isole, c'est qu'elle ne supporte plus les remarques de ses enfants sur son alcoolisme et reste terrée dans sa chambre. De plus, elle semble manifester de moins en moins d'intérêt pour ses petits-enfants. « Au début, confirme Frances Shuman, ça l'amusait de jouer la grand-mère puis elle s'en est un peu lassée. » Michael Chaplin estime qu'il faut nuancer cet apparent dédain : « Bien sûr, il ne fallait pas compter sur elle pour faire du baby-sitting ! Mais ses petits-enfants ont eu des souvenirs merveilleux. Elle les baladait dans sa Rolls-Royce : ils étaient bluffés. Elle les emmenait chez *Cartoon*, un magasin de jouets à Vevey et les comblait. » Une des filles Chaplin relate un épisode amusant : « Maman était dans son boudoir avec les petites Dolorès (Dolly) et Carmen. Elles devaient avoir neuf, dix ans : déjà des petites beautés ! Oona avait sorti tous ses bijoux et les gamines ravies les exhibaient, se pavanaient avec, quand, soudain, l'une d'elles lança avec insolence à sa grand-mère : "Et tous ces bijoux seront à nous un jour, ce sera notre héritage !" Maman fut outrée avant de prendre le parti d'en rire... » Existe une autre version de l'histoire tout aussi divertissante. Écoutons Joséphine nous la raconter : « Oona écrivait dans son boudoir quand mon fils Charly – il devait avoir à peine cinq, six ans à l'époque – est allé la déranger, à mon insu. Elle était plongée dans son courrier et elle lui a donc demandé très gentiment de rejoindre sa mère. Un peu vexé, il a regardé partout, la toisant presque et a lancé : "De toute façon quand tu seras morte, cela m'appartiendra." L'aplomb du petit bonhomme amusa beaucoup sa grand-mère et, comme j'étais morte de honte, maman conclut : "C'est son côté grec !" »

Oona a bien sûr ses « chouchous » parmi ses petits-enfants « Aurélia Thierrée, la fille de Vicky, était sa favorite et elle lui a même léguée sa maison dans le Morvan. Elle n'avait pas la beauté d'une Kiera mais était bigrement attachante ; Oona se retrouvait dans sa timidité. Sans doute percevait-elle aussi sa grande sensibilité artistique », dit Jane. Lady Chaplin a aussi un faible pour le petit James Thierrée : « C'était un vrai enfant de la balle. Il semblait déjà incroyable de souplesse. Il avait presque dix ans quand Victoria l'entraînait intensivement à devenir acrobate sur la pelouse du Manoir. Et puis il est presque tombé dans les pommes. Maman a pris Vicky à part et lui a suggéré de laisser James vivre un peu son enfance, sans entraînement excessif. Elle pouvait être pleine de bon sens dans ces moments-là », raconte Jane. Oona pouvait-elle imaginer que James hériterait mystérieusement d'une part du talent de son mari, mort alors que le petit garçon n'avait que trois ans ? À qui d'autre que Chaplin doit-il sa silhouette fine d'une grâce féline, son sourire de même carnassier, ses pommettes hautes, sa tignasse brune qui vire vers le gris et ce corps souple qu'il semble plier à sa guise ? Quand James Spencer Henry Edmond Thierrée entre en scène, on ressent toujours un instant ou un autre la sensation troublante fugitive que l'ombre de Charlot se profile joliment derrière lui, en un étrange décalque, que son bon génie lui souffle son inspiration, sa poésie, son âme.

C'est l'époque où une coïncidence étrange frappe les esprits. Il y a un début d'incendie au manoir[1] et, presque au même moment, un brasier touche l'appartement new-yorkais. « Certains de ses amis lui ont dit : "Il y a un message dans ces doubles sinistres. Tu devrais consulter un médium." Elle a refusé de se prêter à cette pratique jusqu'au moment où le commissaire Jean Paccaud, qui s'était lié avec maman (au moment de l'enlèvement du cercueil de papa) lui a dit le même genre de choses. Elle en a été très songeuse, refusant pourtant d'y voir un signe de l'au-delà », se rappelle l'une de ses filles. À ses petits-enfants qui lui demandent si elle est superstitieuse, elle répond par la négative. Elle ne veut pas croire à la force des astres, aux fantômes, à la réincarnation, à l'au-delà ! Inutile de l'entraîner à faire tourner les tables : elle ne prend pas cela au sérieux.

Aurélia se souvient de sa fascinante grand-mère : « Oona représentait à mes yeux une personne inaccessible et belle, que l'on respectait et qui provoquait à juste titre des sentiments d'amour et d'admiration. Elle possédait une aura de grâce et d'élégance. J'ai le souvenir d'un après-midi précis. J'étais encore petite et je jouais seule dans le grand parc du manoir et une abeille m'a piquée. Je me sentais abandonnée et puis j'ai aperçu Oona à la fenêtre me faisant de grands signes. Elle est arrivée en un rien de temps, m'a portée jusqu'à la cuisine et s'est activement occupée de ma piqûre. J'étais très intimidée ; cela peut sembler anodin mais nous ne parlions pas la même langue. Or tout dans sa personne, le détail de ses mains, son rire, surtout son rire, et la façon délicieuse qu'elle

---

1. Selon deux des pompiers mobilisés pour l'intervention, Claude Rochat et Michel Volet, le foyer prit naissance dans la propre chambre d'Oona et serait dû à la réfraction du soleil sur un flacon.

avait de m'embrasser dans le cou était empreint de charme et de chaleur, de pudeur et presque de mystère. Je devais avoir trois, quatre ans mais je pourrais encore décrire l'odeur de la lotion, la douce lumière de fin d'après-midi et sa présence, si magique et intense. Je n'ai pas le souvenir de longues conversations avec elle mais on me rapportait souvent certaines de ses réactions à des épisodes de mon enfance ou de mon adolescence. Je savais ce qu'elle en pensait. Elle semblait toujours curieuse de ce qui nous arrivait. Certaines de nos répliques la faisaient rire. Elle était friande de tous les détails nous concernant, intriguée par nos différentes personnalités... Tous ses petits-enfants l'intéressaient. Bien qu'elle ne m'ait donné aucun conseil de lecture ni fait lire les romans de tous les écrivains qui étaient ses amis, j'ai découvert peu à peu son univers, rencontré ceux qui furent ses intimes, entendu témoigner ses enfants. Une sorte de quête personnelle. Et, à mes yeux, elle est devenue ce qu'elle était déjà de son vivant en un sens : une icône ! Une image impalpable et presque insaisissable. Je me souviens encore du son mélodieux de sa voix et de son rire, si doux, et de son charme unique. »

Elle passe les dernières années à se déplacer de Vevey à New York. Dans la capitale, elle se rend chez le coiffeur du *Carlyle Hotel*, fait un tour sur Madison Avenue puis regagne sa chambre. « Quand il faisait froid, raconte une de ses amies, elle ne descendait de son nid d'aigle qu'une fois par jour, pour acheter le *New-York Times*, de quoi faire un repas chez *Balducci* et pour faire signe au pauvre garçon frigorifié de l'épicier coréen de la suivre avec des bûches jusqu'à son appartement. Un peu de bavardage au téléphone, beaucoup de musique classique, des livres certes, mais pas de vie sociale. Les soirées étaient beaucoup trop longues, à moins de boire. Après le troisième verre de vin, la plupart du temps, elle avait soudain le désir de décrocher le téléphone et d'appeler quelqu'un – bien qu'elle ne le fît que rarement – elle attendait juste que l'impulsion passe. Elle parlait à très peu du monde. » Les pages de son journal pour ses séjours newyorkais seront pleins de "seule" et "très seule". Sa solitude ne semble jamais s'évanouir. A-t-elle rêvé que son cœur délabré puisse redevenir léger ? « Comment se fait-il que je finisse toute seule ? » est une question qui dérive constamment dans son esprit : elle se raccroche désespérément à l'art et à la littérature. Après avoir lue *La Sonate à Kreutzer* de Toltoï, elle va avec son amie Frances Schuman à Carnegie Hall pour entendre jouer cette sonate. En rentrant en taxi sous la neige, les deux femmes sont frappées de voir les SDF dormir entre les bouches d'évacuation de chauffage central. Le long de Broadway, elles aperçoivent des gens installés sous des cartons fouettés par la neige. Elles sont choquées par le sentiment de la sauvagerie du destin des perdants de New York. Oona fera dès le lendemain un don très important à l'organisme « Coalition for the homeless » et sera très fière quand l'une de ses petites-filles ira travailler bénévolement dans les soupes populaires du Bronx.

Souvent elle reste prisonnière de son duplex. La neige danse devant ses fenêtres où de grands écheveaux de pluie se déplacent avec violence sur les vitres. Elle se branche sur WOXR à la radio et observe les variations météorologiques. En ces jours de spleen, son journal est son seul confident. Elle le tape à la machine, persuadée qu'en écrivant ses états d'âmes douloureux, elle atténuera sa souffrance, comme si le fait de garder en suspension dans son esprit ses maux et de s'efforcer de trouver les mots qui correspondent constitue un processus salvateur. À l'une de ses amies, elle fait ce terrible aveu : « Les matins me sont insupportables et pas seulement parce qu'il n'est plus là. Au réveil, je me sens lourde de tous mes chagrins. J'ai beau me raisonner, m'accrocher à une promesse de rendez-vous, un ciel de neige…me dire qu'en sortant de mon bain, j'irai mieux, rien n'y fait ! » Elle confesse aussi que curieusement, comme une singulière compensation, elle est de plus en plus sensible à la beauté des choses, l'émotion de la nature.

À son amie Carol, elle confiera ces lignes déchirantes : « La mort s'entend à vous ramener à quelques idées simplistes et fondamentales. On s'aperçoit que les défunts ne s'en vont jamais tout seuls : ils vous arrachent des morceaux plus ou moins saignants de vous-même… » Et elle lui avoue avec un tremblement dans la voix que Charlie l'appelait *my breath and my life* (mon souffle et ma vie). Regrets, réminiscences que la disparition de l'être cher fait surgir, Oona rumine ses souvenirs et cette nostalgie ne la console pas un instant. « Il y avait un tel vide dans son existence, confirme Frances Schuman. Elle passait de la Suisse aux États-Unis sans plaisir. Quand elle a vendu son duplex à New York, il y avait définitivement quelque chose de cassé en elle. Elle n'était plus heureuse nulle part, plus rien ne lui faisait plaisir. Sa seule envie c'était d'être seule à Vevey dans son domaine. »

« Elle a donné toutes ses robes de haute couture, ses Balenciaga, ses Christian Dior, ses Chanel à des œuvres de charité, se souvient l'une de ses filles. Comme si elle savait qu'elle ne les remettrait plus jamais. Elle possédait aussi des tonnes de chaussures, mais elle avait un pied plus grand d'une taille que l'autre. Personne ne put en profiter. »

Un vol, un vrai fric-frac, a bientôt lieu au manoir, sur lequel la police suisse gardera un bien étrange silence. Tandis qu'Oona lit dans la bibliothèque, des malfrats pénètrent en effet dans sa chambre et s'emparent de nombre de ses bijoux et d'une grosse somme d'argent avant de s'évaporer. « Maman, déplore Victoria, avait une opaline ; c'était sa pierre préférée, ainsi qu'une émeraude extraordinaire. Plus que l'aspect matériel, c'était la valeur sentimentale de ces bijoux disparus qui l'attrista. »

C'est l'époque où Carol et Gloria se font de plus en plus lointaines. La première se bat contre un cancer du pancréas et la seconde a sombré dans la dépression. En effet, le 22 juillet 1988, son fils Carter Cooper s'est suicidé en se jetant du quatorzième étage de leur immeuble new-yorkais. Présente, elle n'a pas réussi à l'empêcher de tomber. Tout ce cortège de tragédies déprime Oona. Elle se sent incapable de s'extirper d'un carcan de fatalisme et n'écrira même pas à Gloria pour lui témoigner sa compassion, ce qui fâchera définitivement les deux femmes[1].

Bientôt, elle apprend la mort de Paulette Goddard, disparue le 23 avril 1990, quelques mois avant son 80e anniversaire. Elle est frappée par les similitudes de leurs destins. Veuve d'Erich Maria Remarque, Paulette Goddard passe les vingt dernières années de sa vie entre son appartement de New York et sa propriété suisse de Porto Ronco. Elle se bat contre un cancer du sein, affronte de sérieux problèmes d'alcool et meurt, seule, dans sa propriété de Casa Monte Tabor. Lady Chaplin fera envoyer un somptueux coussin de fleurs pour l'enterrement.

L'été 1990 : elle fait une ultime apparition en public. L'écrivain Pierre Smolik en est le témoin : « Pour la dernière fois, Oona Chaplin accueillait sur la terrasse du manoir les gens du Festival international du film de comédie dont elle était la très officielle "marraine". Très droite dans sa silhouette fragile, elle esquissait un

---

1. Contactée pour ce livre, Mme Gloria Vanderbilt a fait savoir qu'elle ne souhaitait pas parler d'Oona.

sourire à l'adresse des nouveaux arrivants. Je me rappellerai toujours cette main amicale qu'elle me tendit et ces quelques mots qu'elle prononça en français au sujet du temps magnifique qui régnait. Il y avait dans l'air au moment où je l'écoutais quelque chose comme suspendu, quelque chose qui aspirait au calme, indéfiniment. On se sentait dans cet immense puits de lumière comme profondément apaisé. Dans le parc, glissait encore une traînée orange en cette fin de journée, douce invite à déambuler parmi les arbres, jusqu'à la piscine ouverte sur le lac encadré au loin de manière confuse par les montagnes de Savoie, avant de remonter la pente jusqu'à la terrasse. De belles tables étaient dressées pour les convives qui allaient se servir au buffet sur la pelouse. Je regardai du côté de la table centrale : Oona avait déjà disparu dans ce manoir qui abritait ses secrets[1]... »

Plus aucun habitant de Vevey ne l'apercevra dans les rues ou au marché. « Madame n'était vraiment pas bien, raconte son maître d'hôtel Mario Govoni. Elle ne pouvait plus conduire. Elle ne recevait plus personne. Elle continuait à être généreuse envers toutes les œuvres de charité, les hôpitaux et les organismes qui faisaient appel à elle, mais elle ne voulait plus prendre d'interlocuteur au téléphone ! Nous lui faisions des spécialités italiennes pour lui remonter le moral. » Joséphine raconte que sa mère « appréciait énormément la cuisine italienne et tant Mario que son frère Renato la faisaient divinement bien. Les pâtes à la bolognaise "ragu" de Renato et les tortellinis de son épouse faisaient son régal ».

Elle passe ses derniers mois dans le confort solitaire du manoir de Ban, veillée par tout son personnel. Elle a soixante-six ans. Le 28 juillet 1991[2], elle se sent très mal. On la transporte d'urgence à la clinique. Le choc est rude : elle a un cancer des ovaires. Le chirurgien espère retirer complètement la tumeur, mais à cause de l'endroit où elle est localisée, c'est impossible. Le lendemain, le constat est pire. Le cancer a touché le pancréas et le corps est envahi par les métastases. Il semble n'y avoir aucun espoir de guérison. « Ma sœur Victoria lui a donné une ultime espérance, rapporte Jane. Un professeur français réputé avait sauvé de justesse la mère

---

1. Pierre Smolik. Annales veveysannes. Vibiscum. Vevey. 13-1993. p. 235.
2. Au même moment, Richard Attenborough entame, en Angleterre, le tournage de son film *Chaplin*. Géraldine Chaplin y jouera brièvement le rôle de la mère du cinéaste et ce sera Moira Kelly qui incarnera Oona. Lady Chaplin donna certes sa bénédiction, mais refusa de s'y investir en aucune manière.

d'Isabelle Adjani et pensait pouvoir être utile à Maman. Mais les efforts déployés furent vains : le cancer était bien trop avancé. » Les deux mois qui suivent, tous les enfants se relaient à son chevet avec Géraldine et Annie comme gardes-malades. « Le cancer qui emportait ma mère me terrifiait », confie Annie. La morphine vient quelque peu adoucir la douleur de Lady Chaplin, même si sa difficulté à respirer semble de plus en plus oppressante. *« Pray for me »* est ce qu'elle murmure à sa fille Joséphine, qui la sait pourtant athée. L'une de ses filles tente de la convaincre d'être transférée à l'Hôpital américain de Neuilly mais elle se sent trop faible. Finalement, Oona rend l'âme le 27 septembre 1991 au petit matin. « Elle est partie dans un souffle peu après minuit, se souvient une de ses filles. Un orage terrible gronda cette nuit-là. Victoria était au chevet de Maman. » C'est son avocat new-yorkais, Herbert Jacoby, qui rend publique l'annonce de sa mort.

Le lendemain, *Riviera Vevey-Montreux* publie l'avis de décès :
« Les enfants,
les petits-enfants de
Oona CHAPLIN,
ont le chagrin de faire part de son décès survenu le 27 septembre 1991. L'ensevelissement aura lieu à Corsier-sur-Vevey le mardi 1ᵉʳ octobre, à 14 heures, dans l'intimité des proches. Cet avis tient lieu de lettre de faire-part. »

Sous un doux soleil, le 1ᵉʳ octobre, la famille (seule Joséphine, retenue en Inde, est absente) et une quarantaine d'amis assistent à la levée du corps dans le hall. Quand les deux employés des pompes funèbres emmènent le cercueil et descendent les marches, certains des enfants sont soudain frappés par ce redoutable constat : Oona ne sera plus jamais là, telle qu'on l'a connue de tout temps. Son départ du manoir signifie bien la fin d'une ère, de toute une époque, de tout un bonheur envolé à jamais.

Puis le cortège s'avance le long de l'étroite route qui conduit au petit cimetière. Géraldine, lunettes noires et longue écharpe de soie, semble mener la marche, telle le nouveau chef de famille. Quelques personnalités locales sont présentes comme le syndic de Corsier et Mme Sandra Darra, vice-consul de Grande-Bretagne, représente la reine. À l'entrée du cimetière, les hommes du clan Chaplin (ses trois fils et trois de ses petits-fils) portent le cercueil jusqu'à la dalle. La cérémonie est digne et simple ainsi qu'elle l'avait souhaité. Devant la bière disposée au-dessus de la tombe ouverte, David Ritchie, pasteur de l'église anglaise de Vevey, prononce les prières de circonstance. Quelques minutes de silence suivent.

La tombe de marbre rose porte la mention « Oona Chaplin 1925-1991 », elle est voisine de celle de Charlie Chaplin. Les deux amants sont réunis là à tout jamais. Oona est décédée quatorze ans après son illustre mari. Dans le tranquille cimetière de Corsier-sur-Vevey, l'allée de droite longe une pelouse. La double tombe jumelle de Charlie et Oona se trouve au bout de cette pelouse. Sans croix sans canne et sans Charlot. Deux pierres toutes simples pour se partager, éternellement, un mètre carré garni de bruyères et de bégonias. Sur les dalles, rien que les noms et les dates de circonstance. Des visiteurs laissent souvent des roses et des petits messages tendres. Autour, règne la beauté des paysages suisses. À l'ouest, on regarde la vallée et ses villages pittoresques. Au sud, au-delà du lac Léman, les blanches montagnes des Alpes. Tout semble étonnamment paisible.

Par testament, Oona a laissé d'innombrables legs, y compris au personnel de sa maison. Son cher jardinier n'a pas été oublié. Elle a aussi veillé à ce qu'une aide financière soit fournie à sa demi-sœur Barbara, aux enfants de Shane, à son neveu Stephan. « Maman a choisi d'aider tous ceux qu'elle estimait vulnérables », se souvient l'une de ses filles. Sa cousine Betty Tetrick Chaplin obtient aussi un don important. « Nous avons tout partagé en huit, raconte Jane. Le mobilier, les vêtements, l'argenterie, les photos, les œuvres d'art et même sa bibliothèque. Chacun de nous a reçu un huitième de toutes ses merveilleuses reliures, de tous ses ouvrages qui furent son oxygène pendant l'isolement des années suisses. Quant à ses bijoux, nous avons tiré au sort dans un chapeau le lot qui revenait à chacun. »

Si Charlie et Oona Chaplin étaient encore en vie, ils auraient aujourd'hui, outre leurs huit enfants, vingt-trois petits-enfants et sept arrière-petits-enfants. Pour la majorité, ces descendants ont fait carrière dans le cinéma, le théâtre, le cirque, l'écriture ou la musique. Tous vénèrent le souvenir d'Oona dont la nature profonde s'accordait pleinement avec sa beauté physique. Intelligente, spirituelle, originale, fine et sensible mais aussi secrète et lunaire. Elle fit de son amour pour Chaplin le centre de sa vie. Mais elle ne put remplir le vide causé par son absence, lui à qui elle avait tout donné et auquel elle s'était totalement dévouée. « Elle était restée trop longtemps dans l'ombre, conclut Annie Chaplin. Elle n'a pas supporté d'être seule dans la lumière. »

ANNEXES

REPÈRES CHRONOLOGIQUES

16 octobre 1888 :
– Naissance d'Eugène O'Neill

16 avril 1889 :
– Naissance de Charles Spencer Chaplin Jr.

14 mai 1925 :
– Naissance d'Oona O'Neill aux Bermudes

16 juin 1943 :
– Mariage de Charlie Chaplin et Oona O'Neill

31 juillet 1944 :
– Naissance de Géraldine

7 mars 1946 :
– Naissance de Michael

28 mars 1949 :
– Naissance de Joséphine

19 mai 1951 :
– Naissance de Victoria

17 septembre 1952 :
– Chaplin quitte les États-Unis

23 août 1953 :
– Naissance d'Eugène

27 novembre 1953 :
– Mort d'Eugene O'Neill

23 mai 1957 :
– Naissance de Jane

3 décembre 1959 :
– Naissance d'Annette (Annie)

6 juillet 1962 :
– Naissance de Christopher James

25 novembre 1968 :
– Mort d'Agnès Boulton

25 décembre 1977 :
– Mort de Charlie Chaplin

27 décembre 1977 :
– Funérailles de Charlie Chaplin

27 septembre 1991 :
– Mort d'Oona O'Neill Chaplin

1er octobre 1991 :
– Enterrement d'Oona O'Neill Chaplin

FILMS DE CHARLIE CHAPLIN

(pendant son mariage avec Oona)

Monsieur Verdoux

– Réalisation, production et musique : Charles Chaplin.
– Scénario : Charles Chaplin, sur une idée d'Orson Welles d'après la biographie d'Henri Désiré Landru.
– Distribution : United Artists.
– Sortie : 11 avril 1947.
– Durée : 124 mn.
– Avec : Charles Chaplin (Henri Verdoux), Mady Correll (Mona, femme de Verdoux), Allison Roddan (leur fils), Robert Lewis (Maurice Botello), Audrey Betz (Mme Botello), Martha Raye (Annabella Bonheur), Ada-May (Annette, sa femme de chambre), Isobel Elsom (Marie Grosnay), Marjorie Bennett (sa femme de chambre), Helen Heigh (Yvonne), Margaret Hoffmann (Lydia Floray), Marylin Nash (la jeune fille), Irving Bacon (Pierre Couvais), Edwin Mills (Jean Couvais), Virginia Brissac (Carlotta Couvais), Almira Session (Lena Couvais), Eula Morgan (Phoebe Couvais), Bernard J. Nedell (le préfet de police), Charles Evans (le détective Morrow), William Frawley (un inspecteur de police), Fritz Leiber (le prêtre), Barbara

Slater (la fleuriste), Wheeler Dryden – demi-frère de Charles Chaplin (le remisier).

– Synopsis : Un employé de banque parisien, Henri Verdoux, est réduit au chômage par la crise de 1929. Pour subvenir aux besoins de sa femme invalide et de son fils, il épouse de riches veuves qui meurent rapidement après les noces. Mais, les proches de la dernière victime ont des soupçons alors que Verdoux tombe amoureux et songe à se ranger.

– Commentaire : Chaplin utilisa cette histoire pour établir une comparaison satirique entre assassinat privé et assassinat public.

Limelight (Les Feux de la rampe)

– Réalisation et musique de Charles Chaplin.
– Scénario : Charles Chaplin.
– Distribution : Celebrated Productions.
– Sortie : 16 octobre 1952.
– Durée : 137 mn.
– Avec : Charles Chaplin (Calvero), Claire Bloom (Terry), Buster Keaton (le partenaire de Calvero), Sydney Chaplin Jr. (Neville), Nigel Bruce (Mr Postant), Norman Lloyd (le régisseur) Marjorie Bennett (Mrs Alsop, la logeuse) André Eglevsky (Harlequin), Melissa Hayden (Colombine) Snub Pollard (un musicien ambulant) Géraldine, Michael et Joséphine Chaplin (enfants des bas-quartiers) Barry Bernard, Stapleton Kent, Mollie Blessing, Leonard Mudi, Julian Ludwig, Loyal Underwood, Oona O'Neill (doublure de Terry pour de brefs plans généraux).

– Synopsis : Le dernier film américain de Charles Chaplin raconte l'histoire d'un clown célèbre, qui a perdu le contact avec son public. Le vieux clown Calvero se lie d'amitié avec Terry, une jeune danseuse désemparée qui a perdu le goût de vivre. Ses encouragements aident la jeune femme à reprendre une carrière triomphale, au moment où la sienne est sur le déclin.

– Commentaire : Une évocation douce-amère du monde de sa jeunesse : le monde du music-hall londonien au début du XXᵉ siècle, où le génie comique de Chaplin s'était révélé. Chaplin y introduit des épisodes directement tirés de sa vie et de celle de ses parents. Comme le père de Chaplin, Calvero est bouleversé lorsqu'il apprend l'infidélité de sa femme, et il sombre dans l'alcoolisme. Le personnage de Terry, la jeune danseuse, s'inspire ouvertement de la mère de Chaplin, Hannah, à laquelle se mêlent des souvenirs du premier amour, jamais oublié, de Chaplin : Hetty Kelly. Claire Bloom, qui joue Terry, se rappelle qu'aux répétitions Chaplin évoquait souvent les gestes et les vêtements de sa mère et de Hetty.

Un roi à New York (A King in New-York)

- Réalisation, production et musique de Charles Chaplin.
- Scénario : Charles Chaplin.
- Distribution : Attica-Archway.
- Sortie : 12 septembre 1957.
- Durée : 107 mn.
- Avec : Charles Chaplin (Shahdov, le roi d'Estrovie), Dawn Addams (Anna Kay), Michael Chaplin (Rupert), Olivier Johnston (l'ambassadeur), Jerry Desmond (le Premier ministre), Maxime Audley (la reine), Phil Brown, Harry Green, John Mc Larren, Alan Gifford, Shani Wallis, Joy Nichols, Joan Ingram, Sdney James, George Woodbridge, Robert Arden, Lauri Lupino-Lane, George Truzzi.
- Synopsis : Le roi Shahdov, chassé de son royaume d'Europe centrale par une révolution, se réfugie à New York, décidé à faire campagne pour une utilisation pacifique de l'énergie nucléaire. Hélas, son Premier ministre véreux disparaît avec les fonds du trésor royal, et le roi est contraint de gagner de l'argent par des stratagèmes humiliants tels que des apparitions dans des publicités télévisées. En visite dans une « école expérimentale », le roi fait la connaissance de Rupert, un jeune garçon dont les parents sont des militants de gauche. Plus tard, il retrouve Rupert, qui s'est enfui de l'école pour éviter d'être interrogé par la Commission des activités anti-américaines. Le FBI rattrape le jeune garçon, et le roi se voit convoqué par la Commission. Sa déposition est un fiasco. Il se prend le doigt dans un tuyau à incendie et arrose toute la Commission. Plus tard, il rend encore une fois visite à Rupert. L'enfant, autrefois belligérant, est abattu et honteux. Le FBI l'a amené à « donner des noms », à moucharder les amis de ses parents...
- Commentaire : Ce film est un miroir de la société américaine des années 1950. Le thème principal en est la critique ironique et mordante du système américain dont le maître mot est évidemment

le capitalisme. On découvre, au travers d'un enfant, les méfaits du maccarthysme et le ravage de cette chasse aux sorcières que l'Amérique de l'époque entreprend contre les communistes, ainsi que l'usage abusif de la publicité dans la société américaine. Tout y est motif à gags : le rock'n'roll, la publicité, la TV, la chirurgie esthétique. C'est un vrai film comique où le melon légendaire de *Charlot* est remplacé par le bonnet d'astrakan du roi.

La Comtesse de Hong Kong (A Countess From Hong Kong)

– Réalisation et musique de Charles Chaplin.
– Producteurs : Charles Chaplin et Jérôme Epstein.
– Sociétés de production : Universal Pictures et Charles Chaplin Productions.
– Sortie : 2 janvier 1967 - Durée : 120 mn.
– Avec : Sophia Loren (comtesse Natascha Alexandroff), Marlon Brando (Ogden Mears), Sydney Chaplin (Harvey), Tippi Hedren (Martha Mears), Patrick Gargill (Hudson), Margaret Rutherford (Miss Gaulswallow), Michaël Medwin (John Felix), Olivier Johnson (Clark), John Paul (le capitaine), Angela Scoular (la débutante), Dill Nagy (Crawford), Angela Pringle (la baronne), Jenny Bridges (la comtesse), Géraldine Chaplin (la jeune fille du bal), Kewin Manser (le photographe), Carol Cleveland (l'infirmière), Charles Chaplin (un vieux steward).
– Synopsis : Au cours d'une escale à Hong Kong, le milliardaire et diplomate américain Ogden Mears passe la soirée dans une boîte de nuit. Le lendemain, en pleine mer, il découvre cachée dans le placard de sa cabine, la ravissante Natacha, une *taxi-girl* avec laquelle il avait dansé la veille au soir. La jeune femme est la fille d'anciens aristocrates russes émigrés. Elle veut entrer aux États-Unis et espère que Mears lui facilitera la tâche. Ogden, d'abord réticent, met dans la confidence son domestique Hudson et son secrétaire particulier Harvey. Il imagine de faire épouser Natacha par Hudson : de cette façon, elle obtiendra sans difficulté la nationalité américaine. Il ne lui restera plus ensuite qu'à divorcer. Ogden vient d'être nommé ambassadeur des États-Unis en Arabie Saoudite. Il doit rejoindre son poste le plus tôt possible. Sa femme est venue le rejoindre à Honolulu. C'est au cours de cette nouvelle

escale qu'il comprendra qu'il aime la jolie passagère clandestine. Dans un ultime sursaut d'énergie, il abandonne sa femme et sa carrière et part rejoindre Natacha.

– Commentaire : Chaplin ne jouera pas dans son dernier film ; il se contentera d'une courte apparition en incarnant un steward travaillant sur un navire et qui a... le mal de mer ! Géraldine Chaplin, elle, valse avec Marlon Brando et Joséphine et Victoria jouent les figurantes de luxe.

BIBLIOGRAPHIE

ALEXANDER Doris, *The Tempering of E. O'Neill*, Harcourt.
ANTHELME Gilles, *Charlot*, Le Disque Vert.
ASSOULINE Pierre, *Simenon*, Julliard.
BAZIN André et ROHMER Eric, *Charlie Chaplin*, Éditions du Cerf.
BESSY Maurice, *Charlie Chaplin*, Pygmalion.
BORDAT Francis, *Chaplin cinéaste*, Gallimard.
BOSWORTH Patricia, *Marlon Brando*, Fides.
BOULTON Agnès, *Part of Long Story*, Doubleday.
BRANDO Marlon, *Les Chansons que m'apprenait ma mère*, Belfond.
CHAPLIN Charles, *Histoire de ma vie*, Robert Laffont.
CHAPLIN Charles, *My Life in Pictures*, The Bodley Head.
CHAPLIN Charles Jr., *Charlie Chaplin, mon père*, Gallimard.
CHAPLIN Eugène, *Le Manoir de mon père*, Ramsay.
CHAPLIN Jane, *Dix-Sept Minutes avec mon père*, Florent Massot.
CHAPLIN Michael, *I Couldn't Smoke The Grass On My Father's Lawn*, Ballantine Books.
CHAPLIN Patrice, *Hidden Star*, Richard Cohen Books.
CHAXEL Françoise du, *O'Neill*, Seghers.
COLLINS Joan, *Second Act*, St Martin's Press.
COMTE Michel, *Charlie Chaplin*, Steidl.
DAVID André, *Pleins feux sur Hollywood*, éd. André Bonne.

DELAGE Christian, *Chaplin, la grande histoire*, Jean-Michel Place.

DORLÉANS Francis, *Snob Society*, Flammarion.

EISENSTEIN Sergueï, *Charlie Chaplin*, Circé.

EPSTEIN Jerry, *Charlie Chaplin, portrait inédit d'un poète vagabond*, Gremese.

FLOREY Robert, *Charlie Chaplin*, Jean Pascal.

FRANCA José Augusta, *Charlie Chaplin, le self-made mythe*, Inquerito.

GIFFORD Denis, *Chaplin*, Macmillan.

GILLOT Françoise, *Vivre avec Picasso*, Calmann-Lévy.

GREY CHAPLIN Lita, *My Life with Chaplin*, Grove Press.

GROBEL Lawrence, *Conservations avec Truman Capote*, Gallimard.

HAMILTON Ian, *À la recherche de J. D. Salinger*, Payot.

HUFF Théodore, *Charlie Chaplin*, Gallimard.

KERR Walter, *The Silent Clowns*, Alfred A. Knopf.

KOHN Ingeborg, *Charlie Chaplin, l'étoile du muet*, Portaparole.

LARCHER Jérome, *Charlie Chaplin*, Cahiers du cinéma.

LEPROHON Pierre, *Charles Chaplin*, Librairie Séguier.

LEVY Ghyslain, *Eugene O'Neill ou l'Inconvenance de vivre*, Anthropos.

LOREN Sophia, *La Bonne Étoile*, Le Seuil.

LYONS Timothy J., *Charlie Chaplin : a Guide*, Hall.

McCABE John, *Charlie Chaplin*, Doubleday.

McCABE John, *Films of Charlie Chaplin*, Citadel.

MAGNY Joël, *Chaplin*, Les Cahiers du cinéma.

MANSO Peter, *Marlon Brando*, Hyperion.

MARTIN Marcel, *Charles Chaplin*, Seghers.

MATTHAU Carol, *Among the Porcupines*, Orion.

MEFLAH Nadia, *Chaplin et les Femmes*, Philippe Rey.

MILTON Joyce, *Tramp : The Life of Charlie Chaplin*, Harper Collins.

MITRY Jean, *Tout Chaplin*, Seghers.

MONTEIL Claudine, *Les Amants des Temps Modernes*, Éditions 1.

NAVASKY Victor, *Les Délateurs*, Ramsay.

NIVEN David, *Étoiles filantes*, Robert Laffont.

NYSENHOLC Adolphe, *Charles Chaplin ou la Légende des images*, Méridiens Klincksieck.

NYSENHOLC Adolphe, *Charlie Chaplin, l'âge d'or du comique*, l'Harmattan.

PARKER Tyler, *Chaplin, Last of the Clowns*, Vanguard Press.

PAYNE Robert, *Le Grand Charlot*, Club Français du Livre.

PEDRON François, *Charlie Chaplin story ou Charlot l'immortel*, À Mathieu.

PORTER Darwin, *Marlo Brando : les derniers secrets*, Nouveau Monde.

REEVES May, *Charlie Chaplin intime*, Gallimard.

ROBINSON Carlyle T., *La Vérité sur Charles Chaplin*, Mon Ciné.

ROBINSON David, *Chaplin*, Ramsay.

ROSS Lillian, *Moments with Chaplin*, Dodd, Mead & Company.

SADOUL Georges, *Vie de Charlot*, Filméditions.
SAROYAN Adam, T*rio*, Simon and Schuster.
SCOVELL Jane, *Oona*, Warner Books.
SHEAFFER Louis, *Eugene O'Neill : Son and Playwright*, Paragon House.
SHEAFFER Louis, *O'Neill : Son and Artist*, Paragon House.
SMITH Julian, *Chaplin*, Twayne publishers.
SMOLIK Pierre, *Chaplin après Charlot*, Champion.
SOUPAULT Philppe, *Charlot*, Plon.
STOURZÉ Sam, *Chaplin*, Bayard.
TYLER Parker, *Chaplin, Last of the Clowns*, Vanguard Press.
VANCE Jeffrey, *Chaplin, une vie en images*, La Martinière.
VANDERBILT Gloria, *It Seemed Important at The Time*, Simon & Schuster.
VANDERBILT Gloria, *Il était une fois...une histoire vraie*, Belfond.

Revues et articles :

AMENGUAL Barthélémy, « Charles Chaplin », *Premier Plan*, avril 1963.
BESSY Maurice, « Hommage à Charles Chaplin », *L'Avant-Scène*, janvier 1979.
CINÉMATOGRAPHE, « Charles Chaplin et l'opinion publique », janvier 1981.
CINÉ-REVUE, « Pour la première fois, Géraldine dit tout sur la vie secrète des Chaplin », 26 août 1965.
DUVIGNAUD Jean, « Le Mythe Chaplin », *Critique*, mai 1954.
ÉCRAN, juin 1977.
POSITIF, « Dossier Charles Chaplin », septembre 2002.
Quand la biographie se « dramatise », de Frances Fortier, Caroline Dupont et Robin Servant. *Voix et Images*, Vol. 30, Université du Québec.
LA REVUE DU CINÉMA, mars 2008.

Sur Internet

www.charliechaplin.com/fr : site officiel de Charlie Chaplin et des activités de l'Association Chaplin (existe en version anglaise).

www.charles-chaplin.net/ : présentation de l'homme de cinéma avec bio-graphie, filmographie et bibiliographie.

www.chaplinmuseum.com : site de l'espace-musée Charlie Chaplin au manoir de Ban à Corsier-sur-Vevey, en cours d'achèvement et promis à devenir l'un des fleurons culturels et touristiques de Suisse (très complet).

http://www.chaplin-durireauxlarmes.mk2.com/ : site créé par la société MK2 de Marin Karmitz présentant le catalogue des films Chaplin acquis en 2001. Sur le site de la société (http://www.mk2.com/) : vente des films de Chaplin et d'un coffret complet.

www.charliechaplinarchive.org : le futur site de toutes les archives Chaplin à la cinémathèque de Bologne (site en italien et en anglais).

www.eoneill.com : le site officiel d'Eugene O'Neill (on peut y voir le bout d'essai à Hollywood en 1942 d'Oona O'Neill sur www.eoneill.com/tv/oona/oona.html

www.curiosphere.tv/chaplin/ site pédagogique à destination du jeune public, des enseignants sur Chaplin et son œuvre.

REMERCIEMENTS

Je me dois de remercier avant tout la famille Chaplin. Merci aux cinq enfants Chaplin qui m'ont généreusement accordé plusieurs heures d'entretien. Merci aux quatre petits-enfants qui m'ont confié certains souvenirs intimes.

Merci donc à Annie Chaplin, à la passionnante Jane Chaplin, à Michael Chaplin, à l'attachante Victoria Thierrée-Chaplin et enfin et surtout à Joséphine Chaplin.

Parmi les petits-enfants, j'ai une gratitude particulière envers Aurélia Thierrée qui m'a offert une si belle évocation de son enfance. Tout comme Kiera Chaplin qui a trouvé le temps de me raconter ses années heureuses au manoir. Je remercie Charlie Sistovaris pour notre sympathique entretien. Et je n'oublie pas Juliette Thierrée de sa gentille participation.

J'ai une dette profonde envers Noëlle Adam-Chaplin pour notre si émouvant entretien, riche de ses souvenirs et de son beau regard.

Je suis aussi redevable envers Patrice Chaplin pour ses précisions et envers Mauro O'Neill Jones (nièce d'Oona) pour son éclairage. Et merci également à Roberto Rossellini de ses amicales précisions.

Merci aussi à Claire Byrski pour les archives des photos familiales.

À Vevey, je remercie Cedric-Olivier Rossier à la rédaction des Annales veveysanes Vibiscum, Marjolaine Guisan aux archives communales de

Vevey, Françoise Sanders, Yves Durand, Suzanne Sinclair, Harry John, directeur de l'office du tourisme de Vevey et Mario Govoni, l'ancien majordome d'Oona.

Merci aussi à Colette Allstadt, Sylvie Boizet, Erika Bolton, Anne Davis, Jane Donahus, Fred Guiles, John Hodgman, David Landis, Laura Marshall, Suzanna Margolis, Alexander Walker, Frank Scheide, coéditeur de « The Chaplin Review », Dr Lisa Stein, Ted Lu, Briony Dixon et le British Film Institute, Matthew Sweet de *Independent on Sunday*, et Glenn Mitchell.

Pour la partie O'Neill, je remercie Diane Schinnerer à la Fondation Eugene O'Neill, Laura M. Deredita à la Louis Sheaffer Eugene O'Neill Collection et Harley J. Hammerman à la Hammerman Collection. Des lettres d'Eugene O'Neill sont reproduites dans ce livre avec l'aimable autorisation de Yale University.

À Hollywood, je remercie Norman et Peggy Lloyd et le réalisateur Richard Patterson. Je remercie aussi la cousine d'Oona, Dallas Klein. À New York, miss Candice Bergen.

En Irlande, j'exprime ma gratitude à Françoise Connolly à l'ambassade de France et à Sheila Pratsche à l'Institut culturel irlandais.

J'ai une dette envers mon confrère David Robinson pour ses connaissances sur Chaplin, envers la dramaturge Françoise du Chaxel pour ses connaissances sur O'Neill, envers le psychanaliste Ghyslain Lévy, grand expert d'O'Neill et envers ma généreuse consoeur Jane Scovell.

Je suis surtout redevable envers celui qui est le meilleur spécialiste en Suisse de Chaplin : Pierre Smolik. Je lui exprime toute ma gratitude pour m'avoir ouvert ses archives avec une gentillesse et une générosité exemplaires. Merci de tout le temps qu'il a bien voulu me consacrer et de ses suggestions pertinentes.

Enfin mes remerciements vont à l'efficace Kate Guyonvarch à la tête du bureau de l'Association Chaplin qui a été une merveilleuse *go-between* entre la famille Chaplin et moi.

TABLE

Mise en page

44400 Rezé

Achevé d'imprimer par Dupli-Print (95)
en novembre 2017
N° d'impression : 2017111911

N° d'édition : L.01EUCN000287.A006
Dépôt légal : avril 2010

Imprimé en France